U0907199

2011年 12 月 1 日，温家宝总理到中国疾控中心视察

2011年 7 月 15 日，世界卫生组织总干事陈冯富珍到中国疾控中心考察

2011年 3 月 15 日,世界卫生组织流感参比和研究合作中心挂牌仪式

2011年 10 月 8 日,卫生部部长陈竺到中国疾控中心脊灰实验室考察

2011年 10 月 30 日，第六届国际合作项目经验交流会在北京召开

2011年 11 月 3 日，卫生部副部长尹力到中国疾控中心参加领导班子民主生活会

2011年7月，消灭脊灰国际研讨会在新疆举办

2011年6月15日，中国疾控中心举办唱红歌活动

2011 年 6 月 8 日，中国疾控中心举办青年演讲比赛

2011年 12 月 2 日，流行病学动态数据采集平台项目启动仪式

2011年 6 月 1 日，省部共建山东减盐项目基线调查方案专家论证会在山东召开

2011年，中国疾控中心专家参加 STOP 项目在尼日利亚工作

2011年，中国疾控中心专家参加 STOP 项目在纳米比亚工作

2011 年 10 月 23 日，中国疾控中心专家在云南省勐海县开展儿基会婴儿死亡原因及影响因素调查项目

2011年 10 月，中国疾控中心移动生物安全实验室从玉树地震灾区返回北京

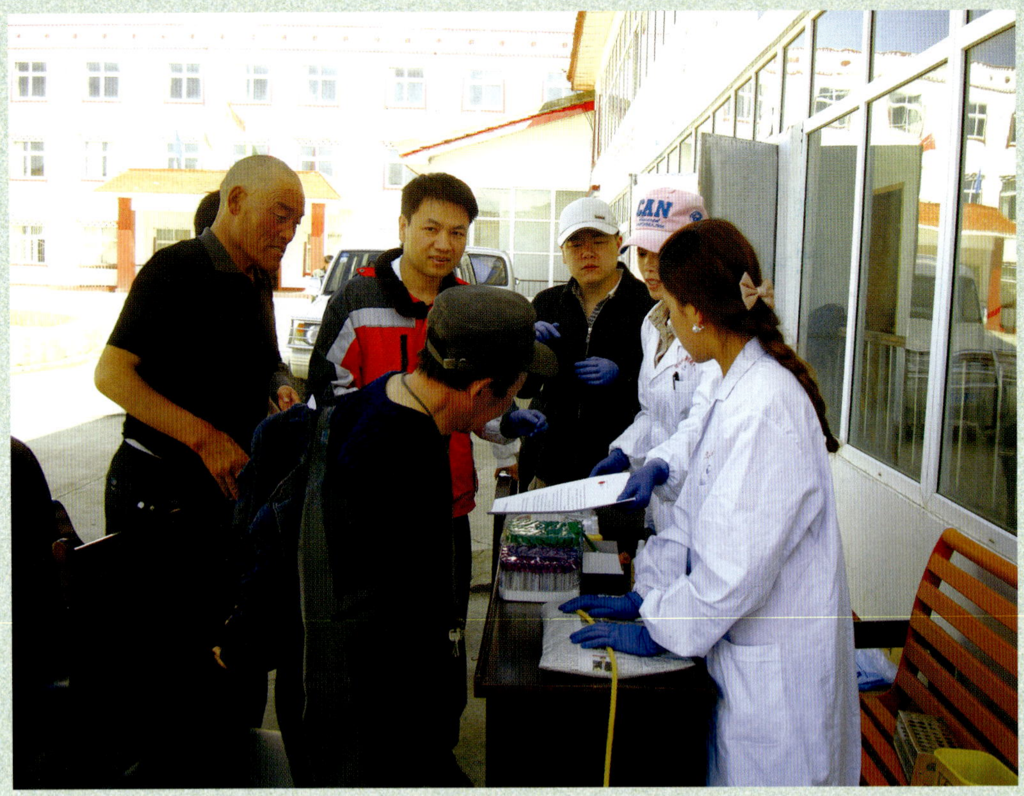

2011年7月25日，中国疾控中心专家在四川阿坝红原对当地居民进行流行病学调查和血样采集

2011年7月，重大公共卫生项目农村妇女"两癌"检查项目督导专家在河南郏县保健院查看现场资料

中国疾病预防控制中心年鉴

Year Book of Chinese Center for Disease Control and Prevention

2012

《中国疾病预防控制中心年鉴》编委会　编

中国协和医科大学出版社

图书在版编目(CIP)数据

中国疾病预防控制中心年鉴.2012/《中国疾病预防控制中心年鉴》编委会编—北京:中国协和医科大学出版社,2016.4

ISBN 978-7-5679-0510-8

Ⅰ.中… Ⅱ.①中… Ⅲ.①疾病-防治中心-中国-2012-年鉴②医疗保健事业-中国-2012-年鉴 Ⅳ.①R197.2-54

中国版本图书馆CIP数据核字(2016)第037801号

中国疾病预防控制中心年鉴(2012)

编　　者:《中国疾病预防控制中心年鉴》编委会
责任编辑:赵文华　段江娟
封面设计:吴　华
版式设计:吴　华

出版发行:中国协和医科大学出版社
(北京东单三条九号 邮编 100730 电话 65260343)
网　　址:www.pumcp.com
经　　销:新华书店总店北京发行所
印　　刷:中国电影出版社印刷厂
开　　本:787毫米×1092毫米　1/16开
印　　张:22.5　　彩页:4
字　　数:465千字
版　　次:2016年4月第1版　2016年4月第1次印刷
印　　数:1-1000册
定　　价:75.00元

ISBN 978-7-5679-0510-8

中国疾病预防控制中心年鉴
编　委　会

目　录

重要会议及讲话

工作进展

目录

直属单位工作概况

挂靠单位工作概况

目　录

人事人物

大事记

目录

附录

重要会议及讲话

营造良好环境 促进能力提高
开创中国疾控中心科学发展新局面

——2011年中国疾病预防控制中心工作报告

中心主任　王宇

（2011年2月23日）

同志们：

今天，我们召开中国疾病预防控制中心2011年工作会议。今年是深化医改的关键之年，也是中国疾控中心组建的第10个年头，我们有必要对中心组建10年来的发展历程进行认真的回顾和总结，更好地促进中心的科学发展。因此，这次会议的主题是"营造良好环境，促进能力提高，开创中国疾控中心科学发展新局面"，会议的主要任务是：全面总结回顾2010年中心的各项工作，贯彻落实全国卫生工作会议精神，认真分析当前面临的机遇和发展中存在的关键性问题，研究部署2011年的重点工作。

下面，我讲三方面的内容，供大家讨论。

一、2010年工作回顾

2010年是充满挑战与取得显著成就的一年，我们按照卫生部工作部署，紧紧围绕医疗卫生体制改革重点，不断"提高重大疾病防控和应对突发公共卫生事件的能力"、认真落实"积极促进基本公共卫生服务逐步均等化"，圆满完成了各项任务。11月22日，李克强副总理在中心昌平园区主持召开了国务院防治艾滋病工作委员会全体会议，并在陈竺部长、张茅书记等领导的陪同下视察了艾滋病防控及科研工作情况，对我们的工作给予了充分肯定，同时提出要妥善解决职工上下班路途遥远等困难，这是对我中心的关心和爱护，也是我们对创造良好工作和生活环境的要求。

截至2010年底，我中心共有职工2086人，其中专业技术人员1716人，占82%，高级职称人员673人，占32%；各专业领域任务大幅度增加，2010年全中心到账经费约22亿元，较2009年增长22%。

（一）发挥专业技术优势，在完成重点任务中促进业务能力明显提升

第一，全力做好玉树地震和舟曲泥石流灾害等救灾防病工作

4月14日，青海玉树发生7.1级地震，我中心迅速启动应急响应机制，在卫生部的统一领导和指挥下，全程参加卫生部前、后方的救灾防病工作，累计派遣109人次赴玉树灾

区协助开展救灾防病工作,做出了突出成绩。主要包括:携带 18 台 3G 无线上网本奔赴灾区,在灾后第 4 天就恢复了灾区疾病监测信息系统;充分发挥技术优势,针对玉树地区为鼠疫疫源地的实际情况,及时协助青海省制定了灾区鼠疫防治工作方案等。为保证科学、安全、有效地开展鼠疫疫情监测和防控,根据卫生部领导指示,在地震灾区建立以移动 P3 实验车为技术支持的鼠疫防治基地。中心立即行动紧急启动移动 P3 实验室保养转运。北京到西宁经火车转运、西宁到玉树驾驶长途运输,押运和驾驶人员克服了不能离开车辆和高原不适,车辆保养、生活条件简陋等重重困难,长途奔波 48 个小时,将移动 P3 实验室安全运到灾区,并成功投入使用。开创了在高海拔地区应用移动 P3 实验室的国际先例,积累了高原地区开展实验室检测工作经验,当年共检测标本 97 份,分离到 2 株鼠疫菌,及时发现并妥善处理了动物间鼠疫疫情。

在重大自然灾害来临时,我中心人员能以国家利益和人民群众健康为重,不计个人和家庭得失,恪尽职守、甘于奉献,克服高原反应,在生活条件艰苦、工作环境十分简陋的情况下,长时间坚守在工作第一线。传染病所卢金星和卢珊同志分别在玉树灾区工作长达 45 天和 65 天,鼠疫室主任海荣同志不顾年龄大、身体弱等困难,几次长时间赴现场指导工作,他们以自己的自觉行动充分彰显了疾控专家的责任感和使命感。

8 月 8 日,甘肃舟曲发生特大山洪泥石流灾害,中心第一时间派遣专家作为卫生部灾害医学救援组成员赶赴灾区,在灾后最初阶段,与卫生部主要领导一起在现场,发挥基层工作优势,做好各项服务,针对灾区存在的公共卫生风险和技术难点给予指导,积极协助当地做好救灾防病工作,共派出 15 人次、现场工作近 30 天,圆满完成卫生部交办的各项任务。

我中心在玉树地震和舟曲泥石流救灾防病中的突出贡献得到了卫生部的充分肯定,受到党和政府的表彰。中心传染病所和疾控应急办李群同志分别被中共中央、国务院、中央军委授予"全国抗震救灾模范"先进集体和个人。传染病所卢金星同志荣获国家防汛抗旱总指挥部、人力资源和社会保障部、解放军总政治部授予"全国防汛抗旱先进个人"光荣称号。这是我中心再次获得如此高的殊荣,充分体现了国家疾控中心是一支在关键时刻值得信赖和依靠的专业队伍。

第二,积极协助做好上海世博会和广州亚运会卫生保障工作

上海世博会是 2010 年我国举办的规模最大、时间最长、参与人数最多的超大型国际活动。我中心自 2009 年起就做了大量认真、细致、周密、科学的准备工作。制定了上海世博会卫生保障工作方案,与上海及江苏、浙江省等周边地区建立世博会相关疫情及突发公共卫生事件信息交流会商和研判机制;组建了上海世博会传染病卫生应急实验室网络,建立了世博会应急检测标本运送的"绿色通道";制定了实验室检测试剂和标准品名录;实现了世博会期间传染病症状监测预警;组建了专家库和国家级卫生应急队伍,为世博会卫生保障工作提供了技术支持。围绕广州亚运会卫生保障,重点完善突发事件和疫情会商机

制,协调标本检测和运输机制,派遣联络员进驻现场,圆满地完成相关保障任务。

第三,积极参与国家职业卫生监管职能调整

针对当前我国职业卫生管理存在的突出问题,2010 年中央编办对职业病防治监管职能进行主要调整,全国职业卫生由安监、卫生、人社等部委分段管理。卫生部门职能以职业健康检查、职业病诊断、康复和治疗工作为主,保留了卫生部门对医疗机构放射性危害控制监管、放射防护器材和含放射性产品检测以及个人剂量监测技术服务机构资质认定与管理的职责。

结合这次监管职能调整,我们依托专业技术优势,积极主动反映、介绍情况、出谋献策,参与了职能调整的调研、讨论和决策的全过程,使调整更切合实际,充分发挥了中心在参与全国职业卫生政策制定的积极作用。

职能调整酝酿时,中心即派专家随同中央编办、卫生部及安监总局调研组赴广东、福建及北京等地开展调研,做好 2003 年以来职业卫生监管职能演变的梳理和总结。在调整过程中,为理清问题关键、统一思想、消除顾虑,一方面做基层专家工作,由中心领导出面,多次邀请国内有影响的职业卫生、职业健康监护和职业病诊断等方面的专家座谈、沟通和研讨,获得了业务层面专家的理解与支持;另一方面主动向有关部门汇报,中心领导多次陪同卫生部领导前往中央编办、国务院法制办汇报情况,并向安监总局、人社部司局做好交流、沟通。从专业技术的角度客观分析当前职业病群体事件的深层原因,揭示职业病诊断鉴定难的症结所在。组织和动员各方专家提出多种可行的调整方案与组织措施,得到管理部门的关注与认可。在此过程中,中心职业卫生方面的领导和专家做了大量工作,积极为卫生部提供相关技术支持和所需材料,做到了工作全时保障,资料随要随报。

第四,新发传染病病原体发现和研究能力明显提升

病原学的研究是传染病防治的基础,也是科研水平的重要标志。针对我国部分省份近年来相继发现并报告以发热、白细胞和血小板减少等为主要临床表现的病例,我中心以引进学者为主体的专家开展了大量的现场流行病学调查和实验室检测与确认工作,病原体研究取得突破,发现了新的布尼亚科病毒。这是近些年来全球范围内新的重要发现和突破性进展,得到国际科学界的高度重视。

依托传染病重大科技专项平台及时开展了病人分离菌株携带多耐药基因情况的筛查工作,率先检测出 2 株 blaNDM－1 耐药基因的细菌,将结果上报卫生部并对外公布,首次证实“超级”耐药细菌在我国的存在。

第五,全力做好麻疹强化免疫的技术实施工作

为加速消除麻疹进程,2010 年 9 月卫生部统一组织实施涉及亿万儿童的麻疹疫苗强化免疫工作。该活动涉及人数多、覆盖范围广,基于我们对实施重大公共卫生措施的认识和经验,在当前社会环境下,着重加强了事前技术准备。早在 2009 年就在技术、人员、后勤保障、协调、组织实施等方面做了充分准备,预测潜在风险,做好相关技术保障工作;制

定了麻疹疫苗强化免疫疑似预防接种异常反应应急预案，组织专家论证强化免疫活动方案，编发强化免疫活动、风险沟通等技术材料，强化培训、加强指导。组织开展疑似预防接种异常反应监测和评估工作，汲取了甲流疫苗接种报告的经验教训，及早建立了专用信息报告系统，调整了报告策略，定期召开专家指导组沟通例会，组织专家赴现场对疑难病例协助调查处置，对强化免疫活动进行现场督导，从技术上、实施上保证了强化免疫的顺利开展。

在麻疹强化免疫实施期间，以免疫中心为主体的专家组全时集中办公，全力做好技术支持，及时落实领导指示，密切监测实施过程，做到了每天报告精确的接种人数，确保信息及时、数据准确。积极妥善处理突发干扰事件，面对社会上的流言和群众疑惑等突发干扰因素，能够沉着应对，实时关注事件发展动态，及时提出得当措施，工作定位准确，展现了我中心专家谨慎做好技术服务的能力，在关键时刻为卫生部领导决策提供了重要技术支持。

截至 2010 年 11 月 30 日，共接种 10 343 万适龄儿童，没有与疫苗接种相关的死亡病例发生，没有群体性不良反应发生。全国疾控、医疗服务人员齐动员，是一次史无前例的公共卫生干预行动。

(二)各项业务工作取得新进展

第一，认真做好重点传染病的防控工作

2010 年，在艾滋病、结核病、乙肝等重大传染病防治上，重点关注疫情趋势和相应技术策略，提高防治效果。继续推行《全国艾滋病防治主要措施落实质量考评方案》，进一步提高了感染者管理力度，感染者随访干预比例、CD4 检测比例等指标比上年均有提高；通过明确重点省份、分片责任到人推动抗病毒治疗覆盖率的提高，全年接受抗病毒治疗病人突破 10 万人；通过开展培训、技术支持提高美沙酮维持治疗门诊综合服务质量，各类高危人群的干预覆盖面进一步扩大。

组织完成了全国第五次结核病流行病学抽样调查；集中技术力量，积极探索建立有效可持续的结核病发现和治疗机制，特别做好耐多药结核病的防治；以创新为主旨的中盖结核病防治项目(一期)任务基本完成；在北京市胸科医院、中心传染病所的支持和配合下，组建完成国家结核病参比实验室并投入运转。

与全球基金完成了结核病和疟疾整合项目协议的谈判和签署，新签约资金达 2.82 亿美元。至此，我国已在 140 多个受援国中率先完成了 3 个病种项目的整合，各项目执行整体进展顺利。目前累计接受全球基金拨款 5.38 亿美元，占总签约资金的 57%。

紧密围绕省部联动机制，重点推动湖北、湖南两省血吸虫病重点责任县防控工作。进一步加强疟疾防控，全球基金疟疾项目已覆盖 20 个流行省份。

国家科技重大专项“传染病监测技术平台”执行顺利，为传染病相关症候群等的病原

检测提供支持，在检测方法和手段等方面成果显著。PulseNet China 网络实验室建设取得突破进展，已有 11 个省级疾控中心完成认可和审核，标志着以病原菌分子分型和信息比对查询技术为基础的实验室监测网络进入新的发展阶段。完成全国手足口病死亡病例的资料分析，死亡病例尸体病理解剖和致病机理研究进展顺利，协助参与 EV71 疫苗临床试验。

认真落实国家医改重大公共卫生项目——为全国 15 岁以下人群补种乙肝疫苗，全面落实项目实施各阶段的技术指导任务。对边境和重点地区采取了专门的技术指导和督导，积极应对塔吉克斯坦脊灰野病毒疫情暴发，确保了我国继续维持无脊灰状态。麻疹、甲肝、流脑、乙脑等疫苗可预防传染病发病降至历史最低水平。

积极推进儿童预防接种信息管理，全国 85%的县(区)实施儿童预防接种信息管理；完成了对疑似预防接种异常反应监测信息报告系统的升级改造，实现了与药监部门的数据共享。

将 WHO 要求的免疫接种上市后不良反应监测报告体系建设作为一项涉及全局的工作，获得 WHO 评估专家认可，实现我国多年的夙愿，为中国疫苗出口肃清了障碍，对我国疫苗监管体系的发展具有里程碑意义，表明我国从疫苗生产到上市后使用各环节的监管过程达到了 WHO 的要求。

第二，加强卫生应急队伍建设，圆满处置突发公共卫生事件

加强中心卫生应急体系建设，组织有关部门就组建卫生应急中心进行充分论证，全面提升应急能力。积极做好卫生应急技术准备工作，制定下发自然灾害卫生应急技术指南和灾害现场快速评估工具。卫生应急队伍后勤保障能力得到明显加强，三个卫生应急综合保障方舱正式投入使用，个人携行装备初步实现集成化和模块化。关注和收集各类公共卫生突发事件信息，系统指导化学中毒救治基地、核和辐射损伤救治基地建设，组织开展应急医学救援演练，完成各类应急物资储备，修订完善《核和辐射事件及重大活动卫生应急工作册》。

成功处置发生在甘肃省阿克塞县和西藏朗县的鼠疫，东莞市基孔肯雅热等三起重大突发急性传染病疫情，以及南京小龙虾疑致横纹肌溶解症、问题狂犬疫苗、圣元乳粉疑致儿童性早熟、呼伦贝尔市鄂伦春自治旗水污染、甘肃省儿童血铅超标等突发公共卫生事件。

第三，在慢性非传染性疾病预防控制领域寻找推力

去年，我们从国内、国际两方面着力推动慢病防治工作。结合医改政策、慢病控制策略及我国医疗卫生工作体系特点，确定疾病预防控制系统慢病防治的工作思路，制定了全国慢病预防控制工作规范。开展了全国慢病防控能力调查，系统收集分析了各省、地市和区县慢病防控能力与应对现状。

建立健全慢病监测系统，完成 2010 年中国成人慢病及危险因素监测现场调查工作，

培训省级监测点技术骨干千余人,完成在全国162个监测县市9万余人的调查样本,获得18岁及以上行为生活方式和生物指标信息;建立烟草流行状况监测、监督与评价体系,监测烟草使用情况,获取具有全国代表性的、针对青少年和成年人烟草使用关键数据。我中心是我国控烟工作最有影响的主力军。

强化慢病干预,开展全人群的慢病相关危险因素防控工作,在全国推进全民健康生活方式行动,与卫生部疾控局共同启动了省部共建联合减盐防控高血压项目筹备工作;利用国际项目推进符合烟草控制框架公约规定的地方政策的出台,推进国家和地方无烟环境立法进程;协助卫生部推进全国医疗机构无烟环境建设;积极推进国家医改基本公共卫生服务慢病项目,完成考核评估体系建立和方案制订。

完成淮河流域癌症综合防治工作中期总结,建立了环境与健康的综合监测框架,验证了污染物质从地表水向地下水迁移的过程;通过细胞学和动物实验,对重点地区地表水和浅井水的致癌毒性进行了验证。该项工作开辟了环境与健康问题研究的新领域,为健康和环境结合研究树立了典范。

完成编写儿童道路交通伤害、溺水、跌倒等预防指南,积极参与将儿童伤害死亡率纳入中国儿童发展纲要的研究,开展伤害综合监测系统的设计规划,组织编写《中国儿童伤害报告》;完成编写《中国口腔疾病预防控制策略研究报告》。

积极开展慢病预防干预适宜技术、尼古丁成瘾、烟草控制模式、应对人口老龄化等研究,完善中美儿童与家庭队列研究技术方案。

第四,稳步推进妇幼卫生工作

开展基本公共卫生服务和重大公共卫生服务妇幼卫生项目的技术文件编制、培训、督导和评估等技术工作。开发和推广适于基层使用的孕产期、儿童系统保健服务包;开展影响孕产妇及儿童死亡(产后出血和新生儿窒息)重大疾病防治项目;积极开展灾后重建妇幼卫生项目,开发生殖健康应急服务包及服务指南。进一步扩大了预防艾滋病母婴传播项目覆盖面和防治内容。

完成了区域妇幼卫生工作评价指标体系和评估方案;启动了全国妇幼卫生信息化建设规划前期相关工作,起草完成《全国妇幼保健信息系统建设规划(2011－2015年)》;制定基于区域卫生信息平台的妇幼保健信息系统技术解决方案,并启动规范化建设试点示范工程。起草国家《出生医学证明》管理信息系统工程建设规划,推进电子防伪《出生医学证明》及母婴保健法律证件信息化建设工作。

第五,在应对食品安全事件中推动能力和体制建设

扩大食品污染物监测种类、项目和范围,健全我国食品安全风险监测框架,将专项监测与应急监测相结合,推动了食品安全风险监测预警与检验预警工作;启动食源性疾病的主动监测试点,形成在31省的312家医院建立了疑似食源性异常病例/异常健康事件报告和食源性疾病(包括食物中毒)报告系统网络,启用国家食品安全监测信息系统。

做好食品安全委员会的技术支持，以安全整顿工作为主线，主持制定专项监测方案，对三聚氰胺问题乳粉、粮食真菌毒素污染、紫砂食饮具容器卫生质量等进行专项监测和健康风险评估。开展"中国居民膳食镉暴露的风险评估"等4个优先评估项目；组织完成“中国居民碘营养状况的风险评估”，科学回答了我国实施食盐加碘政策后居民碘营养状况是否过量问题，为继续实施"因地制宜"的科学补碘策略提供了依据。建立风险评估毒性物质数据库，入库毒物已达600个。

按照《食品安全法》和国务院办公厅《食品安全整顿工作方案》要求，完成了包括乳制品安全标准，有毒有害污染物、真菌毒素、农药残留和食品添加剂等基础标准在内的246项食品安全国家标准。对我国现存的食品卫生、质量标准、食用农产品质量安全等几套标准进行整合，着手解决重点标准重复、交叉等问题，提高了食品安全标准的科学性、通用性，积极主动建立新管理体制下的食品安全标准工作体系。

第六，健康危害因素监测评价及干预工作逐步深入

初步完成了全国疾控机构食品安全、环境卫生和放射卫生工作规范，进一步梳理和明确了各级机构的职责任务。中国居民营养状况监测已在全国全面展开；基本职业卫生服务试点和重点职业病监测哨点工作顺利实施；协助地方做好职业病诊断、职业健康监护人员的技术培训工作；在全国开展了医用辐射防护监测网试点，推广应用放射工作人员职业健康管理系统，使之成为放射卫生管理的重要手段。

规范管理、实时评估，稳步推进空气污染与疾病、城市饮用水卫生、医院感染和化妆品不良反应等四个监测体系建设工作；受理检验1585件健康相关产品样品，完成19项环境影响评价任务；编制《基层灾害环境卫生应急工作指南》，结合公共卫生服务均等化医改任务的落实，重点加强农村饮水水质监测系统的基层能力建设，强化质量控制和技术培训，推动农村健康危害因素监测试点，完成全国1700个县(区)的28000多个饮水工程的监测任务。

第七，重视科技能力提高，完善综合支撑条件

在疾控工作中加强科学研究，保持中心在预防医学领域强劲的科研实力。高度重视"重大专项"管理与实施，组织了我中心作为牵头单位承担25项课题的中期考核；强化各级重点实验室管理，传染病预防控制国家重点实验室顺利通过了科技部组织的建设期验收工作；建立了中心级重点实验室的体系，经遴选评审后，批准成立了“中心化学污染与健康安全重点实验室”；积极开展科研诚信宣传教育活动，营造自主创新的良好氛围，遵循科学研究基本原则，提升专业技术人员科学道德素养。2010全年列入中心科研计划管理的总课题数301项，实际获得科研经费5.27亿元，新获准课题46项，争取经费8822万元。

据不完全统计，全年发表论文中文876篇，英文288篇，其中SCI收录231篇，较上年增加8%。据2010年度中国科技论文统计结果显示，我中心在2009年国内研究机构论文被引次数排第4位，被引次数为4039次；2009年被引用次数高于世界均值线的国内论

文 23 篇,在研究机构排第 25 位。

昌平园区信息系统建设项目全面推进,正式启用中心协同办公平台,提高了办公效率,降低资源消耗;实现网络直报系统平稳迁移;开展全国疾病预防控制机构信息化现状在线调查,组织编制《国家公共卫生疾病预防控制信息系统建设规划(2011 - 2015 年)》,并纳入了卫生部总体规划;完成重大事件和应急的信息技术保障及监测工作。继续开展疾控系统流行病学能力建设工作,进一步规范流行病学相关教学和培训活动。CFETP 扩大招生 31 名,已累计招收学员 145 人,教学条件得到了根本改善。

加强教学管理和重点学科建设,推进中心病原生物学重点学科建设进程;稳妥做好研究生培养与管理工作,目前中心在读研究生 563 人,其中博士生 149 人。保持和发展与 WHO、美国疾控中心等机构的多边和双边合作伙伴关系,举办 2010 流感大流行国际研讨会等 8 次国际会议;积极开展 WHO 合作中心的申请和续任。在对原有期刊进行调整的基础上,创办《环境卫生学杂志》。

继续做好我中心实验室安全管理工作,加强培训、督查,举办"实验室安全——永恒的主题"第四届实验室安全周活动,进一步增强了实验室工作人员的安全意识,营造了良好的实验室安全氛围;严格执行高致病性病原微生物运输的审批管理,确保了我中心实验室在安全状态下运行。

结合新医改,开展了国内外公共卫生政策监测、乡镇卫生院公卫岗位疾控职责绩效考核、中澳公共卫生法律等研究工作。紧紧围绕中心重点业务工作,积极主动监测公共卫生舆情信息,通过安排专家接受采访、举办媒体沟通会、在线访谈等多种形式向公众传递公共卫生知识,解疑释惑,主动规避风险,特别是根据卫生部等部委要求,重点规范了疾控技术信息发布程序,全年安排媒体采访 303 次。主动开展了公众关注的铁强化酱油、儿童性早熟、蜱虫咬伤、麻疹强化免疫、发现耐药基因细菌等事件的媒体沟通工作,传播了健康科普知识,减少了事件造成的社会恐慌。

全国已有 19 个城市开通 12320 热线;开展全国 12320 建设专题调查和全国热线电话舆情监测;组织北京、福建、郑州等地 12320 开展甲型 H1N1 流感防控策略认知情况的电话调查;开发和启用了 12320 短信服务平台。

(三)采取综合措施,加强人才队伍建设

人才队伍发展是我中心一切事业发展的关键,也是瓶颈,也可以说是生命线。去年,我们在缺乏特殊待遇的条件下,开辟"绿色通道",经过努力,从北京市整体引进 9 名专业人员,组建了国家结核病参比实验室,创造了引进人才团队的新形式。专门为引进人才组织进行了副处级岗位的民主推荐,履行各项程序后予以聘任,为中青年骨干提供了良好的事业舞台。

在干部选拔任用工作中,进一步完善了公开选拔、民主推荐、竞争上岗等方式,努力创

造公平择优的用人机制，拓宽干部选拔渠道，提高选人、用人公信度。去年在全国范围内公开选拔处级干部4人，在中心范围内民主推荐和竞争上岗形式选拔处级干部2人。

为更好地促进人才的合理配置利用，完善了岗位设置和聘任工作，对调出或退休后腾退的部分空余专业技术岗位进行了岗位微调。有约1/3的专业技术人员调整了岗位等级，聘后专业技术人员的高、中、初级岗的结构比例分别为34%、40%、26%。在专业技术资格申报中，有215人申报，185人通过，通过率为86%。

开展“公共卫生与卫生管理杰出骨干人才队伍建设研究”和“中国疾控中心机构编制调整”研究，为疾控人才队伍建设规划和人才发展战略的实施奠定了基础。

（四）加强内部管理，做好保障工作

在近年来重点抓预算管理的基础上，去年采取了综合措施，预算管理意识提高，执行能力明显加强，全中心当年预算使用率达119%（由于2009年以前的预算结余资金额大，导致全年总预算执行率为72%）。积极参加卫生部审计委派制试点工作，向两个直属单位派出审计干部，在经济合同、基建工程、全球基金项目等方面完成审计资金6.1亿元，纠正违规及错报资金1058万元。

严格按照要求选择合理采购方式，完成125个采购项目，金额约2.1亿元；加强包括国际合作项目在内的固定资产管理；开发启用了经济合同登记系统。

稳妥完成了中心机关和传染病所、病毒病所、性艾中心的搬迁工作；做好各项后勤服务工作，完善昌平园区管理的有关制度和工作程序，确保了物业工程管理、通勤班车、餐厅、公寓、收发室、保洁等平稳运转；积极与相关部门协调，争取相关政策支持，探索解决职工公租房问题，以缓解部分职工上下班交通不便的困难。

启动了南纬路29号楼的加固改造修缮，做好一期工程后期的收尾决算等工作，做好动物实验楼、BSL－2等实验室调试验收等工作。一期工程先后获得了北京市结构长城杯金奖和2010年度国家优质工程银质奖。积极推进二期工程环境影响评价，卫生学评价工作已稳步展开。

积极开展创建“平安单位”活动，强化责任意识，落实人（技）防措施，规范昌平园区安全管理，汲取“5·18”火灾教训，重点检查督导和隐患治理，维护单位安全稳定。

继续做好离退休人员的管理与服务工作，在南纬路办公区设立医药费报账处，方便中心搬迁后的离退休人员报销医药费，继续邀请离退休老专家编写《以史为鉴 光照未来》系列丛书第七册。积极开展保密工作培训和检查，完善昌平园区保密室建设；坚持中心领导批阅重点信访事项，做好信访工作；加强值班管理，建立昌平园区值班车辆保障制度；进一步做好国有资产保值增值和科技开发工作。

积极推动卫生部和上海市政府合作共建寄生虫病所，中国热带病防治研究中心项目已通过上海市公共卫生体系建设三年行动计划的初审；寄生虫病所率先制定了“十二五”

发展规划。

(五)积极做好援疆、援藏以及四川阿坝对口扶贫工作

根据中央有关援疆、援藏精神,按照卫生部的要求,我中心与西藏疾控中心续签了“十二五”期间对口支援协议。并与新疆疾控中心确立了对口支援关系,协议签署后,累计开展11项援疆活动,派出专家58人次,投入经费约70万元;开展8项援藏活动,派出专家22人次,投入经费约39.5万元。

围绕全面提升西藏自治区居民主要公共卫生发展水平,我中心和西藏疾控中心共同启动了西藏自治区公共卫生发展规划(2011－2020年)研究工作,对西藏自治区公共卫生问题、工作重点、实施策略等进行系统分析与研究,为科学制定西藏公共卫生发展规划提供依据。

“十一五”期间,我中心累计投入援藏经费达462万元,超额完成了援藏任务,受到卫生部、西藏卫生厅和西藏疾控中心的赞扬,被评为卫生部援藏工作先进集体。

继续做好对四川阿坝的对口扶贫和处级干部挂职锻炼工作,在我中心历任扶贫干部的积极推动下,阿坝州、县两级疾控中心已经全部实现了全额拨款,人员编制得到了扩大,人员待遇得到了较大的提高。

(六)强化科学民主决策机制,发挥党委保驾护航作用

按照团结奉献、求真务实、勤政重效、廉洁自律的要求建设领导班子,充分发挥班子成员在决策过程中的作用,尊重、支持集体决策;对救灾防病、新址信息化建设、建立结核病实验室、处级以上干部选拔任用等63项“三重一大”事项,先经分管领导审核,再提交中心主任办公会或党委常委会议集体讨论决定,维护了集体决策的严肃性。同时主动接受驻部组局的检查和指导,不断纠正存在的问题,使集体决策更加科学、严谨。

建立党委常委党建工作联系点并分工到人,中心6位常委分别作为10个直属单位的党建联系领导,通过深入联系点调研、参加民主生活会、创先争优活动等了解联系点党建工作,针对发现的问题,及时提出具有针对性的指导意见,将集体决策贯彻到基层,充分发挥了党组织在疾控工作中的政治核心作用。

以岗位创优为基点,融创先争优于疾控工作中,引导党员干部立足本职创一流、作奉献,鼓励党员在各自的岗位上发挥先锋模范作用;激励党员干部在玉树、舟曲等救灾防病一线上树起不怕艰险、甘于奉献的旗帜。坚持党建带团建,加强学习型团组织建设,以“立足本职工作、争当岗位能手、展示青年风采”为共青团创先争优活动目标,激发了广大团员青年的热情和创造力。

以权力运行监控机制建设为重点,开展试点工作,强化宣传教育,引导党员干部“自重、自警、自励、自省”,提高贯彻落实党风廉政建设责任制的自觉性。通过成立权力运行

监控机制建设试点工作领导小组和办公室、三上三下填报权力明晰表、两上两下绘制权力运行流程图，深入推进中心惩防体系建设，提高拒腐防变的自觉性。

（七）以文化建设为切入点，发挥群团组织桥梁纽带作用

以疾控文化活动凝聚人心，搭建沟通交流平台。举办首届职工趣味运动会、乒乓球等比赛，组队参加卫生部运动会，开展中心职工"全民健身"活动；建立了职工"健康加油站"，完善职工健康档案，做好职工体检，引导职工养成健康的生活工作方式；认真倾听并积极解决职工群众诉求，关心和爱护困难职工，通过多种方式争取经费支持做好慰问和帮扶工作；协助离退休党支部独立开展丰富多彩的活动，支持民主党派开展工作，发挥民主党派参政议政、建言献策作用。

总之，在过去的一年，在卫生部的正确领导和支持下，广大干部职工恪尽职守，为中国疾控中心的发展付出了辛勤的汗水，中心的各项工作得到了有关部门的充分肯定和高度评价，涌现出了一大批先进集体和先进个人。这些成绩是中心广大干部职工共同努力、辛勤工作的结果，我代表中心领导班子向大家表示衷心的感谢和崇高的敬意！

二、全面客观分析中心发展中面临的机遇与挑战，营造良好环境，不断推进中心的科学发展

回顾一年来的工作，大家都能感觉到，当前国家对疾控事业的要求更高，社会各界更加关注公共卫生工作，我们的任务更加繁重，要圆满完成这些繁重的任务，必须冷静分析当前中心发展中面临的机遇和挑战，积极妥善解决专业人才缺乏、保障资源不足、管理水平不高、文化建设薄弱等问题，营造良好的环境，不断推进中心的科学发展。

（一）认真分析日渐突出的工作任务快速增加与支持资源不足之间的矛盾，着力营造良好的保障环境

按照国家对事业单位改革的有关文件精神和卫生部对中心的工作要求，结合我们几年的工作实践和认识，在去年的工作会上，我们提出了国家疾控中心的两个基本特性：即服务公益性和技术专业性，经过与各级疾控人员的交流与讨论，我们对此有了更深层次的认识。

所谓公益性，就是我们的每一项工作，都是政府公益性职责的技术实施，对于我们，只有服务的好坏，没有自己的经济利益多寡，都是完全服务式的，是政府全额预算支持的。不仅我们要这样认识、这样做，更重要的是还要让全国同行、全社会都知道这一点，目的是使得大众更积极、更容易配合我们开展疾控工作，实现政府的公益性服务目的。

所谓专业性，是指疾控中心的工作性质是通过专业人员开展公共卫生技术工作，完

成特定的工作职能。这种工作不同于政府机关和一般国有企事业单位的工作，不同于一般社会团体的活动，是完全基于专业知识和技术开展工作。这就要求我们必须有一支专业和专家队伍，更重要的是营造良好的环境充分发挥他们的专业技能。

疾控机构的公益性加专业性特征是在这几年的实践中逐渐认识、发展、凝练出来的。按照认识论原理，还要再回到实践中去，接受疾控工作的实践检验，正确指导我们的工作。因此，在实际工作中，需要实事求是地丰富、发展和完善这两个特性，千万不能形而上学、不能绝对化，不能僵化。

当前，持续增长的工作需求与非常有限的支持条件之间的矛盾日益凸显，是目前中心的突出矛盾。大家普遍感受到，这些年国家疾控中心的各项任务明显增加，工作强度越来越大，专业覆盖面不断扩展。无论是搬迁到了昌平园区的还是留在市区的职工，均长期处在高负荷的状态下开展工作。

大家付出的多，工作压力大，紧张的工作持续时间长，大部分部门还需要频繁出差；尤其是搬迁到昌平园区的大部分职工，不管春夏秋冬，需要每天长途通勤，难于照顾家庭。另一方面，由于国家层面事业单位体制改革尚未开展，中心体制机制不顺，各种支持性资源非常有限。中心职工平均收入水平偏低，尤其是年轻骨干层收入明显低，搬迁后的住房问题没有渠道解决，没有资金可用于职工的郊区补贴等，待遇条件改善明显滞后。

我们逐渐发现，在强调公益性同时，要在国家宏观政策框架内，积极争取国家政策的支持，最大限度地、多渠道解决职工收入偏低问题。这些需要靠我们深入理解、灵活运用现有政策，而不是机械地、片面地理解和实施，使大家利益受影响，工作积极性受挫。去年我们一直将改善这种状况作为重点工作，积极向国务院领导和有关部门汇报反映情况，力求尽快落实，受到了有关部门和领导的关心和关注，但由于牵涉到多方面的原因，目前尚未真正落实，需要我们在今年进一步深化有关工作。我们大家要积极解放思想，讨论研究寻找解决途径，积极争取政策支持，为全体职工创造良好的保障环境。

(二)加强干部队伍建设，营造学习环境，提高管理水平

由于中心专业性的特点，我们的干部主要来自专业技术队伍，有熟悉专业技术的优势，但在管理上容易成为薄弱环节，明显欠缺对管理岗位干部基本要求的认识和实践，在管理工作中感到很大的压力。主要原因是我们专业干部在管理方面缺乏有针对性的系统培训，诸如财务管理、预算管理、团队组织和协作、群众关系、工作方法、自我约束等，大都是在实践中学习、体会，是靠大家摸索着前进，成本和风险大，管理水平上不去，直接影响到事业的发展。

在如何提高能力、做好管理工作方面，大家都有迫切学习的客观需求，今年将结合我们的工作特点，提出系统的培训方案，认真组织实施，为大家创造提高管理素质的学习环境，提高我们的干部管理水平。尹力副部长还要专程到会，向大家传授在管理方面的经验

和体会，帮助我们进一步提高管理水平。

另外，在一些部门还存在干部缺位的现象，近期要尽快补齐。同时，还要继续建立健全中心各项规章制度，确保各项规章制度的落实；在细化规章制度的同时，要优化执行程序，降低行政成本。探索绩效考核，细化干部考核方法，全面提高干部素质，使我们的干部能够科学地做好管理工作。同时，也请大家讨论，如何进一步建立完善干部管理机制，如干部约束、激励机制，实行干部任期制等。

（三）建立疾控文化体系，营造符合疾控中心特色的文化环境

从国家角度而言，文化是一个民族的根基和灵魂，蕴含着一个国家未来发展的潜在力量。对于一个单位而言，文化是全体职工行为的精神准则，是单位发展的推动力。因此，作为国家疾控中心，必须塑造优秀的中国疾控中心文化，建立科学发展的疾控文化体系，营造和谐向上的工作氛围，增强全体职工的凝聚力。

多年来，我们在中心文化建设方面做了一些工作，但文化元素过于零散，未成体系。例如：2008 年，中心借助新址搬迁制定了《中国疾控中心标识系统使用规范》，规范了中心标识系统的应用，昌平园区的正式启用是一次机构内涵的全面提升，是国家公共卫生战略调整的标志性成果，但这些也仅仅只表现了文化建设的一个方面——物质文化建设，即表层文化，而在行为文化建设、理念文化建设层面还有待挖掘、充实和完善，进而以文化建设内涵为框架，探索建设具有疾控特点的文化体系，营造良好的文化环境氛围。在这个框架下，通过开展丰富多彩的文化活动，把做好职工思想工作与解决实际问题相结合，充分调动各方面积极性，为做好日益繁重的各项疾控工作积蓄力量，提供动力。

三、根据卫生部的工作部署，全面做好 2011 年的各项工作

今年是深化医改的关键之年。年初以来，全国全国卫生工作会议、各司局的工作会以及重点业务工作会议安排、布置了今年的重点业务，我们的各项工作都十分繁重，归纳以下几个方面。

（一）完善应对重大突发公共卫生事件的综合准备

——全面加强卫生应急管理工作，组建成立公共卫生应急中心。做好卫生应急技术准备工作，有针对性的开展卫生应急培训和演练，依托国家应急队伍建设项目完善队伍和个人装备，着重提高后勤保障和现场检查能力。

——重点完善突发公共卫生事件应急工作的网络架构和信息流程，在医疗卫生系统内，整合传染病、食源性疾病、环境卫生等各专业现有的监测报告网络，建立统一的突发公共卫生事件监测信息平台。

——与有关部门、机构积极合作，建立包括气象、交通、通讯和应急物资装备供应等应

急支持条件在内的全方位支持网络。

（二）科学、稳妥地推进各项传染病防控工作

——做好全国重点传染病监测方案的修改工作，对监测体系进行评估，修订完善监测方案，科学合理布局监测点，保证重点传染病监测工作不断深化。

——推进血吸虫病等寄生虫病的综合防治工作，切实执行好疟疾防控项目，推动全国消除疟疾行动的深入开展，加强对重点省份包虫病防治项目的技术指导，启动全国包虫病基线调查。

——完善传染病应急实验室网络体系，构建以我中心牵头、覆盖全国省级疾控机构、有关研究机构、院校和医院的传染病实验室检测工作网络。继续完善流感监测系统，密切关注流感样病例的趋势和病原变化，做好流感防控并完善大流行应对准备。继续加强对手足口病聚集性病例、重症病例的病原学监测，及时研判流行优势毒株引发的疫情变化，采取干预措施，加强救治降低病死率。

——做好青海玉树灾区鼠疫防控指导工作，合理调派赴现场工作人员；整合当地技术力量，做好培训和技术指导，加强与青海地病所的联系沟通，依托当地机构完成好实验室检测任务。

——重点对广西、四川等地区的艾滋病疫情进行深入研究；在基层推广使用快速检测方法，推广医疗机构主动艾滋病咨询检测工作，扩大艾滋病监测检测覆盖面；扩大母婴阻断覆盖面，督促感染者将其感染或发病事实及时告知与其有性关系者，尝试在社区戒毒和社区康复场所内开展药物维持治疗，推广高危人群检测和抗病毒治疗作为预防措施两项新干预策略，扩大综合干预覆盖面，降低艾滋病新发感染率；通过探索建立病人异地治疗的保障机制，在监管场所开展抗病毒治疗，完善疾控中心和定点医院之间的转诊体系，扩大抗病毒治疗覆盖率，降低艾滋病病死率。

——开展结核病防治工作“质量年”各项活动；启动对耐多药肺结核和TB/HIV双重感染防治工作的常规监测；重点探索结合“医改”扩大耐多药肺结核治疗覆盖面的做法；加强结核病实验室网络建设，建立、健全质量保证体系和生物安全规范，建立新诊断技术的验证、评估及推广机制，特别要注意提高技术创先能力。

——落实免疫规划信息化建设的各项工作；结合全国免疫规划宣传周普及免疫规划知识；强化全国疑似预防接种异常反应监测信息的分析和利用；加强维持无脊灰、消除麻疹、控制乙肝为重点的相关传染病监测和应急控制工作，开展风险评估、脊灰野病毒输入应急演练培训；加强脊灰、麻疹、乙脑等实验室网络建设，提高实验室检测能力；配合做好手足口病灭活疫苗、成人用结核疫苗等新疫苗研发工作。

（三）进一步加强慢性非传染性疾病工作

——落实医改公共卫生服务均等化，探索适合我国国情的慢病防治工作新途径。积极推进以省部联合形式在山东省开展“减盐防控高血压”综合干预试点项目。将慢病监测、登记报告与社区健康档案的建立相结合，不断提高人群慢病知晓率、干预率和控制率。

——切实加强国家慢病监测体系建设。重点推进全国重点慢病监测与信息管理系统建设工作，利用医院电子病历和居民电子健康档案信息，采集脑卒中、冠心病等慢病发病以及高血压、糖尿病等病例管理信息；继续做好居民死因、成人慢病及其危险因素等监测工作。

——强化慢病干预，扩大和加强国家慢病综合防控示范区建设工作，研究和发展示范区督导、考核、评估指标体系；继续推进淮河流域癌症综合防治工作，完善淮河流域重点地区环境与健康综合监测系统；继续做好全民健康生活方式行动，不断丰富行动内容和扩大全国覆盖面，超过30％的县市区开展行动；切实加强对医改基本公共卫生服务慢病项目的考核和评估工作。

——加强烟草控制，从政策倡导和发展、监测与监督、干预与控制等方面，继续大力推进无烟环境创建工作。

——组织实施做好中国健康与养老追踪调查，为医改实施的效果评估提供多维度科学数据；继续推进中美儿童与家庭队列研究，组织开展相关调查和分析工作。

——加强培训和推广各类规范和指南工作，加强全国慢病防控队伍能力建设工作。继续推进伤害预防、精神卫生和口腔卫生工作。

（四）继续做好妇幼卫生工作

——继续深入实施重大公共卫生和基本公共卫生妇幼服务项目，开展子宫颈癌绩效评估研究及宫颈癌检查技术培训。

——推广、组织落实《全国妇女常见病筛查工作规范》、《妇女常见病筛查管理办法》，《全国孕产期保健工作规范》、《孕产期保健工作管理办法》。稳步推进全国预防艾滋病、梅毒和乙肝母婴传播工作，开展综合干预服务，扩大妇幼综合干预与服务工作覆盖面。

——推进妇幼卫生信息化建设工作，新建国家母婴三证综合管理信息系统，整合现有机构监测信息系统和预防艾滋病母婴传播管理信息系统，实现国家、省和地市妇幼卫生管理平台的互联互通。

——开展妇幼保健服务模式、卫生政策与妇幼保健发展、妇幼保健重点学科建设与准入标准等研究。开展全国妇幼保健机构等级评审工作现状的调查研究。

（五）抓住时机，大力提高职业卫生管理能力

——重点做好职业健康状况调查的组织、指导、实施和结果分析等工作，研究提出《职业病防治机构建设指导意见》，制订职业健康风险评估有关工作指导意见，积极主动参与《职业病防治法》修订工作。

——健全职业病报告管理信息网络，完善放射工作人员个人剂量与健康监护登记系统，进一步扩大覆盖范围；推广职业性放射性疾病诊断报告系统，完善职业病报告管理制度，制定《职业病诊断机构基本标准》和职业病诊断医师资质要求。

——做好职业病诊断治疗康复的组织准备，梳理和修订现行职业卫生标准、职业病诊断标准以及《职业健康监护技术规范》；做好核电站周围居民卫生与健康监测，加强矿山氡及其子体职业危害的检测与评价工作。

（六）提升健康风险评估预警水平和技术支撑专业优势

——全国公共卫生专业机构技术力量，深化中心风险评估人才队伍建设和监测实验室能力建设，强化食品安全风险监测、预警和评估，开展重金属污染的健康影响、新型职业危害因素的识别和监测、医用辐射防护和公众照射控制等领域科学技术研究。

——继续完善食品安全风险专项监测与应急监测工作机制，加大食品中非传统有害因素监测力度，提高预警能力；追踪和研究国内外食品安全热点问题，做好毒理学资料和检测数据的收集工作，及时开展相关的食品安全风险评估。

——提出营养标准发展规划和标准年度制修订计划，实施2011年中国居民营养与相关健康状况监测。继续推进环境与健康的四个监测体系和农村饮水监测体系的网络化、规范化建设，协助地方实施环境重金属污染健康监测技术方案，争取形成综合性健康危害因素风险评估体系。

（七）继续加强技术支撑和技术保障工作

——积极参加全国卫生的信息系统建设、整合工作，继续推进昌平园区信息系统建设，强化信息资源管理，提升信息资源服务能力；提升数据中心管理能力和系统容灾备份建设。

——扩大流行病学应用与实践系列培训的覆盖范围，进一步完善流行病学交流平台的建设，探讨适合我国开展的流行病方法学研究。开展气候变化与健康相关研究。

——结合疾控机构落实基本公共卫生服务均等化等医改工作，积极开展公共卫生政策相关研究。结合重大公共卫生事件，规范新闻宣传和媒体沟通，通过多种形式，科学开展疾控机构媒体沟通。结合12320公共卫生咨询热线、网站等多种途径，开展健康咨询与健康教育相关工作。

——积极筹备第二届科技学术年会和全国疾控系统科研管理会议；进一步提升专业技术人员的科学道德素养；梳理我中心“十二五”重点科技攻关领域与关键技术，做好“十二五”传染病重大专项的启动工作。

——不断优化研究生课程设置，改善办学条件；筹备全国疾控系统教育培训管理工作经验交流会；加强继续医学教育培训现场督导；推进公共卫生专业技术人员规范化培训工作试点。

——深入开展国际合作，以与美国疾控中心的合作为重点，支持和推进新发传染病和慢病领域的项目合作；巩固和发展与WHO的合作关系，做好中国/WHO 2010－2011双年度项目管理；积极探索走向非洲的走出去战略，加强对重大国际合作项目的管理。

——在做好实验室安全人员培训、运输审批、实验室安全教育基础上，深入开展实验室信息管理系统建设工作；推动新址BSL－3实验室申请国家实验室生物安全认可；做好BSL－3级生物实验室安全和实验动物楼的管理。

（八）进一步做好中心自身建设和内部管理

——积极探索多途径用人和人才培养机制，发挥现有高层次人才领军作用；按照卫生部实施聘用制有关文件要求，开展全员聘用工作，探索落实干部聘用目标管理责任制、任期制和轮岗制的有关要求。加大对近年来新引进人员和新毕业学生的业务素质培训。

——以实施绩效工资、开展第二轮岗位设置和岗位聘任工作为契机，制定岗位标准，完善岗位管理、强化择优聘任，在调研基础上研究中心工作人员量化考核、年度考核和奖惩办法。

——落实中心部门预算执行管理实施办法，加强预算管理，建立预算执行管理责任制，强化预算执行主体责任意识，将各项措施和任务明确到部门和责任人。要结合权力运行监控机制建设试点工作，坚决杜绝预算执行中的违纪违法现象，切实提高资金的使用效率。继续做好审计监督，提升审计工作能力。

——优化中心协同办公系统，扩大系统平台搭载内容；继续加强招标采购和资产管理，制定详细的设备采购、管理、使用细则。

——做好各项后勤管理工作，积极筹建昌平园区运营管理中心，根据新址园区运转的情况，就加强和完善园区运营工作进行专题研究，提出调整、解决方案，进一步延伸服务内容和提升服务质量，保障可持续发展。

——全面完成一期工程的收尾工作；二期工程已经纳入卫生部基本建设“十二五”重点工作，要协调解决建设用地遗留问题，做好项目材料的上报等工作。

——认真落实安全保卫管理制度和各项防范措施。做好计算机信息系统安全和保密工作。继续围绕疾控和应急工作，提高科技开发工作水平。

——落实援疆、援藏的对口支援协议，做好阿坝扶贫工作。

同志们,2011 年是“十二五”开局之年,也是中心成立的第 10 个年头。中心组建以来,特别是“非典”疫情后,在卫生部的领导下,以科学发展观为指导,广大干部职工充分发扬无私奉献精神和专业特长,在应对自然灾害、新发传染病、公共卫生突发事件和疾病防控中逐步发展壮大,综合能力不断提高,得到了国内、国际社会的普遍认可。近年来,不论在认识上还是在实践上,逐渐明确了疾病预防控制工作以公益性和专业性为特点的发展思路,业务范围涵盖了与公众健康相关的所有领域,为国家安全和人民健康做出了应有的贡献。全体职工对疾控中心的任务更加明确,对国家、卫生部的各项工作要求理解的更加深刻和全面,对各项政策执行的自觉性也更高,综合业务能力明显提高。但在疾控中心的定位、体制、发展方向等方面还需要进行积极的探索。

今年要着手开展一系列活动,认真组织对中心成立 10 年的各项工作进行全面的总结回顾,一是要将中国疾控中心的发展评估与全国疾控机构改革的发展历程回顾相结合;二是要将疾控机构体制建设回顾分析与建设发展相结合;三是要将疾控文化建设与疾控业务工作相结合。要制定详细的工作方案,认真组织实施,通过总结回顾 10 年的发展历程,讨论中心“十二五”发展规划,明确发展方向,促进中国疾控中心全面健康的发展,努力开创又好又快的科学发展新局面。

谢谢大家!

与时俱进　迎接挑战
不断改进和创新党建工作 保障疾控事业平稳发展
——2011年中国疾病预防控制中心党委工作报告

中心党委书记　梁东明

（2011年2月23日）

同志们：

今天我们在这里召开中心2011年度工作会议，回顾和总结过去一年取得的成绩，分析我们面临的形势和任务，认真落实“十二五”规划和全国卫生工作会议对我们的各项要求，安排和部署今年总体工作。下面，我代表中心党委，对去年工作进行简要总结，对今年主要工作进行安排和部署，请大家进行讨论并提出意见。

一、2010年工作回顾

一年来，在卫生部党组、部直属机关党委的领导下，中心党委紧紧围绕疾控中心工作，积极创建学习型党组织，深入开展创先争优活动，在完成和落实深化医改各项任务，推动基本公共卫生服务均等化各项工作中，各级党组织深入开展思想政治工作，统一职工思想认识，为做好本职工作增添干劲；针对发展改革中遇到的突出问题，各级党组织认真听取职工的意见建议，最大限度地克服困难和化解难题；一年来，各级基层党组织和中心的共产党员充分发挥战斗堡垒作用和先锋模范作用，促进了中心上下切实完成党和国家交付的各项任务。

（一）深入开展创先争优活动，激励党员职工在疾控工作中争先进、作表率

自2010年上半年中央部署深入开展创先争优活动以来，按照上级党组织的统一安排，中心党委成立了活动领导小组及办公室，把活动纳入全中心发展的大局中去谋划和运作，并安排专项工作经费保障各项活动开展。中心党委以“在疾控工作中践行科学发展观”为主题，以“落实医改任务，增强队伍能力，提高疾控水平，加强基层组织”为载体，在中心各项业务工作中创先争优，在加强基层党建工作中创先争优，在解决突出问题中创先争优，引导广大党员把争创理念转化为岗位奉献的自觉行动。2010年下半年集中开展的参与度高、辐射面广、引导性强的十项争创活动，推动中心创先争优活动进入广泛参与阶段。在撰写一条争创宣言活动中，有1055名党员用质朴的语言郑重做出承诺；在实现“岗位闪

光”的业务工作中,35 个基层党支部开展了立足岗位比贡献活动,646 名党员把履行工作职责作为创先争优的基点;在开展一次“讲评会”活动中,全中心已开展不同类型的讲评会 43 场,共有 758 名党员参与争创讲评。

各直属单位结合本单位实际,开展了形式多样的争创活动。传染病所注重在抗震救灾一线发挥党组织战斗堡垒作用和党员先锋模范作用,号召每一位奔赴灾区一线的党员干部和职工要牢记宗旨、不辱使命,坚决完成灾后防疫的各项艰巨任务,并召开了玉树抗震救灾总结会,大力弘扬先进树正气;病毒病所制定了《党员示范岗标准》、《岗位标兵争创标准》、《文明科室争创标准》等具体化方案,为开展创先争优活动提供了操作性强的努力方向;性艾中心开展“我为防治工作‘降两率’献一策”活动,并选派党员骨干到河南驻马店等四个艾滋病防治联系点开展帮扶工作,将争创活动与业务工作紧密结合;慢病中心开展“在创先争优活动中,我是一名党员”的主题活动,将党员宣言制成版报专栏,并结合宣言承诺开展党员讲评;寄生虫病所以“世博先锋行动”为主题开展"创先争优"活动,全体党员积极参与世博,服务世博,奉献世博;营养食品所坚持实行党员民主评议制度,并将其与点评争创活动、树立先进典型有机结合;环境所、职业卫生所召开先进党员、党务工作者讲评交流会,营造创先争优活动的良好氛围;辐射安全所采取党员亮身份的方式,开展“同样的职务讲水平,同样的岗位讲绩效,同样的绩效讲奉献,同样的奉献讲创新”活动;改水中心创新分类指导,注重岗位争优,针对不同岗位分别提出了不同的“争优”标准,把普遍性要求与履行不同岗位职责相结合;机关二总支 MPH 学生党支部开展以“服务人民健康”和“促进同学了解,建设和谐集体”为主题的教育活动,强化了学生党员的社会责任感和集体归属感。这些活动的开展营造了学先进、争先进、赶先进的良好风气,有力地促进了中心创先争优活动的深入开展。

中心党委始终重视把各级党组织和党员的智慧、力量凝聚到促进疾控事业科学发展上来,为落实医改任务提供动力和保证。在完成国家重点公共卫生专项工作中,在全民健康生活方式的推广过程中,中国疾控中心的共产党员们坚定不移地贯彻国家卫生工作方针,始终把握预防为主和以农村为重点,深入基层、指导基层、服务基层,有超过 200 多人次的专家骨干和党员深入到偏远落后地区,用实际行动促进公共卫生服务均等化,用创先争优践行科学发展观。中心党委鼓励党员干部在危难时刻率先垂范、冲锋在前,充分发挥专业优势,无悔践行入党誓言。中心派往青海玉树地震灾区的 82 人中,党员有 43 名;在抗击舟曲特大泥石流灾害过程中,中心派出 15 人中,党员有 9 名。无论是重大灾难的灾后防疫、突发疫情应对,还是在世博会、亚运会、亚残会的卫生保障工作中,中心广大党员干部都以自己的实际行动彰显了疾控人无私奉献的优秀品质,赢得了灾区人民和社会各界的广泛赞誉。2010 年,中心党委被中央组织部授予“抗震救灾先进基层党组织”称号;中心传染病所被中共中央、国务院、中央军委授予“抗震救灾英雄集体”称号;党员李群同志被中共中央、国务院、中央军委授予“抗震救灾模范”称号;党员卢金星同志被国家防汛抗旱总指挥部、人力资源和社会保障部、解放军总政治部授予全国防汛抗旱先进个人称号。

（二）大力推进学习型党组织建设，不断深化理论武装工作

中心党委按照学习型党组织建设的要求，以中央国家机关“强素质、作表率”主题读书活动为模板，以制度建设为根本，以解决工作中的实际问题为基点，组织中心各级党组织广泛开展读书学习活动，把卫生部党组提出的“武装头脑、指导实践、提高能力、推动工作”的要求落实到学习型党组织建设的全过程。精选推荐了《沈浩日记》、《苦难辉煌》等5本有思想内涵、有正面引导作用的书，组织全体党员深入学习，营造了读好书、明事理、增才干、比贡献的良好氛围。在卫生部直属机关党委组织的读书征文活动中，有5名党员获得二等奖，19名党员获得三等奖，6名党员获得优秀奖。广大党员利用业余时间深入阅读中心党委推荐的学习书目和学习材料，认真做笔记，撰写学习体会，并在各项读书活动中相互交流学习收获。一年来，全中心开展书评会、支部笔谈、心得交流等读书活动50余次。如，改水中心组织开展“读书季”活动，设计《读书卡》，组织党员写读书心得，并展开讲评，引导党员、职工认真读书，深入交流；机关一总支动员党员在读好书的基础上撰写读书心得，互相交流互相启发，形成自觉学习的良好氛围；营养食品所组织党员和所在科室的群众开展学术和学习体会交流活动，促进了业务水平的提高。

各级党委认真执行中心组学习制度，中心组成员带头开展读书学习，提高理论素养，强化指导实践。针对今年疾控工作任务重、时间紧、难点多的特点，基层党组织落实学习计划坚持从实际出发，统筹兼顾，科学安排，充分利用党委常委会、支委会、工作例会等多种形式，会前安排集中学习。中心党委还不定期地将党内重要会议、文件、领导讲话等汇编成17份学习材料，提供广大党员自学。中心党委理论中心组将学习作为一种自我约束的规定动作，全年共组织学习12次。为提高中心党员领导干部对医改政策的理解，明确中心在医改中的使命和任务，中心党委举办专题讲座，邀请卫生部政法司领导现场答疑解惑。为强化各级领导干部履行岗位责任的意识，中心主任王宇同志在总结学习与实践感悟的基础上，以“强化履行职责，服务群众、促进健康”为题亲自作党课辅导，强化党员干部恪尽职守、敢抓敢管、关心群众的责任感和事业心。为提高党员党性修养，组织开展了《论共产党员修养》专题学习活动，并通过远学马庆军、杨勇同志，近学李群、卢金星同志等活动，把理论学习与榜样学习有机结合在一起。党员干部通过经常性的学习和教育活动，加深了对新形势下加强党建工作重要性的认识，深化了对科学发展观内涵的理解，提高了思想认识水平和业务技能，坚定了凝心聚力做好疾控工作的信念，也有力地推动了中心创建学习型党组织活动。

（三）紧密围绕中心工作，加强基层党组织建设

中心现有 7 个基层党委，3 个党总支，2 个直属党支部和 58 个基层党支部，共有党员 1777 人，其中在职党员 939 人，学生党员 174 人，离退休党员 515 人。2010 年中心党委建立并实行党建工作联系点制度，党委常委经常深入联系点单位，了解单位领导班子、中层干部和党员群众的思想和工作情况，参加联系单位的民主生活会，推进创先争优活动的开展，结合开展业务工作指导基层党建工作。中心各级基层党组织以经常性的教育活动为抓手，强调在完成中心工作任务中发挥党组织作用，不断丰富和充实形式多样的党内生活。一年来，中心各级党组织共组织主题党日活动 51 次，有 1200 多名党员参与活动。中心党委组织党员参观荣获“全国先进基层党组织”称号的昌平区郑各庄村党总支，学习他们在新农村建设中发挥战斗堡垒作用的先进经验，教育广大党员在疾控实践中努力创先争优。病毒病所、营养食品所、职业卫生所、妇幼中心、中心机关二总支等组织革命传统教育活动，鼓励党员继承和发扬革命传统；辐射安全所等组织重温入党誓词和学习交流活动，引导党员坚定理想、宗旨，刻苦钻研业务知识；中心机关一总支组织到基层疾控机构走访，体验基层疾控工作的艰辛，了解基层疾控人员的诉求。

中心党委始终坚持民主集中制原则，严格执行党政议事规则，“三重一大”事项均由领导班子集体讨论决定。一年来，中心召开集体决策会议共计 26 次，涉及"三重一大"事项 63 项。各直属单位严格执行“三重一大”制度，结合自身实际创新工作方法，如性艾中心启用远程电话会议系统召开中心主任办公会议，让出差在外班子成员能够对单位重大决策充分发表意见。中心党委还严格按照《党政领导干部选拔任用工作条例》的规定，公开选拔和聘用所、处级领导干部 6 名，配合卫生部人事司完成直属单位 3 名党政主要负责人的推荐考察工作。自 2010 年起开始执行干部选拔任用“一报告两评议”制度，增加了选人用人的公信度。中心党委把领导干部民主生活会作为收集社情民意、健全民主监督、共同解决难题的有效途径，在专题民主生活会前，通过各种形式广泛征求群众意见 6 大类 46 条。会后，针对群众反映强烈且与职工切身利益密切相关的问题组织人员研究落实，召开不同层面座谈会进行正面疏导和集思广益，就群众提出的通勤偏远、住房困难、工资收入低、工作压力大等现实情况和困难，提出解决问题的对策和建议。

基层党组织的换届选举是强化党员组织意识、纪律意识、宗旨意识的良好契机。中心党委从年初就有组织、有计划地部署中心各级党组织的换届选举工作，把重点放在严格选举程序、认真行使权利、严肃组织纪律、提高党性觉悟等方面。目前，应换届选举的 36 个基层党支部中已有 27 个已完成换届选举，新当选的 13 名党支部书记中，7 名为中心各领域的中青年技术骨干，基层党组织的领导得到了充实和加强。针对中心党员队伍结构出现不断年轻化的特点，党委更加注重青年党员和预备党员的教育管理，注意培养年轻党员在关键岗位和突发事件中经受锻炼、加速成长，悉心引导中青年业务技术骨干加入党组

织。全年共发展党员23名,35岁以下的青年占56.5%。另有27名预备党员按期转正。

加强党内事务管理工作。党员数据库统计工作获得卫生部直属机关全优报表。开展了困难党员摸底调查及重要节日走访慰问活动,使困难党员感受到组织的温暖。进一步规范党费收缴、使用、管理,2010年中心党费收入211 533.47元,其中:下级党组织按比例上交党费196 533.47元,上级党组织回拨党费15 000.00元。2010年中心党费支出194 381.81元,其中:使用党费27 288.00元,主要用于订阅党报党刊、购买党的理论学习资料、重要节日慰问老党员和困难党员、举办和组织参加各种党的会议、培训等;向卫生部直属机关党委上缴2009年度党费113 491.31元;下拨中心直属各级党组织党费53 602.50元。2010年中心党费净结余17 151.66元,累计结存328 689.74元(其中114 198.58元为2010年度应上缴卫生部直属机关党委的党费,还有20万左右的结余一部分将用于党委的换届选举)。

(四)以惩防体系建设为抓手,不断强化党风廉政建设

中心党委、纪委以贯彻落实党风廉政责任制和《建立健全惩治和预防腐败体系2008—2012年工作规划》为主线,坚持不懈推进中心惩防体系建设。中心各级党组织把严肃党纪和端正党风作为立足点,不断强化党委责任主体,完善制度建设和监督考核,明确职责分工及防范腐败的重点环节,形成党政反腐倡廉合力,为中心各项工作的顺利完成提供了有力保证。

作为卫生部首批试点单位,中心班子会议多次研究权力运行监控机制建设工作,并给予机构、人力、经费等方面的保障。中心纪委围绕廉政风险高的“权、钱、人、项目”,并突出“项目”这一特点,认真分析权力运行过程中的薄弱环节,讨论权力监控的有效措施,通过几上几下反复征求意见,整理出中心管理层的30项权力,并按照驻部组局的要求,以相关权力责任部门为主体,中心纪委总体指导,完成了30项权力中的A级、B级权力运行流程图和风险制约对策的初稿。

中心的“三重一大”制度是反腐倡廉的一项有效措施。一年来,中心本级和直属单位共上报集体决策会议纪要173份,决策内容涉及领导分工、工作计划、中层干部配备、部门职能调整、大额资金支出等。针对驻部组局在检查中发现的中心“三重一大”集体决策中有关大额资金议题较少的问题,中心党委、纪委认真查找执行“三重一大”集体决策制度运行中存在的问题和不足,进一步规范集体决策的内容、形式和会议纪要的整理,组织人员对原有制度进行全面修订完善。

中心纪委将加强资金使用和项目监督作为惩防体系建设重点环节,多次深入到项目地区,加强对科研课题、项目经费使用和运行情况的监管。在选拔聘任干部考察过程中,注重了解干部个人党风廉政建设情况,注重征求纪检部门对干部的评价意见,认真执行廉政谈话制度。按照卫生部直属机关纪委要求,开展以"推进反腐倡廉建设科学化"为主题

的征文活动,报送征文 13 篇。在日常教育中,将《廉政准则》作为学习重点,在《中心报》“廉政之窗”专栏中刊登“52 个不准”等党内政策法规,并利用中心网络扩大宣传的覆盖面。一年来,中心各项工作平稳有序开展,未发生违法、违纪案件。

(五)充分发挥群团组织作用,深入推进思想政治工作和精神文明建设工作

中心党委认真贯彻落实《卫生部党组关于卫生系统加强和改进思想政治工作的意见》,始终坚持正确舆论导向,通过先进事迹报告会、媒体采访报道等形式大力宣传身边的先进人物和事迹,引导广大职工爱岗敬业,乐于奉献,争做维护人民健康的忠诚卫士。组织离退休专家编写《以史为镜、光照未来》系列丛书第 7 册,以老一辈疾控工作者无私奉献的精神鼓舞干部群众振奋精神,开拓进取。发挥《中国疾控中心报》、中心网站作用,围绕中心全局工作,积极展示和宣传中心发展、工作业绩和广大职工的精神风貌。《中心报》全年编辑出版 13 期,共 80 个版面约 40 余万字。及时了解中心职工的生活现状和思想状况,积极落实困难职工帮扶政策,关心老同志、困难党员和职工的工作及生活,尽力解决他们的实际困难,发放困难补助 3 万元,为 15 名困难职工的子女申请 2.6 万元“阳光助学”活动经费,为 5 名孩子患病残疾的职工申请困难补助。发挥中国卫生政促会疾控分会的作用,引领全国疾控系统紧密结合学习型党组织建设、创先争优、医改任务落实和绩效考核等内容开展 3 次全国范围的培训、研讨和经验交流活动,成立了疾控分会职防学组。组织 2 次全国疾控系统的乒乓球赛,促进了疾控系统的文化建设。

按照“重在建设、贵在坚持、注重实效”的方针,深入开展精神文明创建工作。将创建活动与中心业务活动紧密结合,积极推动无烟疾控中心建设,在中心内部率先推广全民健康示范行动。中心广大党员和干部职工心系灾区,积极向受灾地区捐款,先后为玉树、舟曲两地灾区捐款近 47 万元。各直属单位不断巩固创建成果,大力弘扬“爱岗敬业、务实创新、诚实守信、廉洁奉公”的职业道德规范,进一步丰富和凝练疾控文化。中心传染病所、营养食品所已连续 14 年荣获“中央国家机关精神文明单位”称号;寄生虫病所连续 24 年获上海市卫生系统文明单位,连续 4 年获上海市文明单位;改水中心坚持继续开展创和谐处室和创无烟办公室活动,推进单位整体文明建设;职业卫生所坚持评选和表彰所内文明科室和文明职工,不断提升单位文明程度。

中心党委充分发挥群团组织的桥梁纽带作用,支持他们按照各自的章程开展工作。工会组织以创建“职工之家”活动为载体,立足本职,岗位建功;坚持举办群众喜闻乐见的文体活动,成功组队参加卫生部第六届职工运动会,举办首届中心职工趣味运动会、乒乓球赛、羽毛球赛、保龄球赛、台球赛,丰富了职工文体生活,激发了爱岗敬业、团结拼搏的团队精神,增强了凝聚力和战斗力。中心共青团工作以“服务青年成长,争当岗位能手”为主题,举办了青年科技人员学术报告会、“走进基层”等团日活动,引导团员青年在本职岗位

中创先争优，不断扩大党在青年人中的影响力和带动力。经过多年努力创建，中心团委在2010年4月获得中央国家机关“五四”团委称号。

继续抓好统战和民主参政，尊重和支持民主党派开展工作，鼓励民主党派人士在专业技术岗位上发挥作用，鼓励他们参政议政并对中心发展建言献策。目前中心共有民主党派人士153人，其中，任党派市级以上职务者6人。

二、获得的启示和存在的问题

回顾总结一年来中心党建工作，我们完成了重点任务，积累了一些经验，对如何做好新形势下党建工作有了更加深刻的认识和体会。

第一，“围绕中心、服务大局”是工作取得实效的关键。中心党建工作紧紧围绕落实医改任务，推进基本公共卫生服务均等化来谋划，围绕卫生部直属机关党委各项工作部署来开展，放到疾控本职工作中去落实，在促进疾控事业平稳发展中发挥了重要作用。

第二，用党的创新理论武装党员头脑是解放思想、推动工作的不竭动力。去年，中心各级党组织狠抓理论武装工作，特别是在开展创建学习型党组织活动中，广大党员干部用科学发展观武装头脑，进一步提高了贯彻落实科学发展观的素质和能力，使科学发展观成为指导实践、推动工作的强大动力。

第三，尊重基层党组织、党员的主体地位和发挥其主观能动性是改革创新的基础。只有充分调动和发挥每个基层党组织和每个党员的积极性、主动性和创造性，坚持与时俱进，用改革创新的精神推进党的建设，并积极探索解决问题的新路子、新办法和新措施，党建工作才会充满生机和活力，创先争优活动才能深入开展。

第四，各级领导的重视和支持是党建工作取得成效的切实保证。中心领导班子把党建工作列入重要议事日程，强化决策和指导，认真研究解决党建工作中遇到的困难和问题，给予必要的组织保障和经费支持，特别是党建工作联系点制度建立以来，中心领导班子成员经常深入联系点检查指导工作，为全面做好中心党建工作创造了良好的环境和条件。

2010年度中心党委各项工作取得一定进展，但仍有不尽人意之处，需要在2011年的工作中加以改进和完善。主要表现是：

第一，少数党员对深入开展创先争优活动在思想认识上存在差距，在参加活动的态度上不够主动自觉，需要我们进一步加强党性教育，帮助他们端正思想认识，积极自觉地投入到创先争优活动中。

第二，受部分直属单位领导班子配备不齐等因素影响，直属单位党组织换届工作进展缓慢，影响了中心党委换届工作，年初计划的党员代表大会未能如期召开。

第三，基层党组织专兼职党务干部后继乏人、青黄不接、缺少活力，许多兼职党务干部基本知识和综合能力欠缺，亟待从优秀的中青年骨干中培养和储备力量，加强系统培训。

三、做好2011年党建各项工作

2011年中心党委将按照卫生部党组和部直属机关党委的要求,紧紧围绕疾控中心工作,振奋精神,开拓创新,狠抓落实,使中心党建工作在原有基础上实现新突破,为促进基本公共卫生服务均等化任务的全面落实和疾控事业发展提供强有力的政治保障和精神动力,以优异成绩向建党九十周年献礼。《中国疾病预防控制中心党委2011年工作要点(征求意见稿)》已经印发给各基层党组织单位,请大家认真讨论,修改意见和建议于本周末报送中心党办。下面,我就做好2011年的党建工作强调几点。

(一)认真学习贯彻党的十七届五中全会精神,切实统一思想和行动

各级党组织要全面理解和准确把握党的十七届五中全会的精神实质,以强烈的政治责任感和历史使命感,切实把思想和行动统一到中央、部党组的决策部署上来,以全会精神指导推进创先争优活动深入开展,指导疾控各领域工作顺利进行。要紧密联系干部群众的思想实际,开展丰富多彩、生动活泼的形势政策宣传教育活动,组织开展面对面的宣讲解读。要坚持理论联系实际,把学习贯彻活动的过程与深化医改,推进疾控事业发展紧密结合起来,大力宣传疾控工作"十一五"期间的辉煌业绩,总结"十一五"期间疾控事业的发展历程。"十二五"规划提出了保障和改善民生的指导思想,并提出要把基本医疗卫生制度作为公共产品向全民提供,优先满足群众基本医疗卫生需求,加强公共卫生服务体系建设,扩大国家基本公共卫生服务项目。这些措施都是保障民生的重要举措,也对我们的工作提出了更多、更高的要求。作为国家级疾病预防控制专业支撑单位,我们要教育全体党员职工,清醒认识当前医药体制改革形势,增强紧迫感和责任心,树立不畏困难,勇于攻坚,全心全意为人民健康而服务的思想,创造一流业绩,争当工作模范,确保全年疾控各项工作顺利完成。特别要提出的是,今年各级党组织和群团组织都要紧紧围绕中心的发展建设、人才队伍稳定和提高职工福利待遇方面多做促进性、稳定性和向心性的工作,真正发挥党组织的政治核心作用,使各级党组织切实发挥业务发展和关心群众的政治推动力。

(二)继续深入开展创先争优活动,营造事业发展的良好氛围

党的十七届五中全会对开展创先争优活动提出了新的更高要求。各级党组织要在全年工作中,将深入开展创先争优活动与加强各级领导班子建设相结合,与学习型党组织建设相结合,与经常性党建工作相结合,与疾控中心任务相结合,认真总结实践经验,认真研究和解决制约科学发展的突出矛盾和问题,继续创新创先争优活动载体,扩大创先争优活动成果,引导基层党组织在活动中钻研和促进业务工作,党员在业务工作中争创一流,使基层党组织真正成为疾控战线上的钢铁堡垒。

要进一步加强对创先争优的领导与指导,中心党委各位常委首先要落实党建工作责

任制，将联系单位创先争优活动开展情况作为指导党建工作的重点任务，加强工作指导，创新工作方法，深入调查研究，狠抓工作落实。

要切实做好抓基层打基础工作，继续以创先争优活动为抓手，以改革创新精神加强基层组织建设，加强支部班子建设，支持基层党支部结合各自业务特点自主开展争创活动，比干劲、比技能、比贡献，不断增强基层党组织的创造力、凝聚力、战斗力。

要坚持党建带工建、带团建、带妇建，发挥群团组织作用，深入开展职工“四德”教育，通过争当岗位能手、创建“青年文明号”、“巾帼建功”等活动，形成群众积极投身创先争优活动的良好局面。

要努力营造创先争优的浓厚氛围，及时发现和宣传创先争优的好做法好经验，树立和宣传先进典型。今年开展"五好"支部创建工作，年内使20%以上支部创建达标。同时借助广泛开展的“两优一先”评选表彰工作营造学习先进、争当先进的氛围。

（三）按照《党章》和《基层组织工作条例》规定，推进换届改选工作

中心党委换届改选工作再次被纳入年度工作计划，年内启动中心党委换届改选的条件已经基本具备，我们必须共同努力，大力推进这项工作。直属单位中凡是班子配备健全、应当换届改选的，都要积极开展这项工作，争取在5月底以前完成各直属单位的换届选举工作；班子尚未配齐的直属单位，也要列出计划，做好换届工作的各项准备，待条件具备后立即推动换届选举。总之，上半年争取完成中心党委直属党组织换届选举工作，下半年集中精力推进中心党委换届选举工作。换届选举工作牵涉面广，具体工作繁杂，希望各单位和相关部门一定要有充分的思想认识，认真做好前期的准备工作。同时，各级党组织还要将换届选举工作作为一次难得的党性教育机会，组织专兼职党务干部和党员认真学习《中国共产党党和国家机关基层组织工作条例》和《党章》，切实规范换届选举程序，增强党员行使权利和履行义务的意识，增强政治责任感，确保各级党组织换届工作顺利进行。

（四）切实加强作风建设，强化职业道德建设

胡锦涛同志在十七届中央纪委第六次全会上对新时期反腐倡廉建设提出了加强基层干部队伍作风建设的要求。作风建设关系党的形象，关系到中心党建工作的全局。各级党组织要加强理想信念教育和廉洁从政教育，引导党员加强党性修养，树立正确的世界观、权力观、事业观，强化宗旨观念和责任意识，大力倡导密切联系群众之风、求真务实之风、艰苦奋斗之风、批评与自我批评之风。按照卫生部开展“三好一满意”活动的统一部署，结合疾控工作实际，突出疾控工作特点，深入开展“服务好、质量好、品德好、群众满意”的活动，并与中心文化建设相结合，与创建学习型党组织相结合，与创先争优活动相结合。要以各党支部为单位，每半年对全体职工开展职业道德讲评活动，建立职工职业道德评议档案，将我们的职工在疾病防控、科研工作、服务基层以及参与决策等方面的工作作风和

职业道德客观的反映出来,树立基层满意的榜样、社会满意的榜样、服务对象满意的榜样。

(五)围绕迎接建党90周年等重大活动,广泛开展精神文明创建和疾控文化建设活动

2011年,我们将迎来建党90周年、辛亥革命100周年、西藏和平解放60周年等重大庆祝纪念活动。各级党组织要结合这些重要活动,认真组织开展丰富多彩的纪念活动,特别是要精心组织庆祝建党90周年宣传教育活动,按照中央和卫生部的要求,组织丰富的党史教育活动,大力宣传中国共产党在新中国建立、成长、发展、强盛过程中所起的中流砥柱作用,积极唱响共产党好、社会主义好、改革开放好、伟大祖国好的主旋律,把社会主义核心价值体系建设贯穿在各项庆祝纪念活动中,切实增强主流思想价值的吸引力、感召力、凝聚力。要结合这些重要活动广泛开展"讲文明、树新风"活动,调整和完善中心精神文明建设领导小组和职能,拟定年度争创计划,全面推进中心及各直属单位精神文明建设工作,为2012年中心及各直属单位争创中央国家机关文明单位打下基础。

2011年,中国疾控中心也走入了成立的第十个年头。这十年即是疾控事业跨越前行的十年,也是疾控文化凝练和传承的十年。十年的积累是一笔财富,需要我们共同珍惜、共同收集、挖掘、整理,总结和展示疾控十年发展的成就和辉煌,提炼属于我们的核心价值观。要搭建中心文化建设信息沟通与交流平台,在职工中开展疾控文化建设大讨论活动,使广大职工深刻认识到,疾控事业是保证人民群众生命安全和身体健康,确保国家稳定和发展的崇高而伟大的事业,激发广大职工的成就感、荣誉感,促使其积极主动地投身到疾控事业中去。

同志们,2011年是"十二五"开局之年,也是完成医改近期重点改革任务的关键之年,我们还将迎来建党90周年和中心组建十周年。做好2011年中心党建工作,任务艰巨,责任凝重。我们要按照卫生部党组和部直属机关党委的部署要求,组织动员中心各级党组织和广大党员,紧紧围绕疾控工作大局,与时俱进,迎接挑战,不断创新和改进党建工作,为推动基本公共卫生服务均等化,实现疾控事业科学发展提供坚强的保证。

抓住事业单位体制改革契机
促进疾控体系规范化建设

——王宇主任在2011年全国省级疾控中心主任会议上的讲话

（2011年6月16日　录音整理稿）

同志们：

今天我们在这里召开2011年全国省级疾控中心主任会议。今年是中国疾控中心和大部分省级疾控中心组建的第10个年头，是实施"十二五"规划的第一年，也是深化医改的关键之年，国务院及卫生部领导高度重视和关心疾控体系建设，对疾控机构的体制机制、人才队伍和能力建设等提出了明确要求。在召开这次会议之前，我们利用多种场合，与部分省疾控中心的领导和专家进行了沟通和交流，大家一致感觉到，目前的进程，我们应该抓住这个契机，深入分析疾控体系在10年来的发展中遇到的困难和问题，提出长远发展的思路，促进疾控机构科学发展。因此，这次会议我们确定的主题是"抓住事业单位体制改革契机，促进疾控体系规范化建设"。下面我简要回顾一下近两年来我们在开展疾控工作中的一些体会，以及结合事业单位改革对疾控机构发展的思考，供大家在讨论中参考。

一、近两年主要疾控工作和重大事件的回顾

近两年是我国卫生改革与发展的重要时期，深化医药卫生体制改革全面启动，面对复杂的疾病预防控制形势和群众日益增长的卫生服务需求，各级疾控机构克服种种困难，紧紧围绕大局和卫生部的要求，认真履行职责，做好助手，积极落实医改任务，努力加强能力建设。同时各级疾控队伍也都在积极探索体制改革，并提供了部分可贵的经验，从整体上提升了疾病预防控制工作水平，为维护人民群众健康和经济社会平稳运行做出了应有的贡献。

（一）做好救灾防病和重大事件的卫生保障工作

去年4月14日，青海玉树发生7.1级地震，中国疾控中心和青海、西藏等省级疾控中心迅速启动应急响应机制，在卫生部的统一领导和指挥下，积极主动地投身到应急救灾防疫工作，中国疾控中心累计派遣109人次赴玉树灾区协助开展救灾防病工作，在灾后第4天就恢复了灾区疾病监测信息系统；针对玉树地区为鼠疫疫源地的实际情况，及时协助青

海省制定了灾区鼠疫防治工作方案等;在3800米的高海拔地震灾区建立以移动P3为技术支持的鼠疫防治基地,开创了在高海拔地区应用移动P3实验室的国际先例,积累了高原地区开展实验室检测工作经验,为救灾和重建提供了保障。

西藏疾控中心的领导和专业人员,发挥适应高原条件、熟悉民族语言的优势,紧急派出救灾工作组,千里驰援玉树灾区,在做好救灾防病工作的同时,主动协助救灾队员做了大量沟通解释工作,对灾区藏胞做了大量疏导工作,促进了救灾防病工作的顺利开展。

在青海省疾控中心和地方病所的共同合作下,我们疾控机构在救灾防病中团结协作,发挥各自优势,做出了突出贡献,中国疾控中心传染病所、新疆疾控中心、克拉玛依市应急防疫队、青海省黄南州疾控中心、西藏医疗卫生救援队和四川甘孜州医疗卫生救援队被党中央、国务院、中央军委授予"全国抗震救灾先进集体"称号。

8月8日,甘肃舟曲发生特大山洪泥石流灾害,按照卫生部的要求,紧急派遣专家作为卫生部灾害医学救援组成员赶赴灾区,在灾后最初阶段,在从兰州赴现场交通困难、条件艰难的条件下,中国疾控中心与甘肃省疾控中心的同志们紧密合作,为先期到达的部领导的活动、救灾的组织协调做了大量工作。我们的专业机构发挥技术优势,做好技术服务,在现场工作近30天,针对灾区存在的公共卫生风险和技术难点给予指导,协助当地做好救灾防病工作,圆满完成卫生部交办的各项任务。

上海世博会是2010年我国举办的规模最大、时间最长、参与人数最多的超大型国际活动,上海市疾控中心和中国疾控中心等紧密配合,起到了主导技术支撑作用,自2009年起就做了大量认真、细致、周密、科学的准备工作。制定了上海世博会卫生保障工作方案,与上海及江苏、浙江省等周边地区建立世博会相关疫情及突发公共卫生事件信息交流会商和研判机制,为上海世博会的卫生保障工作提供了技术支持,圆满地完成相关保障任务。

(二)免疫规划工作取得重大进展

2009年春天,面对突如其来的首发在国外的甲流疫情,全国疾控机构按照党中央、国务院和卫生部的部署,认真落实各项防控措施,为及时有效地控制疫情蔓延发挥了重要的技术支撑作用。2005年建立的应对人感染高致病性禽流感的预案和各项准备工作在这次疫情控制中发挥了重要作用,中国疾控中心与地方各级疾控中心紧密配合,为应对疫情提供了技术保证。在此过程中,卫生部总体部署、国家食药局委托,疾控队伍首次作为疫苗试验的组织单位,负责协调全国7个省疾控中心,组织动员13 000多名志愿者同时参与甲流疫苗临床试验,率先完成临床实验,并向国际组织提供试验数据,为全球成功抵御甲流做出突出贡献,经过这些努力,我国也成为第一个开始接种甲流疫苗的国家,接种总数超过了1亿剂次。江苏省疾控中心的临床研究、北京市疾控中心疫苗使用效果评价和中国疾控中心的临床实验成果均发表在《柳叶刀》杂志。获得了国际同行的认可。

免疫规划工作是我国医疗卫生的基础工作之一，近年来取得了举世瞩目的巨大成绩。在免疫规划工作中，全国的疾控机构是实施的中坚力量。去年的麻疹强化工作，对我们各级疾控机构是一个重大的考验。基于我们对重大公共卫生事件的认识和经验，早在2009年，各级疾控机构就在技术、人员、后勤保障、协调、组织实施等方面做了充分准备，预测潜在风险，做好相关技术保障工作；制定了麻疹疫苗强化免疫疑似预防接种异常反应应急预案，组织专家反复论证，进行风险沟通，强化培训、加强指导。尽管接种过程是在医疗机构和接种站发生，但在群众的发动、组织、安排，以及不良反应出现后的监测、检测和处置方面，疾控机构尤其是县、区的基层疾控机构做了大量艰苦、细致的工作。此外，我们还做好了对强化免疫活动的现场督导工作，从技术上、实施上保证了强化免疫的顺利开展。

在实施过程中，上级领导及管理部门对过程的管理和把握提出了更高的要求，在麻疹强化免疫实施期间，我们各级专业机构做到了每天报告精确的接种人数，确保信息及时、数据准确，积极妥善处理突发干扰事件，沉着应对，实时关注事件发展动态，及时提出得当措施，在整个过程中，工作定位准确，展现了我们疾控专家谨慎做好技术服务的能力，在关键时刻为领导决策提供了重要技术支持。

截至2010年11月30日，共接种10 343万适龄儿童，是一次史无前例的公共卫生干预行动。两项超过1亿剂次的接种工作在国际上引起了非常深刻的影响，国际社会高度重视中国免疫规划的经验、能力和基本条件，因此，国际组织从去年启动了对中国疫苗进行认证和采购，并邀请中国进行经验介绍，在这一过程中，国际社会和专家公认我国疾控机构是这一行动的主力军。当然，在目前的国际和国内行驶当中，我国的计划免疫工作也面临着一系列重大的挑战，将在后文提及。

（三）新发传染病病原体发现和研究能力明显提升

病原学的研究是传染病防治的基础，也是科研水平的重要标志。从2006年起，在强化的人禽流感监测的实施过程中发现了河南、湖北、山东、安徽等省陆续报告了一些以发热伴血小板减少为主要表现的感染性疾病病例，很长时间内未能找到病因，中国疾控中心专家和海外引进的学者与相关省疾控中心通力合作，开展了多方面的研究，进行了大量的现场流行病学调查和实验室检测与确认工作。2009年底，在湖北报告的病例中首先发现病毒感染的线索，随后根据对湖北、河南、山东、辽宁、安徽和江苏等6省的241例病例进的流行病学调查、临床特征分析和病原学研究，最终从病例血液标本中发现了新的布尼亚科病毒，研究成果已在《新英格兰医学杂志》上发表。这是近年来全球范围内病原学研究领域新的重要的发现和突破性进展，得到国际同行的高度评价和重视。

2010年亚运之前，9月上旬广东省开始陆续有基孔肯雅热病例报告，全年广东省共报告284例病例。由于疫情发生在亚运举办前夕，广东省和卫生部领导非常重视，在广东省疾控中心、广州市疾控中心和中国疾控中心的密切合作下，加强监测、分析趋势、提出了针对性强的、有效的措施和建议,并及时开展媒体沟通和健康教育,使疫情得到了及时有效地控制。

(四)扎实做好重大传染病防控

艾滋病、结核病、血吸虫、肝炎等重大传染病的防治目前仍是国家疾控总体战略的优先领域。

目前我国艾滋病传播途径以性传播和吸毒传播为主,有些省份主要以性传播为主,真正呈现了艾滋病传播的本质规律,更多的任务落在了各级疾控机构。艾滋病防治政策也从“四免一关怀”进到了“六加强”阶段。通过明确重点省份、分片责任到人推动了抗病毒治疗覆盖率的提高;通过开展培训、技术支持等维持了美沙酮维持治疗门诊的综合服务质量,各类高危人群的干预覆盖面进一步扩大。目前正重点研究广西、四川、新疆等地区的艾滋病疫情,尤其是对广西疫情的判断,目前实际证明当时的导向性是准的,新的战场的预感是对的。在四川凉山长期派员驻点的工作方式也得到了卫生部领导的充分肯定,为当地艾滋病方式提供了实实在在的支持和帮助,提升了当地艾滋病防治能力水平和防治意识。

上个 10 年,全国结核病防治工作取得了显著成就,结核病疫情上升势头得到了遏制,如期实现了《结核病防治规划》的阶段性和终期目标,得到了国际社会的高度评价。近日,世界卫生组织在中国举办了结核病防治伦理问题研讨会,对中国的结核病防治采取的措施和取得的成绩给予了高度赞扬。当然我们也必须认识到现行结核病防治体系和能力还不能满足防治工作的需要,结核病实验室建设也比较薄弱。在此基础上,卫生部主管司局也提出了适当进行战略调整,逐步扩大、深化结核病防治尤其耐多药结核病的规范化诊断治疗。并因地制宜,逐步构建“疾病预防控制机构负责规划管理、医疗机构负责初筛转诊、定点医院负责确诊治疗、基层医疗卫生机构负责患者全程管理”的新型防治服务体系。向着这个方向,我们已经做了大量的准备工作,但是仍然存在一些衔接问题,如疾控机构与医疗机构应建立怎样的协调工作机制,以保证患者得到延续的追踪治疗。

对于血吸虫病的防治,近两年已经建立了“省部联动”机制,全面展开全面推进以控制血吸虫病传染源为主的综合防治措施,取得了显著效果。按照卫生部与湖北、湖南“省部联动”的要求,支持联系点开展了各项技术引导和防控项目,由司局领导牵头落实对重点联系县的支持,这项工作已经在湖北省主要疫情流行县得到了很好的开展。

(五)重点传染病和病媒生物监测

国家科技重大专项“传染病监测技术平台”顺利实施,为传染病相关症候群等的病原检测提供了技术支持,这项工作是国家疾控体系直接参与、承担的国家科技项目中最大的项目，真正体现了全国疾控体系的科学研究能力。陈竺部长也提出在十二五期间要加大对全国疾控体系承担重大专项的支持力度，希望我们能够结合疾控工作的实际开展有效的科学研究。

推进细菌性疾病分子流行病学研究、调查的 PulseNet China 网络实验室建设在全国的 11 个省级疾控中心完成了认可和审核，标志着以病原菌分子分型和信息比对查询技术为基础的实验室监测网络进入新的发展阶段，不再单纯是病例报告和一般病原学的收集、检测，而是用现代的、统一的分子生物学技术进行病原学分析、对比和交流沟通。最近我们又积极参与了手足口肠道 EV71 疫苗临床试验的规划设计和下一步的实施，卫生部领导要求疾控中心按照甲流疫苗的协调组织机制，在卫生部、药监局的总体领导和支持下，与有关研究基地和省级疾控中心合作，加速推进企业提出疫苗的临床研究试验，尽早完成疫苗的临床考核，以满足婴幼儿防病的需要。

依托传染病重大科技专项平台，与各级疾控机构合作，及时开展病人分离菌株携带多耐药基因情况的筛查工作，率先检测出 2 株 blaNDM－1 耐药基因的细菌，首次证实了“超级”耐药细菌在我国的存在。

（六）在应对食品安全事件中推动能力和体制建设

继在 SARS 以后重点进行了疾控体系建设，食品安全管理体系建设已逐步纳入国家优先领域。对食品安全事件处置和要求越来越高，三聚氰胺奶粉事件出现以后，在圣元奶粉、小龙虾哈夫病、重金属污染粮食等事件中，相关疾控机构积极参与调查、检测，开展风险评估、媒体沟通、健康教育，为事件的处理提供了有力的技术支持。

同时，按照卫生部部署，进一步扩大了食品污染物监测种类、项目和范围，健全我国食品安全风险监测框架，将专项监测与应急监测相结合，将食品安全常规管理与专项整治相结合，推动了食品安全风险监测预警与检验预警工作；启动食源性疾病的主动监测试点，逐渐形成在 31 省的 312 家医院建立了疑似食源性异常病例/异常健康事件报告和食源性疾病（包括食物中毒）报告系统网络，启用国家食品安全监测信息系统。我们正将这一监测网络与国家突发公共卫生事件监测网络进行整合，最终实现国家统一的公共卫生事件监测体系和网络报告，把有关健康和健康风险的信息进行统一的报告、整理、分析、处置，实现资源和能力的整合。

近期，我们正在按照卫生部的指示，落实中编办《关于印发〈国家食品安全风险评估中心组建方案〉的通知》（中央编制办〔2011〕21 号）的要求，以创新的体制和机制解决困扰和阻碍我国食品安全管理的瓶颈问题，积极协助卫生部筹建国家食品安全风险评估中心，提出组建方案和思路和整体设计。并以其为切入点，推动我国食品安全风险评估体系建设。

一是开展食品风险监测，完善食品安全风险监测体系。加强全国食品安全风险监测能力建设和规范化培训。包括样品采集、监测数据、分析方法的质量控制，加强全国食品安全风险监测技术能力建设，加强人才队伍建设。

二是加强食品安全信息平台建设，提高食品安全风险预警能力。做到主动地监测和检测，尽早发现问题。

三是强化突发性食品安全事件应急处理能力。建立突发性食品安全事件应急处理机制，如去年小龙虾引起的哈夫病，我们在很短的时间内就锁定了可疑的食物和症状，并较早的提出了疾病的诊断，为尽快平息偶然事件引起的社会不稳定因素起到了及时、足够的技术支持作用。

四是加强食品安全的实验室能力建设。尤其是理化检测需要大型的仪器设备，近几年来各省一级疾控中心均进行了大量的建设，但是中西部地区仍然缺乏相关的检测能力。因此，以科研为依托，加强营养与食品安全领域实验室能力建设，进一步提高实验室检测能力，是当前工作的一个重点。

(七)积极参与国家职业卫生监管职能调整

我们应当认识到职业病的诊断是职业卫生监管工作中一个较小的方面，其更重要的部分应当是职业病的管理以及职业健康危险因素的预防，在此过程中，我们积极配合卫生部、人事司、监督局共同建立新的国家职业卫生防治体系，从中编办的职能划分到当前正协助推进的《职业病防治法》的修订，我们都积极参与了大量的工作并进行了大量的调研，在座的各位领导和专家也都参与了多次、多层面的反复研讨和咨询，为卫生部制定有关的政策和定位提供了强有力的技术支持，通过这些工作的推进，截至2011年4月底，中国疾控中心及陕西、贵州、河北、甘肃、江苏和黑龙江省都完成了职业卫生职能移交。

(八)以风险沟通为重点，积极应对日本核危机

日本地震发生当天，中国疾控中心快速启动了日本大地震核和辐射事故的应对工作，主动参与、积极响应、科学评估、做好检测和监测，同时科学开展风险沟通和科普宣传。为消除日本核事故所致公众的恐慌心理，按照卫生部的统一安排，中国疾控中心确定了媒体沟通的专家，研究确定各个阶段新闻宣传的关键核心信息，开展舆情监测，有针对性地安排新闻宣传，先后安排150多次全国主流新闻媒体的采访，在维护社会稳定，普及科学知识等方面发挥了重要作用，得到了公众和卫生部领导的高度认可。

(九)健康危害因素监测评价及干预工作逐步深入

在各省疾控中心的大力协助下，初步完成了全国疾控机构食品安全、环境卫生和放射卫生工作规范，进一步梳理和明确了各级机构的职责任务。中国居民营养状况监测已在全国全面展开；协助地方做好职业病诊断、职业健康监护人员的技术培训工作；特别是全国开展了医用辐射防护监测网试点，推广应用放射工作人员职业健康管理系统，在医源性

的放射防护方面与医院进行了密切配合，使之成为放射卫生管理的重要手段。

总之，在新的形式下，在卫生部的部署安排下，各项健康危险因素监测工作都按照工作任务和步骤进行了推进，逐步形成了综合性健康危害因素风险评估体系。

（十）开拓慢性非传染性疾病预防控制新领域

今年是联合国提出的慢病防治年，4 月份将在莫斯科召开慢病防治的部长级会议，9 月份将在纽约总部召开国家首脑的慢病防治会议，慢病防治无论在发达或发展中国家已经成为全球需要共同面临的一个急需解决的问题。慢病也已经成为影响我国居民健康的最主要因素，是实现“十二五”规划提出的我国居民人均期望寿命增长一岁的关键所在，如何开拓慢病防控的新领域，是摆在我们面前的一个新的课题。

通过寻找重大项目，推动慢性病防控工作是我国正在进行的一次有益尝试。为最大限度控制高血压危害，在卫生部领导和各司局的支持下，山东省人民政府和卫生部联合开展为期 5 年的全省减盐防控高血压项目。预期到 2015 年全省居民人均每日食盐摄入量从目前的 12g 降到 10g 以下。

现有的各项监测体系包括 2010 年中国成人慢病及危险因素监测，疾病监测点死因监测、烟草流行状况监测、慢性病发病监测等一系列基础性工作，为开展针对性的慢性病的防控，提出国家层面的慢性病防控措施及政策提供了大量、详实的科学数据，起到了极大的推动作用。尤其是在烟草的控制方面，疾控中心的专家做了大量的工作，尤其是今年，取得了我们国家在烟草控制方面的突破性进展。

（十一）完善疾控机构突发公共卫生事件应急体系

2010 年，按照卫生部的要求，中国疾控中心开展了全国卫生应急基本情况调查。调查显示，全国省市县疾控机构中独立设置卫生应急管理部门的，省级 72.2%，市级 31.1%，县级 21.2%。

国家疾控中心正积极筹划设置独立的公共卫生应急体系，组织有关部门进行充分论证，近期我国和国际自然灾害频发，政府和公众高度重视健康问题，因此，做好卫生应急技术准备工作是一项基础性工作，在这方面我们与发达国家仍然有较大的差距。

做好重大自然灾害的应急准备，达到发达国家的一般要求。下一步，我们要全面加强卫生应急管理工作，有针对性的开展卫生应急演练和培训工作，依托国家应急队伍建设项目完善队伍和个人装备，着重提高后勤保障和现场检查能力。整合传染病、食源性疾病、环境卫生等各专业现有的监测报告网络，建立统一的突发公共卫生事件监测信息平台。与有关部门、机构积极合作，建立包括气象、交通、通讯和应急物资装备供应等应急支持条件在内的全方位支持网络。

二、认真分析当前疾控工作中面临的重大挑战

(一)公共卫生服务均等化任务的落实

2009 年 4 月,中共中央、国务院发布了《关于深化医药卫生体制改革的意见》和《医药卫生体制改革近期重点实施方案(2009 - 2011 年)》,卫生部具体进行了安排。在 9 类国家基本公共卫生服务项目开展过程中,和疾控机构直接相关的有:15 岁以下人群补种乙肝疫苗、农村妇女乳腺癌筛查、消除燃煤型氟中毒危害、农村改厕等医改重点工作项目。慢性病防控工作政策取得重大突破,高血压、糖尿病患者管理服务纳入医改基本公共卫生服务项目。

在落实医改的各项任务中,疾控机构由于工作机制及补偿渠道不够顺畅,没有显示出应有的活力,尽管做了大量的工作,但是在和医改的直接衔接上表现力度不足,与中央、卫生部的要求和人民群众的期盼还有较大的差距,不仅是体制机制的问题,也有长期以来疾控队伍和机构的能力建设问题。在医改及公共卫生服务均等化推进过程中,很多工作都由疾控机构承担,但资金支持渠道还不够通畅,除去中央财政外,各级地方财政对基层疾控尤其是县级的资金支持不足。这些在医改公共卫生服务均等化实施过程中暴露出来的问题,部领导高度重视,并围绕基本公共卫生服务经费的分配方面进行了大量的思考。上月 27 日,陈竺部长在中国疾控中心视察工作时强调这方面的问题,希望积极探索一些途径解决这些问题,因为在医改中很多任务都由卫生行政部门布置到了疾控部门,疾控部门的任务量很大,但还有很大的资金缺口没有得到很好的解决,如何在下一步在体制改革中统一解决,我们也在探索疾控机构如何积极投身医改工作,将各项内容落到实处,,希望各位提供创新的思路,发挥创造力,在做好医改中疾控相关工作和任务、落实公共卫生服务均等化过程中贡献力量。

(二)免疫规划发展中的挑战

党和政府高度重视免疫规划工作,我国免疫规划工作取得了令世人瞩目的成就,为发展中国家预防接种树立了典范。得到了国际组织的高度认可,一方面盖茨基金和 WHO 非常希望从中国购买价廉物美的疫苗援助非洲抗病,另一方面,他们通过多个渠道希望邀请中国进行经验介绍。

在我国完整预防接种实施体系中,各级疾控机构是免疫规划的主要实施者,在基层共 6 万余个乡级卫生院、社区卫生服务中心和 24 万余个接种单位,负责预防接种工作的具体实施。但是散在的人群不会自发的整齐的到接种单位进行接种,疾控部门还需要负责巨大的受保护人群的组织、协调、管理和出现不良反应后的监测、确认、处置工作,动用了巨大的精力和人力资源。由于体系存在不顺畅,可能会影响到疾控工作的效果。但是,在

免疫规划的进程中，如何巩固和进一步扩大取得的成果，还面临很多挑战。

例如，我国取得了无脊灰证实，1994年后已没有脊灰野病毒引起的本土病例，但不保持高接种疫苗覆盖率和疾病监测的敏感性，就会发生新的流行。与我国接壤的塔吉克斯坦，1998年后已没有脊灰病例，2010年出现了脊灰的暴发，发病457例，且传播到俄罗斯、哈萨克斯坦和土库曼斯坦等国，并在当地出现二代病例。印度、阿富汗、巴基斯坦也一直存在脊灰的流行，因此目前脊灰野病毒传入与之接壤省份的危险较大，如何强化计划免疫工作，形成牢固的免疫屏障，是我国基本公共卫生服务最基本的工作。

在工作开展过程中，基本公共卫生任务不断增加，但人员增加跟不上任务需求，部分疾控中心没有固定的人员，导致基层人员工作处于应急状态，没有形成完善的体系和机制，免疫规划常规工作也受到影响。例如：即便去年进行了强化麻疹免疫工作，但是今年有些省份的局部地区仍然出现了麻疹的高发，甚至一些富裕地区，医改工作推进较好的地方，麻疹出现了反弹，在如此强有力的国家推动下，仍然无法取得有效的全国一致的效果，明确反映出了我国基层计划免疫的网底非常薄弱，有待进一步加强。

（三）在卫生信息化总体规划和医改的大框架下促进疾控信息系统建设

“十一五”以来，疾病预防控制信息化建设工作取得长足进展，为公共卫生核心业务提供了有力支撑和保障，信息服务能力显著提升，为传染病防控获取公共卫生服务信息和医改效果评估信息奠定了基础。网络直报系统连续7年畅通运行；县以上直报率达98%，乡镇卫生院达86%。年平均网络中断率小于0.9‰；2009年被评为“中国十佳电子政务优秀应用案例”，特别是得到国际同行的充分肯定。

但随着国家医改工作的深化，如何推进医改信息化公共卫生与医疗服务领域间协作、实现分级信息平台建设与整合、实现系统间互联互通成为当前主要关键问题。我们在公共卫生信息化建设上缺乏统一的设计和建设的后劲，在本次年会上我们专门安排了关于公共卫生信息化建设如何在大的卫生系统信息化建设中进行整合，并起到关键作用的报告，希望大家参考。

（四）全球基金项目经费使用和管理的问题

近年来，国际合作项目的开展规模越来越大，对我国疾控工作的发展起到了重要作用，特别是全球基金项目，目前我国共成功申请了19个全球基金艾滋病、结核病和疟疾项目，累计签约资金达9.37亿美元，已接受资金5.48亿美元。在接受全球基金援助的150个国家中，我国位居第四，列埃塞俄比亚、印度和坦桑尼亚之后。

自2003年4月实施以来，通过全球基金项目经费的支持有力地推动了我国三大疾病防治工作的深入开展，并为全球三大疾病的防控做出了积极贡献。去年，全国对全球基金项目的管理体制进行了梳理和调整，省级的项目办已全部移交到省级疾控中心，给我们的责任和任务也增加了很多。

目前项目执行面临着前所未有的困难和挑战,2011 年 5 月全球基金暂停了所有全球基金项目拨款,要求停止除挽救生命以外其他项目资金的使用。此举对项目既定目标的实现以及后续项目的执行进一步加大了困难。面对当前复杂的形势,我们要有充分的思想准备,一方面,各级要切实提高认识,加强对全球基金项目的领导和管理,充分利用此次自查自纠的机会,进一步建立和完善相关管理制度和机制,抓好项目实施中的重点、难点和热点问题,严格按照要求扎实做好各项工作。另一方面我们要做好部分项目可能从全球基金提前“毕业”的准备,及早规划,准备好向上级卫生行政部门领导汇报,尽量减小因全球基金项目终止对全国疾病防治工作所带来的冲击和影响。

三、关于事业单位改革的几点思考

(一)疾控机构的管理机制

疾控机构是由政府举办的实施疾病预防控制和公共卫生技术服务的公益事业单位。疾控体系在近几十年经济社会发展的大背景下仍然保持了较强烈的公益性,尤其是在经历了 SARS 疫情之后经过多年的实践和探索,我们对疾控机构建设和发展有了更深的体会,思路越来越清晰,纯公益性和专业技术性成为疾控机构的两个基本特点。纯公益性指在提供任何公共卫生相关服务时不直接收取费用,在服务环节是无偿的,其他费用由国家财政统一拨付。专业技术性指我们的工作是为各级卫生行政部门提供专业技术支持,应突出服务对象是人群和人群的健康,要求我们必须具备相当的技术性。

这与事业单位改革的思路是一致的,按照分类推进事业单位改革的总体要求,作为公益一类事业单位的疾控机构,为社会提供公共卫生方面的公益服务,不能或不宜由市场配置资源,应由财政根据正常业务需要给予经费保障。

目前我国省级疾控中心的管理机制仍然存在几种模式:全额事业单位,收支两条线管理;全额拨款事业单位;差额管理单位;也有个别省份探索实行参照公务员管理;不同模式的疾控机构在发展中具有各自的优势和问题。为了全面了解我国省级疾控机构运行管理机制现状,更好地向有关部门争取相关政策支持,理顺国家疾控体系机制,我们利用省级疾控中心主任培训的机会进行了一次问卷调查。

在经费投入方面上,目前有 8 个疾控中心为“全额拨款事业单位”,占 25.0%,23 个疾控中心为“全额拨款,收支两条线管理”,占 71.9%,个别疾控中心目前为“差额拨款单位”。针对“哪种管理机制更有利于疾控中心的发展”,参会的省级疾控中心主任根据各省情况提出了自己的看法。有 5 个省级疾控中心(湖南、贵州、西藏、河北和广西)认为“参照公务员管理”更有利于疾控中心发展;同时,大家也指出,在这种模式下,参公管理必须要解决专业技术职称没有承担行政职务人员的待遇问题。有 9 个省级疾控中心(宁夏、新疆兵团、江西、江苏、天津、陕西、甘肃、辽宁、山东)认为“全额拨款事业单位”更有利于疾控中心发展;有7个省级疾控中心(浙江、新疆、青海、吉林、广东、云南、湖北)认为“全额拨款,收支两条线”更有利于疾控中心发展;有1个省级疾控中心认为在财政拨款不足的情况下,针对东部地区社会市场需求大的情况,差额拨款可能更有利单位的发展。

在行政级别上,全国32个省级疾控中心中,有天津、福建、河南、湖北、广东、海南、四川、重庆、贵州等9个疾控中心为副厅级单位,占28.1%,其他23个为正处级单位,占71.9%;有部分省份正在积极争取单位级别升格。今年4月,中央已就推进事业单位分类改革做出了全国性的整体部署,标志着事业单位体制改革走向了快车道。对从事公益服务的事业单位,将从管理机制、人事制度、收入分配制度、社会保险制度、绩效考评制度等方面整体推进改革。目前,各地疾控中心对改革的基本思路还不清晰,急需开展疾控机构改革和发展方面的调查和研究,以促进疾控机构在事业单位改革中健康发展。

(二)疾控机构的经费保障机制

我国疾病预防控制机构经费渠道有三个:一是地方财政拨款,二是上级补助和其他收入,三是机构有偿服务收入等等。2009年省级疾控中心财政投入占机构总收入的比重为67.2%,与2005年相比增长了23.3%,各省级疾控中心均表现出不同程度的增长。相反,有偿服务收入所占比重呈明显下降趋势,2009年有偿服务收入占机构总收入的比重为27.4%,与2005年41.0%相比,下降幅度达33.2%,有偿服务收入占机构总收入比重小于20%的有23个省。但仍与政府对疾病预防控制实现全额预算管理的要求还有很大差距。

另外,据了解,在已纳入全额预算管理,实施绩效工资的省份,政府的经费保障水平不一,有些省份实施绩效工资后,疾控机构职工收入较实施前明显下降,影响了职工的工作热情和积极性。

目前,国家疾控中心的经费渠道来源于政府财政拨款和国际合作项目,有偿服务收入已基本全部取消。目前,中心的工作经费虽然有保障,但与北京市同类事业单位相比,职工收入仍处在较低水平。

疾控机构是专业公共卫生服务机构,履行公共职能,辖区政府应完全保证其履行公共职能的投入,建立完善疾病预防控制工作稳定的长效投入机制,确保人员经费、公用经费和经常性业务经费,争取对疾病预防控制的投入在同级财政经常性支出中的比重逐年增加。

(三)疾控机构编制和人才队伍建设

目前,各级疾控机构的人员编制是基于2001年防疫站系统整合前的历史编制(《各级卫生防疫站组织编制规定》,卫生部〔80〕卫防字第46号、国家编委〔80〕国编字第39号),

远远不能适应当前疾控工作的需要。一是没有按照目前不断增加的疾病预防控制工作任务重新确定统一的编制标准和人员发展规划;二是没有明确疾控机构从业人员的基本资质要求和准入标准,基层疾控机构处于"想要的人进不来、不需要的人推不掉"的境况;三是没有明确的岗位设置要求,许多疾控机构一些岗位普遍存在人满为患或人才短缺的问题,一方面是"冗员过多",素质偏低,现场流行病学和实验室检验检测人员数量短缺,另一方面是"小马拉大车",工作任务和人员配置数量之间矛盾比较突出;四是在人员队伍工作能力提升等软件建设方面还比较薄弱,发展后劲不足,没有明确的人才引进和专业人员培训的专项经费保障。

2009 年,省级疾控中心共有在岗工作人员约 1.20 万人,平均在岗人员数量为 374 人,较 2005 年下降了 5.6%,以服务人口计算,省级疾控中心在岗人员数最高达 9.85 人/10 万户籍人口,最低 0.40 人/10 万户籍人口,平均为 0.88 人/10 万户籍人口,较 2005 年的 0.91 人减少了 3.13%。这一比例在有统计数字的 17 个省级疾控中心呈下降趋势,下降幅度在 2.0%-31.6%之间。

省级疾控中心本科以上学历比例达到 57.9%,比 2005 年提高了 24.3%;高级职称比例为 26.6%,比 2005 年提高了 6.7%。人力资源结构明显优化,但部分中西部地区省份仍然偏低,与卫生部《关于加强卫生人才队伍建设的意见》(卫人发〔2009〕131 号)规定的省级机构本科人员 65%以上的标准仍有差距,有 25 个省份未达到标准,最低的仅为 23.7%。省级疾控中心高级职称人员比例尚有 5 个省低于 20%,最低的不到 10%。

作为国家级疾控机构,中国疾控中心的人员编制和人才队伍建设问题也非常突出。一方面,人员编制严重不足,另一方面人才队伍和能力建设滞后,学科发展覆盖面受限,部分业务没有专业人员负责,制约了中心业务工作的发展。

卫生部《医药卫生中长期人才发展规划(2011 - 2020 年)》提出了"加强公共卫生人才队伍建设"的主要任务,强调要"建立公共卫生专业人员管理制度",提出了包括公共卫生人才队伍建设的"基层医疗卫生人才支持计划"、"医学杰出骨干人才推进计划"、"紧缺专门人才开发工程"和"医师规范化培训工程"。这些政策措施的具体落实,需要在各级卫生行政部门的领导下,疾控机构积极参与,尽快核定各级疾控中心人员编制,建立疾病预防控制机构人员准入制度,优化人员结构,合理配置人员,确保人才质量。同时要制定疾病预防控制机构岗位职责规范、考核和评价标准,逐步建立专业技术和管理人员持证上岗制度,创建完善公共卫生医师在职培训体系,培养高层次专业人才。这些都急需我们深入调查研究和认真落实。

总之我们国家的疾控队伍、机构、能力、发展的建设上,我们有长足的进展,也有一定的不足,可以说在国家越来越注重民生的理念对我们公共卫生体系的建设和需求是一个非常好的契机,在这样的背景下,我们召开本次省级疾控中心主任会议,特别邀请了卫生部领导亲自到会就疾控机构的发展做重要讲话,邀请了人社部的有关同志详细介绍事业单位改革的相关政策，我们还安排了部分省就进一步做好疾控的各项工作做专题发言，希望大家在会议期间，结合本省在实际工作中遇到的具体问题，理清工作思路，明确工作重点，集中力量解决影响疾控体系建设和疾控工作的关键问题、突出困难，抓住事业单位改革的有利时机，开创疾控机构科学发展的新局面。

我们肩负的是最为典型和最没有争议的国家疾病预防控制任务，崇高而充满了技术的挑战，我们的工作中也逐渐得到了公众，领导和国际上的充分肯定，也希望我们全国的疾控队伍更好的团结起来，在医改和公共卫生服务工作中贡献我们的力量，希望大家在各自的工作中工作顺利，谢谢大家。

工作进展

疾病控制与应急处理

一、国家科技重大专项传染病监测技术平台项目管理与实施

“传染病监测技术平台”项目是“艾滋病和病毒性肝炎等重大传染病防治”科技重大专项能力建立项目之一。2011 年，中国疾控中心作为项目牵头单位，继续联合卫生、科研、教育、农业、军队等多个行业实验室，紧密围绕项目主要目标和任务，完善了覆盖全国 91 家实验室、240 家哨点医院的国家传染病症候群病原谱监测实验室网络。

2011 年，项目深入开展项目监测数据的分析工作，顺利完成了“十一五”研究任务的总结并通过了卫生部评估。项目持续开展监测，共完成五类症候群 57 755 份标本的采集和检测，确保了“十二五”期间监测的连续性。2011 年，项目积极组织开展“十二五”项目申报、预算编报和筹备工作，顺利完成了项目各项技术和管理方案(2012 版)的修订，完善了项目信息管理系统，并完成了新版方案和信息系统培训。

项目紧密围绕提高突发、新发传染病应对能力的目标，注重产学研用相结合，在 2011 年肠出血性大肠杆菌 O104∶H4、脊髓灰质炎等疫情应对中发挥了重要作用。2011 年 2 月，项目荣获“十一五”国家科技计划执行优秀团队奖，并于 2011 年 3 月参加了“十一五”国家重大科技成就展。

二、传染病预警技术研究与推广应用

2011 年，国家传染病自动预警系统在全国范围内实现了持续、稳定运行，为基层疾控机构早期发现和处理疫情提供了技术支持。在此基础上，中国疾控中心深入开展预警技术研究，分析预警系统运行结果，评价空间、时空重排、时空扫描等多种预警模型的效果，以期为预警系统改进提供参考和依据；中心进一步探索基于危险因素的登革热预警技术，整理相关数据和文献，为 2012 年全面开展相关研究奠定了良好基础。

2011 年 11 月，经过有关专家的评审，中国疾病预防控制中心正式批准成立“传染病监测预警中国疾病预防控制中心重点实验室”。该重点实验室计划通过 3～5 年的建设，推动我国流行病学、生物统计学与信息技术等多学科的融合与发展，研制一系列传染病与其影响因素的监测与预警技术和实用工具，并建成一个有国际影响的传染病监测与预警技术研究基地，使其达到国内领先、国际先进水平。

2011 年，中国疾控中心在传染病监测预警技术研究方面开展了广泛、成效显著的国

际交流与合作,并于 2011 年 11 月在北京组织召开了“传染病监测预警国际学术交流会”。

三、2011 年全国传染病监测与防控工作会

3 月 17 - 18 日,在广东深圳组织召开 2011 年全国传染病监测与防控工作会。会议就全国 2010 年重点传染病防控工作进行了总结、分析,对 2011 年重点传染病防控工作进行了重要部署,对全国重点传染病监测方案修订进行了总体安排,对于推动我国的传染病防控工作有重要意义。

四、中国疾控中心卫生应急队伍建设

按照卫生部组建国家卫生应急队伍的整体规划和总体要求,应急办组织编写了中心的国家卫生应急队建设草案,计划组建一支突发公共卫生事件综合应急队伍,分四个方向:其中包括传染病突发事件(含生物恐怖事件)控制类 20 人,中毒事件(含化学恐怖事件)类 20 人,核和辐射事件控制类(含核恐怖事件)20 人,综合业务类(流行病学、卫生统计、消杀灭和健康教育等)人员 20 人,共 80 人。目前应急办已按照卫生部的要求上报项目建议书。

五、突发公共卫生事件风险评估

为进一步提高各地开展突发事件公共卫生风险评估的能力,及早发现、识别和评估突发事件公共卫生风险,对有效防范和应对突发公共卫生事件,建立和完善突发事件公共卫生风险评估的工作机制。

3 月开始组织起草中心突发公共卫生事件风险评估工作方案, 4 月份启动中心的突发公共卫生事件风险评估工作,现已形成 9 期评估报告上报卫生部并转发各省疾控中心。参与全国突发公共卫生事件风险评估技术方案的制定、培训教材的编写及试点地区的督导调研工作。组织翻译欧盟 CDC 快速风险评估指南,以及美国猪源三重配 A(H3N2)有限人传人事件、人感染高致病性(H1N1)禽流感的风险评估等工作。

六、开展消除疟疾现场试点工作

中国疾控中心将我国中部地区疟疾疫情最重的安徽涡阳县和河南永城市作为消除疟疾工作试点现场,围绕以病例管理为核心的传染源控制措施,落实消除疟疾行动计划和技术要求,取得良好效果。2012 年涡阳县和永城市报告疟疾 68 例和 58 例,分别比上年下降 76%和 74%。

七、组织输入性血吸虫病调查

中国铁路建设系统近年来在赴非洲修铁路的民工中发现疑似埃及或曼氏血吸虫病患

者。为进一步了解境外务工人员感染血吸虫病的情况，中国疾控中心于2011年10月组织力量对中国铁建股份有限公司第20工程局赴安哥拉务工人员进行了输入性血吸虫病调查。共调查1 618人，尿液沉渣镜检发现埃及血吸虫虫卵2人；血清免疫学阳性且有埃及血吸虫病或曼氏血吸虫病症状者120人。确诊和疑似感染者占调查人数的7.54%。中国疾控中心向境外务工组织单位通报了疫情，就防治措施进行会商。

八、2011年手足口病防治

为加强手足口病防治工作，配合卫生部在2月份组织召开电视电话会议，介绍疫情形势及防控措施建议。3－12月每月疾控中心向卫生行政部门提供手足口病突发公共卫生事件风险评估信息，编写《全国手足口病周报》52期。组织对手足口病等重点肠道传染病疫情进行分析预测，完成2009－2010年手足口病专题分析报告、2011年1－4月全国手足口病疫情形势分析、预测及防控对策建议报告，并上报卫生部。追踪山东、云南等地手足口病疫情动态和疫情处理措施，并对河南等地的疫情举报进行了核实和处理。按卫生部领导指示，5月20－22日赴江西开展手足口病重症救治情况调研，完成调研分析报告。8月4－5日赴重庆、陕西开展HFMD防治工作督导，完成督导报告。9月，组织召开13个省份参加的手足口病疫情分析预测会议，重点对6－7月份发病高峰后移的原因进行了分析，形成2011年1－7月手足口病疫情流行特征及对策建议上报卫生部。11月，针对10月份疫情增高的情况，编写《疾控快报》“手足口病近期疫情增高原因分析”专题上报卫生部。11月23日，组织14个省份召开视频会议，部署下一步的监测和防控工作。组织上海、浙江、云南、四川、河南和山东6个省份开展手足口病重症病例诊断及报告现状研究，以及手足口病疾病负担调查研究。为EV71疫苗研究提供一些技术支持。

九、发热伴血小板减少综合征防控

组织聚集性病例研讨会，协助撰写《发热伴血小板减少综合征经接触传播预防控制要点》；向卫生部申请发热伴血小板减少综合征布尼亚病毒核酸定量检测试剂盒应急审批程序；与病毒病所合作研究编制发热伴血小板减少综合征监测方案；撰写疫情分析周报、月报，进行风险评估。撰写“发热伴血小板减少综合征病原确认等相关情况报告”；积极应对媒体关注，进行风险沟通，接受新华社和健康报的采访，提供正确信息，教育公众，避免恐慌；协助上海、安徽举办培训班。

十、配合开展日本地震-海啸-核危机系列灾害应对工作

2011年3月11日，日本发生里氏9级特大地震，地震和海啸引发了核电站核事故的次生灾害。中心领导高度重视，第一时间启动应急预案，成立日本大地震核和辐射事件应

对领导小组,下设综合组、专家组、信息组、技术组和保障组等 5 个小组。应急办派出协调员,常驻负责主要应对工作的辐射安全所,协助专家制定相关监测方案、编发疾控快报 65 期,及时反映监测结果和应对工作进展,同时配合卫生部做好赴日应急队伍的派遣准备工作及装备购置等。

十一、举办 2011 流感和呼吸道感染疾病国际研讨会

2011 年 8 月 2 - 4 日,中国疾控中心和美国国立卫生研究院 Fogarty 国际中心、美国疾控中心在北京联合举办"2011 流感和呼吸道感染疾病国际研讨会"。会议邀请世界卫生组织、美国人类与卫生服务部、美国约翰霍普金斯大学、美国华盛顿大学、英国爱丁堡大学、泰国卫生部、法国、荷兰、以色列以及中国科学院、中华医学会、香港中文大学、香港大学、北京人民医院、北京大学人民医院的国内外专家,以及来自省、地、市卫生行政部门、疾控系统、临床机构、动物疾控系统等约 400 名代表参加了会议。

十二、重点传染病和病媒生物监测技术指导和总结

组织全国 45 个省级监测机构及国家疾控中心相关部门,收集 2010 年监测数据,总结 2010 年的监测点综合管理工作。对监测点综合管理工作进行汇总分析,撰写《2010 年重点传染病和病媒生物监测点综合管理工作报告》。同时应急办继续做好相关病种监测的技术指导和管理协调等工作。

十三、三峡疾病监测及研究工作

编写《长江三峡工程生态与环境监测系统人群健康监测重点站技术报告》和 3 期《长江三峡工程生态与环境监测系统人群健康监测季报》;完成三峡库区人群健康监测重点站项目 2009 - 2010 年合同的验收工作;完成 1997 - 2009 年三峡库区人群健康监测重点站项目审计工作;开展三峡库区消落区监测现场督导工作;受国务院三峡办委托组织中心有关部门人员参加了 175m 实验性蓄水水位消落期巡库工作。三峡工程后续工作规划于 2011 年 5 月 18 日经国务院审议批准,为保证原提交规划与已审批规划的一致性,对规划进行了校核,保证了上报规划与审批规划一致,并将校核后规划上报三峡办审批、备案。

十四、盈江地震救灾防病工作

2011 年 3 月 10 日,云南省德宏傣族景颇族自治州盈江县发生 5.8 级地震,造成一定的人员伤亡、房屋倒塌和基础设施破坏。地震发生后,应急办迅速组织对灾区既往传染病和突发公共卫生事件进行分析,为当地救灾防病工作提供参考。同时,针对当地为鼠疫疫源地的特殊情况,还组织进行了鼠疫风险专题分析。应急办先后组织 2 批 7 名专家赴盈

江县灾区，协助当地开展灾后公共卫生风险评估，指导和协助开展灾后救灾防病工作。

十五、卫生应急中心和传染病预防控制处成立

2011 年 8 月 7 日中国疾控中心正式成立卫生应急中心和传染病预防控制处，疾病控制与应急处理办公室撤销。

（冯子健　李群　余宏杰　李树萍）

结核病预防控制

一、全国结核病防治工作进展

全国以县(区)为单位现代结核病控制策略覆盖率继续维持在 100%。2011 年全国医疗卫生机构网络报告肺结核和疑似病例 1034 371 例,比 2010 年增加了 3.2%。2011 年医疗机构报告肺结核患者总体到位率为 89.12%,比 2010 年增加了 3.1%。2011 年全国结核病防治机构登记管理肺结核患者 905 281 例,比 2010 年下降了 2.8%。2011 年全国发现新涂阳肺结核患者 376 990 例,比 2010 年同期下降了 12.3%。新涂阳肺结核患者治愈率保持在 90%以上。

二、技术规范和标准

组织修订了《结核病分类标准》、《传染病法实施办法》,编印了《胸部影像质量控制手册》、《中国儿童结核防治手册》、《中国结核病关怀手册》、《学校结核病防治手册》、《结核高危人群预防服药方案》,编译了《世界卫生组织结核病治疗指南》、《世界卫生组织耐药监测指南》等 10 余部技术规范和标准。

三、耐多药结核病防治工作

制定并下发了《耐多药肺结核防治管理工作方案》,摸清了各省"十二五"期间开展耐药工作的布局。探索了耐多药防治工作的技术策略:基于快速检测技术的耐多药结核病发现与治疗策略;与医疗保险相结合的耐多药肺结核筹资机制、支付流程和监管机制;制定了《耐多药/广泛耐药肺结核诊疗服务包》,规范了医疗服务行为;探索了医防合作治疗管理耐多药肺结核的模式。指导各省制定《省级耐多药结核病防治行动计划》。

四、结核菌/艾滋病病毒双重感染防治工作

在全国 294 个艾滋病重点县(区),对发现的所有结核病患者都进行了 HIV 抗体的检测,并已将此指标纳入《全国结核病防治规划(2011 - 2015)》的质量考核体系。组织编写、印发了《结核菌/艾滋病病毒双重感染防治工作技术指导手册》(以下简称《技术指导手册》),并开展了《技术指导手册》的应用培训。

协助卫生部完成"结核菌/艾滋病病毒双重感染流行病学调查与监测"课题。

2011 年 11 月，协助世界卫生组织在北京组织召开了结核菌/艾滋病病毒双重感染防治工作组核心小组第 17 次会议，旨在分享世界卫生组织西太平洋地区和中国在政策倡导、资源动员、扩展结核菌/艾滋病病毒双重感染防治联合行动实施等方面的经验和最佳实践，以进一步促进西太区的双重感染防治工作。核心小组成员、联合国艾滋病规划署、盖茨基金会、美国国际开发署、美国疾病预防控制中心、国际防痨与肺部疾病联合会、红十字国际委员会等国际组织及卫生部、中国防痨协会、省级代表等 110 余人参加了本次会议。

五、监控与评估工作

完成结核病信息专报系统的升级改造工作，特别增加了耐多药结核病患者的管理模块，完善了手工报表的统计功能，并开展了全国培训工作。在卫生部的领导下完成了全国结核病数据质量检查工作。

组织编印《结核病监测资料季度分析报告》4 期和《结核病监测年度分析报告》1 期。

六、实验室网络建设

编写了全国结核病实验室检测规范、我国结核病实验室操作规程、制作或印发了操作规范、规程的视频、图谱等系列材料，进一步加强了全国结核病网络实验室规范化建设。

开展了以县为单位的涂片室间质量评估工作，该项工作的覆盖率维持在 100%，促进并提高了实验室开展培养和药敏实验的能力。

依托中盖结核病项目，将新诊断技术试验性地引入到部分实验室，如发光二极管荧光显微镜、实时荧光定量扩增结核利福平耐药检测法、线性探针耐多药检测、基因芯片耐多药检测方法等，取得了良好的验证效果。

开展了对各省级结核病参比实验室的药敏试验熟练度测试工作。

七、培训工作

1. *组织开展各类业务培训*　积极完善结核病防治的培训评估机制、规范培训流程、开展各类培训的设计及评估、跟踪并撰写完成培训评估报告。与国际师资联合，参与评估并协助有关省开展结核病防治工作和人员现状的调查及培训计划的制定，促进提高地方培训工作的质量。2011 年累计开展规划管理、国际合作项目及其他领域的培训 55 余次，受训人员超过 2500 人。

2. *拓展内部员工基层培训*　不断完善内部人力资源发展规划，搭建发展平台，通过多种形式的锻炼全面提高员工综合素质。积极探索员工下基层工作机制，制定基层工作管理办法及实施方案,建立保障机制,遴选基层锻炼基地,分期、分批派驻新入职员工到基地工作、锻炼。

八、药品供应与管理

加强各省抗结核药品的库存管理,药品过期破损率保持在小于1%的较好水平。

积极推广抗结核药品固定剂量复合制剂。截至2011年底,全国已有40%的活动性肺结核患者使用抗结核固定剂量复合制剂治疗,对技术薄弱的省份开展了抗结核固定剂量复合制剂使用的培训。

协助卫生部开展抗结核药品流通和使用环节管理工作调研。

组织召开抗结核药品生产企业国际研讨会。2011年8月18日,由世界卫生组织(WHO)、全球抗结核药品管理中心(GDF)和中国疾控中心结核病预防控制中心主办,中国医药国际交流中心承办的抗结核药品生产企业国际研讨会在北京召开,共有超过25家抗结核药品生产企业,60余人参加了会议。本次研讨会旨在向国内抗结核药品生产企业介绍世界卫生组织药物生产资格预认证项目(以下简称"WHO-PQ")的最新进展,以及国内外抗结核药品市场需求的相关信息,为中国抗结核药品生产企业跨出国门打下一定基础,同时对推动我国抗结核药品生产企业积极申请和通过WHO-PQ具有十分重要的意义。

编写完成《抗结核药品管理战略》和《抗结核药品管理手册》。

九、健康促进工作

协助卫生部组织开展了2011年"世界防治结核病日"主题活动暨首届中国结核病防治公益宣传作品征集活动颁奖典礼等系列活动。紧紧围绕世界结核病防治日进行了系列深度报道。

更新了《健康促进手册》。举办了全国结核病防治健康促进骨干培训班暨健康促进年会,进一步培养了全国健康促进骨干力量。

对《中国结核病预防控制信息》进行了全面改版。

十、内部建设和管理

完善了管理制度。2011年是结控中心内部综合管理质量年,结控中心健全了各项管理制度,对《职工工作手册》(以下简称《手册》)进行了全面修订,人手一册发放到位,制度要点培训到位,大家遵守到位。

狠抓了质量监控。进一步完善了各类活动开展的监控体系,设计开发了综合管理质控工作软件,建立了质量监控与部门及个人的年度考评、评优相结合的工作机制,提高了工作质量与大家的工作积极性。

强化了经费使用管理。启动防范"小金库"及其他财务违规行为的承诺机制,建立了经费使用进度的监控机制，并与工作计划相衔接，设计开发了计划与经费的监控软件，科学分配预算、及时掌握每一项活动支出，定期通报经费使用率及使用进度，保证活动开展有规划、经费使用有计划，并达到中国疾控中心工作进度的要求。

加强人才队伍建设。结控中心2011年度新增1名在职人员（博士）、3名项目聘用人员，现有员工总数66人，其中在职人员43人，各类项目聘用人员23人（全球基金项目14人、盖茨结核病项目5人、中美项目1人、重大专项3人）。具有副高及以上职称在职人员19人、中级职称人员13人；博士学位8人、硕士学位23人。硕士研究生导师6人，在培研究生10人。

十一、科学研究

完成了国家重大科技专项项目“结核病发病模式研究”、“结核病预警模式研究”、“结核病感染控制新技术平台的研究”、“结核病流行规律研究”，科技部科技支撑项目“结核病发病与死亡建模及分析技术研究”4项课题的总结验收、审计和阶段性成果认定，并开展了“十二五”期间的课题申请。完成了2007－2010年全球基金结核病实施研究课题的结题评审和余款拨付工作。继续组织实施重大专项“结核病治疗新剂型研究”课题。

2011年结控中心在研的各类课题与项目共31项。共发表专业论文48篇，其中中文42篇、英文6篇。

十二、国际合作与交流

加强了交流互访。2011年，结控中心人员出访学习交流共计24批37人次，接待外宾来访20批44人次，接收进修人员3批4人次。

重大国际合作项目

1. 全球基金结核病项目　应对全球基金结核病项目的全面调整，组织项目重新启动后的全面实施。在项目冻结期开展了档案整理、资产清查、工作计划和预算的调整及修订等工作，并接受了全球基金总检查长办公室的诊断性评估。项目解冻后继续完成项目计划及预算的修订及按新调整计划的项目执行。

2. 中盖结核病防治项目　一期各子项目均按计划顺利实施，关键指标完成率达到80%以上。顺利通过盖茨基金会委托的美国毕马威国际会计师事务所的审计，结果被评为“优秀”。组织完成了项目二期的申请工作并已获批，2012年度的经费已全部到位。

十三、援疆、援藏工作

组织开展了多项技术支持活动，援疆、援藏工作成果卓著。共有7人次赴新疆喀什地区开展实验室及规划实施的指导工作、1 人次赴藏协助开展流调数据的分析;资助喀什地区 2 名人员来结控中心进修及 1 名西藏人员来京培训。累计资助金额达 33 万余元。

(王黎霞　成诗明　陈明亭　赵雁林　屈燕　方群)

免疫规划

一、扩大国家免疫规划管理与监测

2011年扩大国家免疫规划项目儿童常规免疫疫苗继续按照免疫程序对0～6岁儿童实现了全覆盖，开展了实施国家扩大免疫规划以来的首次全国扩大国家免疫规划和疫苗管理工作检查。

2011年全国32个省级报告单位报告了2011年1－12月常规接种率监测数据，以县为单位报告完整率为97.44％，以乡镇为单位报告完整率为96.29％。2011年1－12月，全国1岁内儿童国家免疫规划疫苗报告接种率分别为，卡介苗99.75％、脊灰99.64％、百白破99.61％、含麻疹类疫苗（麻疹、麻腮风、麻腮）99.55％、乙肝99.61％、流脑A群99.45％、乙脑99.46％。全国乙肝疫苗出生后24小时内及时接种率达到95.05％。

二、免疫规划信息管理

2011年免疫规划信息管理系统建设稳步推进。目前已实现客户端软件免疫规划信息管理平台的接口功能，并进行了测试联调工作。GAVI项目为2371个接种报告单位装备的计算机和打印机已全部发放到位。

2011年（截至2011年12月31日）全国实施儿童预防接种信息管理系统县区2570个，占87.30％。以县为单位实施率在90％以上的有22个省（自治区、直辖市）和新疆生产建设兵团。实施儿童预防接种信息管理系统的乡镇35 070个，占81.65％。19个省（自治区、直辖市）和新疆生产建设兵团的实施率在80％以上。

三、免疫规划相关重点传染病防控工作

（一）积极应对新疆输入性脊髓灰质炎野病毒疫情

2011年8月25日，新疆发现输入性脊灰疫情后，卫生部启动Ⅱ级应急公共卫生事件响应，免疫中心先后派出40余人次前往新疆，协助新疆开展了加强AFP病例监测、脊灰疫苗接种率快速评估、血清学抗体监测和AFP监测系统运转情况评估、脊灰疫苗强化等免疫活动。2011年8月29－31日先期在和田地区寄宿制小学、初中和托幼机构开展一轮三价OPV应急强化免疫，接种约9.5万人；2011年9－11月在全疆范围开展三轮儿童

OPV 强化免疫活动,第一轮接种了 4 162 024 人,第二轮 4 150 575 人,第三轮 3 885 156 人,报告接种率均大于 99%。2011 年 9 - 11 月,在南疆和田、喀什、克州、阿克苏和巴州等 5 地、州组织开展了二轮 15～39 岁人群强化免疫。第一轮接种了 5 265 734 人,第二轮 4 768 691 人。在 12 月 16 - 22 日开展麻疹强化免疫的同时开展查漏补种工作(南疆 5 地州 40 岁以下人群和乌鲁木齐市 15 岁以下人群)。

将 AFP 报告纳入传染病报告系统、月报数据调整为周报,开展全国范围内的加强监测工作。参照 WHO 推荐的脊灰野病毒输入性疫情传播风险评估方法,结合中国维持无脊灰的工作现状,综合对各省进行风险评估。评估指标包括人群免疫情况、AFP 病例监测系统运转情况和输入风险。评估结果为 6 个省为脊灰输入高风险省。

(二)脊灰疫苗衍生病毒(VDPV)病例调查处理

2011 年分别从宁夏、贵州、山东、西藏、福建的 3 例 AFP 病例、1 名 AFP 病人的接触者及 1 名一般人群中分离到 VDPV。其中宁夏病例为免疫缺陷者 VDPV 病例。未发现 VDPV 循环。

(三)继续做好维持无脊灰证实工作

截至 2011 年 12 月 31 日,2011 年 AFP 监测系统共报告 AFP 病例 6205 例,报告发病率 2.49/10 万,以省为单位监测系统所有及时性指标均达到世界卫生组织和卫生部的要求。2011 年脊灰网络实验室通过了世界卫生组织的考核。

(四)消除麻疹工作

根据《2010 - 2012 年全国消除麻疹行动计划》,由卫生部办公厅于 2011 年 11 月印发了《关于做好今冬明春消除麻疹工作的通知》要求明确目标责任,确保各项工作顺利开展;实行分类指导,确保疫情得到有效控制;加强考核评估,确保各项措施取得实效。完善《麻疹疫情调查处置技术指南》和制定消除麻疹工作全国重点县区判定标准。

2011 年 3 - 5 月,新疆、甘肃、陕西、四川、浙江等地麻疹疫情大幅度上升,免疫中心先后多次派出专家赴上述省份开展深入调查,分析麻疹疫情发生的危险因素,了解近年来麻疹防控策略措施以及防控效果,对下一步消除麻疹提出工作建议。

(五)病毒性肝炎监测与控制工作

2009 - 2011 年,全国 15 岁以下人群乙肝疫苗补种项目计划补种乙肝疫苗 5767 万人,截至 2011 年 11 月底,对 1994 - 2001 年出生的未免疫人群累计补种 6831 万人,完成总任务量的 118.5%,已超额完成项目任务。

为加强我国乙肝控制工作，针对我国乙肝报告系统不完善等环节，2011年与世界卫生组织(WHO)开展了病毒性肝炎监测的合作项目。

GAVI项目办公室完成了项目查漏补种、提高首针及时接种率项目及信息化建设经费的下拨，共下拨经费1.25亿元。利用GAVI项目结余经费，印制完成2006年全国乙肝血清流行病学调查报告。完成了GAVI项目记录片的摄制，宣传纸杯、台历、动画片等用品的制作和下发。完成了终期评估总结报告。组织开展GAVI项目、设计制作纪录片经费自查和督导。

开展全国甲肝监测，处理甘肃省临夏州甲肝暴发疫情调查处置。针对新疆甲肝疫情高发态势，对高发地区进行了督导。完成《甲型病毒性肝炎暴发疫情调查处置指南》(草案)。

(六)流行性脑脊髓膜炎监测与控制工作

2011年全国累计报告流脑病例228例，报告发病率0.017/10万，死亡25人，死亡率0.0019/10万，病死率为10.96%。与2010年同期(流脑病例325例，死亡33例，发病率为0.0243/10万，死亡率为0.0025/10万，病死率为10.15%)相比，报告病例数下降29.85%，死亡病例数下降24.24%，全国流脑报告发病水平继续呈下降趋势。

2011年在国家级监测点中检出的流脑病例中，仍以C群病例构成为主，A群病例构成仍呈减少趋势，检出B群、W135群及未分群病例构成均有增加。健康人群带菌仍以B群Nm最高，其次为A群。

(七)流行性乙型脑炎预防控制工作

2011年全国乙脑报告发病水平呈继续下降趋势，共报告乙脑病例1625例，报告发病率0.12/10万，死亡63人，报告死亡率0.0047/10万，病死率为3.88%。与2010年同期(报告病例2541例，死亡92例，发病率为0.1904/10万，死亡率为0.0069/10万，病死率为3.62%)相比，报告病例数下降36.05%，死亡数下降31.52%，全国乙脑报告发病水平继续呈下降趋势。

四、疑似预防接种异常反应(AEFI)监测

2011年1月1日-12月31日，全国疑似预防接种异常反应(AEFI)信息系统共收到AEFI审核个案76 205例，比2010年同期增长36.08%。全国共有2671个县有AEFI个案报告，报告县覆盖率为86.27%。在76 205例AEFI中，在48小时内报告率为97.17%;需调查AEFI 8424例，调查率为100%，48小时内调查率为98.91%。在所有AEFI中，一般反应占90.14%，异常反应占8.16%，接种事故占0.03%，偶合症占1.55%，心因性反应占0.08%，待定占0.05%。

完成 AEFI 监测系统的改造。探索异常反应补偿工作。做好 AEFI 沟通交流和疫苗国家监管机构(NRA)职能评估。参与或指导了日本停用 7 价肺炎疫苗和流感嗜血杆菌疫苗事件、广东省甲肝疫苗严重 AEFI 疑似聚集事件、浙江卡介苗接种后播散性卡介苗感染事件等调查处置。

五、科研工作

申报“十二五”传染病重大专项课题“乙型肝炎病毒免疫预防新策略的研究”、“传染病疫苗临床试验评价体系”。圆满完成由免疫中心牵头的“十一五”科技重大专项“我国乙型病毒性肝炎免疫预防策略研究”、“疫苗临床试验评价技术平台构建的研究”、科技支撑课题“传染病及病媒生物控制适宜技术研究”各项研究任务。

完成中澳项目“疫苗上市后评价体系建立和应用及新疫苗免疫策略研究”申报及到评价工作。

六、社会宣传与风险沟通工作

(1) 2011 年的宣传主题为“接种疫苗,宝宝健康”。参加了卫生部新闻办举行的媒体通气会、与北京市疾控中心承办了“4·25”全国预防接种宣传周启动仪式、与《健康报》启动了针对医务人员的预防接种知识有奖问答竞赛、“中国预防接种人员专业知识及技能大赛”、“免疫规划成就展”系列展板。

(2) 为应对输入性脊灰疫情,中国疾控中心成立脊灰输入性疫情应对公众沟通与宣传组。承担了公众信息需求监测和分析,组织研究确定公众信息传播要点,组织编发健康教育材料,协调技术工作组及时更新网站健康教育内容,负责媒体协调和采访安排的报批,组织信息发布;开展舆情监测,对相关信息跟踪和反馈等工作。

七、国际合作项目及海峡两岸暨港澳免疫规划工作研讨会

(一)联合国儿童基金会合作项目

2011-2013 年度卫生部/UNICEF 加强常规免疫项目和流动儿童免疫规划促进项目分别于 7 月、9 月在成都和杭州召开项目启动会。新疆脊灰输入性疫情大众传播活动。与新疆自治区卫生厅沟通,制定了新疆脊灰输入性疫情大众传播的活动方案。UNICEF 项目官员一起赴新疆指导当地开展有特色的、针对维族居民开展的宣传动员活动。配合新疆自治区卫生厅,协调民宗委,明确各部门的职责和工作,完成电视宣传片的脚本、宣传口袋书的核心信息和预实验工作。

(二)中国疫苗可预防疾病监测与控制合作项目(JICA 项目)

联合评估调查团从妥当性、有效性、效率性、影响力、可持续性 5 个方面对项目进行了

终期评估，并进行了实地考察。中日双方签署了项目终期评估调查会谈纪要，就终期评估结果达成一致意见。

(三)海峡两岸暨港澳地区免疫规划工作研讨会

会议共邀请到港澳台专家7名、内地专家37名。研讨会围绕海峡两岸暨港澳地区的免疫规划进展、AEFI监测及补偿(救济)机制、脊灰和麻疹防控策略、免疫规划风险沟通和流感实验室监测等内容做了专题报告，并开展了热烈的讨论。

八、《中国疫苗和免疫》杂志编辑部工作

2011年收稿351篇，刊出稿件170篇。全年发行杂志6期，每期4000册，邮局发2000多册，赠有关单位1000多册。2011年被中国科学技术信息研究所评为百种中国杰出学术期刊及中国精品科技期刊。《2010年版中国科技期刊引证报告(核心版)》共收录67种预防医学与卫生学类期刊，《中国疫苗和免疫》总被引频次1354，排序第19位；影响因子0.963，排序第1位；综合评价总分59.3，排序第3位。

(梁晓峰　王华庆　罗会明　刘燕敏)

公共卫生政策研究

一、职能调整及处室更名

2011 年中国疾控中心第一次主任办公会研究决定将原公共卫生政策研究办公室更名为政策研究与健康传播中心。4 月 23 日,中心印发《关于"公共卫生政策研究办公室"更名和职能调整的通知》(中疾控人发〔2011〕159 号),政研中心在原有工作职能的基础上,增加了健康教育、新闻宣传、文化建设、标准协调等职能。政研中心职能调整后,组织框架和发展计划也随之做了调整,工作职责进一步明确。

截至 12 月,政研中心先后调入职工 2 名,增加新毕业研究生 1 名,并在北京市范围内公开招聘了 2 名工作人员。目前本部门有正式工作人员 8 名。

二、工作进展

(一)文字材料的编写与起草

1. 中国疾控中心有关会议材料的起草　与中心办等部门协作,完成了 2011 年中心工作会议工作报告的文字起草。报告起草期间,积极组织广东、天津、浙江、河南等省开展了疾控中心运行机制研究和现场调研,收集了详实的数据。此外,完成援疆工作会议材料、新闻宣传工作会议等材料的起草工作。

2.《两会特刊》的编印　承担 2011 年中国新闻"两会"特刊组稿编写工作。编写完成《减盐预防高血压专辑》、《新形势下的艾滋病防治》两本特刊。

3. 卫生部《灾区医疗防疫志》的修改　继续参与卫生部《汶川特大地震抗震救灾志·灾区医疗防疫志》的编写工作,根据 2011 年 1 月下旬卫生部召开的《灾区医疗防疫志》编纂办公室初稿评审会要求,组织中心各直属单位和相关处室对初稿做了进一步完善,并提出具体修改意见。

4. 开展国内公共卫生政策收集整理　通过网络信息、工作简报、疾控快讯等媒介每月收集整理各省公共卫生政策工作动态,对各省的公共卫生政策信息进行监测,编写相关信息,并在《中心报》的"各地政讯"专栏上发表,截至 12 月底,共发表 12 期。

(二)国内外卫生政策监测与研究

1. 疾控中心运行机制研究　为了解我国各地疾控中心运行管理机制,探索疾控机构改革思路，2011 年 3 月起，政研中心开展了疾控中心运行机制研究并制定了研究方案。4 月起，卫生部疾控局在中国疾控中心举办“加强疾病预防控制能力建设培训班”期间，以调查问卷形式调查了全国 32 个省级疾控中心和 169 个地市级疾控中心的行政级别、经费投入、管理机制等情况，撰写了《省级疾控中心管理体制现状调查初步研究结果》。5 月 17 日，在天津市组织召开了省级疾控中心运行机制研讨会，邀请 6 省市疾控中心办公室、人事处等部门负责人参加，分别介绍了各单位的运行机制和绩效工作落实情况，为省级疾控中心管理机制现状调查研究提供了丰富的个案资料，并对《省级疾控中心管理机制现状调查初步研究结果》提出了详细的修改建议。

2. *开展社区疾控工作规范化研究试点工作*　4 月底，在浙江省疾控中心启动社区疾控工作规范化研究试点工作，在浙江省选取 6 个项目县区，分别选取 3 个疾控工作开展较好和中等的县区，以县区所辖范围内的社区疾病预防控制工作为主要工作目标。通过工作部署、基层试用、现场调研、基层反馈等形式了解社区疾病预防控制工作规范化体系的合理性，进一步改进规范化体系，为全国社区层面的疾病预防控制工作提供借鉴。

3. *中澳公共卫生法律项目结题*　“中澳公共卫生法律研究项目”于 2009 年正式启动，2011 年完成项目协议中的全部工作。1 月 21 日，中澳项目办组织专家召开项目评审会，对课题实施情况进行汇报并答辩，得到与会专家的肯定。

4. *协助开展《疾病预防控制信息集成适宜技术开发与应用》项目收尾工作*　科技支撑项目“疾病预防控制信息集成适宜技术开发与应用”由信息中心牵头负责，政研中心主要负责组织研发针对基层疾控人员的网络版、单机版及 PDA 疾病预防控制业务辅助支持平台。2010 年，组织完成了平台的开发，并在疾控适宜信息技术项目总结及推广应用会议上介绍并推广了疾控业务辅助知识平台的开发与应用。

5. *荷兰及欧洲卫生体系和公共卫生政策现况研究*　2011 年开展了荷兰及欧洲卫生体系和公共卫生政策现况研究工作，完成文献检索、翻译和初稿的撰写。

（三）新闻宣传与健康教育

1. *完善新闻宣传工作流程*　全年共安排媒体采访 430 余次；主动开展核辐射防护、发现新型布尼亚病毒、肠出血性大肠杆菌感染暴发、免疫规划宣传周活动总结等 4 次主动的媒体沟通；开展了免疫接种、夏季肠道传染病防控等 2 次在线访谈。

在完善中心宣传制度方面，搜集、整理了卫生部及中国疾控中心近年来关于新闻宣传工作相关的规章制度，并结合新形势的要求对中心的宣传制度进行修订。结合中心协同办公平台系统，明确了新闻采访工作流程，实现了新闻宣传函件的网上受理。

2. *重大突发公共卫生事件中的媒体沟通与健康传播*

（1）日本福岛核泄漏事件中的科普宣传：日本地震发生后，政研中心快速启动日本大地震核和辐射事故的科普宣传工作，科学开展风险沟通和科普宣传。组织媒体沟通人员现场办公,协调辐射安全所建立接受媒体采访的专家库,研究确定各个阶段新闻宣传的关键核心信息,通过主动的舆情监测,掌握公众关心的各类问题,有针对性地安排新闻宣传,包括辐射健康危害、食品和饮水安全、碘盐风波等,通过及时更新、公布相关核心信息,正确引导公众。先后安排150余次新闻媒体的采访,在维护社会稳定,普及科学知识等方面发挥了重要作用,得到了公众和卫生部领导的高度认可。

(2) 结合德国肠出血性大肠杆菌疫情开展夏季肠道传染病防控宣传:针对德国肠出血性大肠杆菌引起的疫情暴发,积极组织专家起草《德国肠出血性大肠杆菌感染暴发的健康提示和疫情进展等信息》,从5月30日开始,在中国疾控中心网站上发布,新华社、中央电视台等大众媒体及时转载和播出,同时协调信息中心在中国疾控中心网站开辟了"德国肠出血性大肠杆菌感染"专栏,及时发布疫情进展和科普知识。

为做好媒体沟通与宣传工作,及时确定传染病所徐建国所长、疾控应急办冯子健主任、冉陆研究员等作为主要媒体沟通专家,及时确定核心信息,接受媒体采访。已先后接受新华社、中央电视台、新华视频、健康报等媒体的10次采访。借助大众对欧洲发生的O104型肠出血性大肠杆菌疫情的关注,于6月14日,举办了一期"肠道传染病的预防与控制"在线访谈,更好的向公众传播有关的肠道传染病的防控知识,并积极协调专家参加了6月23日卫生部举办的夏季常见肠道传染病防控工作通气会,取得了较好的宣传效果。

(3) 新疆输入性脊灰疫情的媒体应对工作:8月26日中心启动"输入性脊髓灰质炎野病毒疫情"应对机制,政研中心被列入公众沟通与宣传组,主要承担8月31日-10月11日国内外舆情监测和分析。捕捉到"极少数儿童2010年接种麻疹疫苗成'玻璃人'"、"新疆累计报告Ⅰ型脊灰野病毒病例17例与卫生部公布疫情报告数据哪个是真的?"等舆情预警信息,为领导决策提供信息支持。

(4) 结合食品安全事件宣传中发现的问题,规范食品安全宣传工作:近年来相关的食品安全事件被媒体频频曝光,引起政府、社会和消费者对我国食品安全的广泛关注,以及由于食品安全牵涉面广,对宣传、沟通和处置食品安全的需求突增,需要采取多种形式和方法加大对食品安全有关知识的宣传力度,为确保中国疾控中心在食品安全宣传工作中能够更加科学准确地普及科学知识,正确引导舆论,规范中心对食品安全的宣传,结合中心在组织食品安全宣传中发现的问题,如"雀巢米糊重金属超标"、"台湾塑化剂风波"等食品安全事件,起草《进一步做好食品安全宣传工作的建议方案》,并在实际工作中心不断完善。

3. 重大科研成果和工作进展的宣传

(1) 新型布尼亚病毒的发现:3月17日《新英格兰医学杂志》发表了中国疾控中心确定新发现的布尼亚病毒为发热伴血小板减少综合征病原的研究成果,政研中心提前拟定宣传方案,提前一天举行新发现布尼亚病毒媒体沟通会,邀请新华社、中央电视台、中央人民广播电台、科技日报、健康报、中国日报等媒体参加。在杂志电子版出来的同时，新华社及时发出了首条信息，随后，各大媒体先后刊出了《我国首次发现新型布尼亚病毒锁定“蜱咬病”元凶》(新华社)、《“十一五”重大科技成就巡礼-高新技术提升我国传染病防控能力》(中央电视台新闻联播)、《我国科学家发现新型病毒系蜱虫叮咬致病病毒》(国际广播电台)、《“蜱咬病”元凶锁定继 SARS 病毒后又一突破》(新京报)、《蜱咬病原是新布尼亚病毒作祟》(健康报)、《研究重点转向病毒缉拿“蜱咬病”致病元凶》(科技日报)等，这些报道被国内各大网站、报纸纷纷转载。

6 月 14 日，北京蜱虫叮咬事件再次引发国内媒体关注，布尼亚病毒又一次成为热点，政研中心及时安排宣传，加上前期开展的深入的关于布尼亚病毒发现情况以及相关科普知识的宣传、报道工作，北京蜱虫叮咬事件并未在公众中造成较大恐慌。

(2) 结合全国预防接种宣传周总结开展免疫规划工作宣传：为进一步宣传我国免疫规划工作的巨大成就，确保免疫规划工作健康发展，政研中心与免疫中心合作，邀请了部分媒体记者参加预防接种宣传周活动总结会，并就“免疫规划与健康传播”进行了专题介绍，邀请媒体记者从媒体角度介绍免疫规划的媒体沟通。会议期间，王宇主任接受了媒体的采访，从我国预防接种进展及现状、疫苗研发、预防接种重要性等方面回答了媒体关心的问题。会后，媒体分别以《免疫规划控制疾病不可放松》(新华社)、《免疫规划面临诸多挑战》(健康报)、《我国儿童免疫接种率超九成 预防传染病发病率历史最低》(人民日报)、《我国与国际组织和国外机构合作开展计划免疫成效显著》(新华社)、《腮腺炎、水痘发病率呈上升态势》(新华社)、《疾控中心称手足口病疫苗完成一期临床试验》(新华社)、《政策应推动疫苗研制》(第一财经日报)等为题，从不同角度进行了报道。

此外，政研中心还积极与主流媒体进行沟通，加大对中国疾控中心工作进展情况的报道，2011 年 5 月，新华社发表了《科技助力传染病防治——我国艾滋病和病毒性肝炎等重大传染病防治重大专项成果显著》的报道，对中国疾控中心开展重大专项工作进行了充分肯定。

4. 完成对中国疾控中心媒体沟通能力的评估(2008 - 2011 年) 委托清华大学国际传播研究中心开展中国疾控中心媒体沟通能力评估，协调完成媒体沟通典型案例分析、记者调查问卷收集、焦点小组座谈等相关工作。2011 年 12 月 16 日，在课题研究工作已取得阶段性进展后，为进一步深化课题研究成果，邀请了新闻办、健教中心的专家对现有研究成果进行了讨论。

(四)筹备疾控十年发展回顾活动

为做好疾控 10 年发展回顾活动，经研究，将“疾控十年”回顾办公室设在政研中心，并从改水中心、传染病所、性艾中心借调 3 名同志参与疾控十年回顾工作。先后完成“疾控 10 年”活动筹备工作手册的制定，明确活动方案、成立活动组委会及工作职责和制度，制定专项工作安排时间表。

1. 疾控十年总结报告撰写工作　作为疾控十年回顾工作重要组成部分,该工作于 8 月份启动,10 月份梳理汇总形成近 3 万余字初稿。11 - 12 月对初稿进行补充和完善。在此过程中借鉴其他单位经验,组织中心 13 个相关职能处室负责人和工作人员,以及中心直属各单位办公室主任共 30 余人赴中国人民解放军军事医学科学院(解放军疾控中心)参观学习军科院 60 周年成果系列活动,为回顾活动的顺利开展积累经验。

2. 编制疾控十年画册　12 月中旬,中心十年画册的编写工作启动。政研中心在两周内从 8 万张照片中精心挑选出入册的 500 余张照片。先后 3 次集中直属单位、机关处室人员征求画册编辑、修改意见,圆满完成画册的编印。

3. 评选疾控十年重点事件　10 - 12 月,由政研中心、中心办、疾控十年办公室组织开展了"疾控十年"重点事件评选活动。活动初期制定了评选标准和评选方案,采取深入总结、广泛征集、共同参与的方式,分历年总结和大事记整理、全中心征集、单位评选和专家评审 4 个阶段,通过筛选、补充、修改及完善,共整理重点事件 106 件,收集评选表 79 份,并由此最终确定 55 件重点事件。

(五)其他工作

按照新调整的职能,政研中心还负责协调和管理中心承担的各卫生标准专业委员会的相关工作。4 月份,汇总完成中心近年来承担的卫生标准制(修)订工作情况。

此外,还参与《医药卫生人才发展规划》、《医改 2012 - 2015 年重点疾控工作方案》、《传染病防治法实施办法》的修改、起草,基层疾控工作指导意见研讨,以及乡镇卫生院公共卫生岗位疾控职责绩效考核研究结题报告的撰写等工作。

(陈浩)

公共卫生监测与信息服务

一、信息管理与服务

(一)监测信息管理

全年完成365期全国传染病与突发公共卫生事件监测日报、52期全国传染病与突发公共卫生事件监测周报、12期全国传染病与突发公共卫生事件监测月报的编发工作;协助卫生部拟定全国传染病疫情信息新闻发布稿12期;组织完成了2010年度全国法定传染病网络报告发病、死亡以及报告质量的统计与评价;组织完成了中国2010年度法定传染病发病死亡报告的编写工作,并印刷成册正式发放;组织开展了全国法定传染病网络直报质量督导调查并完成了调查报告。

完成12期全国死因登记报告信息系统统计月报;完成了2010年全国死因监测年报编写及印刷、分发等工作;分析、出版了2009、2010年全国疾病监测系统死因数据集;完成了死因登记模式应用试点工作方案制定和现场调研;开展了死因漏报调查。

(二)信息系统和网络运维与服务

全年共处理数据中心故障26起,提供桌面运维服务920次,提供视频会议服务45次,并保障了昌平新址2000余人的上网服务。全年建立SSL-VPN账号国家级用户475个、中心业务账号463个,全国直报系统VPN隧道49条、中心业务VPN隧道15条,保障了国家级用户和中心用户以及省级疾控中心、卫生厅局安全接入数据中心开展数据交换和访问服务。

保障了22个疾病监测管理信息系统和公共卫生信息系统的平稳运行;修订了直报系统用户管理规范。截至12月底,系统总用户数近16万,其中有效用户13万余人,国家级用户500余人。完成了2011版基础编码手册的编制、出版印刷和发放工作。全年共发放协同办公平台数字证书581个,制作个人证书76个、单位证书2个,解锁42个,信息变更36个,吊销26个,补办13个。同时管理中心企业邮箱1961个。维护中心短信平台的正常运行,全年共发送短信息68.6万条。

(三)数据管理、交换与共享

对中心机关和直属单位提交的21项数据进行了备份;对中心内部及外部机构提供数

据服务10余次;完成了2010年全国疾控系统基本信息填报工作,并组织编写《2010年疾控基本信息统计分析报告》。升级改造了数据交换系统,同时制定了《国家网络直报系统属地化数据交换与共享实施技术指导方案》,并下发了《中国疾病预防控制中心关于启动国家网络直报系统属地化数据交换与共享试行工作的通知》。在2011年度实现了卫生部及安徽、浙江、河南、广东省疾控中心与中国疾控中心的数据交换。

承担全国疾病预防控制体系绩效考核管理系统迁移改造工作,已完成系统的硬件环境搭建。

(四)中心门户网站工作

完成了4个季度信息发布统计及发文工作;完成了省级疾控中心网站及中心直属单位网站评测和中国疾控中心网站用户体验;新版公众网站于2011年5月1日正式发布。

(五)科技文献服务和出版编辑工作

完成20个科技文献查新和20个查引工作,提供试用数据库5个,完成了《生物医学信息》课程的教学、实习、阅卷等工作。

按时出版、发行了《中国疾控中心年报》,完成了24期《世界卫生组织简报》的编译和发行工作;完成6期《生物医学和环境科学》(BES)杂志出版任务,杂志页码增加了60%(从80页增至128页);在SCI中的影响因子达到1.063,创历史新高。

(六)统计咨询服务与教学工作

完成了MPH、协和公卫硕士研究生、中心科研型硕士研究生的卫生统计学、现场流行病学调查技术及中心博士研究生高级卫生统计学的教学;举办了国家级继续医学教育项目-公共卫生领域非独立数据统计方法培训班。

二、重大信息化规划与建设

(一)中国疾控中心新址信息系统建设项目

2009年度第一阶段建设项目已全部完成验收;2010年度第二阶段建设项目已基本完成,进入验收阶段;2011年度第三阶段建设项目进入全面实施阶段;2012年度第四阶段建设项目已完成经费预算申请,并获得批复。截至12月20日,共组织召开了14次项目例会,发布了14期项目周报。组织会议40余次。

完成IT服务运维管理系统集成项目、应用系统第二阶段建设应用平台总集成项目、IT服务管理系统第二阶段建设项目等3个项目的需求规格说明书专家评审工作;完成IT服务运维管理系统集成项目、应用系统第二阶段建设应用平台总集成项目、IT服务管理系统第二阶段建设项目概要设计方案、网络设备采购与集成项目实施和部署方案、园区无线网络设备采购与集成服务项目设计方案等 5 个设计方案的专家评审工作；完成服务器、存储设备与系统集成项目、统一数据采集平台集成项目、网络直报信息系统迁移采购项目、协同办公平台与公众网站集成采购项目、园区无线网络设备采购与集成服务项目、IT 服务运维管理系统集成项目、网络设备采购与集成采购项目、IT 服务管理系统第二阶段建设项目等 8 个项目的初验评审工作；完成统一数据采集平台集成项目、网络直报信息系统迁移采购项目、协同办公平台与公众网站集成采购项目 3 个项目的详细设计方案专家评审工作；完成园区无线网络设备采购与集成服务项目，服务器、存储设备与系统集成项目，协同办公平台与公众网站集成采购项目，网络直报信息系统迁移采购项目，统一数据采集平台集成项目，IT 服务运维管理系统集成项目，网络设备采购与集成项目 7 个项目的终验组织、文档验收和专家评审工作。

（二）国家免疫规划信息系统建设

优先完成国家级数据中心信息平台建设，建设免疫规划信息系统，并为西部地区代管 3 年的预防接种个案数据。通过系统建设，将依托国家、省、市三级部署免疫规划信息管理平台，建立儿童预防接种动态电子档案，实现流动儿童预防接种信息共享和交换。同时，建立覆盖省、市、县三级疾控机构和相关部门的 AEFI 监测网络直报系统，与药监部门共享监测数据，实时对疫苗严重和群体性不良反应或事件做出预报、预警。采集疫苗出入库信息以及注射器使用情况，实现对全国疫苗实时监测管理，实现药监局疫苗电子监管码信息与预防接种个案信息及 AEFI 监测系统中疫苗信息的关联应用。

（三）信息化建设规划与技术指导方案

组织相关人员编写完成《“十二五”疾控信息化建设规划实施指导方案（讨论稿）》；配合卫生部统计信息中心撰写完成《中国疾控中心云平台基础建设方案》，并上报卫生部；组织编写了《EMR、EHR 公共卫生数据统一采集交换技术指导方案（试行）》、《公共卫生疾病预防控制信息系统建设技术指导方案（2011 - 2015）》、《国家网络直报系统属地化数据交换与共享实施技术指导方案》、《基于 EMR、EHR 交换的公共卫生基本数据集》、《省级疾控数据中心建设指导方案》、《中国疾病预防控制信息系统用户与权限管理规范（试行）》等技术方案和工作规范。

三、科研研究与国际合作

（一）淮河流域重点地区死因监测

淮河流域 14 个死因监测县区目前均顺利开展了常规死因监测工作，定期对 14 个县区的数据质量进行评价,汇总产出质量报告,产出了2010年淮河流域重点地区死因监测数据集,完成了2009年、2010年两本数据集的印刷和分发工作。试点应用"淮河流域肿瘤发病数据交换平台"已取得初步成效。

(二)WHO/卫生部卫生技术合作项目

自主研发了《流行病学调查动态数据采集云平台(EDDC)》,并获得了国家版权局计算机软件著作权和WHO的高度评价。组织完成了我国法定传染病网络直报系统评价,产出并发布了《中国法定传染病网络直报系统评价报告》。申请2012-2013年度中国/世界卫生组织合作项目"中国西部省份法定传染病疾病负担研究和能力建设"已获批,资助金额9万美元。

(三)重大专项课题"艾滋病和病毒性肝炎等重大传染病研究信息化技术平台"

完成了重大传染病科技信息集成管理与服务门户的开发、集成和建设,"重大传染病防治科技研究"过程管理平台中的科研过程管理系统、项目协同管理系统和诚信管理系统的建设,以及科技发展战略平台中重大传染病科技情报服务系统和公共卫生网络舆情监测系统的开发和建设工作;完成了艾滋病知识库、病毒性肝炎知识库、结核知识库及新发传染病知识库的构建;完成重大传染病信息知识服务平台建设工作;完成在中国疾控中心部署以及在省级疾控中心的示范应用与培训。

(四)重大专项课题"传染病实验室监测网络平台信息管理系统"

完成了传染病重大专项"艾滋病和病毒性肝炎等重大传染病防治"(课题编号:2008ZX10402)传染病实验室监测网络平台信息管理系统2008-2011年度第一阶段的系统改造、迁移和部署、项目验收等工作及第二阶段申报工作。

(五)重大专项子课题"疟疾时空分布变化及传播风险预测研究"

完成了全国范围疟疾流行特征分析及时空动态分析,1997-2008年全国各县区分月疟疾发病资料的处理,最终顺利完成项目结题;开发了疟疾防控地理信息系统管理软件,并获得软件著作权。

(六)重大专项课题"重大传染病中医药应急救治能力建设"

完成了1950年以来的数据电子化、核对和建库等工作,并对全国及各省份年度、月份分病种甲乙类传染病发病死亡监测数据进行了初步分析,完成了项目结题。

（七）“973”计划子课题申报

参与完成科技部“973”计划《气候变化对人类健康影响与适应机制研究》项目子课题1——“气候变化对人类健康的影响研究”及子课题4——“不同区域气候敏感疾病的响应和适应机制研究”的申报工作。该课题已被科技部批准立项。

（八）疾病负担研究

完成了文献检索、方法学习，举办了全国疾病负担培训班、省级期望寿命研究研讨会和疾病负担研讨会。目前已收集了相关数据，整理了死因数据。

（九）死因自动编码工具开发

已基本完成软件的开发，目前正在北京2个县区开展应用测试工作。

四、学术交流活动

（一）举办学术活动

2011年度举办了传染病发病预测、预警系统和指标体系的建立；我国儿童主要土源性线虫病疾病负担研究；项目效果评价方法——影响评估；数据驱动的公共卫生决策；公共卫生干预项目设计——逻辑框架；流行病学调查动态数据采集云平台，共6次学术讲座。

（二）参加国内学术会议和技术培训

参加2011中国公共卫生信息化建设经验及学术交流会，并做《适合医改要求的公共卫生信息系统建设与应用》报告；参加2011中国卫生信息技术交流大会并做《数字医学与信息化公共卫生》和《中国疾控中心协同办公平台和公众网站集成项目设计与实现》两个报告；受邀参加2011《中国卫生论坛》，并做《适应医改要求的公共卫生信息系统建设与应用》演讲；参加“数据集成和数据分析实战高级培训班”。

（三）参加国际学术会议

派员参加美国公共卫生信息学会议，并在会议上做了题为《Development and application of a universal data collection information system to support epidemiological survey》的海报展示。

（马家奇　苏雪梅　周脉耕　傅罡　赵自雄）

公共卫生管理

一、开展全国重点地区环境与健康专项调查

根据环保部和卫生部总体工作部署和要求,公卫处刘东山副处长作为技术专家组组长,牵头组织总体技术组专家,开展了“全国重点地区环境与健康专项调查卫生系统技术组织实施与督导”。自 2011 年 7 月开始,技术组在山西、江苏、浙江、江西、山东、广东、广西、云南 8 个试点地区经过调研筹备(实地考察、分类指导)和设计论证(实施方案起草论证)两阶段工作的基础上,于 2012 年进入全面协调实施阶段。

二、参与职业健康状况调查工作的组织协调

职业健康状况调查是中国疾控中心 2011 年重点工作之一。因调查工作缺少中央本级财政经费,经公卫处协调,中心专项支持 110 万元经费,以工作任务委托的形式一次性拨付给职业卫生所,用于借调省级业务骨干和数据的统计分析。

为节省收集数据所需的时间和经费,经公卫处协调信息中心为调查数据上报工作提供了免费的数据采集平台,定制了在线填报表,开展了网络报告员培训。目前,采集平台共收集了 130 多万条数据。

三、辐射安全

根据中心的援疆计划,为提高新疆疾控中心在放射诊疗防护及核与辐射突发事件医学应急响应等领域的技术能力,做好医疗机构放射诊疗防护监督管理技术支持,2011 年 6 月,在乌鲁木齐市举办了放射诊疗防护暨核与辐射突发事件医学应急响应技术培训班,邀请中心辐射安全所苏旭所长等 6 位专家进行授课和交流,自治区核与辐射突发事件应急处置专家组全体成员、新疆维吾尔自治区疾控中心相关工作人员等参加了培训。培训内容涉及放射诊疗设备的性能检测、放射卫生形势与挑战、核与辐射突发事件公众沟通、信息发布与媒体交流、核与辐射突发事件医学应急准备与响应、核辐射事故案例分析、食品与饮用水放射性污染监测与分析等。

四、制定公共卫生工作规范

受监督局委托,公卫处开展了疾控机构技术支撑能力现状调查,并在此基础上制定公

共卫生工作规范(以下简称“规范”)。成立4个工作协作组,负责起草工作,形成《各级疾控机构环境卫生工作规范》、《各级疾控机构食品安全工作规范》、《各级疾控机构放射卫生工作规范》及《职业卫生工作规范》讨论稿。《规范》广泛征求了国家、省、市、县级疾控机构和职防院所专家的意见,确定了各专业的机构设置、基本职责、工作任务和人员培训等内容。

五、援疆工作受到表彰

为贯彻落实中央新疆工作座谈会精神和卫生部的援疆工作部署,2011年8月-2012年8月,受中心的选派,公卫处雷苏文研究员做为卫生部第七批援疆干部,圆满完成在新疆自治区疾控中心的挂职援疆任务。援疆工作顺利通过了中心以及新疆自治区卫生厅和自治区疾控中心的考核;受到了自治区党委和自治区疾控中心党委的表彰,被自治区党委组织部授予援疆干部创先争优先进个人,被自治区疾控中心党委授予优秀援疆干部称号。

(林琳)

慢性病防治与社区卫生

一、编制《中国慢性病报告(2011)》和《全国慢性病预防控制工作规范(试行)》

为营造良好的国内外慢性病防控舆论环境,在卫生部疾控局支持下,慢病社区处组织慢病中心、控烟办,国家癌症中心、国家心血管病中心、全国脑防办等部门专家,分别于2011 年 4 月和 10 月完成《中国慢性病报告(2011)》(中英文版),并在 4 月莫斯科健康生活方式与慢性病防控部长级会议、9 月联合国预防和控制非传染性疾病高级别会议上发放。同时将该报告分送 WHO 总部、WHO 中国代表处、美国疾控中心驻华代表处等国际组织,以及全国各省疾控中心。

2011 年 3 月,慢病社区处在征求卫生部有关司局和各省意见的基础上,完成对《全国慢性病预防控制工作规范(试行)》的最终修改。《规范》围绕严重危害我国居民健康的心脑血管疾病、恶性肿瘤、慢性呼吸系统疾病和糖尿病等 4 类慢性疾病,从机构职责和人员、工作计划和实施方案、监测与调查、干预与管理、信息管理、能力建设、综合评估等方面,明确了卫生行政部门、疾病控机构、基层医疗卫生机构、医院和专业防治机构在慢性病预防控制中的职责、任务和工作内容。《规范》对重点慢性病防控的工作流程、考核标准和考核办法进行了规定,为不同机构规范慢性病常规工作提供技术指导。为了配合《规范》的宣贯,慢病社区处先后举办两期全国培训班,并要求各省组织省内培训。

二、完成西藏自治区公共卫生发展规划(2011 - 2020 年)研究报告

2009 年 3 月 - 2011 年,为促进西藏自治区公共卫生事业发展,围绕全面提升西藏自治区居民主要公共卫生发展指标水平,中心与西藏自治区疾控中心共同开展了西藏自治区公共卫生发展规划研究工作。期间根据现有文献资料结合赴藏实地开展现场调查和研究,对西藏自治区公共卫生问题、工作重点、实施策略等进行了系统分析与研究,完成了西藏自治区公共卫生发展规划(2011 - 2020 年)研究报告,并作为西藏成立 60 周年的献礼。在此期间,结合此报告将制定西藏自治区下一个十年重点计划纳入自治区经济与社会发展规划的“十二五”规划中。为保证西藏自治区改善妇幼卫生状况、提高居民期望寿命,加强人、财、物建设提供了详实、科学的依据和切实可行的计划,以实际技术支持、促进西藏自治区的全面发展。

三、淮河流域癌症综合防治项目通过中期论证

2011 年是淮河项目向实现中长期目标迈进的一年。在继续做好死因监测、出生及出生缺陷监测和农村居民饮用水水质卫生监测，积极推进前瞻性队列研究和癌症预防干预工作的同时，重点开展了项目中期评估工作。3 月项目办组织了专家论证会，专家组一致认为此项工作意义重大，并按照《淮河流域癌症综合防治工作方案》，完成了开展环境和健康调查监测，综合分析评估和预测环境污染对人群癌症发生的影响的工作任务，积累了海量数据，得出了初步结果，为淮河流域癌症综合防治工作打下了坚实的基础，是一项具有开创性的工作。

2011 年淮河项目进一步加强部门间工作交流和沟通，2 月召开“淮河流域癌症综合防治工作环境与健康交流会议”，邀请卫生、环保等多领域专家共同探讨和交流淮河工作，并积极与环保部门开展多次成果交流和讨论。8 月组织召开“2011 年度淮河流域癌症综合防治工作会议”，重点是总结前期经验，规划 2011 - 2020 年的工作重点和工作思路。12 月项目办组织了淮河项目联合督导，主要对项目管理、工作执行情况和经费使用情况进行了督导，进一步加强淮河项目的规范化管理。

四、全民健康生活方式行动列入医改重大专项

2011 年，全民健康生活方式行动被列入医改重大专项项目。根据《关于进一步做好全民健康生活方式行动的通知》（卫疾控慢病便函〔2011〕63 号）要求，在总结既往经验和问题的基础上，国家行动拓展工作内涵，增加控烟、限酒、伤害预防、心理、口腔保健、传染病等内容，制定并下发“2011 - 2012 年度工作实施方案”和系列技术资料，组织推广快乐 10 分钟、无烟环境创建等成熟项目，编写《健康生活方式核心信息》，举办了全民健康生活方式行动展。并举办师资培训班及现场经验交流会，促进各省相互学习、交流。

全民健康生活方式行动项目办还建立了工作信息管理系统，实现工作信息的实时上报，搭建了过程评估的平台；修订《全民健康生活方式行动评估实施方案（试行）》，开展各省行动核心指标掌握现况的专题调查，并在中国疾控中心新址食堂组织开展示范食堂创建工作。截至 2011 年底，行动已覆盖全国 40％的县（区），在全国完成创建示范单位、示范社区、示范食堂/餐厅 3500 余个，建设室外支持性环境 2500 余个，全面推进全国范围内全民健康生活方式各项行动。

五、继续探索开展伤害防控工作

在卫生部疾控局支持下，慢病社区处组织慢病中心、妇幼中心、儿少卫生中心及老年保健中心编写了《儿童道路交通伤害干预技术指南》、《儿童溺水干预技术指南》、《儿童跌倒干预技术指南》及《老年跌倒干预技术指南》。卫生部于 2011 年 9 月 6 日公布了该系列

指南,指南从公共卫生角度总结了国内外伤害预防控制的证据和经验,提出了干预措施和方法,为从事伤害预防工作的人员和部门提供技术支持。

2011年,慢病处继续推进WHO双年度项目——伤害监测与干预评估指标体系研究。通过文献收集、现场工作调研、指标体系的专家赋权、试用以及专家论证等工作,完成了伤害监测评估指标体系及伤害干预评估指标体系的制定。伤害监测和干预的评估指标可对现有伤害防控工作进行评估,确保今后伤害防控工作更为有效地进行。

为促进大众心理健康,慢病处于2011年初录制了放松训练教学片。并在中心新址及2011年慢病年会上发放,放松训练视频资料挂中心网站。大众可以通过观看该教学片掌握腹式呼吸、肌肉放松及精神放松的方法,缓解焦虑及失眠等问题。

六、组织中国老年健康影响因素2011跟踪调查项目和中国健康与养老追踪调查(CHARLS)项目

为积极应对人口老龄化,受北京大学委托,由慢病处组织全国22省开展中国老年健康影响因素2011跟踪调查项目,收集我国65岁以上老年人群健康状况及影响因素相关指标数据。项目的实施对于深入了解老年人群的健康状况与照料需求,探索制定有效的干预措施具有重要意义。

为了解我国人口老龄化带来的问题,推动人口老龄化应对的跨学科研究工作,慢病处和北京大学共同组织开展中国健康与养老追踪调查(CHARLS)项目,收集关于老年家庭和个人的微观数据,覆盖家庭结构、健康状况与功能、慢性病生物指标、医疗保健与保险、工作、退休与退休金、收入、支出与资产等多维度信息。中国疾控中心参与项目的研究设计和培训,协助全国近150个县区的现场调查,并负责现场血样工作、政策问卷调查及质量监督抽查。

七、营养食品所被调整至中国疾控中心慢病防治单元进行管理

2011年7月,营养食品所的食品安全风险评估的职能被调至新成立的国家食品安全风险评估中心。为突出膳食营养在慢性病防治工作中的重要作用和地位,中国疾控中心通过主任办公会将营养食品所调至中心中国疾控中心慢病防控业务板块进行管理,扩大了慢病防控业务领域的具体载体的同时,也更有助于促进慢病防控业务的全面开展。

(施小明　翟屹　石文惠　徐建伟　高欣　殷召雪)

流行病学应用与实践

一、开展流行病学应用型研究

(一)开展中美农业伤害流行病学合作项目

流行病学办公室承担了美国国立卫生研究院福格蒂国际中心资助的中美农业伤害项目,目前已完成一期中国现有农业伤害数据资源的梳理和分析研究报告,并已得到二期资助用于开展中国农业伤害现状的综合分析及研究结果的交流。

(二)开展气候变化对人类健康的影响研究

流行病学办公室承担了世界自然基金会-美国能源基金会资助的气候变化与健康项目,系统分析气候变化对中国人群健康状态的基本影响趋势和重点应对工作。同时,参与"973"国家重大基础科学研究——"气候变化对人类健康的影响和适应机制研究"项目,承担其中"不同区域气候敏感疾病的响应和适应机制研究"的研究任务。

(三)继续开展母乳喂养方式与儿童期肥胖历史性队列研究

流行病学办公室承担了达能基金资助的"母乳喂养方式与儿童期肥胖关系的历史性队列研究",现已进入收尾结题阶段,以期能揭示慢性病早期的一些危险因素,并尝试进行健康饮食策略评价指标及方法研究。

二、开展流行病学学科建设和教育

(一)举办全国流行病学理论与实践系列培训班

2011 年 5 月,流行病学办公室在江西省举办了第五届全国流行病学理论与实践系列培训班,来自全国 31 个省(自治区、直辖市)、新疆建设兵团以及江西省地级市疾控中心的流行病学业务骨干 50 余人参加了培训。本次培训班全部由流行病学办公室人员担任师资,对流行病学调查方法、流行病学研究设计关键技术、病例对照方法新进展、数据清理与常见流行病学调查数据分析方法、二手资料挖掘与利用、政策评价等内容进行了系统、详尽的介绍。理论学习结合案例分析,使学员对培训内容有更直观和深入的了解。

（二）参与环保部-卫生部全国职业人群健康调查项目培训

由中心流病办出师资，赴江苏昆山和河南辉县为中国疾控中心职业健康状况调查培训班讲授流行病学调查方法和应用技术。

（三）承担中心研究生流行病学教学和管理

完成2011年硕士、博士研究生流行病学入学考试出题和判卷工作。制定2011年春季研究生流行病学教学计划，完成教学和师资组织，并承担教学和考核任务。修改完善中心研究生流行病学教学大纲。联合教育培训处组织召开了“中国疾控中心研究生流行病学教学研讨会”。

三、开展流行病学学术交流和传播

（一）积极开展流行病学国际学术交流活动

2011年4月参加卫生部气候变化与健康项目经验交流会，汇报工作进展；10月，参加兰州“中美环境风险评价及环境健康影响评价培训班”，做极端天气气候事件与人类健康的报告。

接待美国密执安大学公共卫生学院院长来访，接待美国杜克大学和北京大学医学部国际教学计划的外国学生到中心访问教学和参观。

（二）组织撰写《流行病学通讯——控烟专刊》

2011年《流行病学通讯》新拓展了吸烟与健康的领域，与控烟办成功合作，联合出版发行了《控烟与健康》，重点包括烟草使用流行的现状与危害、全球控烟策略与措施等内容。印制后发往全国32省疾控中心以及有关专家，旨在促进全国疾控系统控烟意识和采取实际控烟行动，促进全民健康。

通过与不同部门、不同领域的不同专家的合作与交流，流行病学通讯已经开拓了现场流病学、免疫与疾病、吸烟与健康、气候变化与健康，癌症专刊等五大领域，完成了16期流行病学通讯的编辑和制作，为不同专业领域搭建了一个较更好的专业交流平台。

（三）组织撰写两期《流行病学通讯——癌症专刊》

组织全国大肠癌高发现场的防治专家，研讨多年的结肠直肠癌防治经验，查阅发达国家的经验，编辑制作了两期《癌症专刊》，系统介绍了全球和中国大肠癌的流行、危险因素、诊断治疗、预防策略与措施和筛查方法，总结了中国大肠癌早诊早治项目进展、高发区现场综合防治案例，以及美国结直肠癌的预防控制现状介绍等内容。从2007年至今，流病办已经先后为淮河项目现场制作了 11 期癌症专刊。

(四)举办流行病学社区活动

邀请来自美国俄亥俄州立大学医学院向惠云副教授作“特殊人群伤害研究及对美国国家卫生政策的影响”讲座;邀请美国疾控中心吸烟与健康办公室高级统计学家 Jason Hsia 博士作“Methodology of Global Adult Tobacco Survey, China”的讲座,参会人员共计 200 余人。目前,流行学社区活动已成为中国疾控中心硕士研究生流行病学课程的一部分,成为研究生流行病学理论学习之外了解疾控工作流行病学应用实践的有益补充。

四、开展流行病学方法应用和技术支持工作

(一)开展美国国立卫生研究所项目

由美国国立卫生研究所资助,美国密歇根大学、天津疾控中心、中国疾控中心流病办共同承担的关于中国麻疹和疫苗使用的项目已获批准,项目跨度 3 年。相关人员已到天津接受了该项目的伦理学培训,加深了对伦理学和临床实验规范的理解和认识。

(二)发展流行病学综合评估的理论、方法和工具

为适应疾控系统日益增多的项目和现场工作,积极发展流行病学综合评估的理论、方法和工作。2011 年,为配合中国疾控中心“预期寿命提高 1 岁”科研工作,完成人均预期寿命分析软件研发,并开发“中国基层地区预期寿命快速评估工具包”。此外,尝试开发“现场人群危险因素调查工具”。

(三)为中心内外的不同专业领域提供技术支持

流病办参与中国疾控中心各个单位课题研讨、专家论证和培训,为疾控工作和研究提供流行病学技术支持,内容涉及中国疾控中心各主要工作领域、卫生部多司局,以及多部委、多专业的范畴。

(王琦琦)

12320全国公共卫生公益电话建设与管理

一、开展全国调查和重点调研,了解建设现状,总结试点经验

卫生部12320工作领导小组办公室(全国12320管理中心)于2011年9月对全国31个省(自治区、直辖市)12320建设现状进行了问卷调查,并于9-11月陆续对北京、内蒙古、江苏、上海、福建、甘肃、河南、湖北8个省市12320进行了重点调研,同时对全国123系列公益电话有关开通情况进行了了解,并选取了开通最早且较为百姓熟知的12315消费者申诉举报热线、同属于卫生体系的12331全国食品药品投诉举报电话和工信部12321网络不良与垃圾信息举报电话进行了重点调研,全面掌握了全国12320建设情况、并借鉴其他123系列公益热线建设经验,为下一步全面推动全国12320服务体系建设做好充分准备。

二、召开了全国12320工作交流会议,提高认识,明确要求

11月27-29日,卫生部办公厅在上海召开了全国12320工作交流会议,全国28个省(自治区、直辖市)卫生厅局和12320管理中心共计100余人参加了会议。此次会议促使各地认清了形势、提高了认识、开阔了思路、拓宽了视野、学习了经验、增强了全面推进12320工作的重要性、紧迫性和责任感。会议总结交流了12320建设试点工作经验,推动了全国12320建设工作的全面展开。

三、卫生部新闻发布会专题发布,推出品牌

11月10日,在卫生部就加强政务公开有关工作情况举行的新闻发布会上,全国12320管理中心崔颖副主任以"12320创新社会管理,转变政府职能,为公众办实事"为题对全国12320工作情况进行了通报。此次新闻发布会对于各地明确12320建设方向,坚定建设信心具有重要作用,同时也是从国家层面对12320的一次有力宣传。

四、拓展短信和微博服务方式,多方位满足群众需求

在2010年底卫生部开通12320短信息服务代码的基础上,2011年卫生部12320工作领导小组办公室(全国12320管理中心)组织开发了"全国12320短信管理平台",形成了《全国12320短信管理平台技术方案》,并选择了北京、上海、河北、福建和内蒙古5个省

(自治区、直辖市)作为全国 12320 短信管理平台的试点使用单位,积极探索研究 12320 短信平台的有效利用。

为满足更广泛人群的健康需求,拓宽 12320 服务渠道,卫生部计划在新浪网或腾讯网开设全国 12320 官方微博,针对社会热点,结合卫生部门工作,进行解疑释惑,同时以每年健康主题日为契机,发布相关健康提示信息,定期收集各地 12320 重点咨询问题,统一解答发布。目前全国 12320 官方微博工作方案已形成,正在积极筹备微博开通事宜。

五、申请国际项目,多方支持促发展

卫生部 12320 工作领导小组办公室(全国 12320 管理中心)积极申请了中美新发与再发传染病合作项目(EID)。在上海"基于 12320 热线系统的短信试点评估性研究"的基础上,启动了 12320 短信试点长期效果调查,评估 12320 短信对于公众健康知识的长期干预效果。

六、创新培训模式,规范服务质量

2011 年卫生部 12320 工作领导小组办公室(全国 12320 管理中心)围绕深化医疗卫生改革这一主题,以加强培训基地建设为抓手,不断创新培训方式,完善保障机制,切实把培训基地打造成提高服务能力的"加油站"和"助推器",使 12320 培训工作取得了较好成效。2011 年 5 月在北京 12320 建立了全国 12320 北京培训基地,创新了示范教学、巡回指导和经验培训 3 种培训模式,规范了管理,初步建立了经费保障机制和培训评价机制。针对专业性强、涉及面广的主题内容,2011 年 6 月和 8 月分别举办了"全国 12320 座席人员核辐射与医学应急专题培训班"和"全国 12320 控烟咨询服务专题培训班"两个专题培训班。

七、应对脊灰疫情中发挥了大众风险沟通和舆情监测的重要作用

在 8 月 26 日新疆和田地区发生的脊髓灰质炎野病毒疑似输入性疫情应对中,按照卫生部的要求和部署,卫生部 12320 工作领导小组办公室(全国 12320 管理中心)迅速启动了应急响应机制,配合相关部门开展工作。先后下发了《关于做好脊髓灰质炎疫情咨询与舆情监测工作的通知》和《关于继续做好脊髓灰质炎疫情咨询与舆情监测工作的通知》,并随着新疆、陕西、甘肃等省开展脊灰疫苗强化免疫工作的陆续开展,收集整理了各地公众热点咨询问题,及时下发并在官方网站公布了《脊髓灰质炎的预防与控制公众咨询指南》。启动了舆情监测日报工作,每日汇总分析各地咨询量的变化和咨询热点,形成《12320(或其他公布热线)脊髓灰质炎疫情舆情监测日报》上报有关部门。8 月 27 日-11 月 24 日,共计编发日报 80 期,累计汇总 25 个省份的脊灰疫情人工咨询 30 844 件次,投诉举报1 件次。此次应对基本满足了公众的需求,在消除社会公众的恐慌心理和焦躁情绪、维护社会

和谐稳定方面发挥了重要作用。

八、全国 12320 服务体系建设现状

截至 2011 年底,全国共计 19 个省份正式开通了 12320 热线(北京、河北、内蒙古、吉林、上海、江苏、安徽、福建、江西、湖北、湖南、海南、云南、甘肃、青海、宁夏、山东威海、河南郑州、西藏拉萨)。全国 12320 服务体系现有工作人员 689 人,其中管理人员 112 人、座席人员 577 人。

2011 年各地 12320 共受理各类服务请求 689 566 件次,其中咨询 675 868 件次,占总量的 98%,举报 108 件次,投诉 12 887 件次。咨询前三位为寻医问药、预约挂号和传染病,传染病咨询以艾滋病、狂犬病和病毒性肝炎最多。投诉以医疗服务和食品安全投诉为主。

(蒋 燕)

控 烟 工 作

一、国际烟草控制政策评估项目(ITC项目)

2011年,ITC项目主要工作内容是开展家庭调查及第四轮调查。为掌握各城市吸烟率,并为今后的调查补充调查对象,2011年3月份起,控烟办公室与各城市一起开展家庭调查,通过多阶段随机抽样了解各城市吸烟率。2011年4月,与加拿大滑铁卢大学在西安举办了调查方案研讨会,制定第四轮调查计划。2011年7月控烟办公室赴各项目城市开展了一级培训,随即各城市进入现场调查阶段。

二、烟草包装和健康警示研究

为了解人们对不同类型烟盒设计和不同健康警语的看法,与加拿大滑铁卢大学合作在北京开展了烟草包装和健康警示研究。现场工作于2011年5-11月开展,共完成1000名成年人调查及1000名学生调查。

三、媒体监测

为了解平面及网络媒体对烟草控制及烟草公司反控烟活动的报道情况,控烟办与无烟草青少年运动合作,制定了媒体控烟监测实施方案,由媒体监测公司从2011年1月正式开始监测工作。监测结果通过群发邮件的形式在控烟界进行了传播。

四、全球成人烟草调查(GATS项目)

征求卫生部、美国疾控中心、世界卫生组织等机构专家的意见,对全球成人烟草调查——中国部分的调查报告进行了修改。2011年11月出版了GATS中国项目报告,并在北京召开了GATS项目总结会。

五、中央补助地方烟草控制项目

2011年协助卫生部开展中央补助地方烟草控制项目工作。制定2011年中央补助地方烟草控制项目实施方案,开展项目培训,协助卫生部开展无烟医疗卫生机构暗访调查工作。

六、戒烟热线

在全国开展 12320 戒烟热线工作，建立 12320 咨询问题库，在北京 12320 开展戒烟热线预实验，组织全国 12320 开展戒烟咨询技能培训。

（肖琳　冯国泽　王继江）

人力资源管理

一、中心人员基本状况

截至2011年12月底,中心共有在编职工2125人,其中专业技术人员1747人,管理人员214人,工勤人员164人。

二、强化干部选拔任用和管理,提高干部队伍水平

(1)选拔2名优秀处级干部担任中心主任助理;在全国或北京市范围内公开选拔14位处级干部,有105人报名,90人符合报名条件,79人参加了笔试,57人进入面试,聘任9人,公示期1人,列入后备干部5人。

(2)积极推动干部交流轮岗,采用易地使用、岗位互换、平级调动等形式,将9名干部调配到新岗位,对两个直属单位的3名领导班子成员进行了岗位调整。选派1名处级干部到云南省卫生厅挂职,2名专业人员到新疆疾控中心和克拉玛依市疾控中心锻炼。

(3)协助卫生部人事司完成病毒病所、营养食品所党政主要领导纳入部党组管理的民主推荐、组织考察等工作,配合卫生部人事司完成寄生虫病所党委书记的民主推荐、所长试用期考核等工作。

(4)继续在中心和直属单位开展“一报告两评议”。在年度考核述职时,由中心和直属各单位主要领导对干部选拔任用工作情况进行专题汇报,并对2011年干部管理工作及新任中层干部进行了民主测评。

(5)配合卫生部人事司完成了中心副主任的公开选拔工作,在健康报、科技日报、卫生部网站等知名报纸和网络媒体,发布公开选拔中心副主任的招聘启事,2月17日卫生部在中心新址组织了选拔面试。5月5日,陈竺部长等卫生部领导到中心宣布了新任中心副主任人选。

三、加强人才培养,促进人才队伍的整体发展

1. 对毕业生的接收录用,继续实行公开招聘,并进一步推进信息化招聘工作 共收到1500余份简历,400人通过筛选参加了笔试,经面试、心理测试、考察等程序,共接收毕业生74名,其中博士生22名、硕士生42名、本科生10名。为中心培养的117名研究生办理派遣手续。

2. 开辟多种渠道,积极引进京外、海外人才　共引进 4 位京外人员,并同时为其家属办理调京手续。进一步加强与留学服务中心、人社部的沟通交流,为 6 名海外留学人员分别办理了接收和派遣手续。

3. 完成候选人推荐工作　完成第十二届中国青年科技奖候选人(4 名)、首批青年拔尖人才支持计划候选人(6 名)、中国工程院院士候选人(2 名)的推荐工作。

4. 继续实施人才上下互派培养　2011 年全年安排两期共 44 人各省市推荐的专业骨干到中心进修,安排中心专业骨干 11 人到各省基层锻炼。受中组部委托,接收西部之光访问学者 7 名;受人社部委托,接收新疆特培人员 1 名。

5. 组织专业技术资格评审　2011 年共有 226 人申报专业技术资格(申请破格 6 人),其中申报正高 43 人、副高 116 人、中级 67 人。通过评审 196 人,总通过率为 87%,其中正高 25 人、副高 107 人、中级 64 人。

四、积极争取政策,改善职工待遇

(一)积极调研,了解职工现实情况

分别组织了退休职工和青年骨干座谈会,听取职工需求和工作建议。并与群工处一道,设计了调查问卷,了解职工的个人工资待遇、家庭经济情况、上下班通勤情况等,为中心制定相应制度提供了真实、客观的依据。

(二)争取政策,积极落实离、退休人员补贴

1. 完成京内单位退休人员补贴发放工作　中心领导召开两次中心办公会、一次直属单位党政主要负责人会议研究部署该项工作。人资处与规财处联合召开了直属单位人事和财务处长会议,又召开了两次人事处长会议,通过充分发表意见、反映问题,研究解决办法,研究制定了实施方案。人资处与规财处、群工处、离退处组织召开了机关退休人员座谈会,讲解有关政策,并公布了专门接待人员及其电话,随时接待来电、来访,各直属单位也分别召开了不同形式的会议,让退休职工充分了解国家政策和中心方案、调整办法,全中心一盘棋,较顺利地完成了中心京内退休人员补贴调整工作。

通过调整,中心京内 920 余名退休人员上调了工资收入,人均月增资 1050 元。同时,统一规范了各单位退休人员工资结构,包括发放项目、标准等,使工资项目简便易懂。

2. 完成离休人员的离休补贴调整工作　2009 年离休补贴首次规范,2011 年离休补贴标准上调,人资处制定了调整方案,对中心 60 余名离休人员离休补贴进行了调整,并统一规范了工资项目。

(三)完善制度,保障骨干人才培养期间的待遇

制定了《关于选派干部和专业技术人员到中西部和艰苦地区工作管理办法》;起草了

《出国(境)人员管理办法》,已提交中心办公会讨论通过,进一步修改后即将出台。

五、加强人力资源基础建设

1. *充分做好绩效工资实施准备工作* 统计上报2009年、2010年全中心的职工收入情况,从各单位上报的100多项补贴中分离带国字头的可予保留的津(补)贴项目,并查找出发放文件,对其他补贴进行分类统计。之后按照卫生部、人社部的要求又进行了十余次调整修改。上报了绩效工资实施方案,向人社部汇报后,又进行了修改上报。

2. *完成事业单位清理规范工作* 按照中编办和卫生部文件要求,对中心各单位人员编制及其使用情况、现有人员情况进行了统计,对于空编率高于10%的单位,分析原因,研究措施,提出建议,保障编制的有效使用,并上报了清理规范情况的报告和编制建议。

3. *人力资源管理信息系统的建设实施工作* 中国疾控中心投入20万元建立了人力资源信息系统,全中心2000余名在职职工基本信息录入到系统中,中心人力资源管理进入信息化、科学化进程。

六、规范外聘人员管理工作

负责中心本级100多名外聘人员日常管理,涉及9个处室、17个项目。2011年,为27名外聘人员办理入职手续,30人办理离职手续。预见性地将中心聘用人员的社会保险上缴基数提前进行了调整,并在2个月内反复申报10余次,对部分聘用人员的社会保险费进行了补缴。为因全球基金项目暂停而离职的5位同志办理失业救济金及其他解除合同人员的善后工作。协助完成对中国全球基金人事部和结控中心中盖项目的审计。

七、其他常规工作

(1)完成机关人员调配51人次,调整工资550人次;完成了机关职工第十三个月工资、防暑费等工资待遇的统计通知工作。

(2)办理出国政审691人次,其中初审183人次,再审508人次。

(3)完成中心发文142件,处内发文91件;填报人事部、卫生部等相关单位人事统计报表20多份。

(4)接待人事争议和来访、处理历史遗留问题10余人次。

(周 猷)

基础设施建设

一、一期工程情况

(一)工程完成情况

1. 实验室检测　4 月,国家认证认可委组织相关专家对一期 BSL-3 实验室进行预检,并出具需增加具有检漏、消毒功能高效排风过滤系统的专家论证意见及其他问题的整改意见。

11 月,动物实验室通过专业机构检测合格,并取得检测报告。

2. 培训与移交　5 月,三所科研楼 BSL-2 实验室楼宇自动控制系统完成整改并向新址办(物业公司)完成培训和移交工作。

12 月,动物实验室 5 台高压灭菌锅向实验室管理处培训使用操作完成(待移交)。

2 月,一期给排水工程经培训后,资料移交新址办及物业公司。

5 月,一期消防工程培训完成,移交保卫处、新址办及物业公司。

(二)招投标与合同签订

3 月,经市场调研及中心领导审批,通过竞争性谈判方式直接选定中国医学科学院动物中心为动物实验室专业检测单位,合同金额 7.5 万元。

7 月,与北京世纪静业噪声震动控制技术公司签订病毒病所 525 房间空调机组降噪工程协议,合同额为 11 970 元;同月完成改造工作。

12 月,经政府采购招标、单一来源采购审批、竞价谈判等程序,确定天津市昌特净化工程有限公司为中国疾控中心高效排风过滤系统(自动扫描、检漏)中标单位,合同金额为 350 万元。

(三)投资完成情况

截至 12 月,一期工程已执行预算为 6.67 亿元(批复投资 6.71 亿元),执行率为 99.5%;实际完成投资为 6.86 亿元,净超概算约为 0.15 亿元,约为总投资的 2.3 %。

（四）相关手续办理情况

7月，取得北京市环保局关于同意一期工程试运行的复函。

11月，市住建委召开昌平轨道交通占压我市政电缆线路二次协调会议。

12月，中心关于昌平轨道交通占压我市政电缆线路解决问题的请示上报北京市政府办公厅。

二、实验车库工程

8月，实验车库建设项目取得北京市规划委员会建设条件审批文件。

三、二期筹建工作

（一）环境影响评价工作

二期工程建设项目环境影响评价由中国环境科学院承担，目前已完成环境影响评价报告初稿。

（二）卫生学评价工作

职业病危害评价和放射卫生学评价分别由职业卫生所和辐射安全所承担，目前已完成初稿，正在进行现场调研，核对相关数据，待报告书进一步完善后，进行专家评审。

（三）建设用地划拨工作

为落实卫生部领导关于尽快解决中国疾控中心新址二期工程建设用地，加快二期工程建设进度的有关指示，近期多次与北京市国土局、昌平国土分局进行工作协商，并邀请主管部门领导来昌平园区现场勘查磋商，对长期悬而未决的关键问题获得了明确意见，使办理土地手续的途径有了新突破。

（张利民）

科研管理

一、科研项目及经费情况

2011年度列入中心科研计划管理的总课题数239项,本年度实际获得科研经费14 717.26万元。经费来源渠道如下:国家级课题共214项,经费13 674.12万元;部委级课题共25项,经费1 043.14万元。其中2011年度获准课题82项,争取经费28 958.07万元。经费来源渠道如下:国家级课题70项,共28 788.63万元;卫生部及其他省、部级课题共12项,经费169.44万元。

二、科技成果申报、获奖及鉴定情况

为做好奖励申报工作,积极组织成果鉴定,逐一为各报奖项目梳理、把关,保证报奖成果质量,提高报奖水平。

(1)组织科技成果鉴定11项,进行科技成果登记11项。

(2)组织申报国家科学技术奖1项。

(3)组织申报中华医学奖2项,获得2等奖1项。

(4)组织申报中华预防医学会奖11项,获奖9项。其中,一等奖1项,二等奖4项,三等奖4项;以参加单位申报项目,共有7项获奖。其中,二等奖2项,三等奖5项。

(5)营养食品所经中心推荐卫生部报《全民科学素质行动计划纲要》管理办公室,获得全国贯彻落实《全民科学素质行动计划纲要》先进集体,这是全国卫生系统的唯一集体奖,并在全国医药卫生系统会议上做特邀大会报告。

(6)截至2011年12月底,共发表论文1264篇,其中中文997篇、英文篇267(SCI收录237篇),其中,第一完成单位篇71(SCI收录66篇);出版专著79本(其中主编54本、参编25本)。

(7)2011年度获得专利14项。

三、重点科技任务与重点科研项目管理工作

(1)为全面总结2010年度工作和布置2011年工作重点,加强管理,促进交流,2011年3月11-12日,科技处在京召开了“2010年度科技处年会”。中心机关各处室负责人、中心直属各单位相关所领导及相关业务处室的负责人和管理人员等近50人参加了会议。

卫生部科教司规划处吴沛新处长也应邀出席了会议。

(2) 2011 年 7 月 8 日,科技处组织召开了“中国疾病预防控制中心 EV71 疫苗及免疫高级研讨会”,旨在较高层次的沟通、交流,在疫苗临床研究(包括Ⅲ临床设计)、使用人群、免疫政策等方面进行研讨,以便更好地做好 EV71 的疾病预防控制工作。

(3)开展科普活动,配合卫生部科教司,完成了中国疾控中心“十一五”科普宣传教育的总结工作。

(4)拓展科技交流活动,与中科院联合申报我国食品安全关键问题和管理对策研究项目,已通过中科研咨委会答辩,建议修改后立项。

(5)完成中国疾控中心科技调研活动,为了解中心科研状况,在中心高福副主任的带领下,科技处组织、协调了结控中心及直属 10 个研究所(营养食品所除外)进行了科技调研活动。在各单位召开了调研讨论会,考察了实验室环境,撰写了会议纪要,组织各单位发布了新闻稿。活动结束后,科技处对调研情况进行了总结。

(6)“疾控十年”发展回顾活动

认真梳理了中心十年来的科研数据,包括科研项目,经费,获奖成果,论文、论著,专利等,积极配合、优质高效地完成了国际评估团对中心“疾控十年”科技评估任务;

积极为中心“疾控十年”画册提供素材,圆满完成画册中关于中心科技方面的内容;

积极筹备“疾控十年”学术会议,分细菌、病毒、公共卫生、慢病 4 个方向进行组织、协调, 1000 余人参会。

(7)重大专项管理工作

组织中心重大专项承担课题验收预报告会议。按照财政部、科技部和发改委三部门有关工作部署,在 2011 年 6 月前完成“十一五”计划国家科技重大专项的总结验收工作;并按照卫生部有关要求做好传染病专项“十一五”计划课题验收准备工作。中心重大专项管理办公室及时发文、周密安排、妥善布置本次验收工作,要求中心承担的重大专项课题以责任单位为单元组织召开预报告进行课题自查,以确保各课题按计划、高质量地完成,并为“十二五”计划的顺利衔接做好铺垫。

根据要求,病毒病所、中心机关、寄生虫病所、传染病所和性艾中心分别以课题责任单位为单元对中心承担的“艾滋病和病毒性肝炎等重大传染病防治”、“重大新药创制”等科技重大专项“十一五”计划立项的 26 项课题进行了预报告,各单位领导非常重视,积极参与,并邀请相关研究领域的知名院士和专家对课题组提出了许多合理化建议及改进意见,协助进一步完善结题验收材料。中心重大专项管理办公室领导董小平主任和陈亮副主任全程参加了在京单位的预报告检查,并在会上提出了具体要求。

通过本次预报告演练,及时发现问题,掌握了中心重大专项的全面进展,大部分课题进展顺利,管理得当,总结工作细致深入,标志性成果较突出。一部分课题经费节余过多,进展稍显滞后,亮点不够突出,还需进一步完善和补充。通过这次演练起到很好的督促作用,引起了各课题组和责任单位领导的高度重视,达到了预演的效果。

制定了《中国疾病预防控制中心机关关于国家科技重大专项间接费用中用于激励科技人员支出使用暂行规定》。

为加强国家科技重大专项经费管理,合理有效使用课题经费中的间接费用,引入激励机制,以调动科技人员的积极性,根据《民口科技重大专项资金管理暂行办法》有关规定,参考其他兄弟院所、中心直属相关单位的管理办法,并结合中心机关的实际情况,科技处在广泛调研和征求意见的基础上,制定了《中国疾病预防控制中心机关关于国家科技重大专项间接费用中用于激励科技人员支出使用暂行规定》,并已下发执行。

生物与医药板块重大专项监督评估组一行来中国疾控中心开展监督评估工作。8月30日巴德年院士带领的生物与医药板块重大专项监督评估组对中心开展监督评估工作,对承担的传染病防治重大专项部分课题开展实地监督评估,检查了病毒病所的传染病监测技术平台网络实验室和性艾中心的病毒与免疫实验室,并对中心提供的课题、财务资料进行了详实的检查。此外,监督评估组分别听取了中心杨维中副主任等承担的4个课题在"十一五"期间执行情况的具体汇报,并就重点抽查课题的管理、档案材料及财务管理给出了具体检查意见。

2011年重大专项有15项进入了"十二五"滚动。

配合国家审计署全面做好重大专项的审计工作。11月17日国家审计署对中心机关的重大专项课题进行审计工作。

(8)国家科技支撑项目管理

组织"疾病控制适宜技术研发和应用项目"、"营养膳食对健康影响的研究项目"11项的结题验收材料;配合规财处进行经费审计;

配合中心规财处完成卫生部卫生审计中心的国家科技支撑计划项目的抽查审计工作,并组织针对审计报告中的问题进行了意见反馈。

(9)"973计划"相关管理工作

2010年组织申报国家全球变化研究重大科学研究计划项目2项,中标1项。"973计划"2012年获准项目,中心参加课题7项;

组织2011年度重大需求建议35项;

完成了"973计划"课题验收1项。

(10)"863计划"相关管理工作

(11)卫生公益性行业科研专项经费

2011年立项项目1项-环境重点污染物健康危害的监测评价与控制,课题负责人:金银龙;

按照卫生部科教司要求,科技处组织上报项目建议7项,分别是:传染病方向1项、食品安全方向1项、辐射应急1项、职业卫生方向1项、环境卫生方向1项、慢病方向1项、

生物安全 1 项。其中,食品安全和职业卫生已立项,由中心牵头承担;辐射应急立项承担 1 个课题;

转发卫生部科教司对 2007 年度立项的卫生行业科研专项经费课题进行验收评审的意见,并组织整改,上报了整改方案。

(12)国家自然科学基金管理工作:中心机关 2011 年共申请国家自然科学基金项目 6 项,中标 1 项、结题 1 项。

(13)教育部留学回国人员科研启动基金:2011 年共申报教育部留学回国人员科研启动基金 4 项,已通过初审。

14. 中国疾病预防控制中心青年科研基金(青年基金)

完成 2009 年度中标课题的结题验收工作。除提前申请延期的 3 项课题外,共8 项课题参加结题验收。经会议评审后,专家组建议 7 项课题通过验收按期结题,1 项课题延期 1 年;

完成 2010 年度课题年度执行情况报告的审查工作;

完成 2011 年度青年基金的申报与评审工作。共申报 17 项课题、传染病组 8 项、公共卫生组 9 项。经评审,专家建议资助传染病方向 5 个课题、公共卫生方向 6 个课题。每项课题经费 9 万元,执行期限 2 年。

四、重点实验室及平台建设管理

1. 国家重点实验室

(1) 1 月 7 日科技部基础研究管理中心在中国疾控中心传染病预防控制所组织召开了传染病预防控制国家重点实验室(SKLID)建设验收会。专家组在听取主任报告、现场提问与实验室考察后,一致同意传染病预防控制国家重点实验室通过验收。

(2) 根据基金委员会的“关于国家重点实验室评估的通知”的文件(国科金医函〔2011〕1 号),科技部委托国家自然科学基金委于 2011 年 2 月 24－27 日分别对病毒基因工程国家重点实验室和传染病预防控制国家重点实验室进行了评估。中心科技处对于此次工作很重视,积极组织、协调各单位有关领导专家积极准备,传染病预防控制国家重点实验室被评为较好,由医科院和病毒病所共建的病毒基因工程国家重点实验室由于一些历史原因成绩不佳而降级。

2. 卫生部重点实验室　积极组织完成了卫生部重点实验室的评估。

3. 中心重点实验室　根据新印发的《中国疾病预防控制中心重点实验室管理暂行办法(试行)》有关要求,科技处于 5 月 19 日发布申报指南和通知,将在部分领域方向组织开展 2011 年度中国疾控中心重点实验室的遴选工作。请按《2011 年度中国疾病预防控制中心重点实验室申报指南》(附件 1)和《中国疾病预防控制中心重点实验室管理暂行办法》(试行)有关要求,认真组织申报工作。

7月28日组织召开了2011年度中心重点实验室专家评审会,2个重点实验室中标,并于10月份发文批准成立中心重点实验室成立的通知。科技处对报送的中国疾控中心重点实验室建设计划任务书进行了认真审核,认为目标明确,内容具体,操作性强,决定批准建设辐射防护与核应急中国疾控中心重点实验室和传染病监测预警中国疾控中心重点实验室(以下简称实验室),建设期为3年。辐射防护与核应急中国疾控中心重点实验室(2011),依托单位:辐射安全所,主任:苏旭,副主任:岳保荣、孙全富;传染病监测预警中国疾控中心重点实验室(2011),依托单位:中国疾控中心(疾控应急办),主任:杨维中;副主任:周晓农、马家奇。

4. 重点实验室管理工作交流会　科技处召集了各重点实验室依托单位主管领导、科技处处长、重点实验室负责人、秘书及相关管理人员,于11月11日组织召开了中国疾控中心重点实验室工作交流会。

五、伦理审查管理工作

科技处作为中国疾控中心伦理审查委员会的秘书处,负责中心伦理工作的各项事务安排和具体工作。

2011年度中心伦理审查委员会共接收伦理审查项目19项,其中会议审查7项,函审12项。经专家建议修改后,全部通过审核。

六、科技讲座

(1) 2011年1月6日邀请国家自然基金委闫章才主任来中心做科研项目申报的报告,约200人科研工作者和学生聆听了讲座。

(2) 2011年12月15日特邀中国航天科技集团公司第五研究院李明副院长来中心做《卫星在公共卫生管理中的应用设想》讲座,共80人左右参加了本次讲座。

(何广学　王吉春)

国际合作与交流

一、对外交流情况

(一)因公出国(境)统计

2011 年共办理因公派出任务 424 批 690 人次(含港澳台 45 人次),其中短期派出 657 人次,长期派出 29 批 33 人次;出访国家/地区 54 个,赴美国最多,达 186 人次。急件共计 188 批 266 人次,占总批件办理数的 44.3%。据统计,2011 年出国参加会议 467 人次;访问、交流、考察 154 人次;项目合作为 99 人次;进修、学习、培训为 11 人次。按出国(境)费用来源分:全部由对方支付费用的为 291 人次(42%);部分费用需派员单位支付的为 39 人次;全部费用由派员单位支付的为 359 人次(52%)。

重要出访:

1. 2 月 13－20 日,杨维中副主任和病毒病所舒跃龙副所长等一行 6 人分别赴瑞士、德国参加北半球 2011－2012 流感疫苗组分世界卫生组织(WHO)专家会议。

2. 3 月 27－31 日,王宇主任赴瑞士参加 WHO 国际卫生条例评审委员会第 4 次会议和流感大流行评估委员会会议,参与完成国际卫生条例评估报告终稿的撰写工作。

3. 6 月 1－2 日,王宇主任赴香港参加食物安全与风险评估研讨会;6 月 3 日访问香港食物环境卫生署食物安全中心。

4. 6 月 21－23 日,王宇主任赴美参加第 7 届太平洋卫生峰会。

5. 9 月 19－20 日,王宇主任参加陈竺部长率团的中国代表团赴美参加第 66 届联合国大会预防和控制非传染性疾病问题高级别会议,22 日访问美国疾控中心。

6. 10 月 10－12 日,梁晓峰副主任赴菲律宾马尼拉参加 WHO 西太平洋地区委员会第 62 届会议,并应邀参加了应对非传染性疾病议题的专家讨论。

7. 11 月 16－19 日,王宇主任率团赴美参加中美 CDC 主任年会,就在继续新发传染病、艾滋病防治项目合作、慢病防控策略合作、中国现场流行病学培训项目拓展、共同支持亚非国家脊灰消灭行动等全球卫生领域合作计划进行磋商。王宇主任于 17 日顺访纽约市卫生局,考察该局卫生应急和慢病防控策略实施情况。

8. 11 月 21－22 日,王宇主任赴 WHO 日内瓦总部参加流感大流行准备:分享病毒和获得疫苗及其他利益的框架顾问组会议。

9. 11月16－18日，中国疾控中心专家代表团一行5人赴韩国首尔参加中日韩第五届传染病论坛。

10. 11月20－30日，高福副主任参加国家发改委代表团赴古巴访问，参加中古生物科技联委会会议。

(二)接待来访

据不完全统计，2011年办理国(境)外来宾访华手续159批次512人次，办理96批外宾在华访问接待函。重要来访包括：

1. 2月10日，美国国际发展署总统疟疾计划副协调官 Bernard Nahlen 一行6人来访，与王宇主任等探讨未来在非洲进行合作共同抗击疟疾的可能性。

2. 3月15日，WHO西太区办事处申英秀(Dr. Shin Yound－Soo)博士一行5人访问中国疾控中心，并在病毒病所门前共植合作友谊树；3月16日，WHO西太区、驻华代表处官员、WHO合作中心及成员国代表一行43人访问昌平新址。

3. 4月18日下午，澳大利亚卫生与老龄部部长 Niclas Roxon 女士一行6人访问中心，了解中国慢性病和传染病现状及防控工作。

4. 6月7－9日，泰国监测和快速反应队伍代表团一行30余人访问中国疾控中心。

5. 8月31日－9月9日，接待国家级公共卫生机构国际联盟 Jeffrey Powell Koplan 博士率领的外部独立评估专家团访华，在北京、浙江和甘肃开展现场考察。

6. 10月24－26日，接待阿富汗医疗卫生研修团一行18人来中心参观学习。

7. 12月1日，接待联合国艾滋病规划署执行主任西迪贝来昌平新址参加世界艾滋病日活动。

8. 12月12日，接待巴西卫生部代表团，了解国家流感中心申请WHO全球流感参比与研究合作中心成功经验。

9. 12月15日，高福副主任接待加拿大外交部大型项目司司长 Sabine Nŏlke 一行来访，讨论新发传染病监测与防控，以及生物武器公约相关事宜。

(三)国际合作项目

1. 正在执行的国际合作项目 据不完全统计，2011年中国疾控中心正在执行的国际合作项目70个，已完工的项目29个，新申请成功项目24个(见附表)。

2. 科技部支持的国际合作项目

(1) 申请获批中瑞合作项目“中国热带病创新药物及诊断试剂国际合作研究”；

(2) 推荐上报“气候变化对传染病的影响与适应机制研究”等6个项目作为国家国际科技合作计划2012年度项目。

(3) 向卫生部国际司、科教司报送中国疾控中心执行的科技部国际科技合作项目进展报告、第九届全国科技外事工作会议交流材料和征集"十一五"国际科技合作成果。

(四)国际会议

中国疾控中心主办/协办的重要外事活动和国际会议。

1. 中国疾控中心第八届元宵节国际联谊会(2 月 17 日,北京)。
2. 全球流感大流行后期国际研讨会暨 WHO 流感中心挂牌仪式(3 月 14 日- 16 日,北京)。
3. 消灭脊灰国际研讨会(7 月 21 - 22 日,乌鲁木齐)。
4. 2011 流感和呼吸道感染性疾病国际研讨会(8 月 2 - 4 日,北京)。
5. 结核病疫苗现状和展望国际研讨会(9 月 21 - 23 日,北京)。
6. WHO 遏制结核病合作伙伴 TB/HIV 工作组核心小组第 17 次会议(11 月 9 - 11 日,北京)。
7. 海峡两岸暨港澳地区免疫规划工作研讨会(12 月 16 - 17 日,珠海)。
8. 贫困所致传染病研究全球报告利益相关方磋商会议、贫困所致传染病研究全球报告第四次产出会议(1 月 24 - 27 日,上海)。
9. 第二届亚洲疟疾协调培训网络研讨会(9 月 19 - 21 日,海南)。
10. 东亚与东南亚国家环境与健康区域论坛"供水与环境卫生主题工作组"2011 年会议(6 月 21 - 23 日,北京)。

(五)外专局项目

2011 年,中国疾控中心聘用的长期外籍人员共 8 人。申报并续聘 3 人,聘用到期 2 人,新办理 3 名外国工作人员来华许可证和外国专家证等手续。

二、与 WHO 的合作

(一)中国/WHO 2010 - 2011 正规预算项目执行与管理项目

1. 组织完成中国/WHO 2010 - 2011 年度正规预算项目的督导;
2. 组织召开 2012 - 2013 年度项目申请暨 WHO 合作中心主任会;
3. 组织中国疾控中心各单位/部门申请 WHO 2012 - 2013 年度正规预算项目;
4. 组织召开中国/WHO 2012 - 2013 年度正规预算项目建议书评审会;
5. 协助卫生部组织召开 WHO 改革专家研讨会。

(二)WHO 合作中心

1. 传染病所申请成为"WHO 媒介生物监测与管理合作中心",已进入最后批复

阶段;

2. 支持 6 个现任 WHO 合作中心开展项目申请和组织实施工作(职业卫生、慢性非传染性疾病社区综合防治、流感参比和研究、疟疾、血吸虫病和丝虫病、食品污染物监测、人畜共患病)。

三、双边合作

(一)美国疾病预防控制中心(美国 CDC)

1. 中美全球艾滋病防治项目(GAP 项目):审核上报 GAP 项目执行手册;参加 GAP 项目年度会议;审核上报中美 GAP 项目 2011 - 2012 年度工作计划。

2. 中美新发和再发传染病合作项目:上报 2011 - 2015 年项目战略规划、2010 - 2011 年度工作计划、项目执行手册(修订版);提交 2011 - 2012 年度合作协议;参加对部分项目执行单位的督导;协助项目办召开合作委员会会议和工作年会;审核上报 2010 - 2011 年度进展报告、2011 - 2012 年度工作计划。

3. 中国儿童家庭健康队列研究项目:协调美国国家癌症研究中心和美国 CDC 专家组来华考察,与中心领导商谈项目执行中的问题和下一阶段计划。

4. 山东减盐策略控制高血压试点项目:协调 WHO 和美方专家来华,进行技术交流与合作。

5. 邀请 GAP 项目中国办公室主任 Marc Bulterys 博士在新址介绍海地灾后霍乱暴发疫情和应对处置情况,以及海地艾滋病流行现况与美国政府援助项目的进展等。

6. 落实王宇主任与美国 CDC 全球卫生中心主任 Kevin De Cock 会谈所达成的初步意向,邀请脊灰消灭项目负责人来华就中国疾控中心派专家赴非洲开展公共卫生技术援助进行商谈,并推荐两名中国专家于 10 月在美国疾控中心培训 2 周后分赴尼日利亚和纳米比亚提供为期 3 个月的现场技术援助;12 月,浙江和上海疾控中心 4 名专家完成美方面试和申请,其中 3 名专家于 2012 年 2 月赴巴基斯坦和埃塞俄比亚执行技术援助任务。

7. 协调安排两名中国疾控中心专家与美方专家录制三期“中美 CDC 合作-凤凰网《健康大视界》专家访谈节目”:新发传染病应对能力(冯子健,Jay Varma);传染病疾病负担(王若涛,Martin Meltzer);世界心脏病日(杨功焕,Michael Engelgau)。

(二)与 Aeras 基金会、盖茨基金会、达米恩基金会等社团的合作

1. 参加中盖艾滋病和结核病项目工作会议,对二期申请计划和指标等调整提出建议;审核上报中盖结核病项目办关于二期申请指标修改的建议。

2. 参加“中国卫生部与比利时达米恩基金会中国结核病和麻风病防治项目(2011 - 2013)”管委会第一次会议,对项目设计和年度计划提出建议;审核报部该项目管理文件和

执行手册;审核报部2012年度现场工作计划和预算。

(三)中日韩合作

1. 派员赴韩国疾控中心参加第五届中日韩传染病论坛。本次论坛主题为灾难对健康和疾病控制的影响。日韩方分别介绍了灾难与健康控制、热浪监测与不明原因重症肺炎综合征等,中国疾控中心交流了脊灰疫情控制最新进展和灾害应急等方面的经验。

2. 日本地震以王宇主任名义向日本国立感染症研究所(NIID)主任发去慰问电,了解所内和人员情况,得到日方致谢和积极信息反馈。

3. 与日本NIID签署亚洲以实验室为基础的传染病网络项目合作协议。日方资助经费1千万日元(约合人民币79万元),项目截至时间为2012年3月底。

(四)中加合作

1. 与加拿大公共卫生署驻华官员Felix Li参赞商讨并完善2011年双方在慢病、传染病、实验室、信息监测、结核病、CFETP等领域的合作计划,并推进各项活动实施。

2. 支持慢病中心派员随同梁晓峰副主任赴加拿大参加世界危险因素监测联盟第七届全球大会及中加疾控机构合作会议,讨论在慢病相关信息整合、利用处理和展示技术,大人群公共卫生项目和现场操作方面开展合作。

(五)中澳合作

为中国疾控中心承担的14项"中澳卫生与艾滋病项目"卫生项目(共3452.88万人民币)的项目提供外事报批和服务支持。

(六)中荷合作

1. 根据卫生部要求,修改"中荷2011-2013年度卫生合作执行计划"草案。

2. 与荷兰使馆卫生参赞Reinier J. Koppelaar先生商谈与荷兰方合作意向。

(七)中法合作

1. 修改并上报卫生部关于对中法新发传染病防治合作项目执行手册(初稿)的修改意见。

2. 参加中法新发传染病防治合作项目部际协调会(3月)。

(八)中英合作

协调有关专家参与英国国际发展署在华有关全球卫生新项目的前期调研和访谈;9

月,推荐周晓农和何广学两位专家参加该项目的设计和赴非考察工作。

四、中国疾控中心十年发展外部评估

中心邀请国家级公共卫生机构国际联盟组织(IANPHI)专家中国疾控中心成立 10 年来的发展建设,对促进中国公共卫生事业发展和促进民众健康所起的作用等进行全面而独立的外部评估。8 月 31 日-9 月 9 日,由 IANPHI 组织的 8 名国际资深专家来华对中国疾控中心本部和各直属机构进行了详细的参观、访谈和现场考察,并拜访了卫生部等相关部委和国内外合作伙伴、非政府组织等负责人,并分赴浙江和甘肃两省进行实地考察,按期提交了终稿评估报告。国际处与疾控应急办负责完成对外部评估的全程策划、实施、合同签署和经费相关事宜。评估报告(中英文)已印刷分发。

五、与港澳台合作交流

1. 5 月 24 - 29 日,4 人赴台北参加 2010 年海峡两岸热带医学学术交流研讨会。

2. 6 月 1 - 2 日,1 人赴香港参加食物安全与风险评估研讨会。

3. 8 月 17 - 20 日,1 人赴台北参加亚太经济合作艾滋病防控研讨会。

4. 8 月 2 日,派员参加《海峡两岸医药卫生合作协议》第一次会议传染病防治工作组会议,落实联系人。

5. 8 月 30 - 9 月 3 日,中心 7 人赴台湾参加亚太地区暨第二节海峡两岸寄生虫学新知国际研讨会。

6. 10 月 31 日,向卫生部推荐 10 名长短期专家,作为澳门特区政府卫生顾问候选人。

7. 11 月 24 - 28 日,台湾“行政院卫生署”陈玉舜先生等 6 人访问营养食品所。

六、科学奖

吴尊友和吴永宁教授获“吴杨奖”(10 月)。

附件

中国疾病预防控制中心 2011 年执行的国际合作项目一览表

序号	项目名称	执行单位	合作单位	项目执行周期
1	中国全球基金艾滋病项目	中国疾控中心	全球基金	2010.1-2015.12
2	中国全球基金结核病项目	中国疾控中心	全球基金	2010.7.1-2015.6.30
3	中国中部地区遏制疟疾回升并减轻中部和南部贫困地区疟疾负担	中国疾控中心	全球基金（第五轮）	2006.10.1-2011.9.30
4	中国缅甸边境地区跨境疟疾控制	中国疾控中心	全球基金（第六轮）	2007.7.1-2012.6.30
5	疟疾国家策略	中国疾控中心	全球基金	2010.7-2015.6
6	中美新发和再发传染病合作项目	中国疾控中心	美国疾控中心	2010-2015
7	中日疫苗可预防疾病监测与控制项目	中国疾控中心免疫规划中心	日本国际协力机构	2006.12-2011.12
8	中盖结核病防治合作项目	中国疾控中心结控中心	盖茨基金会	2009.4.1-2014.3.31
9	中美结核感染控制合作项目	中国疾控中心结控中心	美国疾控中心	2010-2015
10	卫生部国际合作司-法国梅里埃基金会结核病防治项目	卫生部、中国疾控中心	法国梅里埃基金会	2007.8-2011.6
11	卫生部国际交流与合作中心-碧迪医疗器械（上海）有限公司结核病控制项目	卫生部、中国疾控中心结控中心	美国碧迪公司	2009.8-2011.3
12	比利时达米恩基金会支持中国结核病控制项目	卫生部、中国疾控中心结控中心	比利时达米恩基金会	2011-2013
13	国际烟草控制政策评估项目	中国疾控中心控烟办	加拿大滑铁卢大学	2006-完成止
14	全球成人烟草流行调查项目	中国疾控中心控烟办	世界卫生组织、美国疾控中心、RTI 国际研究院和美国疾控中心基金会	2008.10-2011.10
15	中国 MPOWER 烟草控制措施的成本效果分析	中国疾控中心控烟办	世界卫生组织	2010.10-2012.4

续表

序号	项目名称	执行单位	合作单位	项目执行周期
16	中国暴发相关 ST7 型猪链球菌毒力基因、致病机理及进化研究	中国疾控中心传染病所	加拿大蒙特利尔大学	2008.8-2011.3
17	结核病细菌学快速检测和耐药实验技术临床实验	中国疾控中心传染病所	美国碧迪公司	2009.6-2011.3
18	发热伴血小板减少综合征宿主与媒介调查	中国疾控中心病毒病所	世界卫生组织	2010.11.25-2012.12.31
19	发热伴血小板减少综合征防治培训及实验室检测能力建设	中国疾控中心病毒病所	世界卫生组织	2010.11.25-2012.12.31
20	先天性巨细胞病毒感染的实验室检测能力建设	中国疾控中心病毒病所	美国疾控中心	2010.10.1-2012.3.31
21	在鼻咽癌的病原学中基因、环境与 EB 病毒之间的相互作用	中国疾控中心病毒病所、中山医科大学肿瘤医院	美国哈佛大学	2008.9.22-2013.7.31
22	抑制 HIV-1 病毒复制和激活病毒免疫反应的新策略	中国医科院病原所、中国医科院药生所、中国疾控中心病毒病所、北京工业大学	美国 Fred Hutchinson 癌症研究中心	2011.1-2012.1
23	中美流感准备和应对合作:加强监测和快速反应能力以遏制禽流感 H5N1 病毒的传播	中国疾控中心病毒病所国家流感中心	美国疾控中心	2011.10-2015.9
24	中国流感监测网络开发和禽流感/流感大流行应对	中国疾控中心病毒病所国家流感中心	美国疾控中心	2009.9-2014.9
25	行使世界卫生组织西太区脊髓灰质炎地区参比实验室的职能	中国疾控中心病毒病所	世界卫生组织	2008.1-长期
26	行使世界卫生组织西太区麻疹地区参比实验室的职能	中国疾控中心病毒病所	世界卫生组织	2009.1-长期
27	日本脑炎病毒在中国的分子流行病学调查	中国疾控中心病毒病所	日本国立感染症研究院	2010.12-2011.12
28	新发和未知病原体的发现和鉴定	中国疾控中心病毒病所	美国华盛顿大学	2009.9.4-2014.2.28
29	乙脑监测	中国疾控中心病毒病所	世界卫生组织西太区办公室	2009.9-
30	抗狂犬病病毒单抗的研发	中国疾控中心病毒病所	韩国 Celltrion 公司	2010.8-2013.8

续表

序号	项目名称	执行单位	合作单位	项目执行周期
31	2011年中国轮状病毒腹泻哨点监测	病毒病所	世界卫生组织	2009 -
32	全国1992-2009年出生人群乙型肝炎血清流行病学调查	中国疾控中心免疫规划中心		2011.7.1-2011.12.31
33	加强中国西部5省流感监测能力	中国疾控中心病毒病所国家流感中心	世界卫生组织	2010.10-2011.9
34	高致病性禽流感H5N1和甲型H1N1流感的流行病学和分子机制研究	中国疾控中心病毒病所国家流感中心	美国北卡罗纳大学教堂山分校	2009.10-2011.9
35	流感病毒跨物种传播的动力学研究:中国江西省鄱阳湖项目	中国疾控中心病毒病所国家流感中心	美国俄克拉荷马大学	2010.10.1-2011.9.30
36	我国新分离虫媒病毒与发热及病毒性脑炎等传染病的公共卫生意义研究	中国疾控中心病毒病所	美国疾控中心媒介传染病所	2010.9-2011.9
37	评价RFFIT检测体系,在狂犬病监测中普及并应用RFFIT检测体系	中国疾控中心病毒病所	日本国立传染病研究所兽医学部人畜共患病传播控制实验室	2009.12-2011.1
38	加强在中西部省份人禽流感监测能力	中国疾控中心病毒病所国家流感中心	世界卫生组织	2012-2013
39	15189医学实验室认可	中国疾控中心病毒病所国家流感中心	美国疾控中心	2011-2012
40	东洞庭湖湿地保护区职业暴露人群感染禽流感的风险研究	中国疾控中心病毒病所国家流感中心	美国疾控中心(EID)	2011-2012
41	疫苗衍生脊灰病毒(VDPV)的生物学性状分析	中国疾控中心病毒病所	盖茨基金	2010.11-2013.6
42	亚洲传染性疾病实验室合作网络	中国疾控中心病毒病所	日本国立感染症研究所	2012.1-2012.12
43	新疆和西藏的肠道病毒环境监测	中国疾控中心病毒病所	世界卫生组织	2011.1-2012.12
44	狂犬病治疗性抗体研究	中国疾控中心病毒病所	荷兰Crucell公司	2011.6-2015.12

续表

序号	项目名称	执行单位	合作单位	项目执行周期
45	诺如病毒的进化	中国疾控中心病毒病所	美国辛辛那提儿童医院	2011.1.1－2012.12.31
46	腹泻新病原的发现	中国疾控中心病毒病所	盖茨基金会	2011.5－2014.5
47	食源性疾病国家疾病负担研究和政策形势分析	中国疾控中心寄生虫病所	世界卫生组织	2011.1－2011.12
48	中国消除疟疾关键技术研究	中国疾控中心寄生虫病所	世界卫生组织/卫生部	2010.1－2011.12
49	鄱阳湖环境变化对血吸虫病传播的影响	中国疾控中心寄生虫病所	世界卫生组织/卫生部	2010.1－2011.12
50	亚洲血吸虫病与其他人兽共患蠕虫病区域网络	中国疾控中心寄生虫病所	世界卫生组织热带病规划特别机构(世界卫生组织/TDR)	1990－至今
51	湄公河流域抗疟药物效果监测与评价项目	中国疾控中心寄生虫病所	世界卫生组织/TDR	2008.3－2011.12
52	中国热带病创新药物及诊断试剂国际研究与开发产品区域分布研究:亚洲热带病药物与诊断创新网络的部分工作	中国疾控中心寄生虫病所	世界卫生组织/TDR	2009－2010.6
53	中国热带病创新药物及诊断试剂国际合作研究	中国疾控中心寄生虫病所	世界卫生组织/TDR	2011.1.1－2013.12.1
54	亚洲血吸虫病与其他重要蠕虫病的新型可持续控制策略研究	中国疾控中心寄生虫病所	加拿大国际发展研究中心	2011.1－2013.12
55	中盖艾滋病防治合作项目	中国疾控中心性艾中心	盖茨基金会	2009－2014
56	中美合作全球艾滋病防治合作项目	中国疾控中心性艾中心	美国疾控中心	2008－2013
57	与艾滋病疫苗研发相关的广谱抗体疫苗免疫检测的联合协作研究	中国疾控中心性艾中心	美国杜克大学、美国哈佛大学、美国国立卫生研究院等	2007－2012
58	将艾滋病毒控制在低病毒载量水平的疫苗和治疗研究人模型	中国疾控中心性艾中心	美国华盛顿大学	2009.1.1－2011.12.31
59	澳大利亚援助艾滋病亚洲区域项目(HAARP)中国子项目	中国疾控中心性艾中心	澳大利亚国际发展署	2008.3－2012.12
60	传染病传播和疾病进展的数学模型研究	中国疾控中心性艾中心	加拿大约克大学	2009.1－2014.12

续表

序号	项目名称	执行单位	合作单位	项目执行周期
61	中国艾滋病和结核病多学科应用培训项目	中国疾控中心性艾中心	美国耶鲁大学公共卫生学院、美国加州大学公共卫生学院	2009.7.1－2014.6.30
62	艾滋病防治和美沙酮维持治疗：中国面临的机遇（美沙酮康复关怀项目）	中国疾控中心性艾中心	美国加州大学洛杉矶分校	2009.2.2－2012.2.29
63	白衣红心项目	中国疾控中心性艾中心	美国加州大学洛杉矶分校	2007－2011
64	具有不同血脑屏障渗透性的常规抗 HIV 病毒治疗方案对预防 HIV 相关性神经认知障碍的疗效的随机对照研究	中国疾控中心性艾中心	美国加州大学圣地亚哥分校	2010.7.15－2015.5.31
65	"感染症对策项目"-国家级公共卫生政策规划管理项目	中国疾控中心性艾中心	日本国际协力机构	2009－2011
66	HIV/HCV 合并感染对疾病进展影响	中国疾控中心性艾中心	日本东北大学医学院	2008－2011
67	HIV－1 不同亚型耐药研究	中国疾控中心性艾中心	美国布朗大学、美国斯坦福大学	2009－2014
68	中国卫生部与美国克林顿基金会艾滋病治疗与关怀合作项目	中国疾控中心性艾中心	美国威廉．杰斐逊．克林顿基金会	2004－2011
69	中国道路安全项目	中国疾控中心慢病中心	世界卫生组织、全球道路安全伙伴、美国约翰霍普金斯大学	2010.11.1－2011.12.31
70	中国儿童家庭健康队列研究项目	中国疾控中心	美国疾控中心	2009.9.1－2012.8.31
71	中国食品安全风险评估体系与食品安全标准体系规范性文件制定	中国疾控中心营养食品所	澳新标准局	2010.2－2011.8
72	中国儿童体成分与慢性疾病关系的研究	中国疾控中心营养食品所	国际原子能机构	2010.9－2013.8
73	汶川地震灾区婴幼儿营养改善项目	中国疾控中心营养食品所	联合国儿童基金会	2010－2011
74	改善中国弱势群体食品安全与营养状况-中国母婴营养与健康指标建立研究	中国疾控中心营养食品所	世界卫生组织	2010－2011
75	改善中国最弱势妇女和儿童群体的营养、食品安全和食品保障状况	中国疾控中心营养食品所	联合国儿童基金会	2010－2012

续表

序号	项目名称	执行单位	合作单位	项目执行周期
76	灾区婴幼儿营养保障	中国疾控中心营养食品所	联合国儿童基金会	2010-2011
77	食用水产品对心血管疾病保护作用的研究	中国疾控中心营养食品所	挪威国家营养与水产研究所	2010-2012
78	微量营养素强化水平的风险评估研究	中国疾控中心营养食品所	达能营养中心	2010-2011
79	中国健康与营养调查	中国疾控中心营养食品所	美国北卡罗莱纳大学	2008-2013
80	复合营养素强化燕麦饮品改善农村儿童营养状况研究	中国疾控中心营养食品所	瑞典隆德大学	2009-2011
81	中文《中国0～6岁儿童膳食指南》推广应用及效果评价	中国疾控中心营养食品所	达能营养中心	2010-2011
82	中国儿童青少年肥胖的多水平系统学研究	中国疾控中心营养食品所	美国霍普金斯大学公共卫生学院	2011-2016
83	中国母婴营养与健康指标建立研究项目	中国疾控中心营养食品所	世界卫生组织	2012
84	编制社区医疗卫生人员《营养知识读本》	中国疾控中心营养食品所	联合国儿童基金会	2011-2012
85	紧急情况下的营养干预指南	中国疾控中心营养食品所	联合国儿童基金会	2011-2012
86	全民健康生活方式行动之儿童肥胖综合干预措施"健康校园"活动在我国2个城市开展	中国疾控中心营养食品所	联合国儿童基金会	2011
87	改善农村儿童膳食营养状况模式探讨	中国疾控中心营养食品所	联合国儿童基金会	2011
88	中国城市儿童肥胖的流行现况、影响因素及成本-效益和效果评价	中国疾控中心营养食品所	联合国儿童基金会	2011
89	中国铁强化水平的风险评估	中国疾控中心营养食品所	联合国儿童基金会	2011
90	中国煤矸石制砖企业职业安全健康交流活动项目	中国疾控中心职业卫生所	世界卫生组织	2010.9.13-2011.2.15
91	职业健康与环境影响监测系统建设项目	中国疾控中心职业卫生所	世界卫生组织	2010.10.27-2011.4.30
92	中国工业企业职业卫生管理培训	中国疾控中心职业卫生所	通用电气(GE)	2011
93	石棉危害调查研究与干预项目	中国疾控中心职业卫生所	日本国际协力机构	2009.10-2012.10

续表

序号	项目名称	执行单位	合作单位	项目执行周期
94	中美环境卫生人才培训	中国疾控中心环境所	美国耶鲁大学	2007-2012
95	硒及其他危险因素与中国农村老年人群认知能力研究	中国疾控中心环境所	美国印第安纳大学	2010-2015
96	GEF适应气候变化保护人类健康	中国疾控中心环境所	世界卫生组织全球环境基金联合国发展计划署	2010-2014
97	气候变化背景下人群健康风险预测方法学改进研究	中国疾控中心环境所	美国哥伦比亚大学	2011.7-2012.2
98	个体暴露评价方法在儿童哮喘研究中的应用	中国疾控中心环境所	美国哥伦比亚大学	2011-2012
99	中国农村地区妇女常见病防治干预策略的探讨(HSS18)	中国疾控中心妇幼中心	格里菲斯大学环境与人口健康中心	2009.3.1-2012.3.31
100	促进中国农村贫困地区儿童保健管理(HSS26)	中国疾控中心妇幼中心	墨尔本大学诺卓全球卫生研究所;格里菲斯大学环境与人口健康中心	2009.3.1-2011.12.31
101	探索农村地区新生儿窒息复苏有效机制试点项目	卫生部、中国疾控中心妇幼中心	澳大利亚国际开发署、Melbourne大学	2009.2.1-2012.2.1
102	西班牙千年发展目标基金妇幼卫生子项目	卫生部	联合国儿童基金会、UNFPA、世界卫生组织	2008.11-2011.11
103	灾后妇幼卫生重建支持项目	卫生部	联合国儿童基金会	2008.5.13-2011.12.31
104	玉树灾区妇幼卫生支持项目	卫生部	联合国儿童基金会	2010.4.15-2013.12.31
105	城市流动人口妇幼保健服务项目	卫生部	联合国儿童基金会	2011.9.8-2013.12.31
106	卫生部-联合国人口基金第七周期促进国家生殖健康相关政策实施项目	卫生部	联合国人口基金	2011.1.1-2015.12.31
107	联合国多部门合作预防和应对家庭暴力项目针对妇女暴力医疗干预子项目	卫生部	联合国人口基金	2010-2012
108	联合国人口基金第七周期少数民族文化敏感性孕产期保健项目	卫生部	联合国人口基金	2011.1-2015.12

续表

序号	项目名称	执行单位	合作单位	项目执行周期
109	联合国人口基金第七周期反对针对妇女暴力项目	卫生部	联合国人口基金	2011－2015
110	卫生部-联合国儿童基金会母子健康综合项目	卫生部	联合国儿童基金会	2011－2013
111	民族地区妇幼卫生工作绩效考核	中国疾控中心妇幼中心	世界卫生组织	2009.1.1－2011.12.31
112	妇幼保健机构绩效评价指标体系	中国疾控中心妇幼中心	世界卫生组织	2010.1.1－2011.12.31
113	农村地区产科床位设置研究	中国疾控中心妇幼中心	儿基会	2011.3.1－2012.3.31
114	卫生部-联合国儿童基金会预防艾滋病、梅毒和乙肝母婴传播项目	卫生部	联合国儿基会	2011－2013
115	卫生部-联合国儿童基金会预防艾滋病社区关怀项目	卫生部	联合国儿基会	2011－2012
116	卫生部-联合国人口基金灾后生殖健康应急服务项目	卫生部	联合国人口基金	2011－2015
117	中美艾滋病防治合作项目	中国疾控中心	美国疾控中心	2011－2012
118	少数民族地区妇幼卫生服务包及成本测算	卫生部	世界卫生组织/西班牙	2009－2011
119	妇幼卫生服务包及成本测算	卫生部	世界卫生组织	2009－2011
120	世界卫生组织开发预防艾滋病、梅毒和乙肝母婴传播培训教程	妇幼中心	世界卫生组织	2011－2012
121	孕产妇及儿童健康管理信息系统建设项目	卫生部	联合国儿童基金会	2011.6－2013.12
122	中日合作中国广东阳江地区放射流行病学研究	中国疾控中心辐射安全所	日本体质研究会	2009.4－2012.3
123	TLD核查放射治疗中复杂技术方法研究	中国疾控中心辐射安全所	国际原子能机构	2009.3－2012.9

（王晓琪）

教 育 培 训

一、研究生管理

（一）招生管理

2011年稳步扩大研究生招生规模，继续实施分所（中心）院系招生管理模式，加大接收推荐免试攻读硕士研究生招生力度，加强招生保密安全管理，提高招生工作质量。2011年共招收各类研究生193人，其中博士生50人、学术型硕士生64人、全日制MPH硕士生26人、在职MPH硕士生38人、协和公卫学院硕士生15人，2011中心在读研究生580人，其中博士生147人、学术型硕士生203人、全日制MPH硕士生45人、在职MPH硕士生127人、协和公卫硕士生58人。

（二）培养管理

为提高教学质量，2011年7月组织召开研究生卫生统计学教学研讨会；2011年9月组织召开研究生流行病学教学研讨会；2011年12月邀请来自卫生部、北京市卫生局、云南省、山东省、北京市等疾控中心的专家学者，为应用型硕士生开设科研选题设计与伦理、控烟策略与进展、医改、卫生应急、新疆脊灰处置，以及省市级疾控工作职能、特点和进展等系列实践讲座。此外，2011年10－11月，分别组织潘家园教学区、昌平教学区2011级研究生英语演讲比赛，选拔2名优胜者参加北京市研究生英语竞赛。

（三）学籍、学位管理

1. 学籍、学历、学位管理　完成2011年夏季毕业生学历电子注册工作（博士48人、硕士71人）；发放博、硕士毕业证书119份；开展2011级研究生新生审核备案（博士50人，硕士89人）及日常学籍信息系统维护；办理科研型博硕士延期毕业15人、协和公卫学院2009级延期毕业3人；办理退学1人、更换导师5人、休学1人；2011年6月中心授予46人博士学位、71人硕士学位、35人MPH学位；北京协和医学院授予公卫学院硕士学位22人。

2. 优秀博士学位论文评审　2011年评选6篇中心优秀博士学位论文（其中一等奖1名、二等奖2名、三等奖3名）；2007级博士研究生王静林的学位论文《云南省（中缅佬）边境地区虫媒病毒调查及病毒分子特征研究》荣获 2011 年北京市优秀博士学位论文，导师为病毒病所梁国栋研究员。

3. 通报 2010 年国务院学位办博士学位论文抽检通讯评议结果　在 2010 年国务院学位办博士学位论文抽检通讯评议工作中，中心 4 篇博士学位论文抽检全部合格。

(四)日常管理

加强学生安全教育，对学生宿舍进行安全检查，发现隐患及时整改；加强研究生保密安全基本知识教育；加强学生纪律、学风、考风教育；积极引导、支持学生开展有益身心健康的文体活动；积极开展研究生党团活动；及时、妥善处理研究生日常管理工作中出现的各种问题；评选优秀研究生 42 名，优秀学生干部 10 名。

(五)办学条件建设

2011 年 4 月购置更新了潘家园教学区多功能教室和昌平教学区小教室使用的投影仪；2011 年 5 月购置更新了昌平教学区机房和教室用的台式计算机 80 台；2011 年 8 月底潘家园学生食堂正式开办，潘家园教学区学生就餐条件得到了明显改善。

(六)导师队伍建设

2010 - 2011 年增选研究生导师共 15 名，其中博士生导师 6 名(基础医学 3 人、公共卫生与预防医学 3 人)、硕士生导师 9 名(基础医学 4 人、公共卫生与预防医学 5 人)；2011 年 4 月印发关于征集《中心选聘博士研究生指导教师遴选条件》修订意见的通知，着手修订中心研究生导师遴选条件，初步修改意见集中在成果奖、发表 SCI 文章、培养博士生经费等方面。

(七)病原生物学重点学科建设

2010 年中心病原生物学重点学科建设工作被北京市教委评定为优秀等级，资助金额增加 5 万元。2011 年继续获得北京市教委 20 万元重点学科建设经费。

(八)获批基础医学一级学科博士、硕士学位授予点

2011 年 3 月，经国务院学位委员会批准，中心基础医学成为一级学科博士、硕士学位授予点。

二、博士后管理

2011 年 7 月组织召开博士后招生宣传工作会，编制招生宣传工作方案；2011 年获博

士后科学基金特别资助 1 名，二等资助 3 名，共获资助金额 19 万元；2011 年中心 8 位导师被增选为全国博管会基金评审专家；2011 年共办理博士后进站 11 人、出站 6 人，退站 1 人、延期出站 8 人。目前在站博士后 30 人。

三、培训管理

（一）国家级继续医学教育项目管理

2011 年获批国家级继续医学教育培训项目共 63 项，备案 19 项；传染病预防控制国家级继续医学教育基地备案项目 12 项。为规范管理，派出 9 批 20 余人次开展现场督导和检查，组织项目单位进行 2011 年举办情况网上汇报，开展继教学分证书发放情况网上公示。

（二）公共卫生专业技术人员规范化培训工作试点项目

受卫生部科教司委托，组织开展公共卫生人员流行病学规范化培训工作试点项目，研究制定流行病学技能规范化培训大纲、基地标准及评审办法，开展各级疾控机构现场调研，于 2011 年 3 月底向卫生部科教司教育处上报了项目初步产出材料（培训大纲、基地标准、基地评审办法、项目调研报告等）。

（三）组织修订公共卫生执业医师准入标准和医师资格考试大纲

2011 年 10 月，根据国家医学考试中心要求，中国疾控中心组织卫生部政法司、北京大学医学部、中国健康教育中心、省级疾控中心及我中心等有关单位专家，对现行公共卫生执业医师准入标准和医师资格考试大纲进行了修订，并于 2011 年 11 月将修改意见反馈国家医学考试中心。

（四）编制公共卫生规范化培训基地建设草案

2011 年 8 月组织编制公共卫生规范化培训基地建设草案，建议以医疗卫生体制改革和全科医生规范化培训为契机，以国家级疾控机构为主体，以省级疾控机构为重点，优化、整合全国疾病预防控制机构、科研院所、高等院校等教育培训资源，建立公共卫生规范化培训基地，承担公共卫生人员、全科医生的公共卫生培训任务，开展公共卫生规范化培训，探索建立公共卫生培训制度。

四、国际合作

继续与澳大利亚格里菲斯大学联合向澳大利亚政府申请“中国疾病预防控制精英培养（CDCLP）”奖学金资助项目，第八轮 6 名学员于 2011 年 1 月赴澳大利亚参加项目学习，并于2011年7月返回国内工作；第九、十两轮项目获澳大利亚政府批准，共有4名疾控专业人员于2012年1月赴澳大利亚参加学习。

五、综合管理

（一）加强研究生管理规章制度建设

2011年3月，起草《研究生招生录取工作责任制及责任追究暂行办法》征求意见稿；2011年4月，印发《中国疾病预防控制中心教育培训处关于进一步规范中心在读研究生出国（境）审核程序的通知》；2011年6月，制定印发《中国疾病预防控制中心全日制MPH专业学位研究生培养方案及培养程序》；2011年7月，组织修订学位申请与论文答辩规定，对博士研究生学位授予提出了发表SCI论文要求等。

（二）积极推进中心研究生院建设

2011年3－6月，组织开展有关科研院所研究生院调研；2011年7－8月，组织编写设立中心研究生院报告；2011年10月，第13次中心主任办公会同意加挂中心研究生院的牌子，作为中心成立10周年的成果；2011年12月，向卫生部科教司提交设立研究生院的报告。

（三）开展在职MPH培养自查工作

2011年7－8月，根据国务院学位办和北京市学位办要求，组织开展MPH专业学位研究生培养检查，系统回顾自2003年以来中心MPH招生、培养、课题研究、学位授予、管理等全方位工作，并向国务院学位办提交了自查报告。

（四）推进研究生教育管理信息系统建设进程

2011年12月研究生教育管理信息系统部署服务器，近期开展测试和修改，即将投入试运行。

（五）举办中心2011届研究生毕业典礼暨学位授予仪式

2011年6月30日在中心昌平园区举办了2011届研究生毕业典礼暨学位授予仪式。中心领导、各直属单位领导、导师代表、2011届毕业研究生等共200余人参加了典礼。

（刘开泰　戴政）

编辑出版

一、期刊管理

(1)为总结交流工作经验,加强期刊出版的协调和管理工作,2011 年 1 月 25 日组织召开中国疾控中心所属期刊编辑工作会议。

(2)根据期刊管理要求,按时完成了中国疾控中心主办期刊的年审和年检工作。

(3)按照北京市工商局广告许可管理要求,完成了中国疾控中心所属期刊广告许可证的年审变更。

(4)组织中心所属期刊编辑人员参加北京科技期刊学会举办的“科技期刊骨干编辑业务培训班”。

(5)协助新闻出版总署完成了中国疾控中心期刊编辑人员出版专业高级职称申报工作。

(6)根据卫生部新闻宣传中心要求,完成 2011 年主管期刊审读工作。

(7)完成中国疾控中心主办期刊《国外医学卫生学分册》的更名创刊工作,该期刊 2011 年更名为《环境卫生学杂志》,由中国疾控中心主办,环境所承办,已于 2011 年顺利出刊。

二、《中国妇幼卫生杂志》编辑出版

《中国妇幼卫生杂志》(双月刊)是中国疾控中心主办、妇幼中心承办的新创办的专业学术期刊。该刊的编辑部设在学术出版部,编辑出版工作全部由学术出版部承担,出版部段江娟任编辑部主任。在妇幼中心的支持下,2011 年顺利完成全年 6 期的出版工作,共刊出论文 51 篇、综述 15 篇、专家讲座 2 篇。

为不断提高和保证期刊学术质量,2011 年 11 月学术出版部组织召开了《中国妇幼卫生杂志》第三次编委扩大会议,会上确定了 2012 年重点刊出论文及编委会工作任务。

三、图书出版

(1)协助中心办公室完成《中国疾病预防控制中心年鉴(2009)》的编辑出版工作。

(2)完成了《中国疾病预防控制中心年鉴(2010)》的编辑加工工作,并协助完成该年鉴出版印刷预算报告。

(3)组织召开《中国公共卫生》第三卷审、定稿会议,现该卷已进入排版阶段。

四、科研工作

完成了负责和承担的相关专业和学术工作。主要包括:

(一)科研课题

(1)完成"十一五"科技支撑课题"重要慢性病风险评估体系与干预适宜技术研究及应用"的相关工作。

(2)完成"2010糖尿病专题研究"相关工作。

(3)完成世界银行"中国慢性病负担研究"项目。

(二)研究生培养

培养博士生1名,现已完成论文,顺利毕业;培养3名公卫硕士研究生。

(三)其他工作

(1)协助准备中国参加2011年联合国慢病首脑会议材料。

(2)参加中国慢性病防治规划和指导意见起草和讨论。

(3)参加中华预防医学会、中华医学会"慢性病高层论坛"的筹备工作。

(4)组织"糖尿病专题论坛",组织"2011肥胖预防控制-能量平衡与活动生活方式"学术大会。

(5)参加卫生部"基本公共卫生服务项目"农村联系点培训等。

(赵文华　段江娟)

规划财务管理与审计

一、财务管理

（一）预算管理

(1)严格执行《中国疾病预防控制中心部门预算执行管理实施办法》，进一步完善了预算管理责任制，层层签订承诺书。财务部门在督促各部门加快资金使用进度，保证了资金的高效使用的同时，认真进行费用的报账审核工作，努力做到既保证预算的高效执行，又保证资金安全。2011 年，中心本级预算执行率为 97%，全中心的为 96%，较上年提高了 16 个百分点。

(2)组织协调中心所属单位及中心本级各部门完成 2012 年度预算及 2012 年度卫生工作经费的具体执行预算的编制。

(3)对申报的科技部科研项目进行预算审核。按课题经费管理的要求，及时按预算进行课题费的下拨和支付。保证课题经费按时到账和使用。

(4)严格按财政部的要求使用净结余资金。坚持先报批再使用，无违规行为。

(5)全中心根据财政部的要求，认真执行“三公经费”(汽车购置与运行费、招待费、因公出国境费)的预算，并实行了单车核算，保证了“三公经费”在预算内执行。

(6)每月进行当年预算执行、累积预算执行、中国疾控中心公共卫生应急运转项目预算执行情况的通报。

（二）财务监督管理

1. 2011 年度中心规财处接受的审计与检查 28 次 64 个项目(事项)审计和检查　主要包括以下内容。

(1) 接受审计署卫生药品审计局关于离退休人员经费支出审计(3 年)、科技支撑及重大专项审计(13 个项目)。

(2) 接收财政部驻北京专员办对政府采购情况的检查(2009 - 2010 年度)。

(3) 接受卫生部检查组对卫生部委托工作经费的检查(3 个项目)。

(4) 接受财政部驻北京专员办的银行开户检查；完成银行账户的年度年检及备案工作。

(5) 接受财政部门关于银钱收据签发合法性、合规性的检查。

(6) 接受北京华健、兴华、华寅 3 家会计师事务所对科研课题结题(8 个项目)的财务审计。

(7) 接受北京兴华会计师事务所关于全球基金项目的 2010 年度的审计(3 个项目)。

(8) 接受中瑞岳华会计师事务所完成对全球基金项目的数据核查工作(12 个项目)。

(9) 接受全球基金总检察长办公室率领的普华永道(印度)国际会计师事务所对中国全球基金项目的诊断性评估(15 个项目)。

(10) 配合普华永道(中国)国际会计师事务所对中国全球基金项目进行汇兑风险的评估工作。

(11) 接受全球基金驻中国代理机构 6 次对中国全球基金项目的财务检查。

(12) 接受毕马威(美国)国际会计师事务所对中盖结核病项目一期(2 年)的财务评估。

(13) 接受 2 次控烟项目资金资助方的财务评估和财务督导。

(14) 接受北京兴华会计师事务所对加强控烟办能力建设项目的审计(2009 年 6 月-2011 年 5 月)。

(15) 接受中国疾控中心审计处组织的预算执行情况检查(2011 年度)。

2. 内部财务检查与督导

(1) 进行 2011 年本级预算执行情况、财务收支情况等的财务自查工作。

(2) 进行了中国全球基金项目自 2003 年到 2011 年 6 月的财务自查工作。

3. 调整并明确规财处人员工作岗位　为更合理、有效安排工作,高质量的完成报账任务,提供良好服务的同时减少差错,在 2010 年工作岗位设置的基础上,规财处于 2011 年 4 月再次调岗。

(三)制度建设

2011 年修订并制定了相关度制。涉及:预算管理、中国全球基金项目财务管理、处室人员分工等。

(四)财务核算与报表

(1)圆满完成全年的核算任务。

(2)完成 2010 年度决算、2011 年度预算以及 2011 年度各类报表编制上报工作。

(3)完成全年的营业税、个人所得税的收缴任务。

(4)完成个人住房公积金、各类社保基金的月上缴工作。

(5)完成中国疾控中心本级人员的保险费审核缴纳工作。

(五)“小金库”清理工作

根据卫生部的统一要求,结合上一年度自查督导及重点检查,2011 年开展了“小金库”的全面复查、督导抽查及整改落实工作,完善和建立健全了防治“小金库”的长效机制,进行了中心“小金库”治理以来三年的工作总结。接受了卫生部对传染病所的“小金库”专项检查,以及中央小金库治理工作督导检查组对环境所的督导检查。同时,按时向卫生部提交了《中国疾控中心关于 2011 年“小金库”专项治理全名复查阶段工作报告》、《中国疾控中心关于建立完善防治“小金库”长效机制建设的报告》,以及《中国疾控中心关于 2009 -2011 年“小金库”专项治理工作总结报告》。

(六)关于权力运行风险防范工作

根据中心的工作安排,规财处开展财务部门的权力运行风险防范的后续工作。规财处有两项 A 级风险,根据绘制的《中国疾控中心财务管理风险控制流程图》,对委托工作经费管理流程、资金支付管理流程、预算程序等在网上公示,并接受监督。

(七)重大国际合作项目财务管理

1. 财务培训　完成中国全球基金项目 3 次财务培训工作。

2. 财务制度讲解　多次在业务工作会议上,对财务制度进行讲解。

3. 进行财务检查

(1) 规财处对国际非政府组织——互满爱人与人组织进行财务检查。

(2) 规财处 2011 年度派出 10 人参加中国全球基金项目 20 个省的督导核检工作。

4. 报表编制审核

(1) 完成中国疾控中心全年度中国全球基金项目结核的半年报、年报的报表编制工作;完成全国项目点的报表审核汇总工作,为顺利申请资金提供了保障。

(2) 完成中盖项目、中美项目的报表编制和审核。

5. 配合完成审计及检查任务

(1) 对 2010 年度的中国全球基金项目的年度财务审计工作。

(2) 对中盖项目一期进行财务评估,结论:从中央到项目省、市和县项目地区各级财务管理都很规范,账目清晰、凭证齐全、记账准确,没有违规使用项目资金的现象。

(3) 全球基金总检察长办公室对中国全球基金项目的财务评估。对中央财务管理的总体结论:网络管理的财务系统在各层面使用、标准的财务政策在各层面使用、财务归档有良好的程序。

(八)财务人员培训

1. 会计人员继续教育　完成了2011年度全中心财务人员的会计职业资格证书年检工作。

2. 税务专管员的继续教育　完成税务专管员的资格证书年检工作。

3. 财务培训　组织60名财务人员参加全球基金总检察长办公室举办的,由普华永道(印度)国际会计师事务所人员授课的财务培训。

二、审计工作

(一)事前、事中审计工作

(1)完成单位158份经济合同签订前的审计工作,审计资金量达1.79亿元,提出修改建议近300条,纠正错写金额270万元,送审部门均按照审计意见进行了更正。

(2)完成9套中国全球基金项目会计报表上报前的审计工作,审计资金量达7.1亿元,纠正错报金额300万元,确保了上报数据的准确性。

(3)配合外审单位完成新址基建工程部分尾款及竣工结算审计工作,审计金额为2.66亿元,审减金额814万元。

(4)完成维修工程委托审计2项,审计金额305万元,审减金额13万元。

(二)专项审计、检查工作

(1)组织完成对28个中国全球基金项目省的艾滋病、结核病和疟疾项目经费的审计工作,审计金额为1.6亿元,提出审计纠正建议580条。

(2)参与对15个中国全球基金项目省的自查自纠及整改落实情况的现场督导检查工作,提出督导检查建议196条。

(3)参与全球基金检察长办公室(OIG)检查小组对3个中国全球基金项目省(河南、云南、安徽)进行诊断性评估工作。

(4)组织完成中心及直属单位2011年度1-10月份预算执行情况的自查工作,起草并上报了中心自查报告。

(5)组织完成对2010年度中国全球基金项目中央执行机构3个国家项目办(结核、艾滋病、疟疾)经费的委托审计工作,并在PR例会上通报了审计发现的主要问题。

(6)对中国全球基金疟疾项目2010年外部审计发现问题的纠正落实情况进行了后续跟踪审计,并出示了跟踪审计报告。

(7)完成卫生部交办的对北京、协和、中日3家医院的专项检查工作。

(8)根据中心人力资源处的委托,完成对慢病中心常务副主任赵文华同志的任期经济责任审计工作。

(三)其他审计工作

(1)招聘了2名(马晓丹、王晓琳)项目审计专职人员。

(2)制定了中国全球基金项目省经费使用自查自纠工作方案的实施细则,指导各项目省开展自查自纠工作。

(3)制定了《中国全球基金项目督导(审计)检查工作内容与要点》,发至艾滋病、结核、疟疾3个国家项目办和各项目省,作为财务及业务人员日常督导检查工作使用。

(4)按照全球基金要求,完成了2010年度31个项目省外审发现问题汇总和15个省内部审计发现问题的汇总工作,并及时报给全球基金秘书处。

(5)组织审计人员参加中国内审协会卫生分会举办的2011年审计人员再教育培训,同时完成了2011年度会计再教育培训。

(6)对中国全球基金项目、中盖项目进行了审计管理要求培训,本年共计培训3次。

(7)到寄生虫病所对审计、财务和中层干部进行内审工作管理培训。

(8)组织召开审计委派工作例会,组织审计人员共同学习新的法规、制度,通报审计工作情况、研究讨论审计发现的问题及解决办法。

(张雁　袁灵华)

设备条件管理

一、采购工作

2011年设备条件处认真贯彻执行《政府采购法》,选择合理的采购方式,较好地完成了2011年共计107个项目、总金额约17 169.11万元各类物资的采购任务。共签订采购合同184份。

二、固定资产管理

(一)中心本级设备类固定资产管理

截至2011年12月31日中心本级在用设备类固定资产20 817台件,设备总值16 849.9万元。设备处共审核、登记、录入机关各处室、各部门及各项目办共68个设备用户的资产。2011年新增在用1721台件,设备原值1174.9万元;调剂设备525台件;报废设备447台件,设备原值257.7万元;无偿调拨设备13 156台件,设备原值6314.1万元。

中心机关设备类固定资产的账实核查,2011年账实相符率为99.9%。

(二)国际合作项目资产管理

截至2011年年底,中国全球基金艾滋病、结核和疟疾项目共完成了13 517台件固定资产、总值5981.6万元,物品材料1181多万件(份)、总值4407.7万元各类采购物资的调拨分发工作,同时完成了固定资产的审核、登记。中盖合作项目,完成142台件,总值471.73万元资产审核、登记及调拨工作。

三、采购与物资管理

(一)中心采购管理与设备类固定资产管理工作

2011年8月17日召开了中心政府采购管理工作会议。会议对加强中心的采购管理工作,加快采购项目预算执行率起到了促进作用。

2011年12月20日,召开了中心2011年度政府采购及设备类固定资产管理工作会议。会议总结了2011年中心各直属单位政府采购工作,会议讨论修订中心《设备类固定资产暂行管理办法》(修订稿)。

(二)中国全球基金项目物资管理与培训工作

设备处应对了中岳瑞华会计师事务所外部审计、LFA 的财务审核、中证天通会计师事务所年度审计、全球基金总检察长办公室的诊断性评估检查。根据卫生部、中国疾控中心和全球基金项目的要求,PR 采购部开展了大量细致的准备和核查等相关工作。

检查组对项目开展 8 年以来 12 个轮次、792 个采购项目,近 550 余份采购合同、文件全部进行了翻阅与审检。涉及项目车辆 3364 台,固定资产 42 576 台件、物品材料 10 169 341 件,近 7 亿元采购物资。PR 采购部对所采购全部物资均完成验收登记、无一遗漏。完善补充到货通知单、资产登记表格及调拨单等 2300 余份。账实总相符率约为 99.89%。检查结果全部过关。

完成了 2010 年 12 月底收集上报的 12 个轮次的全部项目固定资产核查材料,进行了认真的整理、核对,共完成 792 个采购项目,27 040 台价值 500 元以上固定资产的核实工作。最终统计上报的固定资产核查设备总数为 27 014 台,账实总相符率约为 99.89%。

2011 年 3 月组织举办了由 PR 各相关部门及国家级项目办人员共同参加的物资采购政策与程序解释培训研讨会,对相关物资采购政策、管理规定和采购实施程序进行了详细的讲解和讨论。

2011 年 10 - 11 月在江西和重庆,与财务部共同组织了财务与物资管理培训,近 400 余人参加了培训。对 3 个整合项目的财务与物资管理人员,进行了财务和物资管理等方面的针对性的培训,并对项目管理工作中所遇到的各类问题进行了讨论和解决,为加强和改善全球基金物资管理工作发挥了重要作用。

(三)中盖结核病项目物资采购与管理工作

中盖结核病项目自 2009 年 4 月启动以来,共完成采购项目 60 余项、登记调拨各类物资 44 批次,完成采购金额 800 万元。2011 年 10 月,该项目一期结束,盖茨基金会委托毕马威会计师事务所对该项目的财务、采购及物资管理进行了审计,审计结果评价为优秀。

四、其他管理工作

(一)接受各项检查

2011 年 6 月上旬,财政部驻北京财政监察专员办对中心本级开展了一周的政府采购专项检查;6 月下旬卫生部监察局对中心的政府采购工作进行了检查,肯定了中心采购工作,同时提出加强采购档案的规范管理。

(二)权力运行监督机制建设

设备处按照中心统一安排,理清设备处权力明晰表,明确各项权力的风险级别。同时按要求每月在中心内网发布采购与资产管理情况。

(三)大购项目预算的专家论证

2011 年 6 月,设备处组织相关专家对中心设备类大购项目计划及预算进行论证和审查上报工作。

(四)采购进口产品审批及统计上报工作

完成中心机关及各直属单位上报的 22 个采购进口项目的审核、转报工作,总金额 32 918.69 万元,上述项目均已得到财政部批复。

(张戈屏)

实验室管理

一、强化实验室安全培训与宣传，创建安全文化

（一）举办实验室安全培训

为强化实验室工作人员安全意识，提高安全技能，面向中心直属各单位及全国各省级疾控机构，有针对性的开展各项培训，内容涉及安全管理、病原微生物运输、实验室安全操作等，累计培训700余人次。

面向中心直属各单位的培训班包括：第六届实验室主任与安全员培训班；实验室安全监督检查员培训班等。面向全国疾控机构的培训班包括：组织5期全国病原微生物运输管理培训班；及1期全国病原微生物实验室生物安全培训班。

（二）举办第五届实验室安全周

2011年4月25－29日，成功举办了主题为“安全-实验室活动的保障”第五届实验室安全周。此次安全周活动得到了中心领导和各直属单位领导的高度重视，王宇主任和侯培森副主任均为此次活动做了重要批示，侯培森副主任在安全周期间还亲自到各直属单位走访，了解活动开展情况，听取实验室安全管理工作的意见和建议。通过丰富的活动，有力强化了实验室工作人员的安全意识，推动了中心实验室安全文化的建设。

（三）编写简报与相关书籍

定期编写出版《实验室安全与质量管理简报》，交流中心、各直属单位以及全国各级疾控中心的实验室安全与质量管理动态及经验。

此外，为充分发挥中心实验室安全管理技术指导和支撑作用，2011年4月，组织编写并出版了《高致病性病原微生物材料安全数据单》，该书籍已作为培训教材用于各种培训中，并免费发放至各有关单位。同时，《国内外实验室生物安全法规标准汇编》及《实验室生物安全个人防护装备基础知识与相关标准》已完成出版的招投标工作，书籍正在出版中。

二、推动实验室质量管理深入开展

(一)举办两期实验室认可评审员培训班

与国家认证认可监督管理委员会认证认可技术研究所(CCAI)合作,分别于 2011 年 7 月 17－26 日、7 月 27 日－8 月 5 日在北京、长春举办了第一期、第二期实验室资质认定及医学实验室认可评审员培训班。来自中心各直属单位、全国部分省级疾控中心实验室专业技术人员及实验室质量和安全管理骨干共计 60 余人参加了培训。该培训班为进一步规范和推动全国疾控系统病原微生物实验室质量管理工作的开展,加快实验室认可工作进程,加强工作人员对实验室资质认定及《医学实验室质量和能力认可准则》的理解与应用,培养和储备疾控系统认可评审员队伍发挥了积极作用。

(二)积极推进完成实验室信息管理系统(LIMS)建设工作

2011 年,LIMS 建设工作不断加大力度,积极加快进程,在 5 月份中期评估会后,各所与系统建设单位通力协作,按照项目建设需求,完成了系统试运行测试工作。12 月初系统通过专家验收,标志系统进入正式使用阶段,开始为期 3 年的质保维护期。

(三)开展传染病实验室质量考核

为检验中心病毒病所、传染病所和性艾中心实验室的检测能力,在国内尚没有适合中心传染病检测实验室参加的能力验证项目的情况下,实验室处积极联系美国能力验证项目提供者之一威斯康星州立公共卫生实验室(WSLH),购买 WSLH 的部分能力验证产品,对中心病毒病所、传染病所和性艾中心的部分实验室进行考核,为逐步推进质量考核工作进行了有益探索。

三、开展实验室安全与质量管理监督检查

2011 年,实验室处坚持不懈的开展每季度实验室安全与质量监督检查工作,同时鼓励直属单位开展自查自纠工作。全年共组织对在京各直属单位进行了 4 个季度的实验室监督检查和 1 次飞行监督抽查。内容涉及实验室基本管理、环境与设施、应急预案及物资储备、菌(毒)种及样本管理、危险化学品管理、感染性物质的运输、实验室废弃物管理等。

四、积极参与新疆脊灰疫情防治工作

新疆和田等地区发现输入性脊髓灰质炎野毒病例后,为切实做好脊灰疫情期间实验室生物安全工作,实验室处明确联系人及职责,积极协调有关单位和部门,落实实验室生物安全及样本运输等具体工作。

(一)编写技术方案

为指导新疆样本运输工作,及时起草了《新疆脊灰疫情期间脊灰相关标本运输及检测方案》,作为中心技术文件之一指导新疆脊灰疫情期间的具体工作。同时,配合卫生部科教司起草了《卫生部科教司关于做好输入性脊灰野病毒疫情防控工作中实验室生物安全管理的通知》。此外,实验室处赵赤鸿副处长在和田协调、指导第一批样品运输后,立即在当地编写了《新疆和田地区脊灰疫情期间样本航空运输工作指南》,细化了运输工作的具体工作流程及每一步工作的联系人,为当地后续的样品运输提供了有力指导。

(二)感染性物质航空托运人培训

为满足新疆地区感染性物质航空运输的需求,按照国家规定,托运人必须经过培训,获得资质后方可运输。实验室处于 2011 年 6 月 7 - 11 日,在新疆乌鲁木齐市召开全国病原微生物运输管理培训班。此次培训班是根据新疆地域辽阔,支线机场较多,传染病疫情较重的实际情况,从中国疾控中心对口支援新疆疾控中心工作的角度出发,第一次在新疆举办的全国疾控系统病原微生物运输管理培训班。全疆 14 个地州市的疾控中心共 28 人参加了此次培训,其中来自新疆自治区、库尔勒市、吐鲁番地区、喀什地区、阿勒泰市、阿克苏地区等疾控中心的 15 人通过考试获得托运人资质。

在新疆暴发脊灰疫情后,为解决新疆部分地区仍无有资质的托运人员、无法实施航空运输的问题,实验室处特增加运输培训,和田、伊利、哈密、克州疾控中心的 9 人在紧急的培训中获得了运输资质,进一步扩充新疆地区有资质的托运人员,满足了运输需求。

(三)感染性物质航空运输座谈会

2011 年 6 月 8 日,实验室处武桂珍处长带队在新疆疾控中心组织召开对口援疆实验室管理与病原微生物运输工作座谈会。会上,武桂珍处长解答了运输工作中遇到的有关问题,并针对新疆地区周边国家出现脊灰野病毒流行的形势严峻,提出要早作准备,储备运输包装,与中国民用航空新疆管理局等部门加强在航空公司、机场资质等方面沟通,做好应急情况下样本航空运输的准备工作。

2011 年 9 月 20 日,实验室处邀请卫生部、国家质检总局、国家民航总局相关部门的领导及有关专家召开感染性物质航空运输工作研讨会。探讨解决我国疾控系统感染性物质航空运输工作中存在的有关问题,特别是疫情发生的情况下部门间沟通机制的建立等问题,共同努力确保运输安全。

(四)指导、审批、协调运输脊灰检测样本

由于和田地区没有足够的合格的感染性物质运输包装,实验室处紧急联系采购了 32 个合格的包装箱。经与民航总局、南方航空公司联系协调后,连夜由派赴和田地区的赵赤鸿同志带至和田地区。

在地方疾控中心即将运输样本而又未办理运输申请的情况下,指导新疆和田地区疾控人员申请办理《可感染人类的高致病性病原微生物菌(毒)种或样本准运证书》,确保了 9 月 1 日第一批 24 箱样本的运输。此后,实验室处陆续指导并办理了新疆阿克苏、伊犁等地的准运证书。

(五)协调运输

疫情发生后,由于新疆除乌鲁木齐市机场有运输感染性物质的资质外,其余疆内各机场均无此资质。为协调运输工作,实验室处紧急派赵赤鸿副处长赴新疆和田地区现场工作,并与中国民用航空局运输司和民航中南局进行协调,南方航空公司申请并获得在喀什、和田、阿克苏、库尔勒、伊宁、阿勒泰及那拉提七个机场运输感染性物质的临时许可,将新疆各地脊髓灰质炎样本安全、及时、顺利地运送至乌鲁木齐及北京进行检测,为新疆地区脊髓灰质炎疫情的监测及防控工作提供了有力保障。

五、病原微生物运输培训及审批工作

(1)按照法规要求,为进一步巩固病原微生物运输培训取得的成果,做好受训学员的复训和新学员的培训工作,确保病原微生物运输的生物安全,保证各级疾病预防控制机构病原微生物运输的顺利开展。实验室处分别于青岛(学员 75 人)、新疆(学员 78)、天津(两期分别为 97 人、76 人)、北京(学员 40 人)举办了五期全国病原微生物运输管理培训班,共有 366 名学员获得中国民用航空危险品运输训练合格证。

(2)依据《可感染人类的高致病性病原微生物菌(毒)种或样本运输管理规定》进行跨省运输至中国疾控中心的高致病性病原微生物菌(毒)种运输审批工作,2011 年度共办理运输准运证 112 个。

(3)依据《关于加强医用特殊物品出入境管理卫生检疫的通知》要求,2011 年共办理了 38 个医用特殊物品出入境申请,其中出境 11 个、入境 20 个,涉及病原微生物 27 种。

六、积极推动新址 BSL-3 实验室管理工作

按照《实验室生物安全通用要求》(GB19489-2008)中生物安全三级(BSL-3)实验室“应可以在原位对排风 HEPA 过滤器进行消毒灭菌和检漏”的规定,实验室处对 HEPA

设备性能、价格以及选型等问题展开市场调研，组织专家论证，形成专家意见。多次与国家认可委员会沟通联系，并正式行文，达成意见，与此同时组织专家论证会，明确确定HEPA改造范围和数量问题。组织专家论证形成原位消毒检漏HEPA及其配套设备需求一览表和技术规格，为工程办采购招标提供技术依据。

七、新病原生物安全级别论证

（一）产志贺毒素大肠杆菌O104∶H4生物安全等级论证

2011年5月德国暴发了由产志贺毒素大肠杆菌（STEC）O104∶H4感染引起的溶血性尿毒综合征（HUS）。这是欧洲有记录以来最严重的一次暴发。虽然我国尚未出现STEC O104∶H4病例，但为应对可能出现的暴发，做好相应预案并开展相关科学研究，实验室处组织有关专家对STEC O104∶H4的生物安全级别问题进行了评估论证。

（二）新布尼亚病毒的生物安全等级论证

为确定引起发热伴血小板减少综合征的新布尼亚病毒的危害程度类别以及实验活动所需生物安全实验室级别，做好该疾病控制和科学研究工作，实验室管理处邀请军事医学科学院微生物流行病研究所、中国科学院微生物研究所、首都儿科研究所、中国疾控中心病毒病所等有关专家进行了多次专题论证，为指导实验室活动提出建议。

八、实验动物管理工作

（一）新址动物中心工作

（1）完成了已到现场的动物饲养设备（主要包括48套IVC系统、14台生物安全换笼工作台、3套兔负压饲养柜、3套鸡负压隔离器、3台生物安全柜）的安装工作及部分设备的运行调试、培训工作。

（2）协助中心设备条件处完成了中国疾控中心动物实验楼设备配置项目2010年度（1000万元）设备的公开招标工作。

（3）组织完成了中国疾控中心动物实验楼设备配置项目（2011年度）500万元财政预算的设备配置的规格、型号、技术参数以及拟采购进口产品的论证及招标工作。

（4）组织完成了2012年度中国疾控中心动物实验楼设备配置项目的预算申报工作，获财政批复预算900万元。

（5）积极筹备动物楼启用的前期准备工作，包括：制定SOP及规章、招聘第一批合同制饲养员4名、购置部分实验器材/耗材、人员分工及岗位设置方案、运行管理模式（初稿）。

（6）协助中心基建处对动物楼空载进行检测。

(7)申请实验动物使用许可证的准备工作:按照《北京市实验动物使用许可证现场评审表》89个要素逐项准备。

(二)举办实验动物从业人员岗位培训班

2011年6月21-23日组织举办了2011年实验动物从业人员上岗培训班,中心直属单位97位学员获得了实验动物从业人员岗位证书。

(三)南纬路动物室工程结算的协调工作

位于南纬路动物室的"中国疾控中心动物实验设施改造项目"已完成工程结算的各种文件资料准备工作。

九、科研课题研究工作

作为牵头单位负责的国家"十一五"科技重大专项课题《生物安全实验室微环境污染监测检测技术与相关安全评价指标的研究》顺利验收,并成功申请在"十二五"期间继续滚动。主持的国家科技支撑计划课题《实验室实时监控网络化关键技术和产品的研究》进展顺利。此外,参与了由中国工程院主持的新时期我国生物安全战略与法律法规重大项目中基础材料课题组、实验室生物安全课题组和我国生物安全防御国家战略研究课题组3个课题研究;参与申报并获批"十二五"国家科技重大专项课题"动物生物安全实验室生物安全保障技术平台的建立"、"863"课题"生物粒子富集与特异性病原体检测技术研究"和"实验室生物安全综合保障体系及关键技术研究"。

十、配合卫生部开展相关工作

为协助卫生部科教司对《微生物和生物医学实验室生物安全通用准则》(WS 233-2002)进行修订,组织专家进行论证,设计调研表,赴部分省份进行调研,收集第一手资料,为修订工作做好准备。此外,承担了卫生部病原微生物实验室生物安全评审专家委员会的日常工作。

(赵赤鸿　魏强　卢选成)

离退休人员管理

一、离退休人员现状

截至2011年底,中心离退休干部1200余人,其中机关118人,新退休7人。中心11个直属单位,除慢病中心外,各单位的离退休工作都由各所人资处或群工处兼管,兼职工作人员18名,专职人员1人。

二、认真贯彻落实老干部政治待遇和生活待遇

(1)认真落实"两项待遇",调整提高了离休干部生活补贴标准和扩大发放范围、提高了3名离休干部副部长级医疗待遇、部分离休干部医疗费用报销标准和自雇费、规范了在京中央事业单位退休人员的津补贴。

(2)坚持走访慰问活动。春节、七一,一年两次中心领导分别带队慰问了抗战前期参加工作的老领导、部分离休干部,慰问了18位困难老同志并给予了困难补助。按照国家《关于加强异地安置离休干部的管理规定》,对异地的汪梅先老院长走访慰问。

(3)在庆祝建党90周年之际,中组部副部长、国家机关工委副书记、卫生部李熙组长在梁东明书记的陪同下,专程看望了全国离退休干部先进个人陈春明同志,并邀请陈春明夫妇到中组部参观座谈。

(4)"七一"前夕,按通知要求,把中组部《给全国老党员的慰问信》印制并邮寄到离退休党员家中。通知收看七一"颂歌献给党"老干部歌咏大会,使老同志感受到党中央对每一位党员的关心和关怀。

三、结合争先创优活动,积极开展老干部工作

(1)认真落实中组部《关于开展"学先进、见行动、争优秀"活动的通知》。在离退干部中积极开展争优创优、学习先进、崇尚先进的活动。

(2)把向杨善洲同志学习活动作为深入开展"创先争优"活动的一项重要内容。组织中心及直属单位200多名老同志观看了电影。通过学习,使老同志深受感动和教育,有的还写出了观后感刊登在中心报上。

(3)在开展"与党同呼吸、共命运、心连心"征文活动中,卫生部被评为组织活动工作二等奖。中心受卫生部通报表扬被评为"优秀组织奖"。

(4)在卫生部举办的“离退休干部纪念建党九十周年”文艺演出中,中国疾控中心选送的舞蹈、女声独唱荣获优秀组织奖,舞蹈照片刊登在《健康报》上。

(5)中心老疾控工作者合唱团每周坚持活动和练习,并在春节团拜会上汇报演出。其中12人参加卫生部老年合唱团,9月份受中央电视台音乐频道《歌声与微笑》栏目组邀请,他们参加了该栏目的演出和录制。

(6)为充实老同志的文化生活,组织老同志春秋两季参观游览活动。10月,组织中心及直属单位老干部扑克牌比赛,经过激烈的比赛,决出冠亚季军。11月,选拔出的优胜队与中华医学会老干部进行友谊比赛,机关获得二等奖。

(7)中心为18位老同志庆贺生日。每月报销药费一次,每次接待几十名老同志。7月协助有关部门为88位老同志进行了体检。有12位老同志重病住院,我处及时去医院看望。1人去世,协助逝者家属办理后事。

(8)积极发挥老专家的作用,完成了《以史为鉴光照未来》第八册丛书的出版。离退休两个支部积极组织离退党员开展参观、座谈、唱红歌比赛活动,接受革命传统教育。

四、加强交流和培训,提高工作素质

离退处职责一方面是认真贯彻落实党中央和国务院有关离退休干部工作的方针、政策,根据离退休干部统一管理、待遇分开的原则,做好机关离退休人员的管理和服务,同时还要做好承上启下、对直属单位工作的指导,完成卫生部、中心领导交给的工作任务。与卫生部、各省厅、部属单位、中心各直属单位及机关各处室建立了良好的工作关系。

(田占平)

安全保卫管理

一、消防安全教育和演练

为落实北京市防火安全委员会《社会单位消防安全“四个能力”建设标准的通知》，提高中心机关处置火灾突发事件的处置能力，确保职工在发生火灾时能及时有效疏散，并对初起火灾进行扑救。按照《中国疾病预防控制中心昌平园区消防应急处置预案》，保卫处于 2011 年 10 月 20 日组织了中心机关昌平园区综合楼内所有职工包括楼内物业人员及公司人员进行了消防应急疏散及扑救初起火灾的演练。保卫处全年为研究生入学及部分单位进行安全教育及消防知识讲座 6 次。

二、安全督导检查，整改安全隐患

(1)2011 年，保卫处按照卫生部、地方政府开展的“安全生产年”活动、“清剿隐患”及“四个能力”建设等不同时期专项活动要求，开展工作，要求直属单位及各部门加强安全生产工作。全年保卫处印发相关文件 21 份，部门函 26 份，保卫处对直属单位进行安全督导检查 2 次，抽查 2 次，发现存在的安全隐患问题 20 余处，根据各单位的实际情况提出建议 40 余条，编发安全生产简报 4 期。接受卫生部安全督导组检查 2 次。接受地方公安文化保卫总队、派出所、地方政府、消防部门检查 10 次。

(2)加强园区安全检查，保卫处除正常进行园区安全检查外，一是加强了中控室的检查，二是每月与新址办对物业公司所管辖的水、电、气以及食堂等进行安全生产检查，发现问题及时纠正。

(3)加强日常管理，做好基础性工作。一是严格门卫管理制度，加强人员、物品出入管理；二是做好物防、技防设施、设备的维护保养工作；三是严格中控室人员管理；四是加强检查和登记制度，发现问题及时处理；五是加强施工管理。

(4)2011 年 12 月 1 日，保卫处配合中央内保局等有关部门较好的完成了国务院温家宝总理来中心视察的安全保卫工作任务。

三、建立健全各项安全保卫规章制度

2011 年印发了《中国疾病预防控制中心昌平园区消防应急处置预案》，同时进一步完善了《园区动火作业安全管理规定》、《施工消防安全管理规定》等规章制度。园区各单位也结合本单位实际制定了相应突发应急处置预案及规章制度。

四、加强中心安全保卫管理人员培训

(1) 保卫处组织中心直属单位安全保卫管理干部参加了卫生部干部培训中心举办的“卫生系统安全生产工作管理实务培训班”以及北京市公安局文化保卫总队举办的“反恐防暴培训班”。

(2) 2010年11月29－30日,保卫处组织中心各单位安全保卫管理人员举办了“中国疾控中心保卫管理人员培训班”,并布置了2011年第四季度安全保卫工作要点。

五、交通安全工作

(1) 加强交通安全宣传工作,制定了“中国疾控中心文明交通行动实施方案”。按照卫生部及北京市政府要求,开展“做文明有礼的北京人-绿色出行文明交通从我做起”的主题宣传活动。

(2) 按照卫生部和地区交通安全委员会要求,做好交通安全宣传和车辆管理工作。特别是春节和“两会”期间,分别与驾驶员签订交通安全责任书,加强驾驶员交通安全意识,保证了中心交通安全无事故。

(侯惠亭)

后 勤 管 理

一、后勤管理

(1)后勤处根据国管局，卫生部的要求对中心及所属在京单位的土地房屋进行详细的调查，完成了土地预登记工作，同时对中心本级房屋管理中尚未出售的 70 套公有住宅进行整顿，根据卫生部的批示，本着自愿购买的原则，出售公有住房 40 套，对尚未购买的公有住宅 30 套统一换发中央国家机关公有住宅租赁合同，规范了房屋管理。

(2)加强职工住房档案管理工作，对新入职工的职工进行住房情况预登记，对调入的职工督促提交住房档案，对已购公有住房超标的老职工采取主动联系，讲清政策，积极作好已购住房的超标处理工作，并及时将处理情况上报央产房办公室，为职工已购住房上市提供了方便。

(3)2011 年出售公有住宅收房款 2 225 824.37 元，公共维修基金 65 073.01 元，审批中心本级职工供暖费、物业费单据 1229 张，支会金额为 758 437.32 元，完成 2011 年住房补贴审核发放工作，总金额为 129 万元。

(4)组织中心 2012 年大修项目的申报立项评审 6 项，经卫生部批准 3 项，总金额为 930 万元。

(5)组织实施了国管局开展的节能减排工作，任务、责任、措施全部落实到各单位的部门。

(6)完成“五委会”的各项工作。

二、新址管理工作

(一)工程运行工作

楼宇自控系统保持良好状态。系统运行值班制度严格执行，系统维护工作正常开展，动物楼调试工作已经完成。安防、消防系统接管验收，系统维保工作正常开展。供暖系统的运行管理与设备维护保养工作正常，中效过滤器进行更换，安全生产检查正常开展，应急预案进行演练。给排水系统的给排水管网及污水处理站运转正常。供电系统运转正常。电梯、空调系统运转正常。各种管网工作正常，综合维修工作根据需求进展顺利。完成了高空更换玻璃、墙面和屋面修缮、主楼地下车库出入口雨棚改造、损坏暖气片更换、编发安全情况简报等工作,突发事件抢修工作9件。

(二)通勤运行工作

租用20辆通勤班车,结合自有15辆大客车,聘用13名驾驶员,承担昌平园区通勤运行工作。全年总计接送乘客约47.2万人次,安全行驶73万多公里。得到了中心职工的尊敬和认可。

(三)餐厅运营管理工作

制定和完善了餐厅各种管理制度和工作流程,使餐厅所需商品从采购、验收、保管、出入库工作规范化、程序化。保障职工正常用餐及会议餐供应。

(四)公寓、会议室及洗衣房管理工作

规范管理,严格要求,公寓接待境内宾1.2万人次、外宾10人次。会议服务1000余场次,共接待内外宾客2.85万人次。洗衣房洗涤公寓及餐厅布草2.4万件。得到广泛认可和好评。

(五)保洁运行工作

加强业务培训,提高从业人员职业道德和职业素质,圆满完成了中心综合楼、公寓楼、后勤楼、餐厅、车库、外围园区、团山、湖面等日常保洁工作,达到窗明几净,地面光洁、无污迹、无浮尘标准。

(六)园区绿化工作

园区草坪、树木、人工湖的日常养护保养工作顺利开展。

(七)职工医疗工作

承担医药费报销审核、医务室管理及职工体检工作。

(八)邮件收发工作

承担卫生部及各附属单位文件交换往来约2万件,接收及发往邮局的信函约1.7万件。无不良投诉。

(九)计划生育等“五委会”相关工作

完成计划生育日常管理工作;组织中心各直属单位员工参加卫生部计生办举办的计

划生育培训活动;组织机关 2011 年无偿献血工作;组织全中心各直属单位积极参加各项捐款活动。

（十）节能减排工作

制定统计实施方案、发放统计软件和报表;开展节能和能源统计培训班;审核和汇总统计数据;编制中国疾控中心能源资源消耗统计分析报告并定期报送。

（杜光　谭吉宾　王海东　王晓雪）

党 群 工 作

一、党委工作

(一)学习贯彻胡锦涛同志“七一”讲话重要精神和党的十七届六中全会精神

2011年,认真学习胡锦涛同志的“七一”讲话的重要精神,全面把握在新的历史条件下加强党建工作的新要求,有计划地开展专题讨论。利用培训、讲座和研讨等形式在全中心开展党的十七届六中全会精神的学习培训,积极开展疾控职业精神的凝炼,稳步推进疾控文化建设,运用工作简报、《中国疾控中心报》及中心网站等重点宣传,及时报道中心各级党组织和广大党员的学习感受。

(二)党的思想政治建设

1. *坚持党委中心组学习制度* 2011年,中心党委中心组明确“推动公共卫生服务均等化”、“中国共产党历史”、“党风廉政建设”、“中国特色社会主义理论”4个主题,以自学为主,全年集中学习超过12天,采取举办培训班、干部会、参加讲座、中心组成员重点发言等多种形式互动学习,受到上级党组织肯定。

2. *加强中层干部培训力度* 4月,邀请卫生部疾控局陈贤义司长作疾控形势报告,邀请清华大学的专家学者做“领导力与执行力”、“领导科学与艺术”等专题辅导讲座。6月,邀请中央党校秦刚教授作“中国特色社会主义道路的开创和拓展”专题辅导讲座,有效提升了中层干部的政治理论和专业管理水平。有计划安排党员干部参加中央党校中央国家机关分校卫生部处级干部进修班学习;组织中心各级党员领导干部参加卫生部直属机关举行的形势报告会,定期组织中心中层以上干部参加卫生部“每月一讲”活动,反响良好。

3. *坚持党员教育* 为提高党员的政治觉悟和理论素养,相继向全体党员推荐新版《中国共产党历史》(第一、二卷)、《论党的群众工作——重要论述摘编》、《马列主义经典著作选编(党员干部读本)》以及《马列主义经典著作选编学习导读》等重要书目10余本。

4. *开展传承革命精神主题党日活动* 6月,组织全中心专(兼)职党务干部和党员160余人,参观革命胜地“二七”厂,开展“承先辈光荣传统,做创先争优模范”主题党日活动。围绕建党90周年,中心党委认真开展“学党史·读经典”活动,组织全中心党员前往国家博物馆参观大型主题展览《复兴之路》;组织中心青年党员开展“讲党史·强党性”演讲比赛,培养了一批“党史小教员”;组织全体党员和入党积极分子参加由中央党史研究室等6家单位联合主办的庆祝建党90周年党史知识竞赛等系列活动,学习革命传统精神,激发党员爱岗热情。

(三)开展创先争优活动

1. *积极开展领导点评工作* 按照中心党委要求,组织各级党组织认真开展创先争优活动点评工作。截至2011年6月,中心共点评各级党组织负责人80名,点评基层党组织70个,90%以上党员受到点评。

2. *开展党员公开承诺活动* 4月,组织全体党员开展创先争优公开承诺活动,各基层党组织结合业务工作,党员结合岗位特色,在职党员和学生党员100%参与了公开承诺活动,共做出创先争优宣言1062条。

3. *总结创先争优活动阶段性成果* 3月和11月,分别组织召开创先争优阶段汇报会,总结交流中心各级党组织开展创先争优活动的经验和典型做法,研究部署中心下一阶段活动。6个基层党支部代表发言,展现了各具特色的支部工作,为基层党支部提供了学习交流平台。制作《中国疾控中心党员风采》短片,挖掘“群众心中好党员”。

4. *开展“为民服务创先争优”活动* 12月,起草印发《中国疾控中心党委关于深入开展“为民服务创先争优”活动实施意见》,坚持以“为民服务”为主题,以深入开展“三好一满意”为载体,开展“三亮、三比、三评”活动,带动广大党员干部增强服务意识、改进服务作风、提高服务效能。

(四)基层党组织建设

(1)根据驻部组局领导关于修改完善现行“三重一大”制度的要求,经过历时2年的反复征求意见和修改,于2011年10月修订印发了《中国疾控中心“三重一大”决策制度》,使中心集体决策的科学化、民主化迈出新的一步。

(2)9月3日,组织召开了以“坚持以人为本、执政为民理念,发扬密切联系群众优良作风,为提高人民健康水平努力创先争优”为主题的2011年度中心党委常委民主生活会,中心党委班子成员针对基层反馈的34条意见和建议,展开了批评和自我批评。卫生部分管部长及有关司局领导也在民主生活会上提出了明确要求和具体指导。

(3)2011年,中心党委严格按照人事制度和组织程序,向上级部门推荐直属单位领导和中心主任助理候选人共计7人,新选拔聘用干部20人,新纳入卫生部党组管理干部4人。

(4)2011年,中心发展预备党员23名,按期转正预备党员32名,组织15名入党积极分子参加卫生部直属机关入党积极分子培训班。全年中心党费收入 214 296.6 元、支出 174 706.43 元,截至 12 月 31 日,中心党费共结存 368 279.93 元。

(5)扎实做好党内统计工作,中心党内统计报表连续第七年被评为“卫生部直属单位全优报表”。

(五)积极推进精神文明建设工作

11 月 29 日,中国政促会疾控分会召开第二次会员代表大会,选举产生了新一届理事会和常务理事会,审议并通过了疾控分会会长、中心党委书记梁东明同志所作“高举旗帜开拓创新努力开创疾控系统思想政治工作新局面”的工作报告,表彰了 41 个“思想政治工作先进单位”和 52 名“优秀思想政治工作者”。

充分利用好《中国疾控中心报》对内交流、对外宣传的窗口作用,全年编辑出版报纸 15 期,其中创先争优专刊 4 期,共计 104 个版面约 52 万余字。

二、纪检工作

(一)学习贯彻上级会议精神,认真落实党风廉政建设责任制,有序推进中心惩防体系建设

2 月 18 日,组织召开纪委扩大会议,传达学习胡锦涛总书记在中纪委十七届六次全会上的重要讲话和贺国强同志的工作报告,传达学习陈竺部长在 2011 年全国卫生系统纪检监察暨纠风工作会议上的讲话以及李熙组长的工作报告。会议总结 2011 年纪检监察工作,讨论布置 2012 年工作。

认真落实党风廉政建设责任制。中心党委、纪委始终把落实党风廉政建设责任制作为一项重点工作来抓。中心领导利用各种会议场合反复强调,不断强化单位“一把手”党风廉政建设“第一责任人”的意识,按照“谁主管、谁负责”“管行业必须管行风”的要求,检查考核班子成员分工范围内党风廉政建设直接领导责任的落实情况。中心直属单位坚持每年逐级签订《廉政责任书》和《廉政承诺书》,做到党风廉政建设与业务工作同部署、同落实、同检查、同考核。

(二)开展反腐倡廉宣传教育,筑牢拒腐防变思想防线

积极响应部直属机关纪委的号召,在 2 - 3 月期间开展了纪念中国共产党成立 90 周年反腐倡廉建设征文活动,报送征文 16 篇,在卫生部直属单位中,是连续两年报送征文最多的单位,受到了部直属机关纪委的表彰。

8 月份组织中心全体处级干部、机关全体在职党员、入党积极分子和直属单位中层以

上领导干部参加了中央国家纪工委开展的纪念建党90周年反腐倡廉知识竞赛活动。

10月份在中心协同办公平台开设廉政视频教育窗口，将电教片《每月一课》上传到该窗口，组织中心干部职工观看。

（三）开展权力运行监控机制建设试点工作

3月16日，卫生部惩防体系领导小组办公室审批下发了中心《权力运行流程图》。3－6月份，按照卫生部试点单位工作会议部署和中心主任办公会议要求，试点工作办公室牵头与信息中心合作，以中心协同办公平台为载体，开设“权力监控”栏目，协调、指导、督促A级风险权力承办部门对A级风险权力进行网上信息发布，全面开展对A级权力运行情况实施网上监控工作。6月中旬，卫生部对中心试点工作进行督导检查，并对中心实施A级权力网上监控工作进行实地操作检查，检查组对中心试点工作予以认可。

（四）学习贯彻《中国共产党党员领导干部廉洁从政若干准则》

按照驻部组局《关于印发卫生部国家中医药管理局贯彻执行〈中国共产党党员领导干部廉洁从政若干准则〉情况专项检查工作方案的通知》的要求，中心纪委制定并下发了《中国疾控中心贯彻执行〈中国共产党党员领导干部廉洁从政若干准则〉情况专项检查工作方案》，认真组织开展对学习贯彻《廉政准则》情况自查自纠工作。8月，在中心党委常委会和中心纪委书记例会上，与会领导干部带头学习部工作方案，研究部署开展工作，要求中心各单位要高度重视，加强组织领导，抓好工作落实，通过开展认真地专项检查，进一步推动领导干部廉洁自律工作。按照中心工作方案要求，中心副处级以上领导干部都要结合工作的实际，对照“八个禁止”、“52个不准”和《关于领导干部报告个人有关事项的规定》，逐条认真地对照检查，提交书面自查报告。为抓好领导干部的学习，中心纪检监察室为中心副处级以上干部提供了《〈廉政准则〉实施办法》单行本，并编撰发放《〈中国共产党党员领导干部廉洁从政若干准则〉实施办法学习使用文件选编》。从领导干部提交的个人书面自查报告反馈的情况看，党员领导干部都能严肃认真地自查自纠，思想上对廉洁从政的认识进一步加深，自查自纠活动达到了预期目的。

（五）推进反腐倡廉长效机制建设

1. 协助中心党委起草了《中国疾病预防控制中心党委关于进一步贯彻落实“三重一大”决策制度的意见》《意见》对“三重一大”事项的主要范围，集体决策的形式和内容、基本程序、监督检查和责任追究、组织实施等作了进一步的明确，努力在防止决策失误、权力失控和行为失范上下功夫，加强了对权力行使的制约和监督。中心大多数直属单位能够认真贯彻执行“三重一大”制度，做好会议记录，并按时报送“三重一大”事项集体决策材料。

2. 协助中心党委加强作风建设　为进一步发挥中心技术管理及技术服务职能作用,为社会发展提供高质量、高水平的疾控服务,按照卫生部的要求,协助中心党委起草了《中国疾病预防控制中心"三好一满意"活动工作方案》及调查问卷,推动"质量好、服务好、品德好,让服务对象满意"的活动在中心全面展开。

3. 起草了行为规范　2009-2010年,根据中心领导的要求,组织力量,搜集资料,草拟初稿,反复修改完善,完成《中国疾控中心专业技术人员行为规范》的研究和初稿撰写任务。目前,正在征求意见中。

4. 认真做好政府采购招投标监督工作　据统计,2011年中心纪检监察室派人参加中心设备、物资招标采购关键环节的现场监督210余次。在现场监督过程中,做到对相关环节中的不规范行为当场予以纠正、提醒,并督促相关部门及时整改;对涉及招标采购的信访举报,能够认真做调查核实和及时反馈。此外,根据中心领导的安排,对南纬路29号实验楼的加固与装修实施了现场监督。

(六)认真做好信访工作

2011年,中心纪检监察室收到来信及上级转办信件37件,其中重复件16件,上级机关转办18件。根据来信来访反映的问题,发出函询13件,要求有关单位和个人作出书面报告和说明。根据在"小金库"专项治理复查期间发现营养食品所控股的"北京世纪维他生物技术有限公司"涉及财务管理方面的经济问题,及时批转并督促营养食品所认真办理。配合司法机关对涉及两个直属单位的案件线索进行了初查,其中,一个已办结,另一个正在核查中。

在查办案件中,坚持"综合治理、标本兼治、惩防并举、注重预防"方针,注重发挥其治本作用,针对信访件中反映的问题,及时主动地向中心领导或有关部门提出建议,做到关口前移、防患未然。

(七)做好纪检监察自身建设

1. 贯彻落实卫生部党组《关于加强卫生部直属单位纪检监察组织建设的意见》　在中心领导的重视支持下,中心纪检监察室公开招聘了1名工作人员,加强了纪检监察力量。目前,在直属单位中,性艾中心、辐射安全所、营养食品所、寄生虫病所、职业卫生所已设立了监审室,配备了纪检监察干部。

2. 坚持纪委书记季度例会制度　结合中心纪检监察工作实际,在召开季度例会时,采取会训结合的形式,通知各单位的新成员参加会议,既组织学习有关文件,又开展纪检监察业务培训,还组织开展工作交流,安排部署工作,不断提高新进人员的工作能力与水平。

三、工会工作

（一）自身建设

组织工会干部培训 3 次，120 余人参加；批准吸纳 42 名外聘职工加入工会组织；开展创建“职工之家”、“先进职工之家”、“模范职工之家”工作；12 月，在辽宁沈阳举办全国疾控文化建设研讨会，27 个省市疾控中心 45 名工会主席参加。

（二）维护职工合法权益

参加新址食堂总结评估、新址候车亭设计投票意见、班车路线调整、控烟答卷、职工体检情况汇总等工作。接转职工来信来访并及时向职能部门沟通情况。

（三）文体活动

1. **全国性文体活动**　承办征集全国疾控系统书画作品活动，征集 18 个疾控中心 120 余幅作品；举办全国疾控系统“春城杯”羽毛球邀请赛，33 支队伍，180 人参赛；开展全国疾控系统文艺作品征集活动，征集 25 个省疾控中心 50 个文艺节目。

2. **中心文体活动**　举办 2011 年度职工羽毛球比赛；机关工会开展“寄语疾控十年”活动，近 500 人参加。

（四）帮扶工作

开展困难职工情况调查，建立慰问制度，做好日常住院职工慰问工作，开展元旦春节等重要节日慰问工作，发放阳光助学金 8000 元，发放职工子女残疾补助 3000 元。

（五）女职工工作

参加卫生部妇工委庆祝全国巾帼建功活动 20 年征文活动，投稿 19 篇，获优秀组织奖；开展“弘扬先进精神，展现女职工风采”活动，宣传近年来中心获全国妇联、全国巾帼建功领导小组表彰的先进集体和先进个人，以及各单位推选的优秀女干部职工代表事迹和照片。

（六）推优工作

推荐传染病所新病原室获全国三八红旗集体称号；推荐营养所监测与风险评估室获全国巾帼建功先进集体称号；推荐传染病所新病原室、营养所监测与风险评估室和实验处获卫生部直属机关先进集体;推荐传染病所卢珊、结控中心王黎霞、性艾中心毛宇荣、营养所高玉莲获优秀个人,推荐妇幼中心金曦、性艾中心葛利荣获优秀女干部;推荐性艾中心获全国教科文卫体模范职工之家称号;王宇主任获全国教科文卫体模范职工之友称号。

四、共青团工作

(一)自身建设

指导辐射所、慢病中心、环境所团组织换届改选;组建中心青年交流飞信群;开展团干部培训工作;推优入党 2 人。

(二)团日活动

举办青年读书交流会,11 名团员青年谈讲心得;开展“我读急诊室故事”征文活动,推荐 5 篇征文参评卫生部直属机关党委评选;组织 2011 级科研型班团员赴平西抗日纪念馆参观学习;组织 2011 级应用型班团员赴卢沟桥进行爱国主义教育;与巴斯德北京分公司和北京同仁医院举办 2 场足球友谊比赛。

(三)推优工作

推荐传染病所候雪新获中央国家机关优秀共青团员称号;推荐营养食品所标准室获卫生部、团中央青年文明号称号;推荐职业卫生所胡伟江获卫生部、团中央青年岗位能手称号;创建中心首个中央国家机关五四红旗团支部-妇幼中心团支部。

五、统战工作

举办了民主党派代表新春茶话会;协助民主党派考核发展党员 9 人;做好民主党派党员考核推荐工作;完成北京市区县政协人大代表换届推荐选举工作,参与北京市区人大代表选举工作,昌平园区选民 1082 人投票率 98%,中心 2143 人投票率 95%;推荐民主党派代表阚坚力参加卫生部民主党派座谈会。

(孟宪平　项春　曾彦　白雪平　沈婵　田申　李新焕　刘海龙)

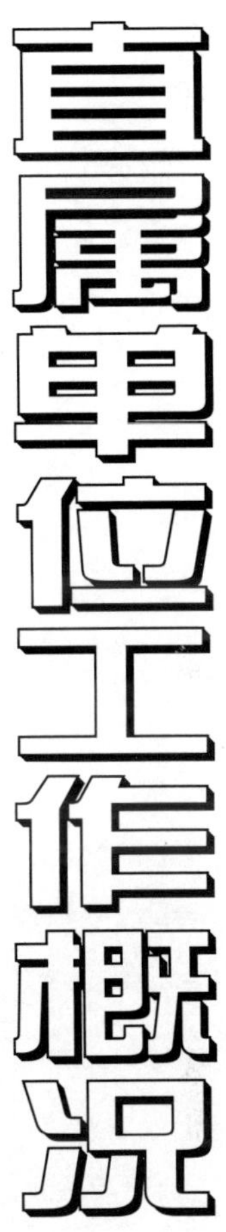
直屬单位工作概况

传染病预防控制所

一、传染病预防控制工作

(一)青海玉树灾后重建的卫生防疫

1. 检测基地重建　玉树震后由本所与青海省地方病预防控制所联合建立了“玉树地震灾区鼠疫检测实验室”,以移动生物安全实验室(车)为主体,建立了配套板房实验室和物品储存室,在玉树县重建过程中的鼠疫监测、预警和防护中发挥了不可替代的作用。2010 年 12 月 15 日,基地原有的板房在一次风灾中全部损毁,8 月中旬完成了配套板房实验室的重建,并在年底撤队前再次对所有板房进行二次加固。另外,2010 年中心为玉树实验室组织招标购买了价值 12 万余元的生物安全动物解剖台和生化培养箱,2011 年 5 月份联系货运公司将 3 台仪器运抵玉树,并安装到位,聘请仪器公司工程师专程到玉树进行了调试工作。

2. 检测工作　玉树鼠疫检测基地 2011 年完成了 101 只动物、219 份标本的检测,检测到鼠疫阳性血清 3 份,分离到 1 株鼠疫菌。6 月 1 日,从称多县拉布乡送检 1 只自毙旱獭中分离到鼠疫杆菌 1 株,确定为一起动物间疫情。

3. 移动实验车回撤　2011 年 10 月 15 日,根据卫生部的安排,移动实验室启程回京。本所传染病控制办公室联合后勤保障组调研了公路、铁路运输的优缺点,制定了周密的运输计划,并与卫生部、中心应急办多次商讨,最终确定了全程公路运输方案。由移动实验室、玉树州公安局交通队引导车、青海省地病所保障车等 5 辆车组成的车队于 2011 年 10 月 15 日自玉树实验基地启程。期间遇雨雪天气,路面积雪结冰,实验车行进受阻,车队克服冰雪和暗夜困难,在玛多县武警支队和县疾控中心的帮助下,穿过积雪路段,连续行进,历时 27 小时,于 10 月 16 日中午到达西宁,比正常时间超过 10 小时。车队经过休整,于 10 月 18 日晨继续行进,10 月 21 日下午 13∶30 分顺利到达北京。

(二)O104∶H4 事件应对

在德国产志贺毒素的肠粘附性大肠杆菌 O104∶H4 事件应对中,传染病所发挥技术优势,为防范德国产生志贺毒素的肠黏附性大肠杆菌传入中国,在第一时间,为我国广大疾病预防控制机构提供了检测大肠杆菌 O104∶H4 的技术方法和试剂,特别是提供了志贺毒素基因、粘附基因、O104 基因和 H4 基因的参照品,建立了检测方法。并在第一时间,通过视频会议,对全国各地疾控中心和海关检疫实验室进行了培训,公布了《大肠杆菌O104∶H4 检测技术流程》。参加编写卫生部颁发的《肠出血性大肠杆菌O104∶H4感染防控方案(试行)》、《我国应对德国肠出血性大肠杆菌暴发疫情案例》,开展了可疑标本的实验室检测和可疑菌株的复核工作等。

(三)传染病疫情调查处理

1. *辽宁炭疽疫情处理* 辽宁省卫生厅 2011 年 8 月 7 日报告,该省鞍山海城市牛庄镇南关村发生一起人间皮肤炭疽疫情。为协助疫情处置工作,本所张建中副所长、张恩民等人按照卫生部要求于当晚 12 时赶到沈阳市,积极参与当地的人间皮肤炭疽疫情处理工作。工作组提出的应依据国家标准进行炭疽疑似病人、临床诊断病人和确诊病人诊断,避免出现过多假阳性或假阴性诊断病例的建议立即得到了当地政府的采纳。经过 4 天的紧张工作,当地疫情得到平稳控制。

2. *吉林、内蒙古兴安盟炭疽疫情处理* 据吉林省疾控中心 2011 年 8 月 26 日报告,8 月 25 日吉林大学第一附属临床医院接诊一例来自内蒙古的疑似皮肤炭疽病例,后转到长春市传染病医院,该病例疑为肺炭疽,于 26 日下午 2 时 50 分死亡。为协助当地处理好此次疫情,按照中心安排,我所传控办副主任卢珊和鼠疫室张恩民于 8 月 27 日前往吉林省。经过 5 天的现场工作,对当地的疫情防控提出了建议,对部分标本进行了检测,并出具了检测报告,当地医疗行政部门对密切接触者采取了隔离措施,无继发病例。

本所鼠疫室海荣主任、魏建春、梁旭东、张慧娟于 8 月 27 日赴内蒙古兴安盟协助指导这次疫情的疫源地处理工作。工作组到达现场后即对疫源地、定点医院和实验室检测以及防控工作进行了实地调查与指导,从专业的角度提出意见和建议,并分离到 3 株炭疽芽胞杆菌。同时,开展了对兴安盟现辖 6 个旗县的实验室检测人员的实验技术培训和生物安全防护培训,并提供了耗材、试剂等实验用品和个人防护用品。经过 10 天的现场工作,初步完成了卫生部的派出任务,当地疫情得到平稳控制。

3. *云南盈江德宏州地震工作* 2011 年 3 月 10 日 12 时 58 分盈江县发生 5.8 级地震,地震发生后,本所夏连续、熊衍文等人先后赶赴地震灾区参加抗震救灾工作。专家组与云南省地病所的专家共同制定了《云南省盈江县“3.10”地震灾区鼠疫防控方案》并按方案开展工作。制定了盈江县“3.10”地震灾区肠道传染病、虫媒传染病、呼吸道传染病等防控方案和消毒工作指南。同时,明确了《灾区各级卫生防疫工作职责》,制定了一系列数据收集、汇总、上报的表格;启动了应急状态下的传染病监测“日报告”、“零报告”制度;针对传染病疫情网络直报系统受损情况,及时采取了电话等替代报告方式,确保疫情报告不中断;开展了以发热、腹泻、黄疸、皮疹为主的症状监测工作。传染病疫情总体平稳,也无突发公共卫生事件发生。

4. *江西疑似白喉病例检测* 2011 年 7 月 1 日接到江西省疾控中心电话，因江西有一例疑似白喉患者，希望得到实验室检测的技术指导。呼吸道室张麒在电话中即指导对方对疑似白喉患者和密切接触者做病原学、血清学和分子生物学检测的采样要求及所需要的试剂和检测技术要点等。7 月 4 日，在实验室结果不满意的情况下，张麒赴江西省疾控中心做现场检测工作指导。7 月 5 日，张麒对采集到的样本进行了病原学、分子生物学和血清学检测。最终排除了疑似白喉病例和密切接触者白喉棒状杆菌感染。

（四）传染病诊断技术储备

1. *鼠疫组* 维护地下菌种库的常规运行和定期检查。储备了鼠疫常规及快速检测试剂（培养基、噬菌体、PCR、胶体金诊断试剂、ELISA 等）。完成了对 2010 年度鼠疫监测菌株的噬菌体、生化鉴定、DNA 提取以及低温保存工作。在江西省疾控中心、北京市西城疾控中心、朝阳疾控中心、青藏铁路沿线鼠疫培训班、河北全国鼠疫培训班，对鼠疫快速诊断技术进行了培训，以提高鼠疫早期诊断效率。

2. *炭疽、蜡样芽胞组* 维护地下菌种库的常规运行。储备了炭疽常规及快速检测试剂（培养基、噬菌体、药敏试纸、PCR、胶体金诊断试剂等）。建立了炭疽血清抗体实验室检测方法，包括炭疽毒素中和试验和酶联免疫吸附实验，对不同人群血清抗体的检测已经基本完成。参加了 2011 年 11 月的全国炭疽监测工作研讨会，重点对监测方案进行修改。

储备了蜡样芽胞杆菌常规检测试剂（培养基、PCR 试剂等）。对蜡样芽胞杆菌的 PCR 检测方法进行了优化，确定了检测蜡样芽胞杆菌的通用引物。对蜡样芽胞杆菌的荧光定量 PCR 方法进行了初步设计和准备。

3. *土拉菌病组* 储备了 200 人份的土拉菌抗原、抗体胶体金检测试剂。制备了土拉菌生长适宜的 30 块 CHAB 平板培养基，定期更换。2011 年 7－8 月在内蒙古通辽市扎鲁特旗现场采集了达乌尔黄鼠肝脾标本 480 份，血清 180 份，蜱蚤 20 份。在内蒙古赤峰市采集了鼠肝脾标本 2900 份，血清 1440 份，蜱蚤 380 份。在青海玉树采集了旱獭肝脾 134 份，其他地区采集了鼠肝脾 100 份。建立了采用 12 个 VNTR 位点对土拉菌进行分型研究的方法，对实验室保存的 10 株土拉菌进行了 MLVA 分析。

4. *类鼻疽组* 2011 年，首先对 2010 年采自海南的类鼻疽疑似菌株进行了培养鉴定，经鉴定，其中 10 株分离菌株符合类鼻疽伯克霍尔德菌的基本特征，为进一步分子流行病学等研究奠定了基础。其次，进一步完善了类鼻疽伯克霍尔德菌的 PCR 检测方法，储备用于类鼻疽流行病调查和病例诊断的检测试剂（类鼻疽伯克霍尔德菌选择培养基：Ashdown 培养基、BPSA 培养基；类鼻疽伯克霍尔德菌凝集血清、金标检测条以及 PCR 检测相关试剂等）。科研方面，正在建立我国类鼻疽伯克霍尔德菌的 MLST 分型方法，并且对已经分离到的菌株进行序列型别的判定与分析，以明确我国类鼻疽菌株的分子遗传学特征。最后，与海南省疾控中心和海南省医学院附属医院开始联合进行类鼻疽病的调查研究工作。

5. 霍乱弧菌　完成 2011 年度新获得 22 株霍乱弧菌菌株的生物学特征、耐药谱和分子分型。主持参与全国霍乱监测方案、全国弧菌监测方案和霍乱防治手册(第五版)的修订。使用两种限制性酶(NotI 和 SfiI)进行酶切,完成共计 158 株霍乱弧菌菌株的 PFGE 分子分型分析,初步探讨了基于 mdh,recA,dnaE,gyrB 4 个管家基因的 MLST 方法用于非产毒霍乱弧菌的分子分型的可行性。完成菌株库中 28 个省市自治区的 300 余株 O1 群 El Tor 型霍乱弧菌(200 株为产毒株,100 余株为非产毒株)的抗生素敏感性分析,测定了临床常用的 12 种抗生素的 MIC 值。完成对 2011 年度部分霍乱病例分离株和环境食品分离株的分子分型及协查分析,对获得的图谱经网络传递后进行比对,得到了初步的实验室结论。

6. 伤寒、副伤寒及非伤寒沙门菌　2011 年 1 月及 7 月份至云南元江进行甲副暴发后现场患者标本采集、病原分离培养及环境标本检测,完成环境危险因子评估。2011 年共收集甲型副伤寒沙门菌 100 株,全部完成 PFGE 分析及 16 种药物敏感试验。对伤寒沙门菌 NASBA 方法进行了探索,改为容许度较好的 RT - LAMP 方法,并完成引物筛选、敏感性、特异性等实验室内检测技术评价。完成了对 200 人份伤寒沙门菌培养相关培养基和血清诊断试剂的储备。正发放菌株至全国 31 个省疾控中心进行 PT 测试。收集 120 株鼠伤寒沙门菌,并完成 MLVA 分型分析及药物敏感测试。对 2011 年度收集的 80 株肠炎沙门菌 MLVA 分型分析及药物敏感测试。

7. 副溶血弧菌　对已经建立的基于 TaqMan 技术的副溶血弧菌的实时荧光 PCR 检测方法进行了评价,并且对 11 种其他弧菌和肠道细菌的染色体无扩增,具有良好的特异性。新建立了基于 SYBR Green 技术的副溶血弧菌实时荧光 PCR 检测方法。收集副溶血弧菌 326 株;完成 87 株副溶血弧菌 PFGE 分析,这些数据说明在各血清群菌株内部,均有 PFGE 谱型 100%一致的菌株,提示可能存在副溶血弧菌病暴发。完成 25 株副溶血弧菌 MLST 分析。

8. 拟态弧菌　收集拟态弧菌 5 株。购得一株拟态弧菌标准菌株(中国菌种保藏中心 CICC21613);能通过生化和毒力基因的 PCR 方法对拟态弧菌进行检测;对标准菌株和水体分离的拟态弧菌做了生化和毒力基因的荧光 PCR 检测;建立了使用 PFGE 对拟态弧菌的分子分型方法;完成收集拟态弧菌的耐药分析。

9. 河弧菌　建立河弧菌的分离检测流程,储备相应的分离培养基。购买一株河弧菌的参考菌株。建立和完善了基于河弧菌 toxR 基因的 TaqMan 实时定量 PCR 检测方法;根据文献报道,储备了两种河弧菌的特异性检测引物,分别针对 16S - 23S 间隔区和 toxR 基因,并对其特异性进行了初步评价。根据霍乱弧菌 PFGE 的分析参数对保存的 8 株河弧菌菌株进行了 PFGE 分型分析,具体的参数条件还需优化。

10. 幽门螺旋杆菌　完成分离培养胃黏膜标本 283 份,获得幽门螺杆菌菌株 132 株。

收集和复苏、鉴定江西南昌大学第一附属医院合作单位送来幽门螺杆菌菌株103株。完成了湖北、江西、北京等地235株菌的9种幽门螺杆菌根除治疗用一线和二线抗生素的E-test药敏检测，为临床幽门螺杆菌根除治疗提供了药物选择的科学依据。完成了88株HP测序用的菌株抗原的收取，其中53株已完成了全基因测序。

初步建立了用13C、14C呼气试验检测小鼠幽门螺杆菌的检测方法。对江西省疾控中心、苏州市疾控中心等9名进修人员进行了对幽门螺杆菌分离培养、镜检及生化鉴定技术以及小鼠动物模型建立的培训。为全国多家单位提供了建立幽门螺杆菌培养和监测方法所用的国内参考菌株及技术指导。

完成了对500人份幽门螺杆菌样品培养相关培养基和试剂的储备，完成了100人份的呼气试验试剂储备和200人份血清抗体快速诊断试剂的储备。为全国各地十几家单位运送了收集胃黏膜标本的运送保存液约2000余支。完成幽门螺杆菌与AGS细胞双向电泳工作，完成了53株幽门螺杆菌全基因(精细图)测定。

11. 空肠弯曲菌　2011年新收集菌株800株，完成200株病原的11种抗生素的敏感性检测；完成70株结肠弯曲菌的PFGE、MLST的分子分型分析；完成上海、扬州以及长春等的现场指导工作。

12. 金黄色葡萄球菌　收集黑龙江健康携带者分离金黄色葡萄球菌200株，完成全部菌株的核酸提取和nuc，mecA和pvl基因检测。储备了哥伦比亚琼脂、甘露醇琼脂、MH琼脂、MH肉汤等金黄色葡萄球菌常用的培养和鉴别培养基。储备了200份诊断试剂，包括乳胶凝集试剂盒和API生化鉴定试剂。储备了100个菌株15种抗生素的E-test试条。储备了PFGE内切酶和低熔点琼脂糖凝胶可以完成500株菌的PFGE分析。初步完成了金黄色葡萄球菌real time PCR实验室检测方法对临床样本的检测能力评价，并与普通样本培养法进行比较。完成了45株菌北京健康携带者金葡菌spa代表型别的MLST分析。39株动物来源MRSA菌株的PFGE分析。对实验室所有未作spa分型的菌株(约400株)，进行spa分型研究，建立菌株背景数据库。完成了深圳59株食物中毒菌株纸片法药敏检测以及200株动物来源菌株MIC药敏测定。

13. 猩红热相关A族链球菌　同中心应急办有关人员对高发区黑龙江、天津布置咽拭子采样、样品运送等现场培训，与北京朝阳疾控、山东省疾控、苏州市疾控等单位通过建立合作采集猩红热和咽扁桃体炎病例相关A族链球菌，从以上5个高发区共分离到2011年4-8月间猩红热高峰期菌株109株，对这些咽拭子和菌株进行实时定量PCR、快速抗原检测等快速检测方法与传统的培养和生化鉴定的比较评价；对以上菌株进行emm基因分型、PFGE、MLST、15种毒力基因与超抗原分析，确定了流行菌株的emm型别分布和PFGE型，分析了emm型分布与PFGE型和毒力基因谱的关联。对以上菌株的8种抗生素的药物敏感性试验。综合比较以往文献报道的emm型、超抗原分布等数据初步提出此次全国猩红热异常增高的可能的病原学原因。选取以上不同地域不同emm型PFGE型的菌株共28株与华大和军科院合作进行基因组测序。

14. *肺炎支原体* 与北京疾控中心合作完成了229份社区获得性肺炎标本肺炎支原体检测工作,分离到40株肺炎支原体临床株,并对分离株进行分型和8种常用抗生素的药敏试验。与北京儿童医院合作收集132份儿童呼吸道与脑脊液标本,分离培养肺炎支原体55株,对分离株进行分型和8种常用抗生素的药敏试验。对2008年至今保存的210株肺炎支原体进行MLVA分型,检测数据目前正在处理中。在重大专项项目支持下与金豪公司合作开展肺炎支原体荧光PCR试剂盒产品转化工作,产品目前已进入三家临床验证阶段。产品试剂盒专利申报已进入实质审查阶段(申请号为2011101675918)。建立了肺炎支原体LAMP检测技术,并通过临床标本验证。与北京友谊医院合作,对肺炎支原体耐药,毒力方面开展蛋白质组学研究。建立了生殖支原体、人型支原体、解脲脲原体3种泌尿生殖道支原体的多重荧光PCR方法。完成约160株社区获得性肺炎标本分离菌的16S rRNA的扩增、测序及序列比对工作。

15. *鲍曼不动杆菌* 收集了临床不动杆菌分离株78株,开展了对2011年新分离不动杆菌耐药表型及相应基因型检测,其中非鲍曼不动杆菌的耐药率低于鲍曼不动杆菌,未发现多耐非鲍曼不动杆菌。在以往已建立的分型方法基础上,又建立了MLVA和MLST分型方法,进一步加强了应对公共卫生事件的分析能力。建立鲍曼不动杆菌外排泵的PCR检测方法,建立了对氨基糖甙类、四环素类抗生素相关耐药基因的PCR检测方法。除以往已建立的PFGE和PCR分型方法外,进一步建立了两种分型方法:建立了鲍曼不动杆菌基于7个位点的MLVA分型方法,并对该方法的分型能力进行了充分评估;建立了鲍曼不动杆菌复合体(鲍曼不动杆菌、菌种3、菌种13TU)基于8个基因的MLST分子分型方法——调整了3对引物,实现了对鲍曼复合体3种菌种的分型。在以往已建立的针对8类24种耐药基因的检测体系的基础上,建立了3类10种抗生素的检测方法。对2011年所有分离菌株开展了E-test耐药检测。

16. *无形体* 完成了我国江苏、浙江、云南、安徽、北京、天津、河南、海南、新疆、吉林及黑龙江等10省市、33区县、57个自然村、7294名农业高危人群、310名入伍军人及253名城市居民的新发蜱传立克次体病血清本底调查资料的统计分析及论文总结。完成了全国7省/市33区县、62个自然村1359份动物血清(707 goats, 433 cattle, 219 dogs)新发蜱传人粒细胞无形体病血清本底调查的统计分析及论文总结。完成了全国6省市自治区包括安徽、北京、新疆、云南、浙江及山东等家畜动物血标本新发蜱传人粒细胞无形体分子流行病学调查(16SrRNA基因扩增及序列分析)。指导完成山西省部分地区媒介蜱标本及农业人群血清无形体流行调查。指导完成云南省部分地区啮齿动物血清立克次体抗体及常见5种立克次体分子流行病学调查。

17. *质谱平台* 完成送检的蛋白质MALDI-TOF-MS鉴定共计650个;基于肽质量谱的菌株鉴定共达3743株次;完成质谱快速识别A族链球菌的评价分析;哈尔滨、北京、天津猩红热疫情完成菌株识别鉴定；完成 81 株猩红热、支原体、幽门螺杆菌多肽谱数据库建立；完成 MALDI－TOF 质谱用于社区获得性肺炎相关咽拭子培养物微生物的快速识别分析；完成 CJD 病人相关脑脊液的差异蛋白谱分析与 160 个结核病相关尿液样本的肽谱分析；进行了小鼠胃及肠内尿素酶阴性相关菌识别鉴定；对质谱基于分泌蛋白分型方法的条件进行探索；进行幽门螺杆菌不同来源株及其与 AGS 细胞作用的蛋白样品制备及基于非标定量与同位素标记定量分析；对上海寄研所两人次的质谱分析培训，完成了虫体差异谱分析。

18. 钩端螺旋体

(1) 钩体菌种的鉴定、传代及保存工作：2011 年，全国钩端螺旋体病重点监测省份四川送检菌株 14 株，采用血清学和分子生物学方法完成血清群和基因型鉴定工作。对实验室保存的 50 多株标准菌株和 600 多株现场分离株，每 1～2 个月进行传代培养和保存，密切观察其生物学性状和毒力基因的变异情况。在菌种传代的过程中，注意不断总结、探索更好的保存方法、操作程序。

(2) 开展血清学检测：引入国外先进的商品化血清学检测技术，在钩体病防控工作中使用，并进行效果评价。钩端螺旋体室连续 6 年参加 WHO/全球钩端螺旋体病协会组织的标本盲样测定，利用该实验室保存的我国 15 群 15 型钩体标准菌株进行 MAT 检测、鉴定，按时递交检测报告，后期与反馈的标准结果核对，以检测标准菌株的准确性，防止传代中的交叉污染。

(3) 建立和完善钩体核酸检测技术：采用致病性钩体特异性 DNA 片段及致病相关基因设计引物，进行 PCR、分子杂交，大大提高钩体病病原学检测的灵敏度，在出现钩体病暴发疫情时，可进行传染源快速追踪调查。

(4) 建立和完善钩体分子遗传学分类鉴定技术：建立了核酸限制性酶切片段长度多态性分析（Restriction fragment length polymorphism，RFLP）、脉冲场凝胶电泳（Pulsed－field gel electrophoresis，PFGE）、多位点可变数串联重复序列分析（Multiple－locus variable－number tandem repeat analysis，MLVA）、多位点序列分型（Multiple－locus sequence typing，MLST），进行相应分子遗传学数据库的建立和完善，为钩体病暴发调查中传染源溯源和病原体快速分型鉴定奠定基础。

19. 脑膜炎奈瑟菌　2011 年，与免疫规划中心一起成功举办 2011 年流脑年会。2011 年，完成日常监测中收集的脑膜炎奈瑟菌菌株 PFGE 分型 350 株、MLST 分型 220 株，全部录入流脑监测分子分型数据库，供全国各省、市流脑专业实验室查询、比对。

2011 年 6 月，收到广西壮族自治区疾控中心送来的流脑病人脑脊液标本 2 份以及流脑病人密切接触者分离菌株 9 株。通过血清分群、PCR 分群、PFGE 和 MLST 分析，确定当地发生的 3 例流脑病例均为 W135 群流脑。为进一步了解当地流脑携带情况，2011 年 10 月，对发生疫情的广西壮族自治区来宾市 1300 名健康人群进行了脑膜炎奈瑟菌携带情况调查,目前已经完成现场采样和实验室工作。分离菌株 112 株,确定了 W135 感染高危人群,为当地疫苗应急接种提供了实验室数据。

协助济南市疾控中心完成济南某监狱流脑暴发菌株的分子生物学分析,该内容是国内首次针对一次密闭人群流脑暴发分离菌株进行全面的病原学与分子生物学分析。

协助指导大连市和西安市疾控中心人员完成 B 群流脑死亡病例的个案调查以及实验室工作。完成 2003－2008 年中国分离的流脑菌株的 MLST 分型,阐述了中国目前流行的流脑菌株优势克隆群和流行现状。该内容发表在 2011 年 9 月的《Epidemiology and Infection》杂志上。

完成中国第一例由不可分群脑膜炎奈瑟菌引起的流脑病例的实验室调查。2010 年,呼吸道室收到国内第一例不可分群流脑病人菌株,2011 年完成针对该菌株的实验室分析。PFGE 和 MLST 分析结果表明,该病例分离株有一个新的基因型别,与 ST－4821 序列群的菌株关系较近。经过 PCR 和序列比对,发现该菌株为基因群 B 群,其不可分群的机制为在血清群特异的荚膜合成基因簇的 synD 基因中有 1 个 C 碱基的插入,发生移码突变,导致转录提前终止而不能合成荚膜。这是国际上第一次报道该类型菌株导致的流脑病例。发表在 2011 年 3 月《Emerging Infectious Diseases》杂志。

20. 军团菌　对军团菌 PFGE 分型方法进行实验室和实际应用评价,通过军团菌国际标准菌株和中国分离菌株将该 PFGE 分型方案在整个军团菌属菌株中的分型能力进行了评价。

建立我国第一个军团菌监测分子数据库,为揭示我国近年环境分离的军团菌菌群结构,确定目前我国菌株的优势克隆,以及地区分布提供了科学、完整的数据支持。

对军团菌检测的荧光定量 PCR 方法进行优化改进,应用于实际环境水样标本的检测中,验证了其实用性。建立了荧光染料 EMA 结合荧光定量 PCR 检测军团菌方法,并且用于实际水样的检测和长期监测,该方法申请发明专利一项。开展了军团菌致病机制研究,发现两株菌种分别含有两个大小分别为 65 和 100 kb 的质粒。揭示了杜莫氏军团菌和嗜肺军团菌在致病表型上的异同。

临床军团菌感染病例检测,应用传统分离培养和荧光定量 PCR 技术确诊一例肝硬化病人并发感染 Philadelphia 1 菌株军团菌病例,该病例是中国近十年来首次实验室确诊的军团菌感染病人,是中国首次报道的 Philadelphia 1 菌株感染病例,也是国际上首次发现肝硬化病人并发军团菌感染的病例。

连续 12 个月对温泉场所水环境水样中军团菌含量及血清群分布进行监测和分子生物学分型研究,揭示了温泉水中军团菌含量和菌群结构的变化,这是我国第一次对温泉水中军团菌进行连续的时间序列的监测。

21. 肺炎链球菌　初步建立了实验室的 PMEN 框架,进行了相关技术与流程可行性验证,编制了肺炎链球菌实验室操作手册及相应技术的 SOP,构成了相对系统的单病种实验室技术体系,在实验室标准化方面做出了一定尝试。相关技术及新建立的方法均已通过本实验室的验证。2011年,实验室收集鉴定肺炎链球菌菌株91株,建立并进一步完善了肺炎链球菌普通PCR方法分型技术,采用常规PCR方法在实验室内已经可以对54个血清型/群的肺炎链球菌进行鉴别,其中包含了目前市场上常用的23价、13价、7价疫苗所内覆盖的血清型/群。采用PCR技术的分型方法,在不借助分型血清的情况下可进一步区分血清型6BⅠ/Ⅱ、6C/D、6A等血清群6菌株,通过对既往收集菌株的回顾性分型研究,已经鉴定出6株肺炎链球菌6C血清型菌株。建立了肺炎链球菌荧光PCR分型技术,采用此方法可对20种常见的血清型/群肺炎链球菌进行鉴别。

22. *百白破病原体* 中华预防医学会公共卫生应用研究与疫苗可预防疾病科研项目“中国1～15岁人群百日咳、白喉血清流行病学及健康带菌研究”项目进入实施阶段,顺利完成1074份血清样本的百日咳和白喉抗体检测工作。建立和完善百日咳和副百日咳杆菌的实时荧光定量PCR检测方法和标准品的制备,并应用于健康人带菌状况调查,共检测629份鼻咽拭子洗脱液样本和14份菌株样本,符合率100%。

23. *流感嗜血杆菌* 结合细菌性脑炎脑膜炎监测项目实施,优化PCR及Real time PCR方法对流感嗜血杆菌分型检测能力,由原来的以检测流感嗜血杆菌a～d型Real time PCR检测方法扩展到能检测a～f型及不可分型的流感嗜血杆菌,并且对AMES项目和“十一五”国家重大专项中收集的脑脊液等标本进行了多病原检测,共检测标本400余份,对于我国细菌性脑膜炎的病原学构成谱进行了初步研究分析。并且在湖北等地开展了流感嗜血杆菌带菌率调查,阳性率10%。与UNICIF和免疫规划中心共同完成“住院肺炎病例肺炎链球菌和流感嗜血杆菌疾病负担调查”的前期准备工作。

24. *肺炎克雷伯杆菌* 2011年,收集了肠道来源分离疑似肺炎克雷伯菌株60株,经鉴定,确认为肺炎克雷伯菌20株。以菌株16s区域重新设计了种属特异性的引物,针对该特异性区域完成了100株菌株的测序工作,初步筛选了5个位点可针对肺炎克雷伯菌及产酸克雷伯菌进行区分。

购置了肺炎克雷伯菌株K1～K6型及产酸克雷伯菌的标准菌株,进行了肺炎克雷伯菌VNTR 9个位点的筛选,结合国外研究进展,将PCR替代血清分型的范围扩大,从原有的仅能针对K1、K2、K5分型扩大为K1、K2、K5、K20、K54、K57、K3七个型别的检测,同时初步具备针对产酸克雷伯菌PCR检测方法。

25. *巴氏杆菌* 完善了基础实验室检测方法阶段,购置了标准菌株多杀巴斯德菌(ATCC 43437)、产气巴斯德菌(ATCC 27883),并完成了相关的培养及生化鉴定程序;根据文献合成了巴斯德菌的种属及部分血清型引物,针对标准菌株的扩增显示种属引物阳性,对于巴斯德菌种属阳性扩增产物测序分析,显示产物基因保守,未发现变异。

26. *出血热病毒* 以汉坦病毒为模型,开展了人兽共患病病原与宿主间的关系,以及对人发病的影响研究。在我国的浙江省温州地区发现了由臭鼩鼱携带的索托帕拉雅汉坦病毒，这也是自国际上 20 世纪 60 年代在印度首次发现该病毒后的第二次发现，证明了我国食虫目动物中携带该病毒。另外研究还发现褐家鼠在近代的迁徙导致了汉城病毒在全世界的分布及其进化规律。

27. 小肠结肠炎耶尔森菌　收集和监测到小肠结肠炎耶尔森菌近 1000 株，超过了原定 150 株以上分离菌株的指标，并对其进行病原学特征的检测。

对我国除宁夏以外其他的鼠疫疫源地小肠结肠炎耶尔森菌分布特征进行调查，证实是否在其他鼠疫疫源地也存在小肠结肠炎耶尔森菌“同心圆”分布的特征，采集鼠类标本及猪的标本近 1000 分进行了菌株分离和 PCR 检测。

对动物标本进行了假结核耶尔森菌 PCR 检测和菌株分离，已经获得了少量致病性假结核耶尔森菌菌株。基本上完成了聚团肠杆菌和抗坏血酸克吕沃菌在标书中规定的任务。建立了初具规模的应急标本储存库、分装程序。较完整调查了我国十余省屠宰场生猪致病性小肠结肠炎耶尔森菌的携带情况。发现了我国近 10 例的儿童感染病例。

28. 布鲁氏菌　依据布鲁氏菌菌体脂肪酸含量差异存在稳定的多态性可以对布鲁氏菌进行分型；依据 19∶0 CYCLOω8c、18∶1 ω7c、16∶0 3 种脂肪酸含量差异可以区分猪种布鲁氏菌和犬种布鲁氏菌；脂肪酸分型结果进一步证实犬种菌不只 1 个生物型，并证实牛 3 型和牛 6 型布鲁氏菌高度同源。配合内蒙古自治区、山西省等地采集样本，对有关流调、实验参与人员进行集中培训；开展了布病实验，在山西省、辽宁省和广东省等有条件的省市级实验室开展布氏菌的初步分离纯化、提取核酸和鉴定实验。

29. 碘缺乏病　NTTST/NRL 于 2011 年 1－3 月开始运行实验室质量保障网络，2011 年 4 月对考核结果进行了预通报，2011 年 7 月召开了本年度的网络总结会并正式通报考核结果。全国 31 个省(自治区、直辖市)和新疆生产建设兵团、340 个地市级和 74 个县级实验室获得尿碘考核合格证书，31 个省(自治区、直辖市)和新疆生产建设兵团、340 个地市级、1834 个县级实验室和 31 家盐业实验室获得盐碘考核合格证书。

组织完成居民户层非高碘地区随机抽样监测、高碘地区随机抽样监测和高危监测。参与环保型尿碘检测方法的研制，改进的方法可以减少 75％三氧化二砷的用量，而且测定的线性范围扩展到 1200μg/L。制备和发放尿碘、盐碘、水碘检测用标准物质和外部质量控制样品，满足全国碘缺乏病实验室检测质量控制和人员培训等的需要。

30. 志贺菌　初步完成了监测方案草案的编写；完成地方送检所有菌株的复核和保菌，完成了 400 余株志贺菌的 PFGE 分析；完善了福氏志贺血清型 real－time PCR 检测方法，添加和优化了引物，能够鉴定的血清型数目增加，并且使用优化方法完成了对 1600 余株保存菌株的检测和分析；建立了福氏志贺菌多重 PCR 血清型分型方法，完成对 1000 余株福氏志贺菌的检测和分析。初步建立了宋内志贺菌 MLST 分型方法(15 个基因)，对 40 余株宋内菌株进行了初步的检测与分析；完成了 100 余株福氏志贺与宋内志贺菌的耐药谱调查，并对耐药相关耐药基因及岛进行了检测，从分子水平上揭示了我国志贺菌耐药机制。

31. 致泻性大肠杆菌　完成对地方疾控中心送检的大肠杆菌 O157∶H7 可疑分离株进行复核，完成对北京出入境检验检疫局送检标本的产志贺毒素大肠杆菌检测及排除工作，对地方和医院送检的非 O157 大肠杆菌进行鉴定。收集腹泻标本，进行五类致泻性大肠杆菌菌株的分离和鉴定工作，初步了解五类致泻性大肠杆菌在腹泻病患者中的感染情况。

针对 2011 年 5 月德国暴发肠出血性大肠杆菌 O104∶H4 感染疫情的情况，迅速建立了《肠出血性大肠杆菌 O104∶H4 检测技术流程》，并向全国省级疾控中心推广。建立了基于高分辨率熔解曲线分析技术检测大肠杆菌志贺毒素基因变种 *stx2c* 的方法。初步摸索出致泻性大肠杆菌分离培养方法，继续对地方疾控中心送检菌株进行 PFGE 分型分析。完成了我国 29 株非 O157 产志贺毒素大肠杆菌 PFGE 方法的建立和分型分析、MLST 分型分析，并对分型效果进行了评价。初步完成我国 300 余株 O157∶H7 大肠杆菌 64 个位点的 SNP 检测分析。

32. 猪链球菌　完成 2011 年的不同地点采集的 2800 份猪鼻咽拭子标本的检测，分离猪链球菌 72 株；完成所分离菌株的生化、血清学鉴定、毒力基因检测。建立了猪链球菌的荧光定量 PCR 检测方法并应用于现场收集标本检测，增加了菌株的分离率。完成 2011 年度分离的 72 株猪链球菌 MLST 分析；2011 年度分离的 72 株猪链球菌的 PFGE 正在分析中。

33. 单增李斯特菌　开展临床单增李斯特菌病的调查检测，已从临床病例中分离到 3 株单增李斯特菌并对其进行了实验室的进一步分析。对地方疾控中心送检的李斯特菌株进行复核鉴定及分析，完成了地方疾控中心送检的 94 株李斯特菌的复核鉴定，并对鉴定后的单增李斯特菌进行了血清型分析、毒力因子检测和 PFGE 分析。

开展动物标本及腹泻病人标本中单增李斯特菌的分离方法的建立及检测，初步建立了针对动物及临床标本中单增李斯特菌的分离方法。完成 2011 年收集的菌株 60 株单增李斯特菌的 PFGE、MLST 分析。对 100 株单增李斯特菌进行了 MLVA 分析，评价该方法的实用性。

34. 枸橼酸杆菌　与地方疾控中心合作完成枸橼酸杆菌的菌株收集 50 株，并进行了复核鉴定。建立了弗氏枸橼酸杆菌的特异基因的 Real－time PCR 方法。已完成 60 株枸橼酸杆菌的特异基因的 Real－time PCR 检测及评价。对 50 株枸橼酸杆菌进行了 PFGE 和 MLST 分析。对 30 株枸橼酸菌进行了 MLVA 分型分析。

35. 嗜水气单胞菌　2011 年采取主动监测方式对 1500 份粪便标本进行了嗜水气单胞菌的检测和分离培养，得到 80 份嗜水气单胞菌株，进行了 PFGE 分型鉴定。建立了嗜水气单胞菌的实时荧光 TaqMan PCR 检测方法。建立可以应用于现场监测与调查的嗜水气单胞菌的快速检测方法。初步建立了嗜水气单胞菌 PFGE 分析方法，并对 50 株嗜水气单胞菌株进行了 PFGE 分析。初步建立了气单胞菌的 MLST 方法。

36. 细菌耐药　已经基本完成氨基糖苷类和喹诺酮类药物的耐药基因数据的整理工作。数据库网站基本架构已经完成,后续继续完成数据内容的扩充。购买了 13 类抗菌药物的主要代表药物 36 种抗菌药物和酶抑制剂;收集和购买了 5 株包括大肠埃希菌、金黄色葡萄球菌、铜绿假单胞菌和肺链的 CLSI 推荐的药敏质控菌株;在细菌耐药实验室建立了微量稀释法的药敏检测方法;尝试建立两种抗菌药物联合的棋盘式的药敏检测方法。对来自疾控监测的 8 株铜绿假单胞菌和 3 株葡萄球菌完成了药敏检测。

37. 难辨梭菌　通过将常用的艰难梭菌 A、B 毒素 PCR 引物,与国际已经公布的艰难梭菌全基因测序结果对比,发现 A+B+菌株内部较 A－B+与 A+B+菌株之间在致病决定区的基因变异度更高,并且不同区域来源菌株,毒素 A、B 存在较大变异,该结果已经发表于《Infect Control Hosp Epidemic》杂志 2011 年第 5 期。结合 BJ08 基因组测序结果,在此基础上对艰难梭菌 A、B 毒素基因多态性进行分析,该研究已经获得国家自然科学基金和中国疾控中心青年基金资助。

根据艰难梭菌 7 个管家基因,完成中国不同地区不同年代 104 株菌 MLST 分型,发现 ST117、ST118、ST119、ST129 4 个新的 ST 型别,并从用 MLST 分型方法再次证实中国的优势菌株型别为 ST37。

38. Pulse Net China　收集整理 9 种病原菌的 MLST 技术方案,12 种 MLVA 技术方案,32 种 PFGE 分型技术方案,将这些技术方案和既往国际 PulseNet 技术方案一起编辑形成技术手册,在网络实验室内交流推广;举办两期病原菌 BioNumerics 等软件和 MLVA分子分型技术培训班,培训范围包括 21 家省级或地市级疾控中心实验室;拓展监测的病原体种类,扩大菌株量信息。

加强质量控制和管理,完善网络监测预警溯源机制体制,开展省级疾控中心区域中心实验室 PFGE 实验技能考核,开展分子分型技术方案的评价。

拓展 PulseNet China 实验室网络,推动 8 个省疾控中心加入实验室监测网络,使省级区域中心实验室达到 18 家;构建覆盖各省区域中心实验室的 VPN 网络,实现分子分型数据的传输和有效利用。

组织 2010 年 6 月北京、浙江、江苏、上海等霍乱病理的溯源比对。组织 2011 年云南霍乱和输入性霍乱病例的比对和分析。协助省级疾控中心开展李斯特菌、沙门菌、副溶血弧菌、甲型副伤寒等的监测和预警或病例间的比对分析,为相应工作提供技术支持。

开展“美国教学实验室相关鼠伤寒沙门菌疫情”的分子分型国际协查;开展“2011 年德国出现肠出血性大肠杆菌 O104∶H4 感染暴发疫情”暴发菌株比对排查;开展阿根廷福氏志贺菌株和中国菌株的分子型别比对;开展“美国暴发因食用单增李斯特菌污染香瓜致人感染李斯特病疫情”扩大监测和比对分析工作,出版工作简报 3 期,并同时编译为英文发行。

开展阪崎肠杆菌 PFGE、MLVA、MLST、16srDNA、药敏实验，建立标准化的技术方案(SOP)，建立相应数据库。

39. 生物信息平台建设　建立了适用于病原菌基因组、转录组、元基因组的高通量测序数据的大规模生物信息分析工作流程：病原全基因组差异分析系统、病原菌元基因组分析比较流程、病原菌转录组分析流程等。形成了四类生物数据分析平台构建方案：单一病原菌核酸数据库构建方案、重要病原菌基因数据库解决方案、多病原菌分子分型数据库构建方案、生物信息与数据中心。

已完成四型分泌系统数据库、猪链球菌、耶尔森菌、结合分支杆菌 MLST 数据库；病原全基因组差异分析系统已获得国家版权局的软件著作权登记证书。

(五)公共卫生专项经费管理

完成了 2011 年公共卫生应急反应机制运行项目具体执行预算的编排和申报工作，包括细菌性传染病监测和调查、实验室检测技术储备、细菌性传染病分子分型监测网络建设和运转、罕见病原细菌实验室检测及分析技术的建立和储备、病媒生物控制与应急演练，以及机动经费等在内的 10 大项共计 1000 万元，并分别于年中年末对各科室经费执行情况进行考察，督促执行进度。对 2012 年公共卫生应急反应机制运行项目经费进行了预算申报。

二、科研工作

(一)科研管理

1. 课题情况　2011 年 12 月 27 日，传染病所刘起勇研究员作为首席科学家承担的“全球变化研究国家重大科学研究计划项目——气候变化对人类健康的影响与适应机制研究”，在中国疾控中心昌平园区召开了项目启动仪式。该项目是中国疾控中心承担的第一个“国家重大科学研究计划”项目。

2011 年在研课题 52 项，其中：“973”计划 7 项；传染病重大 20 项(含合作 17 项)；国家自然科学基金 11 项；国际合作 5 项；卫生部及其他 9 项。申报课题 40 项，中标课题共计 12 项：“973”项目 2 项；国家自然科学基金项目 7 项；国家重大科学研究计划 1 项；中国疾控中心青年基金项目 2 项；另重大专项滚动支持项目 8 项正在立项评审中。

2. 科技成果　家鼠型一号病监控措施的研究与应用，获云南省科学技术奖三等奖 1 项(参加)；浙江省巴尔通体在人和动物中的感染研究，获浙江省医药卫生科技奖 1 项(参加)。

3. 论文、论著、专利　发表各类科技论文约为 208 篇，其中中文文章为 126 篇，英文文章为 82 篇，被 SCI 收录 74 篇。论著 3 部：《现场细菌学手册》、《10000 个科学难题》、

《当代世界人兽共患病学》。申请专利 2 项,获得发明专利 1 项:福氏痢疾杆菌血清型检测用引物及其应用(专利号:ZL200910082127.1)。

4. 国家重点实验室　2011 年 1 月 7 日,传染病预防控制国家重点实验室圆满通过验收。

(二)教育培训

(1) 2011 年共招生 22 名研究生,其中博士 8 名、硕士 10 名、全日制 MPH 4 名。

(2)组织 2012 年博士研究生和硕士研究生入学考试命题工作。组织并监督完成二年级博、硕士研究生的开题报告、中期考核工作。

(3)组织 2011 年毕业的统招博士生 8 人、硕士生 8 人、MPH 硕士研究生 1 人的毕业答辩。召开学位分委会会议,评定 2011 年博士 8 人、硕士研究生 9 人的学位授予工作。2011 年在读研究生共 59 名(博士 25 名、硕士 34 名),在站博士后 2 名。

(4)接收进修人员 58 人,其中接收中心进修项目人员 6 人;招收联合培养研究生 23 人。

(5)完成病原生物学学位课教学任务,组织本所专家准备课程讲义,收集考试试题、评卷等工作。

(6)完成"征集 2011 年 MPH 研究课题"确定指导教师的工作。

(7)举办学术报告 11 次,参加人数约 300 余人。

(8)研究生论文获奖情况,郑霄的论文《基于芯片的猪链球菌比较基因组学研究》获得 2011 年优秀博士论文二等奖;董海燕的博士论文《中国 13 省市结核分枝杆菌基因多态性分析》获得 2011 年优秀博士学位论文三等奖。

(9)举办国家级继续医学教育项目 4 项:PulseNet China 病原菌分子分型技术培训项目、全国布鲁氏菌病检测技术培训班、全国病媒生物监测网络系统使用及重要病媒生物(蜱)分类技术培训班、2011 年重要病媒生物抗药性监测技术培训班。

(三)外事交流

1. 出访情况　共办理出访手续 35 批 46 人,其中短期 29 批 39 人,长期 6 批 7 人。

2. 外宾来访

(1) 世界卫生组织总部 Morteza Zaim 和 Raman Velayudhan 二位博士受中心王宇主任邀请,于 2011 年 1 月 17－21 日来本所媒介生物控制室,就世界卫生组织和中国疾控中心合作建设世界卫生组织媒介生物控制合作中心等事宜考察和评估该实验室。

(2) 2011 年 3 月 16－25 日,本所邀请芬兰赫尔辛基大学 Alexander Plyusnin 博士来华访问,主要进行汉坦病毒分子进化研究的学术交流,并讨论相关合作事宜。

(3) 2011 年 6 月 1－5 日，本所邀请新加坡国立大学 Nobuhiro Yuki 博士来华访问，主要进行弯曲菌导致格林-巴利综合征治病机制分析研究的学术交流，并讨论相关合作事宜。

(4) 2011 年 10 月 24 日，本所接待阿富汗卫生部医疗官员培训团来访，外宾此行目的是了解本所在公共卫生、疾病防治等方面发展经验。

3. 国际合作项目

(1) 执行项目：结核病细菌学快速检测和药敏试验技术临床试验〔卫生部国际交流与合作中心与碧迪医疗器械(上海)有限公司〕。

(2) 结题验收项目：中国暴发相关 ST7 型猪链球菌毒力基因、致病机制及进化研究(中-加合作项目)。

(3) 推荐国家国际科技合作计划 2012 年度项目 2 项：气候变化对传染病的影响与适应机制研究，PulseNet 病原菌分子分型联合监测。

4. 外专局培训项目　申报 2012 年审核类出国(境)培训项目 2 项——霍乱弧菌微进化的研究；结核病基因分型和疫苗技术培训。

5. 国际会议　传染病所与传染病预防控制国家重点实验室成功举办了“传染病应对团山论坛第四届学术年会”。

(四)实验室生物安全管理

1. 生物安全三级实验室认可工作　2011 年 1 月起，组织制定整改方案，3 月份组织实验室硬件改造的招投标工作，并于 5 月份正式动工进行硬件改造。7 月份完成了硬件改造，并通过国家建筑质量检验中心的质量检测。重新编写《实验室生物安全管理手册》和《实验室管理程序文件》，并在 9 月中旬提交认可委进行复评审，10 月 26 日获得了认可委生物安全三级实验室资格，有效期至 2016 年 10 月 25 日。

2. 组织生物安全培训工作　2011 年举办多次生物安全培训，并组织实验室科研人员参加中心举办的实验室生物安全、质量管理等培训，主要包括：全所生物安全培训 2 次；生物安全柜知识讲座 1 次；组织人员参加中心组织的病原微生物航空运输培训班 2 次；新职工、研究生及联合培养人员安全培训 1 次；实验室主任和安全员培训 1 次；实验室信息管理系统(LIMS)使用培训 2 次。

3. 生物安全检查工作　定期对实验室进行安全检查，并记录检查情况，督促实验室整改。2010 年度共接受北京市卫生局检查 2 次，中心实验室生物安全检查 4 次。进行实验室自查自检 3 次。

4. 人员健康监测　组织本所职工进行年度体检，根据职工工作需要和个人需求选取 3 款体检套餐。共计体检人数 340 人，每名职工留取血液样品，分装血清，进行健康记录。

5. 实验大楼实验室维护　围绕新址大楼实验室房间温度过热的问题，多次与中心基建处、新址办公室联系,寻求解决方案,并完成了各项工作。

6. *新址生物安全三级实验室认可准备工作* 协调新址生物安全三级实验室仪器设备采购、搬运、组织安装,以及实验室体系文件修改、编写。完成新址实验室质量检测,并协助中心对检测中不符合项进行整改。

7. *日常生物安全管理工作* 完成菌种及样品交流工作,定期进行实验室检查,并协助实验室解决实验室设施、设备在使用中出现的问题。协调维修,及时上报实验室异常情况。

8. *实验室信息管理系统建设* 2011 年是实验室信息管理系统建设的第四个年头,在这一年中帮助软件公司修改实验室信息系统软件,调试硬件服务器,组织全所人员培训。目前实验室信息系统已经正式上线运行,完成验收。

(五)设备管理

2011 年对全所购置及中心无偿调拨的科研仪器设备进行了固定资产入库登记,入库仪器设备 307 台(套),入库总金额 17 259 344.00 元。

根据传染病所制定的《传染病所基因合成测序类技术服务采购管理办法(试行)》,组织完成了 248 株菌株、552.7 万元技术服务合同的审核签订工作,对已完成的项目按要求办理了出(入)库工作。实现了“质量不降,价格不升”的管理目标。

(六)科技成果转化

组织完成了所下属企业国有资产年度财务会计决算报表和国有资产统计报表的统计上报工作。2011 年全所共办理检验报告 4 份、实验结果报告 6 份。根据卫生部《关于中国疾病预防控制中心传染病预防控制所 2011 年“小金库”专项治理督导抽查报告》提出的要求,完成了对下属公司的自查自纠工作。

(七)学术期刊和图书

1. *《疾病监测》* 2011 年与中国学术期刊(光盘版)电子杂志社签定“中国知网”优先数字出版协议,对期刊录用稿件的电子版在中国知网通过互联网和手机优先出版。2011 年同时在杂志网站及时以 PDF 格式上传论文,提高了论文出版的时效性,为科技论文争取优先权创造了条件。

与多部门联合组织专题,向更广泛的领域延伸,促进多部门、多学科和多领域的合作交流。优化远程采编服务平台提高编辑效率,≤180 天刊出的稿件占统计总稿数的 96%,一般稿件发表时间为 3～5 个月,具有创新性的优秀稿件还会在更短的时间内优先发表。2011 年成功申办国家继续医学教育项目《疾病监测现场流行病学培训班》。

2.《中国媒介生物学及控制杂志》 截至到11月底共收到来稿526篇，刊登论文208篇，2011年基金论文占刊出论文总数的44.71%。2011年杂志总被引频次1156，影响因子0.586，学科影响指标0.39，H指数8，比2010年数据均有明显提高。各项指标在媒介生物学学科处在前列。

继2007－2008年被中国科学引文数据库收录后，2011－2012年继续被该数据库收录（核心库）；2011年经多项学术指标综合评定，本刊继续被收录为“中国科技论文统计源期刊”（中国科技核心期刊）（2012－2014年）。2011年11月荣获“2009－2010年中华预防医学会系列杂志优秀期刊”二等奖。

3.《中华流行病学杂志》 全年出刊12期1460页，总字数321万；全年刊稿398篇，刊稿率26%；全年总印数48 000册。影响因子为1.436（上一年度为1.126）。为2004－2009年度中国科学技术信息所“百种中国杰出学术期刊”、2009年“中国精品科技期刊”和2010年“中华医学会优秀期刊奖。”

4. 图书馆 2010年累计订购中文图书107种（社科类），外文期刊24种（纸本及在线）。全年外馆查询36次，查询文献4093篇。为新职工增加邮箱35个，排除各种故障40余次。

组建并完善了电子阅览室，将其中的8台计算机联成了局域网，为11个科室项目组组建了局域网，向全所提供各种计算机应用软件。

三、党政工作

（一）党务基本工作

1. 强化基层党支部建设 2011年所党委要求各党支部结合工作实际，创新活动内容及方式，找准开展活动、发挥作用的着力点，增强基层党组织的活力。同时所党委加强了对各支部工作的检查、指导、考核，及时发现和解决基层党支部存在的问题。

2. 创先争优活动是推进各项工作的平台 根据“创先争优活动计划”，所党委落实了以下工作。

（1）强化指导：全面推行党政领导联系支部制度，7名党政领导分别与所在支部建立联系，利用召开主题党日座谈会、及时了解党员思想动态、倾听群众意见建议，为落实创先争优活动方案奠定基础。

（2）加强宣传：各支部充分利用广播、专栏、标语等形式，大力宣传活动的指导思想、目标要求、主要内容、活动载体及方法步骤等，极力营造“学、比、争、创”的活动氛围。

（3）树立典型：大力宣传和学习在疾控科研工作、特别是在玉树抗震救灾鼠防工作中表现突出的先进支部和优秀共产党员、优秀党务工作者的先进事迹，教育和引导广大党员以先进典型为榜样，争当优秀共产党员，形成学习先进、崇尚先进、争当先进和赶超先进的良好风气。

抓好结合:注重把创先争优活动与本所疾控科研和日常管理工作结合起来,切实开展创建先进党支部、优秀共产党员评选活动。

(二)纪委工作

加强党风廉政建设,推动反腐倡廉工作深入开展,年初与 22 个职能和业务处室负责人签订了《传染病所党风廉政建设责任书》。全所班子成员均认真完成《领导干部个人有关事项报告表(一)、(二)》和《配偶子女均已移居国(境)外的国家工作人员有关情况报告表》的填报工作。继续贯彻落实“三重一大”的工作制度,常规工作分工负责,相互配合,对涉及到所改革、稳定、建设、发展的重大事项,充分讨论,集体决定。

(三)财务工作

重新划分财务人员分工,明确职责权限,对经费管理做到专业化和细化。继续完善内部控制制度,增加了后台复核和稽核程序;加强了内部控制制度,有效降低了业务工作的差错率。升级改造财务软件,实现计算机化管理,改进服务方式,财务通知及工资条的发放采用电子邮件告知形式;对药费、物业和管理费等个人报销信息采用手机短信告知形式,为职工提供更便捷的服务。

(四)人事工作

2011 年 12 月 8 日,传染病所徐建国所长当选为中国工程院院士,成为本所建所以来的第五位院士。

截至 2011 年 10 月 30 日,全所职工共 269 人,其中:专业技术职称 191 人,占全所人员 71%;疾控科研人员 166 人,行政管理和后勤及科研辅助人员 103 名。2011 年继续做好岗位聘任工作。目前各系列岗位聘任现状:行政系列 25 人,专业技术 191 人,工勤 53 人。

本所现有离退休人员 182 人,其中离休 26 人、退休干部 110 人、退休工人 46 人;70 岁以上有 122 人,占离退休人员的 67.3%;80 岁以上有 50 人,占离退休人员的 27.5%。对离退休人员,能够做到政治上关怀,生活上关心。对住院治病的离退休人员及时探望,全年为有困难的离退休人员代领住院支票及报销医药费计 167 人次。在工作人员严重匮乏及活动经费极为有限的情况下,积极稳妥地组织离退休职工开展适合的各项活动,丰富他们的业余生活。经常走访,耐心倾听离退休职工在政治和日常生活上合理的诉求,帮助离退休职工解决遇到的困难。对于行动不便及生活困难的离退休人员,尽力帮助他们报销医药费,代购代领急需药品,使老同志感受到了组织上的温暖。

(五)工会工作

全年召开了4次工会委员会和3次工会小组长会议。积极开展群众性的文娱体育活动,活跃工作氛围。新病原室被评为"全国三八红旗手集体"、卫生部直属机关"巾帼建功"先进集体、卢珊同志被评为卫生部直属机关"巾帼建功"先进个人荣誉称号。

2011年工会为5名职工申请到24 000元的阳光助学补助款;为1名特困职工申请到国家机关补助款2000元;1名职工困难子女补助款1000元。组织了全所迎国庆第三届健康长走比赛。

(六)计划生育工作

严格按照上级计划生育工作要求,稳定低生育水平,严格兑现"一票否决权",确保了传染病所人口与计划生育工作责任制的全面落实,本年度没有发生违反计划生育现象。

(七)安全保卫工作

坚持"谁主管,谁负责"的综合治理工作方针,建立逐级安全岗位责任制,签订了安全防火责任书和安全岗位责任书,并对本所的安全员、新职工、新生进行安全教育培训。制定新楼门卫制度,加强中控室管理,持证上岗。加强剧毒药品和易制毒品的安全管理,对新大楼内的菌(毒)种库重新申请经费,安装监控探头,并使其符合新的菌(毒)库标准。全年检修部分消防器材共450个灭火器,根据中心保卫处的要求新增30个灭火器,为本所各项工作的顺利进行提供安全保障。

(八)后勤工作

完成了新址搬迁工作,实现了新旧办公楼的平稳过渡,完成固定资产462件出入库、报废资产、调出资产、调入资产、资产转移及住房管理等工作,以及BSL-3实验室改造工程内容与旧实验楼修缮改造工程的申报预算等工作。完成了纯水供应、维修保障、卫生管理等各项工作,2011年安排公务出车1300趟次,保证了无事故、零刮蹭。

2011年在玉树灾后重建的卫生防病工作中,先后调派8名司机随队保障,移动实验室行程3000公里安全返抵北京,圆满完成了上级领导交给的任务。

(徐建国　李新威　冯岚)

病毒病预防控制所

一、重大病毒病常规监测与防控工作

本所按照流感、禽流感、脊灰、麻疹、脑炎、狂犬病、出血热、发热伴血小板减少、登革热、肝炎、病毒性腹泻、朊病毒病等疾病监测方案及防控工作的要求,积极开展了监测、标本复核、试剂提供、技术指导、培训和督导等各项工作。

(一)疾病监测和常规疾病控制工作

完成季节性流感和禽流感、脊灰、手足口病、肾综合征出血热(HFRS)、发热伴血小板减少综合征(SFTS)、登革热、基孔肯雅热等病毒性出血热、乙脑/病毒性脑炎、狂犬病、病毒性肝炎、病毒性腹泻、麻疹、风疹、腮腺炎、克雅氏病常规监测工作。

(二)起草和制定多项技术性文件

起草并完成了中华人民共和国第17届WHO西太平洋地区消除脊髓灰质炎证实会议报告(英文版)。撰写了《发热伴血小板减少综合征布尼亚病毒实验室检测技术方案》。参与起草了"2010年狂犬病监测报告";参与修改了"狂犬病暴露预防处置工作规范(2009版)"和"全国狂犬病监测方案(试行)(2005)"。参与了全国19岁以下人群乙肝检测技术报告的撰写;参与完成了我国"丙型肝炎实验室诊断规范"的编写工作。参与了全国《甲型病毒性肝炎暴发疫情调查处置技术指南》的编写工作,并从实验室角度提出了重要建议。起草了世界卫生组织西太区轮状病毒参比实验室轮状病毒检测标准化技术方案。为卫生部领导出席第64届世界卫生大会准备了有关销毁现存天花样本的发言稿。起草了《克-雅病诊断标准》。参加了《麻疹疫情调查与处置技术指南》的编写。制定了《全国流感监测技术指南》、《职业暴露人群血清学和环境标本高致病性禽流感监测方案》、《全国流感监测工作质量评估方案》和《流感监测省级流感参比中心评估实施方案》。编写了《鄱阳湖湿地保护区职业暴露人群风险调查现场操作手册》和《东洞庭湖湿地保护区职业暴露人群风险调查现场操作手册》。撰写2010年中国流行性感冒监测报告-白皮书、中国2010年法定传染病发病与死亡报告-甲流部分、2010年突发事件年报——甲流部分和中国流感十年监测历程。

二、卫生应急工作

(一)应急队伍建设

在前期应急队伍建设的基础上,参加中国疾控中心组织的应急队员培训达20余人次,并多次派应急队员参与卫生应急处置。

(二)疫情应急处理工作

1. 新疆输入性脊灰野病毒疫情应对

8月,新疆发生脊灰野毒输入疫情,根据总体防控工作部署,我所成立了应急处置工作组,紧急从其他科室抽调检测人员,并对检测人员和其他工作人员进行了脊灰知识培训,同时安排本所应急队员随时做好参与疫情处置准备。为更好应对疫情,我所制定了脊灰快速检测方案等技术性文件,并召开疫情通报会议对新疆脊灰输入疫情进行分析提出防控建议。

本所完成了2011年新疆脊灰野病毒输入疫情送检的1 100余份粪便标、67株脊灰野病毒分离及284株血清标本的中和抗体实验,完成了新疆南部5个地区送检的2 600余份强化免疫前的血清及200余份强化免疫后血清的脊灰中和抗体检测工作,目前强免后血清检测工作仍在进行中。

2. 江苏省欧洲类禽H1N1猪流感突发疫情处置　1月7日,江苏省疾控中心报告了一起疑似H1N1亚型猪流感病毒感染病例。1月8日,本所国家流感中心对江苏省测定的部分HA及NA序列进行分析表明患者感染的毒株属于H1N1欧亚猪的相似株。对江苏省送检的原始采样液进行了流感病毒测定分析,全基因组序列分析确认该疫情为一起欧洲类禽H1N1猪流感病毒感染事件,该病毒没有和其他系猪流感病毒以及甲流病毒进行重配。耐药性分析表明病毒对达菲敏感。

3. 胃肠炎疫情　1月,参与了广东省江门和黄埔2起胃肠炎暴发疫情6份粪便标本的检测,确定两起暴发均由诺如病毒引起。

4. 麻疹疫情　3月,参与了新疆和田麻疹暴发疫情送检的25份咽拭子标本的检测,证实新疆和田市的麻疹暴发出H1a基因型麻疹病毒引起。

5. 衍生株脊灰病例　3月26日,参与了对宁夏1例Ⅲ型疫苗衍生株脊灰病例(iVDPV)调查与处置工作。

6. 脑膜炎疫情　5月,对福建省送检疑似脑膜炎病人标本进行复核鉴定。

5月21－25日,参加了福建省安溪县儿童不明原因病毒性脑炎疫情处置工作,将采集的标本送国家麻疹实验室进行检测,确定肠道病毒Echo30是导致本次病毒性脑炎暴发的主要病原体。

对地坛医院送检两例病毒性脑炎病例标本进行了 5 种病毒性脑炎病毒 IgM 抗体和 10 余种病毒基因检测和病毒分离,结果均为阴性。

7. 出血热病例　7 月,海南发现 1 例肾综合征出血热病例。8 月赴海口参与疫情处理,对当地采集的 80 余份鼠血和鼠肺标本进行了抗体和核酸检测。

8. 手足口病疫情应对

8－11 月,参与了河北省手足口病疫情的实验室鉴定和研究,对河北省疾控中心送检的 128 株病毒分离物进行了分子生物学鉴定。

9－10 月,参与了山西省手足口病疫情的实验室鉴定和研究,对山西省疾控中心送检的 10 株病毒分离物和 9 份临床标本进行了分子生物学鉴定。

10－11 月,参与了甘肃省手足口病疫情的实验室鉴定和研究,对甘肃省疾控中心送检的 20 株病毒分离物进行了分子生物学鉴定。

11 月 22－25 日,参与了贵州凯里市手足口病疫情调查处置。

9. 登革热疑似病例　8 月 30 日,四川省简阳市疾控中心报告简阳市人民医院收治 1 例疑似登革热住院病例。10 月 18 日,病毒性脑炎室采用多种血清抗体检测试剂对以上标本进行了乙脑/登革病毒 IgM 抗体复核检测,结果为登革病毒 IgM 抗体阳性。

10. 丙型肝炎疫情　12 月,参与了安徽、河南省某县发生丙型肝炎暴发流行疫情的处置,负责实验室技术、检验试剂贮备和技术支持。

11. 急症疫情　为湖南省某医院一起重症肺炎暴发、北京市某医院一起院内感染暴发和北京一起儿童急性发热疫情进行了病原学确认的工作。

12. 禽流感疫情　12 月,广东深圳发生一起人感染高致病性禽流感疫情,国家流感中心对送检标本进行了复核检测、序列测定和抗原性分析,并派人参与了现场流行病学调查和处置。

(三)应急技术与物资储备

(1)肾综合征出血热检测试剂,完成了 HFRS IgM 抗体检测试剂盒(酶免疫法和胶体金法)的申报并获得生产文号。

(2)发热伴血小板减少综合征检测试剂,与辽宁、湖北和山东省级疾控中心合作,进行了 SFTSV 核酸定量检测试剂盒(PCR－荧光探针法)临床考核,共检测标本 503 份。目前,该试剂盒已通过绿色通道。

建立了 SFTSV 检测新方法,包括检测 SFTSV 抗原的双抗体夹心 ELISA 法、空斑及空斑减少中和试验、微量中和试验。

(3)建立了“狂犬病监测信息报告及数据管理系统”,并已开始进行数据录入与传输。

(4)开展了抗狂犬病病毒单克隆抗体的制备及鉴定,研制特异性抗狂犬病病毒抗原的单克隆抗体，为开发快速、准确的狂犬病病毒新型诊断方法奠定基础。制备并储存了各种检测所需要的狂犬病病毒标准攻击毒株的病毒库，应用于狂犬病的多种检测需求和病例诊断。制备并储存了狂犬病病毒细胞抗原片，以便用于快速特异性抗体筛查工作。储备了狂犬病标本检测的 DFA 及 RT - PCR 试剂。

(5)对甲肝和戊肝的检测试剂进行了储备。

(6)进行了人博卡病毒、人偏肺病毒、人冠状病毒、腺病毒、流感病毒、副流感病毒等呼吸道病毒检测的常规 PCR 诊断试剂的储备。

(7)继续研发防控呼吸道病毒性传染病的新技术和新方法。包括：鼻腔黏膜喷雾药物和疫苗递送技术(JY 黏膜免疫佐剂系统)，抗病毒自然肽及蛋白质药物长效技术，环介导逆转录等温扩增技术(RT - LAMP)等。

(8)完善 EBV 及 HCMV 的荧光 PCR 检测技术。

(9)中心实验室完成 454 高通量测序技术平台的整合，建立了针对不明原因新发传染病病原的检测、分析方案；针对呼吸道症候群成功建立了再测序基因芯片技术平台、多病原 PCR 技术平台(GeXP)；针对常见消化道症候群、脑炎症候群建立多病原 PCR 技术平台(GeXP)，完善了该方法在实际检测的运用；建立了现场检测技术平台(LAMP)，检测病原包括了人 Influenza A virus(H1N1)、EV71、CA16、HPV、Norovirus、HIV、HCV。其中完成 EV71、CA16 临床评价。建立了利用液相芯片系统检测呼吸道病毒的方法。

(10)进行了病毒性胃肠炎相关病毒通量分子检测技术平台的建立，未知病毒发现技术平台的建立，水体中病毒浓缩及检测技术平台的建立，以及病毒抗原抗体制备技术平台的建立。

(11)完成了天花猴痘与 SARS 实验室诊断与防控相关材料的应急储备，并进行了演练，以确保上述诊断的正常应用。在疾控的血清学方法建立和蛋白的纯化平台建立上已有技术积累，以 HCoV 与 HMPV 病毒为起点，根据科室整体疾控的需要，逐渐建立相关的病毒疾病的血清学检测方法。利用逆转录病毒包装系统制备表达 SARS 基因的假病毒颗粒，用于血清中和抗体的检测。

(12)建立了麻疹风疹双通道荧光定量方法单管同时鉴定麻疹和风疹病毒，为我国麻疹风疹疫情的快速诊断和快速反应提供了应急技术储备，为疑似麻疹病例的实验室诊断和鉴别诊断提供了重要的技术支撑。

(13)建立了呼吸道病毒性病原多重 PCR 检测技术，并完成了临床标本的验证。对上海地区 2010 - 2011 年 428 份流感样标本进行病毒核酸检测，检测结果证实本方法具有较高的敏感性和特异性，适用于对大规模临床标本的呼吸道病毒筛查工作。

(14)针对美国三源重配 A(H3N2)猪流感病毒，建立检测方法。

(15)为使基层疾控中心对急性出血性结膜炎病原体做出快速鉴定，建立了 EV70 和 CA24v 双通道 Real time - PCR 检测方法。

三、督导及疾病防控业务培训工作

(一)督导及调研

(1)多次赴现场指导病毒性出血热相关突发事件和常规监测工作,参与病毒病相关重大应急事件的处理。

(2)4 次去广西人民医院指导鼻咽癌免疫治疗工作及去苍梧指导鼻咽癌早期诊断工作。

(3)3-12 月,对全国病毒性腹泻监测省份进行督导。

(4)5 月 15-18 日,参加了对新疆 2011 年初麻疹高发疫情的现场督导工作,对实验室的人员和设备配置及实验室检测能力的建立提出建议。

(5)8 月,多次分批赴贵州、重庆、四川、上海、河南、广东、广西、云南、浙江和山东,评估省级乙脑诊断实验室网络建设。

(6)8 人次参加卫生部组织的流感监测网络的督导工作。

(二)会议与培训

1. *全国高级病毒学培训班* 2011 年 9 月 18-30 日,在北京成功举办全国高级病毒学培训班。全国多个省、市、自治区疾控中心、武警疾控中心、解放军疾控中心、中国检验检疫科学研究院、中国疾控中心,以及病毒病所在读研究生共计 176 人参加培训。

2. *发热伴血小板减少综合征布尼亚病毒保护性抗原筛选研讨会* 9 月 9-10 日在北京召开了此次会议,来自中国检验检疫科学研究院、北京市疾控中心和中国药品生物制品检定所等单位的约 50 人参加了会议。

3. *病毒性出血热及新布尼亚病毒 2011 年工作总结会* 12 月 8-11 日,在北京举办了"病毒性出血热及新布尼亚病毒 2011 年工作总结会",病毒病所出血热室、新加坡国立大学、中国检验检疫科学研究院、北京市和西城区疾控中心、中国药品生物制品检定所等单位的专家约 50 人参会。

4. *SFTS(发热伴血小板减少综合症)全国性业务培训* 对部分省份疾控中心(湖北、安徽、陕西、海南等)的工作人员进行发热伴血小板减少综合征布尼亚病毒、汉坦病毒及登革病毒等检测及诊断的培训。

5. *2011 年全国狂犬病监测控制培训班* 5 月 16-20 日在北京举办了 2011 年全国狂犬病监测控制培训班。培训内容包括国内外狂犬病现状和预防控制最新进展等。此外还包括了实验室监测的常规技术方法的讲授和操作。来自全国各个省或市疾控中心约 120 人参加了本次培训。

6. *病毒性脑炎实验室检测技术手把手培训班* 6 月 20-30 日,在北京召开了"2011

年病毒性脑炎实验室检测技术手把手培训班”，培训内容包括理论讲座和实验技能操作培训两个部分。来自我国24个省份疾控中心的25名实验室工作人员参加了培训。

7. 全国虫媒病毒病监测技术培训班 9月18－23日，在江苏省南京市举办全国虫媒病毒病监测技术培训班。来自全国29个省市自治区的140名学员参加了本次培训班。

8. 宫颈癌筛查适宜技术培训 11月9－11日，在北京组织召开“全国宫颈癌筛查适宜技术培训班”。结合国内宫颈癌筛查现状，主要针对疾控系统的有关人员进行宫颈癌筛查以及诊治规范方面的培训。80余人参加了培训。

9. 轮状病毒检测培训 8月8－14日，在陕西省举办“全国轮状病毒检测手把手培训班”，对全国18个省32个业务骨干进行手把手培训。

10. 全国克-雅病疾控监测会议 7月12－14日，在安徽省合肥市召开了“2011年全国克-雅病疾控监测总结会议”，包括12个监测点及哨点医院共有39人参会。

11. 全国克-雅病监测网络实验室检测技术培训班 11月22－27日，在北京召开“全国克-雅病监测网络实验室检测技术培训班”，全国12个监测点及哨点医院共20人参加培训。

12. 2011年全国麻疹监测工作会议 4月12－16日，会议在广东珠海举办，来自全国31个省约130名麻疹工作者参加了会议。会议主要针对省级流行病学和实验室技术骨干进行培训，以提高各省麻疹监测工作质量。

13. 加强流感大流行区域准备与应对大会 3月14－16日，在北京举办了“WHO流感参比和研究合作中心揭牌仪式”并承办了WHO西太区“总结和加强流感大流行区域准备与应对大会”，参会100人。

14. 举办全国流感工作年会 11月1－4日，在厦门举办“2010－2011年度全国流感工作年会”，共210人参会。2011年11月8日，在湖南长沙举行洞庭湖项目启动会，参会35人。

15. 启动省级流感监测实验室认可 11月15日，在北京举行省级流感监测实验室ISO15189医学实验室认可项目启动会，来自湖南、贵州、山东、河南和国家流感中心的相关人员共计15人参加了会议。11月16－20日，在北京举办了“全国流感质量监测质量控制与ISO15189医学实验室认证认可培训班”，培训160人。

16. 流感实验室检测技术手把手培训班 6月25－29日和7月12－15日，国家流感中心分别在甘肃兰州和广西南宁组织了2期流感实验室检测技术培训班。对来自69个流感监测网络实验室的82名专业技术人员进行了手把手培训。

8月19－21日，在江西省南昌市举办全国“职业暴露人群和环境标本高致病性禽流感监测方案”培训班，共培训120人。

17. 流感实验室进修培训 国家流感中心全年手把手培训各省市疾控中心相关进修技术人员累计13人次。

18. 全国脊灰实验室网络工作研讨会 6月20－24日，在青海省西宁市举办了2011

年度全国脊髓灰质炎实验室网络工作研讨会。

四、科研培训和国际合作工作

(一)科研项目管理

1. 课题及经费　申请课题共计 87 项,其中作为承担单位申报 66 项、作为参加单位申报 21 项,包括国家科技重大专项 16 项、“863”计划课题 2 项、国家自然科学基金项目 56 项、北京市自然科学基金项目 2 项、中国疾病预防控制中心青年基金 9 项以及国家重点实验室项目 2 项。

获准课题共计 27 项(部分项目还在评审过程中),其中承担课题 21 项,参加课题 6 项,包括“973”项目承担 3 项,参加 2 项;国家自然科学基金项目承担 9 项,参加 1 项;公益性行业基金参加 1 项;国家科技重大专项承担 2 项,参加 2 项;中国疾病预防控制中心青年基金 1 项;国家重点实验室项目 6 项。

在研课题共计 78 项,其中承担 40 项、参加 38 项。包括国家科技重大专项承担 10 项、参加 26 项;“973”项目承担 4 项、参加 3 项;“863”计划课题承担 2 项、参加 1 项;国家科技支撑计划课题承担 1 项、参加 3 项;国家自然科学基金项目承担 10 项、参加 1 项;公益性行业基金参加 3 项;北京市科技项目项目承担 1 项;北京市自然科学基金参加 1 项;中国疾制中心承担 2 项;国家重点实验室项目承担 10 项。

2. 科研项目的管理工作　制定了《病毒病预防控制所业务工作任务委托书审批管理规定》,下发了《病毒病所关于加强国家科技计划和专项项目课题经费预算执行管理的通知》和《财政部科技部关于调整国家科技计划和公益性行业科研专项经费管理办法若干规定的通知》(财教〔2011〕434 号)。

完成各科研项目的常规管理,包括国家科技重大专项管理、“863”课题管理、“973”课题管理、国家科技支撑计划项目、国家自然科学基金项目管理、北京市自然科学基金管理、中国疾控中心课题管理和项目建议的征集工作。

3. 科研成果及转化管理

(1) 2011 年获得中华预防医学会科技奖 4 项,其中第一完成单位 2 项、参加单位 2 项。北京市科技进步奖 1 项(第二完成单位)。

(2) 新专利申请 12 项、获授权专利 5 项。PCT 专利申请 1 项。

(3) 发表专著 2 本,其中主编 1 本、参编 1 本。发表论文 228 篇,其中中文 137 篇、英文 91 篇,影响因子 364.569,平均 4.0。

(二)研究生管理和国家继续再教育工作

1. 研究生工作　完成 2011 年病毒病所研究生录取工作,硕士研究生 16 名、博士研究生10名。

完成2012年招收研究生计划工作。接收中国疾控中心MPH研究生6名。办理36名联合培养研究生到本所做研究生课题。

2011年12名博士研究生、10名硕士研究生、3名MPH硕士研究生通过毕业学位论文预答辩。

本所2008级博士研究生论文《病毒性出血热和未知病原检测方法研究》获得中国疾控中心优秀博士论文一等奖、《版纳病毒基因特征研究》获得中国疾控中心优秀博士论文二等奖，2007级博士研究生论文《云南省(中缅佬)边境地区虫媒病毒调查及病毒分子特征研究》获得北京市优秀博士学位论文，并获得自然科学类资助金50万元。

3名博士研究生评为2011年中国疾控中心优秀研究生，获得2011年博士后科学基金资助项目3万元资助金。完成2011年基础医学博士后科研流动站评估工作。完成3名博士后出站报告会。接收3名博士后研究人员。

新增研究生指导教师2人、新增博士研究生指导教师1人。

2. 继续医学再教育项目　获准2011年国家继续医学再教育项目(新项目9项、备案项目1项)；组织完成2010年国家继续医学再教育项目(8项)。

(三)国际合作与交流

1. 外事出访工作　短期30天(含)以下出访124人次、30天(不含)以上合作研究人员出访3人次。

2. 外事接待工作　接待来访外宾35人次，接待顺访、临访外宾50余人次；接待巴西交流学习人员7人；接待朝鲜进修生和阿富汗卫生部代表团。

3. 国际合作项目管理工作　在研国际合作项目共计17项，其中科技部国际科技合作项目1项、中美新发和再发传染病合作项目3项、美国NIH合作项目2项、中美CDC合作项目1项、WHO合作项目6项、中日合作项目2项、美国俄克拉荷马大学合作项目1项、美国华盛顿大学合作项目1项。

新增项目共计8项，其中美国马里兰大学合作项目1项、美国辛辛那提儿童医院医学研究中心合作项目1项、GAVI项目1项、WHO合作项目1项、中美新发和再发传染病合作项目2项、盖茨基金项目1项、Sino-Japan合作项目1项。

(四)举办病毒病所2010年度科技学术年会

2011年3月24-25日在北京召开了病毒病所2010年度科技学术年会。中国疾控中心、中国科学院微生物研究所领导应邀出席了会议，全所近260名科研人员、管理人员及在读研究生参加了学术年会。

(五)学术期刊出版工作

1.《病毒学报》 完成了全年出版任务,2011年版《中国学术期刊影响因子年报》评价,《病毒学报》基础医学学科排名仍保持首位,生物学学科排名前列。2011年9月评审入选CSCI即中国科学引文数据库的核心库。

2.《中华实验和临床病毒学杂志》 全年编辑、出版、发行6期,共发表文章187篇。刊出3期重点号。继续被相关数据库、信息中心和图书馆收录、入编和检索。

五、实验室管理

(一)实验室生物安全常规管理

(1)完成了包括新来人员的生物安全培训、全员培训、专项培训、BSL-3实验室生物安全等常规培训。

(2)全所生物安全自查3次,接受中国疾控中心和北京市卫生局组织的专家检查共计5次——北京市卫生局2次,中国疾控中心实验室管理处3次。

(3)2011年共计接收感染性样本253次,请有资质的北京金隅红树林环保技术有限公司处理危险品1次,废化学试剂和空化学试剂共计337.3kg。

(4)2011年度共召开生物安全员会议4次,组织生物安全员参加的实验室生物安全检查2次。

(5)2011年度留取病毒病所健康体检血样458人次916份,并将血样分科室、分类别登记、黏贴条形码,-80℃保存,以备对照。

(6)完成新址10个实验室48个房间安全柜风向、压力等各项参数测量、汇总、分析。

(7)在中国疾控中心第五届实验室安全周活动的总体安排下,本所举办了第七届生物安全周活动。结合本所生物安全工作的特点,开展宣传、培训、检查等活动,完善生物安全培训制度。

(二)实验室质量建设

1.资质认定/实验室认可准备 结合计量仪器检定/校准工作,开展了实验室仪器设备配置与检验能力匹配工作。完成共86台/件离心机、酶标仪、移液器等的校准/检定。

2.参加能力验证/实验室间比对活动 2011年7月,本所组织流感、腹泻和麻疹室参加美国威斯康辛卫生实验室(WSLH, Wisconsin State Labortory of Hygiene)的能力验证,结果显示均合格。

3.医学实验室认可评审员培训 组织部分实验室认证认可联络员骨干参加了

CCAI&CDC实验室资质认定和医学实验室认可评审员培训，为本所开展认证认可工作进行技术储备。

4. 参比实验室现场考核　11月，世界卫生组织专家对本所脊灰、麻疹、流感和病毒性脑炎室进行一年一度参比实验室的现场考核，考核结果满意，世界卫生组织决定继续维持本所脊灰室“WHO西太区脊灰参比实验室”资质、麻疹室“WHO西太区麻疹参比实验室”资质、流感室“WHO流感参比和研究合作中心（WHOCC）”、脑炎室“WHO乙脑地区参比实验室”资质。

（三）BSL-3实验室管理

1. 迎新街生物安全三级实验室实验活动评审　根据实验室生物安全新版国标《实验室生物安全认可准则》（GB19489-2008）和《实验室生物安全认可准则》（CNAS-CL05）的要求，2011年1月29-31日，中国合格评定国家认可委员会对本所BSL-3实验室进行了复评审，2011年5月30日取得认可证书。

按照科技部的要求，完成《高等级病原微生物实验室建设审查》实验室备案工作。

12月9日，迎新街旧址BSL-3实验室顺利通过卫生部专家评审组现场评审，获认可资格，这也是继2006年11月本所获BSL-3实验室认可资格后首次复评审，同时本所亦成为国内首家通过卫生部BSL-3实验室活动资格复评审的单位。

2. 新址BSL-3实验室硬件建设　按照《实验室生物安全认可准则》（GB19489-2008）和《实验室生物安全认可准则》（CNAS-CL05）的要求，从意大利引进了具有节约能源、设备维护和运行费用低、防止交叉感染等优点的IVC笼，IVC笼于10月19日完成安装调试工作。

3. 新址BSL-3实验室认可准备工作　根据新版GB19489-2008《实验室生物安全通用要求》，同时结合医学实验室认可（ISO15189）和计量认证的管理要素，进行BSL-3实验室相关文件体系的改版工作，完成了BSL-3实验室安全手册改版。

（四）毒种保藏和毒种库建设

1. 建立毒种保藏实验室　按照《人间传染的医学菌毒种保藏机构设置技术规范》的要求，毒种保藏中心初步建成了毒种或样本接收区、实验工作区、菌（毒）种保藏区、菌（毒）种发放区和办公区等相对独立的工作区域。实验室已初步具备了毒种保藏的硬件条件。

2. 建立管理制度　建立了相应的管理制度、实验室安全手册，健全高致病性病毒的保藏、使用、运输或交换以及进行监督检查等特殊管理措施。建立安全保管、使用和销毁制度及标准操作程序和监督保障体系；建立毒种和样本的出入库记录、相关生物学和检验鉴定信息档案；毒种集中保管，分类存放，并实行双人双锁管理。

3. 新址毒种库维护与运转　对毒种库冰箱的温控报警系统进行了升级改造，并建立了毒种库检查流程。

(五)实验室生物安全研究工作

参加了“十一五”课题《实验室生物安全保障技术平台-生物安全实验室微环境污染监测与评价体系的研究》中病毒学研究内容,主要承担了:

病毒学实验室物体表面污染检测技术方法的建立;

病毒学实验室内物体表面污染风险相关指标和体系的确定与建立;

病毒学实验室生物安全意外事故风险相关指标和体系的确定与建立。

六、强化管理,做好保障工作

(一)领导班子和队伍建设工作

(1)2011年11月,经中共卫生部党组研究决定:任命李德新为中国疾控中心病毒病所所长、武桂珍同志为党委书记。

(2)2011年共招聘8名“三生”,其中博士4名、硕士4名。

(3)26名同志通过2011年度卫生部专业技术资格的评审,网上公布、公示。

(4)完成了部分财务人员按职员岗位重新聘用工作。

(5)自2007年与北京卫人人力资源开发公司签订人才派遣合同以后,外聘人员的管理已成为常规性工作。2011年,本所共有派遣员工48名。

(6)2011年本所选派3名同志分别赴江西省疾控中心、辽宁省疾控中心及江苏省疾控中心锻炼,为期2~3个月。

(二)预算执行和审计监督工作

(1)2011年执行预算1.9亿元,包括基本经费、财政专项以及“863”、“973”、“自然基金”、“国家科技攻关”、“重大专项”、“国际合作”、“横向经费”等十几个大类260余个课题经费。

(2)2011年,进一步规范了委托工作经费的使用、制定了财务内部管理制度,统一了民口科技重大专项科研人员激励支出比例。

(3)组织完成了2011年“小金库”全面复查工作,加强了内部审计监督作用,制定了《病毒病所内部审计工作规定》、《病毒病所经济合同审计管理规定》,并按照要求完成相应审计任务。

(三)规范内部管理

1. 采购及资产管理工作　组织网上竞价采购102次,签订合同102份,合同金额

2089 万元。组织 3 万以上 50 万以下采购 2 项涉及金额 60 余万元。2011 年共签订外贸合同 28 份。

试剂耗材验收统一管理，2010 年 12 月-2011 年 12 月 23 日止共计验收试剂、耗材金额约 4714 万元，其中试剂约 3132.7 万元，耗材约 1198.3 万元，测序、合成和服务费等约 349.8 万元。

2011 年本所新增设备 650 余台，其中专用设备 367 台，计 3 550 余万元，一般设备 285 台，计 339 余万元。

2. 内部管理　完成了病毒病所协同办公系统部署和试运行。

进一步规范了印章管理，重新修订了《病毒病所印章管理规定》，梳理了消防安全管理有关规定，制定了《病毒病所消防安全管理规定》并印发了相应应急预案。

按照卫生部关于卫生工作中保密范围，清理了涉密计算机，规范了本所的保密工作。

为了加强和规范出国管理，制定了“病毒病所关于加强出国（境）经费管理”的程序及外事出访程序和申报流程。

3. 离退休工作　截至 2011 年 12 月底本所离退休人员共 110 人。

2011 年 4 月，根据人力资源和社会保障部、财政部有关文件及《中国疾病预防控制中心关于规范退休人员津贴补贴工作的指导意见》的通知精神，实施、规范了全所离退休职工的津贴补贴，按照中国疾控中心退休人员工资项目和标准予以统一和规范管理，并于 2011 年 4 月份进行兑现和补发。

按照中组部《关于认真组织离退休干部观看电影〈杨善洲〉的通知》要求，8 月份组织离退休干部观看了电影《杨善洲》。1 月 26 日在北京组织召开了 2011 年离退休职工春节团拜会活动、4 月份组织所离退休职工 70 余人到顺义国际鲜花岗一日游活动。“七一”前夕慰问了老干部、老党员；1 月 15 日为一名 90 岁老职工过生日。

（四）后勤保障

（1）完成 5 楼旧址科研楼顶防水修理工程和西经路 2 号院楼房顶吊顶、阳台安装雨搭、传达室及平房防水工程。完成旧址楼后路面及下水管线维修工程和西经路锅炉更新改造工程。完成旧址锅炉年检大修工程，取得验收合格证书。旧址洗刷室更新高压灭菌器一台。

（2）完成为各科室及学生宿舍搬家、洗涮、配液、公务用车、研究生住宿、零星维修、职工就餐等管理工作。

（李德新　苏晓婷）

寄生虫病预防控制所

一、疾控工作

(一)积极配合卫生部疾控局和中国疾控中心的重点工作,做好防治工作的技术支持

受卫生部委托,本所组织专家开展了《血吸虫病控制和消灭标准》修订工作,先后召开5次专家研讨会,完成标准征求意见稿;配合卫生部疾控局组织专家参与国家评估组对江苏省达到血吸虫病传播控制标准考核评估。配合卫生部组织的全国消除疟疾行动,编制修订了《消除疟疾技术方案(2011 年版)》,并对各省专业机构进行了技术培训。积极做好《防治包虫病行动计划(2010 - 2015)》的技术支撑,组织召开专家会议,修订完成《防治包虫病行动计划实施指南》、《防治包虫病行动计划-包虫病流行情况调查方案》等多项技术方案,在湖南长沙举办了全国包虫病流行情况调查方案省级师资培训班。配合卫生部疾控局组织开展《2006 - 2015 年重点寄生虫病防治规划》执行情况中期评估,对 10 省(区)开展现场抽查复核现场,完成了中期评估。

(二)围绕热点问题,积极开展各类专题调研,解决现场防治工作技术问题

在血吸虫病防治方面,本所组织专家对湖南省洞庭湖区和江西省鄱阳湖区开展极端干旱气候事件的调研与快速评估,了解旱情对当地人畜活动、钉螺生长发育等影响;在对四川和云南两山丘型流行省开展传播风险快速评估和达标成果巩固专项调研的基础上,召开山丘地区血防成果巩固策略的专家研讨,提出了巩固山丘地区血防成果的建议;组织专家对湖南省开展晚期血吸虫病(晚血)救治工作试点核查,为全国晚血病人救助计划的实施提供基础数据。在疟疾防治工作方面,根据全国输入性病例上升迅速的现象,对本地、输入、未分型及死亡等病例进行了追踪核实。组织专家赴云南边境、海南、河北开展专项调研。组织专家对浙江、江西、广东、广西、重庆、贵州、陕西等 7 省(区、市)开展了消除疟疾工作及全球基金疟疾项目的综合督导。多次组织专家研讨、编制并印发了《省级疟疾诊断参比实验室建设试点方案》,完成了省级疟疾诊断参比实验室准入预评审和评审工作,积极推动诊断参比实验室建设。在包虫病防治方面,会同四川省包虫病防治专家组成联合调查组在四川省甘孜藏族自治州道孚县开展包虫病

流行情况预调查，提高方案的可行性和可操作性。协助卫生部疾控局开展了2010年度包虫病防治项目督导，组织专家分赴四川、内蒙古、青海、甘肃、宁夏5个省（区），对各省2011年中央补助地方包虫病防治项目的实施情况进行了督导，了解各省（区）中央补助地方包虫病防治项目实施情况和工作成效。此外，在其他寄生虫病防治方面，组织开展了全国寄生虫病综合防治示范区总结和纵向观测工作，印发相关工作方案、开展了现场工作督导，还组织各示范区在《中国血吸虫病防治杂志》专刊发表各示范区工作经验论文。继续在新疆喀什地区组织开展了黑热病防治和监测试点工作。积极推进广州管圆线虫病症状监测及传播预警试点，指导完成3次暴发疫情处理，并溯源发现了一个新自然疫源地，补充完善了网络报告系统。

（三）发挥技术储备优势，为提高防治工作质量提供技术保障

组织开展了《2005－2010年全国血吸虫病监测点资料汇编》的编制工作、《全国血吸虫病监测方案（2011年修订版）》的修订及培训、《全国血吸虫病达标疫情分析方案》编制及相关疫情资料收集和分析、构建了血吸虫病诊断质量评估体系，组织开展参比实验室建设、出境务工人员感染埃及血吸虫病情况调查等，为各项面上防治工作的开展，提供了技术保障，也进一步提高了工作质量。根据《消除疟疾技术方案（2011年版）》规定的“疟疾病例流行病学个案调查表”设计相应的统计分析表，并纳入现行疟疾网络专报系统。积极参与包虫病防治技术研讨与交流为推动包虫病的治疗和防控起到了促进作用。

（四）较好地完成全国重点寄生虫病防治重点项目的技术支撑和管理工作

积极配合卫生部编制中央转移支付血吸虫病、疟疾和包虫病等寄生虫病防治项目，为项目实施计划的编制提供了第一手数据和资料。同时，做好全球基金项目的实施与管理工作，积极配合卫生部和全球基金项目中央执行机构落实对各级全球基金项目的调整和风险控制，按全球基金要求，调整第二年项目工作计划、预算和相关文件，与全球基金重新开展协议谈判，确保第二年项目工作顺利启动；如期提交了项目阶段性评估和二期申请材料；开展了项目停款对消除疟疾工作的影响的评估和应对研讨。

（五）构建多病种的防治基地，为开展重点寄生虫病防治试点工作打好基础

本所分别在湖北省江陵县、四川省甘孜州、安徽省池州市、广西横县建立了血吸虫病、包虫病、肝吸虫病防治研究和钉螺保种等现场实践基地。选派田添同志赴甘孜州基地开展了为期半年现场驻点工作。完成了广西横县肝吸虫病防治试点基线调查工作，针对人群感染率（50%以上）较高的结果，提出了肝吸虫病防治建议，如在当地相关乡镇设置规范

化门诊,开展了肝吸虫病防治知识宣传教育活动,并将继续推动当地试点防治工作机制的建立和相关诊治能力的建设。

(六)提升了寄生虫病防治应急能力建设工作

编制印发了《寄生虫病所突发疫情事件应急处理预案(试行)》,进一步规范了寄生虫病所应急处置的组织机制、业务流程和职责分工等;组织更新了应急诊断试剂和相关应急处置物资的储备;举办了全所突发疫情应急技术骨干培训班、寄生虫病病原学检测技能竞赛,全年组织 60 余人次参加了各类应急能力培训,进一步培养和提高全所青年技术骨干疫情报告、管理、分析和应急处置的质量和水平。

(七)重点寄生虫病疫情信息监测管理取得新进展

本所依托传染病网络直报系统,对网报的病例及时核实、分析,全年编发全国急性血吸虫病、疟疾疫情周报 52 期、全国包虫病和黑热病疫情月报 12 期。组织完成 2010 年度全国血吸虫病、疟疾和土源性线虫病监测工作数据的审核汇总,并完成各病种的年度监测报告的撰写。配合卫生部疾控局,启用《寄生虫病防治信息管理系统》,组织举办了省级管理员用户培训班,为各地开展逐级培训,培养了省级师资。并承担了系统的运行管理与维护工作,多次组织召开系统升级改造的研讨,完善系统的功能,还组织专家赴四川、湖北和内蒙古等省区开展现场调研,推动各地对专报系统的使用,以期按照《全国疾病控制调查制度》的要求,按时完成各类统计数据的填报和统计工作。

二、科研工作进展

(一)落实所“十二五”规划,加强科研基础平台建设

根据所“十二五”规划中科研工作的重点,2011 年启动了 6 个平台的建设规划,包括生物技术平台、媒介生物技术平台、信息平台、寄生虫诊断技术平台、热带病防治药物研究平台和寄生虫种质资源平台,为热带病与寄生虫病的科研工作提供了有力的支持。

(二)精心组织,努力提高项目申报数量和质量

组织所学术委员会对本所各类申请项目书进行了评审、把关,提高了申请书质量。2011 年共申请项目 40 余项,已获准 10 项,其中科研院所技术开发研究专项 1 项,卫生部行业专项 1 项,上海市优秀学术带头人 1 项,国家自然科学基金 3 项,中国疾病预防控制中心青年科研基金 1 项,国际合作课题 3 项,总经费达 2110 万元。

（三）强化科研项目的过程管理，督促研究计划的落实与进度

本所全年共有 20 项课题结题，其中重大专项 6 项，卫生公益专项 2 项，国家自然科学基金 3 项（其中 1 项参与），上海市课题 3 项，自治区科技支疆 1 项，中国疾病预防控制中心青年课题 1 项、国际合作课题 3 项，纵向合作课题 1 项。同时，为配合卫生部重点实验室的评估工作，在全面总结本所卫生部寄生虫病原与媒介生物学重点实验室各项研究工作进展的基础上，进一步规范了重点实验室各项制度，促进了本所各项研究工作的顺利开展，保证了科研项目进展快，质量好，产出高。

（四）不断面向寄生虫病防治的需求，增加本所的科研特色与优势

2011 年在研项目共计 34 项，包括：传染病重大专项 6 项（牵头 2 项），科技支撑计划 1 项，卫生公益专项 2 项，国家自然科学基金 4 项（参与 1 项），科研院所技术开发研究专项 1 项，上海市优秀学术带头人 1 项，上海市自然科学基金 1 项、上海市科委标准项目 1 项，上海市卫生局青年课题 2 项，中国疾病预防控制中心青年科研基金 2 项，自治区科技支疆项目 1 项，纵向合作课题 1 项，国际合作课题 11 项。

（五）科研项目产出明显增加，并向研发产品转化

本所全年共发表论文数量 112 篇，其中被 SCI 专业期刊收录的 32 篇，主编主译专著 2 部；牵头申请国家发明专利 15 项，4 个专利获得授权。论文数、专利申请数明显较上一年度增多。本年度获省部级奖项为 3 项。与此同时，本所加大了产品研发与转化力度，使开发项目取得了新进展。一是成功研制了华支睾吸虫病胶体金免疫层析试纸条，已申请专利，并与益思美诠生物科技（上海）有限公司、岳阳讯超生物技术有限公司签订了华支睾吸虫抗体检测试剂盒（胶体金法）产品的合作协议书，准备共同申请诊断试剂证书并投入生产。二是包虫病诊断试条已完成实验室研制、优化和现场评价，现已在 4 个疾病预防机构和 3 个公司试用，技术转让事宜正在商谈中。

（六）规范了实验室质量管理，实验室认证认可工作进展顺利

本所于 2011 年全面开展实验室认证认可工作，制定了实验室认证认可工作计划及方案，从各业务部门收集到 28 项申报项目，编写并修改了质量体系文件，完成实验室比对工作，完成了实验室认证认可全部申请书，为适应事业发展和向社会提供优质服务打好了基础。

（七）做好依托本所各学会工作，创造交流合作的平台

举办专题学术讲座 26 个，内容涉及抗蠕虫新药三苯双脒研究进展、国家自然科学基金

的申请、文献检索工具的使用、中国棘球绦虫基因多态性研究进展、媒介生物学特性等。举办了国家级学会继续教育培训班 6 个,发挥学会在团结专家、发挥专家特长的作用,并针对我国寄生虫病防治与科研现状,培养了一批掌握关键技术的专业人员,取得良好社会效益。

举办了全国热带医学与寄生虫学学术研讨会、协助举办第 24 届国际包虫病大会和全国土源性线虫病防治学术研讨会,为从事热带病与寄生虫病科研、防治、教学的国内外专业人员提供了学术交流的平台。《中国寄生虫学与寄生虫病杂志》被遴选为"第二届中国精品科技期刊",荣获 2009 - 2010 年度中华预防医学会系列杂志优秀期刊一等奖;荣获 2010 度上海市科技期刊审读优秀奖。

三、国际合作与交流工作

认真履行世界卫生组织疟疾、血吸虫病和丝虫病合作中心的职责。按照世界卫生组织的要求,本所在西太区区域内积极开展各项国际合作与交流等方面的相关活动,例如组织召开区域性国际学术交流会 6 次;在保持与世界卫生组织热带病研究和培训特别规划(TDR)、瑞士热带病与公共卫生所等国际组织和机构合作关系的基础上,发展了与美国、加拿大等国的合作伙伴关系,拓宽了合作渠道;组织区域性寄生虫病的培训活动 4 次,进一步提高了本所在亚洲乃至世界范围的影响力。

积极争取国际合作项目。本年度首次联合亚洲 6 个国家 7 个单位,成功争取了加拿大国际发展研究中心(IDRC)的急性传染病生态学研究的国际重大合作项目,共获 135 万加元资助。

加强了国际交流。全年接待来访 18 批 240 人次,出访 27 批 40 人次。来访主要来自美国、英国、加拿大等 18 个国家与国际机构专家与学者;出访以学术交流、参加专家会议等为主,主要赴英国、美国、德国等 18 个国家和地区。世界卫生组织总干事陈冯富珍女士专程来本所进行视察,鼓励本所做好公共卫生的国际合作项目,为全球消除热带病作出引领作用。

四、教育培训

2011 年毕业博士和硕士研究生 7 名,1 篇博士学位论文获得中国疾病预防控制中心优秀学位论文三等奖,2 名毕业研究生被评为中国疾病预防控制中心优秀毕业研究生。2011 年共录取研究生 12 名,其中硕士研究生 6 名、专业学位硕士研究生 3 名、博士研究生 3 名。共有 8 名博士后在站工作,其中本年度进站 5 名。2 名在站博士后获得中国博士后科学基金面上二等资助,1 名在站博士后获得全国博士后科研基金特别资助。

与沈阳药科大学于 2011 年 4 月 26 日在上海签订《教学实习合作协议书》。这为双方在药物相关专业研究生联合培养、向寄生虫病所推荐优秀毕业生、科研合作与交流等方面的广泛合作提供了较大的空间。

五、党群工作

经上海市卫生系统精神文明建设委员会审查，并经市教委党委批准，本所获上海市卫生系统第十届文明单位和第十五届上海市文明单位，保持了上海市文明单位称号。

在文化建设方面，以上海市卫生系统文明单位（和谐医院）考评指标体系的要求为导向，深化新一轮的文明单位创建，开展了“十二五”规划学习宣传月、“强化服务意识，提高工作效率”专题学习讨论、创先争优和纪念建党 90 周年、规章制度的宣传贯彻执行等系列活动，推进了职业道德建设，并以党建带动创建工作的扎实开展，使本所的文明程度和广大职工的素质有了新的提高。

制度建设方面，对全所各类制度按“废、改、立”等原则进行了疏理，修订完成了 52 项规章制度并汇编成册，推进了本所各项工作的制度化、规范化和科学化。

六、行政管理工作

(1) 2011 年 7 月 3 日，卫生部部长陈竺与上海市委副书记、市长韩正分别代表卫生部和上海市人民政府签定《卫生部上海市人民政府共建共管在沪卫生部管理单位补充协议》。本所的热带病防治研究中心列入了上海市人民政府办公厅于 11 月 11 日转发的市卫生局、市财政局和市发改委三部门制定的《上海市加强公共卫生体系建设三年行动计划(2011－2013)》。

(2)在后勤管理方面，完成了本所外环境改造工程并于年初启用，完成了《2011 年度设备购置项目》的政府采购招标工作，确保采购工作公开、公平、公正。共组织各类实验室设备内部招标 13 次/18 台件、电脑等办公设备政府采购 56 台件、实验室试剂及耗材采购 118 万元，采购需求满足率 95%以上。

(3)远程视频系统于 2011 年 6 月完成安装调试，满足了召开国内疾控系统和国际视频会议等需求。

(4)本所与世界卫生组织热带病研究和培训特别规划(TDR)联合举办了 8 位国内外专家组成的 TropIKA Journal 网络英文刊编委会会议，申请获得杂志 ISSN 出版号，完成撰写投稿指南等。

(5)人事管理：至 2011 年 12 月底，全所在册职工 185 人(其中待退休 4 人、长病假 3 人、在岗职工 178 人)。专业技术人员 161 人，其中高级 34 人、中级 65 人、初级 59 人；职员 9 人；工人 15 人。至 2011 年 12 月底，本所退休职工 191 人，离休职工 8 人。2011 年高校毕业生 15 人，其中博士 4 人、硕士 8 人、本科 3 人。博士后进站 3 名(其中统招 1 人、定向 2 人)。自然减员 10 人，解除工作关系 4 人。由卓远人力资源发展有限公司外聘员工 8 人(全球基金项目)。返聘本所高级专家回所工作 3 人。

根据国家和上海市人事局有关文件精神，对 2010 年度考核为合格及以上等次的职工，增加一级薪级工资，并自2011年1月1日起执行。本所170人列入范围，人均每月增资27.6元。根据人社部发〔2011〕3号文件及上级有关指示精神，经中国疾控中心同意，在上海市对执行事业单位退休费制度的人员规范津（补）贴文件未下达前，自2010年1月1日起，对本所的退休人员发放“临时性津补贴”，199人被列入范围，人均月550元。

2011年有21名职工报名参加职称晋升。经卫生部专业技术职务评审会评定，2011年本所2人取得研究员任职资格，7人取得副研究员任职资格，1人取得编审任职资格，8人取得助理研究员任职资格。2011年全所172人参加年度考核，优秀29人，其他均为称职。

（周晓农　许学年　潘嘉云　曹建平　蔡继红）

性病艾滋病预防控制中心

一、概况

2011 年，性病艾滋病预防控制中心（性艾中心）承担艾滋病防治、丙肝防治和性病的健康教育与干预工作任务。

艾滋病防治工作按照《国务院关于进一步加强艾滋病防治工作的通知》（以下简称通知）关于“五扩大、六加强”的通知要求，通过创新策略，将检测网络向基层延伸，推动医疗机构艾滋病检测，推广使用快速、简便的检测方法；大力推广治疗即预防措施，倡导艾滋病单阳家庭开展抗病毒治疗；推广高危人群检测作为干预手段；通过科学预测，提出各省发现数、治疗数作为考核指标的办法，从而实现了扩大检测、扩大治疗、扩大干预。2011 年检测 8400 万人次，新发现病例 7.45 万例，分别比 2010 年增加了 30％和 16％；2011 年新增加治疗人数 4.58 万例，相当于自开展抗病毒治疗 10 年来累计治疗总人数的 1/3；2011 年全国平均月干预暗娼 54.1 万人、男性同性性行为人群 19.7 万人，月均干预覆盖率分别比 2010 年上升 14.6 和 20.5 个百分点。

继续在全国范围内开展艾滋病防治数据信息系统数据质量评估，提高网络直报、自愿咨询检测等艾滋病防治综合数据信息质量。继续开展艾滋病哨点监测，结果表明：HIV 抗体阳性率在吸毒人群中呈现下降趋势，男男性行为者上升较快，其他人群保持平稳。

在卫生部领导下，与联合国艾滋病规划署和世界卫生组织联合对中国艾滋病疫情进行了评估，评估结果显示：截至 2011 年底，估计中国现存活艾滋病病毒感染者和病人 78 万人，全人群感染率为 0.058％；其中艾滋病病人 15.4 万人；估计当年新发艾滋病病毒感染者 4.8 万人，艾滋病病人死亡 2.8 万人。截至 2011 年，我国历年累计报告 HIV/AIDS 444 712 例，其中艾滋病病人 174 399 例；死亡 93 003 例。2011 年报告的艾滋病病毒感染者中，经性途径传播占 78.7％（其中同性间性传播占 16.1％）。

性病、丙肝防治工作与艾滋病工作有机结合，依托自愿咨询检测门诊和美沙酮门诊开展性病干预服务；依托艾滋病哨点监测，建立了丙肝监测哨点，监测结果表明：HCV 抗体阳性率较高的哨点主要是在吸毒人群和肾透析人群。2011 年，全国共报告丙肝病例 18 万余例，较上年增长 15.5％。

在承担的国际合作项目中，中英艾滋病策略支持项目顺利结束。全球基金秘书处以我国社区组织参与程度不高及财务管理薄弱为由,5月份暂停了中国全球基金艾滋病项目的拨款和项目的实施。经各级积极应对,9月份恢复拨款,项目重新启动。

温家宝总理于12月1日来到中国疾控中心,先后考察了性艾中心病毒与免疫研究实验室和参比实验室,并参观了全国艾滋病防治工作图片展。温家宝总理在肯定我国艾滋病防治工作取得很大成就的同时,要求我们要把防治艾滋病工作公开化,在全社会广泛宣传教育,努力消除对艾滋病患者的歧视,给予其平等待遇。在当前我国艾滋病传播已从吸毒传播为主转变为性传播为主的情况下,要认真总结行之有效的措施,借鉴和学习国外经验,深入开展防治工作,提高艾滋病防治工作质量和水平。

二、艾滋病、性病、丙肝防治工作进展

(一)艾滋病防治工作进展

1. 监测、检测

(1) 哨点监测:2011年,全国共设立艾滋病哨点1888个,覆盖8类监测人群,包括吸毒者、男男性行为者、暗娼、男性性病门诊就诊者、男性长途汽车司乘人员、男性流动人口、孕产妇和青年学生。监测结果显示,HIV抗体阳性率在吸毒人群中呈现下降趋势,男男性行为者上升较快,其他人群保持平稳。其中,吸毒人群HIV抗体阳性率为4.0%;男男性行为者(MSM)人群抗体阳性率6.3%,呈现出多数哨点HIV抗体阳性率呈现升高现象,个别哨点上升较快的特点;暗娼和男性性病门诊就诊者哨点HIV抗体阳性率均处于较低水平,全国暗娼哨点HIV抗体阳性率为0.3%,男性性病门诊就诊者哨点HIV抗体阳性率为0.5%;男性长卡司机哨点和男性流动人口哨点HIV抗体阳性率都低于2%,其中10.3%的男性长卡司机哨点检出HIV抗体阳性者;27.9%的男性流动人口哨点检出HIV抗体阳性者。

(2) 咨询检测:2011年,全国各级各类医疗卫生机构共开展HIV抗体检测84 210 114人次,较2010年增加30.3%;新发现病例74 517例,较2010年增加16.2%;全国共启用检测咨询点9069个,2 148 116人次在检测咨询点接受了检测,筛查出HIV抗体阳性者36 290人,阳性结果告知34 675人;1 834 956人次在检测咨询点接受了梅毒检测,检出梅毒阳性47 160人。

(3) 检测能力建设:实验室网络化建设:全国艾滋病检测实验室,特别是筛查实验室建设较快。确证实验室达到339个(确证中心实验室35个、确证实验室304个)、筛查实验室14 305个(筛查中心和筛查实验室9985个、检测点4320个),覆盖了96.2%的县级疾控中心。全国所有省份均已具备CD4细胞和病毒载量检测能力,其中具备CD4细胞检测能力的实验室406个、具备病毒载量检测能力的实验室101个。

开展网络实验室质量考评:35个确证中心实验室参加率100%;考评合格率100%;

完成全国艾滋病检测实验室网络的血清学(仅针对确证实验室)、CD4细胞、病毒载量等多个检测项目的能力验证,除病毒载量检测考评合格率为88.5%外,其余项目考评合格率均在95%以上。

(4) 专题流行病学调查:HIV分子流行病学调查:在云南德宏州、新疆伊犁州、四川凉山州和广西柳州市收集新报告艾滋病病毒感染者样本1200例进行分子流行病学调查。结果显示云南德宏流行的艾滋病病毒毒株比较复杂,以C亚型毒株为主,占47.0%,其次为CRF01_AE(20.7%)和BC重组亚型(10.2%)毒株。新疆伊犁流行的艾滋病病毒毒株以CRF07_BC毒株为主,占98.8%,同时检测到CRF01_AE(0.8%)和B′(0.4%)毒株。四川凉山流行的艾滋病病毒毒株以CRF07_BC毒株为主,占93.2%,同时还检测到CRF08_BC(3.9%)和CRF01_AE(2.9%)毒株。广西柳州流行的艾滋病病毒毒株以CRF01_AE毒株为主,占94.4%,同时检测到CRF07_BC(2.8%)、CRF08_BC(1.4%)、B′(0.7%)和其他重组毒株(0.7%)。

艾滋病死亡分析与调查:2006－2010年历年报告HIV/AIDS死亡数逐年上升,死亡年龄集中在20～49岁,死亡病例中接受抗病毒治疗的比例为19.7%;死亡病例从确认诊断到死亡的平均时间为0.7年,其中曾经接受过治疗的死亡病例从确认到死亡的平均时间为1.6年;死亡病例的死亡原因为“艾滋病”的占49.0%,吸毒过量、自杀和其他分别占8.2%、2.0%、40.8%。经对2010年1月－2011年6月新报告的现住址为河南驻马店市、云南德宏州和江苏全省死亡病例进行死因分类现场调查,结果表明:艾滋病死亡病例在直报系统中报告的死因和此次调查中死因判定的一致率为69.8%。现场调查还比较了接受抗病毒治疗的死亡病例和未接受抗病毒治疗的死亡病例死亡谱的情况,结果发现抗病毒治疗目前尚未对死亡谱造成影响。

2. 艾滋病病毒感染者和病人管理

艾滋病病毒感染者和病人的随访管理工作力度进一步加大,随访干预、CD4检测和配偶检测等感染者随访管理工作已步入常态化。截至2011年12月,艾滋病病毒感染者和病人随访干预比例由2010年的85.9%上升到91.9%,随访到的艾滋病病毒感染者CD4检测比例由2010年的60.5%上升到71.1%。当年新报告艾滋病病毒感染者和病人的配偶/固定性伴HIV检测比例由2010年的78.1%上升到87.1%;既往报告艾滋病病毒感染者和病人的非HIV阳性配偶/固定性伴HIV检测比例由2010年的66.7%上升到77.1%。

3. 重点人群干预

(1) 经吸毒传播途径的干预:2011年,全国28个省(自治区、直辖市)的738个社区药物维持治疗门诊开诊,其中流动服药车29辆。累计治疗吸毒成瘾者344 254人,12月在治人数140 102人,门诊平均在治人数为190人。剔除转诊、重复入组及特殊原因退出等多种因素,年保持率为74.9%。与2010年同期相比,累计治疗人数增加16.6%,在治人数增加 14.8%,门诊平均在治人数增加 9.2%。

(2) 清洁针具交换工作:2011 年,全国月均 913 个针具交换点针具交换开展工作;月均参加针具交换人数为 41 777 人。

(3) 经性传播途径的干预:2011 年,全国月均干预暗娼 540 708 人,月均外展干预覆盖率为 68%,与 2010 年相比,干预覆盖率上升了 14.6 个百分点。暗娼发生商业性行为时每次使用安全套比例自 2009 年以来均在 65%以上,2011 年为 67.8%。

(4) 男男性行为(MSM)人群干预:2011 年,全国月均干预 MSM 人群 197 558 人,月均干预覆盖率为 49%,与 2010 年相比,上升了 20.5 个百分点。

4. *抗病毒治疗*

截至 2011 年 12 月,全国 31 个省份,2082 个县区的 3142 个治疗机构开展了艾滋病抗病毒治疗。累计治疗病人(含成人和儿童)155 530 人,与 2010 年相比,2011 年全国报告新增治疗病人 45 843 人,增幅 75.6%。其中,累计治疗成人 152 742 人,目前正在治疗 124 126 例(其中服用二线药物的有 18 703 例),占累计治疗病人数的 81.3%。

2010 年 1 月 1 日-2011 年 9 月 30 日之间符合抗病毒治疗条件的病人,治疗比例为 81.9%。其中,2010 年新开始抗病毒治疗的病人(包括成人和儿童)治疗 12 个月依然存活并坚持治疗的比例为 86.9%。2010 年底开始抗病毒治疗且到 2011 年底仍然在治的病人,在 2011 年度完成 4 次随访的比例为 96.5%,完成 2 次 CD4 检测的比例为 86.0%,完成 1 次病毒载量检测的比例为 83.1%。治疗规范化程度有了显著提高,其中治疗 12 个月依然存活并坚持治疗的比例较 2010 年同期上升 0.4 个百分点,在治病人完成 4 次随访、2 次 CD4 检测和 1 次病毒载量检测的比例分别较 2010 年上升 5.3、9.3 和 11.8 个百分点。2011 年在一线治疗方案治疗时间超过 6 个月的 71 697 名病人中,有 59 278 人接受了病毒载量检测,病毒学成功的病人比例为 70.4%~84.8%。

儿童抗病毒治疗:覆盖全国 29 省份的 420 个县(区),累计治疗儿童艾滋病病人 2788 人,比 2010 年上升 613 人。目前在治艾滋病儿童 2322 人中,服用二线药物的有 216 例。

耐药监测结果:为持续了解抗病毒治疗中 HIV 耐药的发生状况,对 2003 - 2004 年在我国安徽阜阳、河南确山,湖北随州、黄石建立的观察队列进行了随访调查,发现:随访到的 2003 年和 2004 年起始治疗的患者病毒载量小于 1000 拷贝/毫升的比例为 74.1%。其中正在服用二线药物病人的比例为 86.1%。随访到的 2003 年和 2004 年起始治疗的患者耐药率为 21.1%,在病毒抑制失败人群耐药率为 69.0%。目前使用二线药物监测对象的耐药率为 12.5%,全部为针对逆转录酶抑制剂的耐药。更换二线药物后,监测对象 CD4 中位数明显上升,病毒载量小于 1000 拷贝/毫升的比例升高,耐药率降低。

为监测 HIV 耐药毒株的传播情况,继续在北京、广西、新疆、云南等 12 个地区开展了调查工作。结果显示:在我国部分地区已经出现 HIV 耐药株的传播,河南为中度水平的耐药株传播,其他 11 个地区尚处于低度传播水平。但湖南、山东、新疆、云南德宏、重庆、和江苏等省市新感染人群中持续出现的耐药株应引起高度关注。本次发现的12例耐药毒株中，河南发现5例耐药毒株，50%以上的耐药株传播途径为性传播；突变位点多为发生在逆转录酶区的非核苷类药物位点，与以往调查主要出现在蛋白酶区相比存在着显著差别，预示现有治疗人群中的耐药株正在传播。

5. 示范区工作

全国共建立309个艾滋病综合防治示范区。其中，中央支持的一类示范区51个、中央与地方共建的二类示范区258个。全国示范区完成HIV检测130余万人次，示范区全人群检测比例为7.7%，比全国平均值(5.7)高2个百分点。为更好地落实示范区工作方案，组织相关领域专家赴10省(市)19个示范区进行现场督导，全面了解当地示范区工作进展，推动国务院《通知》要求的工作内容，落实各项防治措施；对云南、新疆、河南、贵州和广东5省13个示范区开展了推动扩大艾滋病抗病毒治疗工作的督导检查，通过推动示范区工作，带动抗病毒治疗工作全面推进。

6. 监督与评估

为贯彻落实国务院《通知》精神，进一步加强艾滋病防治工作，组织对广西、福建、上海、甘肃等4省(市)的8个地(州、市)和20个县(区、市)的艾滋病防治工作综合技术督导；完成了对江西、贵州、重庆、山东、安徽、吉林、黑龙江、青海、湖北、河南等10个省份开展的艾滋病网络直报督导调研和技术指导；完成了对江西、贵州、重庆、山东、安徽、吉林、黑龙江、青海、湖北、河南10个省份72个哨点开展的哨点督导调研和技术指导工作；组织开展了对艾滋病病例报告、哨点监测、感染者/病人管理、自愿咨询检测、抗病毒治疗、社区美沙酮维持治疗和高危行为干预相关工作的数据质量核查。通过省级自查和在对12个省市的36个县(区)进行国家级核查，结果显示艾滋病综合防治数据质量较2010年整体得到提高，数据质量可靠。

(二)性病防治工作

性艾中心的性病防治工作主要开展了性病干预和在艾滋病监测哨点开展性病监测2个方面。

1. 性病干预工作　2011年，全国干预性病就诊者1 136 008人，发放安全套约400万只，宣传材料约180万份，性病干预服务包56万个。

2. 性病监测　在哨点监测人群、美沙酮维持治疗门诊继续开展梅毒血清学监测。结果表明，MSM人群梅毒抗体阳性率较高，其他监测人群稳定在较低水平。其中，99.0%的MSM哨点都检出了梅毒抗体阳性者，梅毒抗体阳性率超过5%的哨点有66个，分布在28个省份；吸毒人群自2005年以来梅毒抗体阳性率维持在3.5%～5%之间；暗娼人群的梅毒抗体阳性率近三年维持在3%左右；孕产妇和男性长卡司机哨点梅毒抗体阳性率在0%～1%区间波动；男性长卡司机哨点和男性流动人口哨点梅毒抗体阳性率均低于5%。

2011 年继续依托自愿咨询检测门诊和美沙酮门诊开展性病干预服务等策略和措施加强性病的预防干预与宣传教育工作。

(三)丙肝防治工作

2011 年全国共报告丙肝 183 310 例,较上年增长 15.5%。男女性别比为 1.3∶1。死亡报告 129 例。

报告丙肝病例数排在前五位的省份为河南(33 661 例)、广东(18 571 例)、新疆(11 271 例)、广西(10 808 例)和吉林(9586 例),总计占全国丙肝报告总数的 45.8%。29 个省份报告丙肝病例数均较 2010 年同期出现增长,其中增长幅度较大的省份为山东(36.4%)、重庆(32.3%)、宁夏(30.1%)、湖南(26.9%)和海南(23.7%)。

2011 年共设立丙肝监测哨点 87 个,覆盖 5 类丙肝重点监测人群,包括无偿献血人群、单位体检人群、医院侵入性诊疗人群、肾透析人群和计划生育门诊就诊人群。监测结果表明:HCV 抗体阳性率较高的哨点主要是在吸毒人群和肾透析人群。HCV 抗体阳性率高于 50%的吸毒者哨点有 136 个,与 2010 年相比增多 11 个,分布在安徽、福建、广东等 20 个省市,分布省与 2010 年相比,增加了浙江,提示 HCV 感染分布较 HIV 感染更为广泛。12 个肾透析人群哨点有 11 个检出 HCV 抗体阳性者,阳性率超过 5%的有 8 个。

三、科研与学术交流

(一)顺利完成国家"十一五"科技重大专项 4 项课题,实现了预期目标

"减少艾滋病感染预防技术研究"基本实现了预期设定减少重点人群 HIV 新发感染率 20%的总体目标。分题一"减少吸毒人群感染 HIV 和阻断已经感染 HIV 的吸毒者经性接触传播 HIV 预防干预技术研究"发现:对干预组美沙酮门诊的服药人员开展提高美沙酮维持治疗剂量、强化尿吗啡检测、强化咨询和心理支持以及促进家庭成员参与和帮扶等预防干预技术,可使吸毒人群 HIV 新发感染率下降 61%;分题二"减少 HIV 感染者二代传播预防干预研究"发现:未治疗组 322 名单阳家庭 HIV 阴性配偶,新发感染人数为 14 人,累计新发感染率为 4.3%;治疗组 346 名单阳家庭阴性配偶,新发感染人数为 5 人,累计 HIV 新发感染率为 1.4%。相比未治疗组,治疗干预减少了单阳家庭内 67%的 HIV 传播。

"创新性复制非复制载体艾滋病疫苗研究"在"十一五"期间取得了十项标志性成果,其中 5 项为性艾中心独立完成的成果,分别为获得了能够诱导广谱中和抗体和 T 细胞反应的新免疫原和免疫新策略;研制了具有良好剂效应的卡介菌多糖核酸佐剂;建立了 GCLP 中和抗体检测平台;完成两种 II 期临床试验疫苗的 GMP 生产,提出 II 期临床试验申请临床研究;完成 DNA/复制型痘苗病毒疫苗 Ib 期临床试验,疫苗显示良好的安全性

和体液免疫反应。

(二)2011 年在研科研课题及发表论文

2011 年在研科研课题 11 项,其中新中标项目 5 项(自然基金 4 项,合作项目 1 项),分别为:HIV 感染不同阶段外周血单核细胞亚群的表型特征和功能变化及其与宿主疾病状态的关联性研究;HIV-1 整合素 α4β7 结合位点在人群中的分布及其生物学意义;HIV 准种变异程度对 3TC 耐药性产生的影响研究;HLA 介导的表位特异性 CTL 功能特征和 HIV 病毒逃逸研究;运用新型统计学临床试验设计方法设计中国首次艾滋病疫苗有效性和免疫原性的 IIb 期临床试验(中美生物医学合作试点项目)。

已发表论文署名文章中文 100 篇,英文论文 44 篇,SCI 论文 42 篇

(三)获奖情况

《艾滋病早期感染检测技术及检测策略应用研究》获 2010 年度中华医学科技奖三等奖;《我国艾滋病早期感染检测策略及应用研究》获 2011 年度中华预防医学会科技奖三等奖。

四、研究生教育

现有各类在读研究生 92 人,包括博士 30 名、各类硕士共 62 名;其中 2011 年新招博士生 9 名,硕士生 13 名;博士后进站 2 名,出站 1 名。毕业博士研究生 9 名、硕士研究生 18 名,协和公卫 4 名,均获得相应学位。

五、国际合作与交流

(一)国际合作项目

1. 多边合作项目　包括中国全球基金项目、联合国人口基金艾滋病项目,联合国儿基会艾滋病防治项目等,除中国全球基金项目 3-10 月份出现停款事件外,其他各项目进展顺利,资金、预算执行良好。

2. 双边合作项目　艾滋病预防多学科应用培训研究项目(China ICOHRTA-2)、中美艾滋病防治合作项目(GAP)、中澳亚洲区域艾滋病控制项目(HAARP)中国子项目,各项目按照计划执行。中英艾滋病策略支持项目(CHARTS)于 2011 年 3 月按期执行完毕。

3. 国际非政府组织项目　中国-默沙东艾滋病合作项目、比尔·梅琳达盖茨基金会艾滋病合作项目均按计划执行。

(二)外事工作

全年办理个人因公出国(赴港澳)67批次,97人次,访问国家和地区24个,共上交回国汇报及学习体会40余份;接待外宾来华46批次,127人次;接待非洲13国友好访问代表团等外宾访问团4批次,共100余人次。聘用外国专家5人。其中2011年办理新聘用长期在中心工作的外国专家申请4人(其中成功申请3人,正在办理1人)。并按外专局和疾控中心国际处的要求上报本年度外国专家自检报告,无涉及外专的违法、违规、纠纷或安全、政治、宗教事件发生。

(三)重要活动

10月31日-11月2日,卫生部与联合国艾滋病中国专题组共同主办并由性艾中心承办的"第六届中国艾滋病防治国际合作项目经验交流会"在北京成功召开。大会围绕着加强区域合作和分享艾滋病防治工作经验两个主题,进行了广泛、深入的交流和探讨,并对未来重点支持艾滋病防治的领域和如何加强区域合作提出建设性意见和建议。

六、制定技术指南、会议、培训与应急事件处理情况

制定技术规范、指南、方案、操作手册、管理办法如下:2011年全国艾滋病性病防治主要措施落实质量考评方案,《艾滋病综合防治数据信息管理手册》,2011年全国艾滋病综合防治数据质量评估方案,《社区卫生服务中心和乡镇卫生院开展艾滋病快速检测试点方案(试行)》,《医疗机构主动提供艾滋病检测咨询工作方案(试行)》,《全国丙型肝炎病毒实验室检测技术规范》,《艾滋病病毒抗体快速技术手册》,"十二五"艾滋病防治科技示范区工作方案,国家艾滋病免费抗病毒药品供应管理技术指南,CD_4^+ T淋巴细胞检测质量保证指南,HIV-1病毒载量测定及质量保证指南,中盖艾滋病项目信息收集工具使用指南,《第三版抗病毒治疗手册》,艾滋病病毒感染者/艾滋病病人随访管理工作手册,《戒毒药物维持治疗管理办法》,《戒毒药物维持治疗工作规范》,美沙酮维持治疗知识手册,社区美沙酮维持治疗门诊吸毒人员艾滋病综合干预指导手册。处理突发公共卫生事件3起,具体为:重庆市卫生局反映某公司HIV快检试剂严重漏检的调查,安徽、河南丙肝疫情调查,辽宁疾控中心反映某公司HIV快检试剂严重漏检的调查。

举办全国性会议17个,参加人数2161人。具体为:2011年全国艾滋病确证中心实验室工作会议,第二轮全国艾滋病综合防治示范区部分省份工作会议,2011年全国艾滋病抗病毒治疗耐药工作暨信息管理会议,中美艾滋病防治合作项目年度总结会,中盖艾滋病项目2010年度工作总结会,HIV快速检测策略及质控研讨会,全国艾滋病信息通讯员会议,全国艾滋病经性传播干预经验交流及研讨会,中国-联合国儿童基金会艾滋病预防

与关怀合作项目(2006－2010 年周期)总结会,第二轮全国艾滋病综合防治示范区工作咨询会议,第三届中国艾滋病疫苗联盟学术年会暨中国艾滋病疫苗联盟(CAVI)科学顾问委员会会议,第九届全国病毒学学术研讨会,第六届中国艾滋病防治国际合作项目经验交流会,艾滋病免费抗病毒治疗药品管理工作会议,全国 HIV－1 新发感染检测数据讨论会,第四届社会组织参与艾滋病防治工作研讨会,2011 年全国艾滋病监测工作总结会。

举办各类培训班 20 次,培训人数 2149 人次,涉及综合监测、检测、干预、抗病毒治疗、管理等多个领域,提高了省级专业技术人员的工作能力。具体培训班为:2011 年国家级艾滋病/丙肝哨点监测工作培训班,HIV－1 新发感染检测培训班,国家级艾滋病临床进修培训班,2011 年艾滋病检测咨询和感染者随访管理工作培训班,医疗机构主动提供艾滋病检测咨询师资培训班,2011 年美沙酮维持治疗门诊专业人员培训班,2011 年艾滋病疫情估计 EPP－Spectrum 培训班,男男性行为人群艾滋病咨询检测师资培训班,2011 年全国艾滋病疫情网络直报工作师资培训班,单阳配偶抗病毒治疗数据清理培训班,中盖艾滋病项目管理工具培训班,全国重点省份扩大抗病毒治疗及加强二线治疗工作培训会,2011 年 HIV 耐药研究研讨会和新技术培训班,全国社区药物维持治疗肝炎防治与数据管理评估培训班,CD_4^+ T 淋巴细胞检测 PT 电子化回报管理系统及数据质量控制和 HIV－1病毒载量检测技术及质量控制培训班。

赴各省(自治区、直辖市)进行基层督导、技术支持 98 次,426 人次。

七、实验室管理

组织完成实验室体系文件修订;完成仪器设备强检 180 件(台),完成 2 次实验室安全员安全培训,组织实验室相关人员外出进行培训 20 余人次,配合疾控中心实验室管理及区卫生局组织的飞行检查,积极进行整改,全年无生物安全事故发生;完成实验室管理系统机房(LIMS)建设。

参加国际能力验证,具体包括:血清学检测能力验证、CD4 细胞检测能力验证、HIV－1病毒载量检测能力验证、耐药及婴幼儿早期诊断检测能力验证。考核结果均为满意或优秀。

八、机构设置

(一)现有机构

性艾中心现设有办公室、监察审计室、人事党群办公室、规划财务室、实验室与后勤管理办公室、流行病学室、健康教育与行为干预室、治疗与关怀室、综合防治与评估室、参比实验室、病毒及免疫研究实验室、政策研究与信息室、国际合作项目管理办公室、示范区与中央转移支付管理办公室秘书处共 14 个科室,以及中国全球基金艾滋病项目、中国-默沙东艾滋病合作项目、中国-比尔·梅琳达盖茨艾滋病项目 3 个独立的国际合作项目办公室。同时,国务院防治艾滋病委员会办公室政策协调部和计划督导部 2 个部门设立在性艾中心。

(二)人事管理

现有在职工作人员 223 人(除学生外),其中编制内职工 123 人,聘用人员和借调人员 100 人(含合同制聘用 91 人、返聘 2 人、外籍 1 人、借调 7 人),博士后 5 人。2011 年新进编制内职工调入 10 人,调出 3 人、退休 1 人。编制外人员进出 77 人(进 20 人,出 57 人),全年人员进出 91 人。完善机构,新成立了示范区与中央转移支付办公室,招聘、任免室主任、项目主管 2 人次。完成人员工资、卫生防疫津贴、专家特殊补贴、岗位津贴、高风险特贴等福利待遇的发放工作;进一步理顺外聘人员的劳动合同,加强了外聘人员的管理,劳动合同签订率为 100%、社会保险缴纳率为 100%。全年办理社保业务 87 人次。完成各类奖项和人选的申报工作 13 项。

九、党团群工工作

召开党委扩大会 8 次,党支部会议 3 次;召开党员领导干部民主生活会;继续做好党员的组织发展工作,新发展党员 1 名,选送 2 名入党积极分子参加培训班,办理党员流转手续 24 人次。组织募捐活动 1 次。

组织召开职工座谈会 4 次;组织政治理论学习、举办各种体育比赛等共 15 项。其中,2011 年 9 月份召开了性艾中心第二届职工运动会。

十、监察审计

组织党员领导干部落实《廉政准则》情况的自查自纠;继续对各项经费管理、招标采购、人员招聘、职称评审、招生、重要考试等工作进行了廉政监察、效能监察。全年共计监督中心各项采购招标、标书评审和采购小组评标过程 13 次,招标文件评审专家和评标专家抽取过程 8 次,博士招生过程 1 次。完成审计草签合同 123 份等内部审计工作;开展工程建设领域突出问题自查工作、完成 3 个省本级及 6 个项目点全球基金项目经费审计与督导,开展了每月对凭证抽查审计工作;完成国家自然基金项目的结题内部审计;委托外部审计机构完成对中默艾滋病项目、中英策略支持艾滋病项目、全球基金-中英艾滋病项目、中心实验室管理系统机房项目的外部审计工作。

(吴尊友　刘玉芬)

慢性非传染性疾病预防控制中心

一、主要业务工作进展情况

（一）中国慢病监测工作进展顺利

2010年起，该项目被列入中央财政转移支付地方项目。2011年协助卫生部制定中国慢病监测项目中央补助地方公共卫生专项资金项目方案，编制了中国慢病监测（2011）工作方案和问卷，撰写了《中国慢病监测（2011）工作手册》、《中国慢病监测（2011）数据录入与管理手册》和《中国慢病监测（2011）督导方案》，制作了统一的培训教材及教学视频；完成了预调查及培训工作。截至12月31日，全国已有98个监测点完成了现场调查，占全部监测点的60%。

2011年制定了《中国慢病监测（2010）项目资料和血样审核验收方案》、《中国慢病监测（2010）项目数据清理方案》，以监测点为单位对各省上报的资料进行了审核、验收，对数据库进行清理，建立了最终数据库。完成了2010年中国慢病监测综合报告的数据分析与论证工作，完成《全国疾病监测地区慢性病及其危险因素监测（2010）报告》初稿撰写，并经三轮专家论证及修订后定稿，即将出版。

（二）慢性病综合干预工作

2011年，以慢病综合防控示范区创建工作为重点，依托省部联合减盐防控高血压、中国糖尿病综合管理、基层糖尿病管理与适宜技术推广和淮河流域癌症综合防治等项目，深入开展了心脑血管病、糖尿病和肿瘤等慢性病综合防控工作。注重加强慢性病防控能力建设，积极探索慢性病防控适宜技术，同时不断拓展了口腔及老年病防控工作。

1. 国家慢性病综合防控示范区创建工作成绩斐然　自2010年起，示范区创建工作被列为中央财政转移支付地方项目。慢病中心作为示范区创建工作办公室和技术支持单位，协助卫生部疾控局完成了2011年度国家慢性病综合防控示范区考评的全部工作。首先完善了示范区技术、管理方案。组织专家起草了慢性病综合防控示范区管理方案、工作指导方案、考核评估方案等相关技术方案，并组织编写了考核实施细则和示范区管理办法及《国家慢性非传染性疾病综合防控示范区考核评价工作手册（试行）》。其次，科学组织，指导各地示范区的创建工作。按期完成了全国培训，向全国下发了《申报国家级慢性病综合防控示范区上报材料要求说明》,组织专家协助卫生部开展示范区的评审工作。2011 年 7-8 月,先后三次举办国家级示范区申报材料专家评审会,对全国 19 个省的 47 个县(区)提交的材料进行了核对和评审。2011 年 8 月至 11 月底,共组织、协调 20 批次 130 余人次专家深入现场,对申报国家级示范区的区(县)进行了现场评审工作。最终对 19 个省(市)的 39 个申报县(区)授予了国家慢性病综合防控示范区。

2. *省部联合减盐防控高血压项目* 2011 年,该项目制定了基线调查实施方案并完成了省内实施方案的师资培训。5 月,在山东省聊城市高唐县开展了人群基线预调查工作,预实验解决了现场实施中的技术关键点。7 月,项目组成立了基线调查现场工作督导组,对项目基线调查实施现场进行了督导,及时发现和解决了现场实施过程中的具体问题,保证了基线调查的质量和进度。目前基线调查工作及相关实验室检测工作全部完成,总计完成调查问卷 15 350 份(18 岁以上人群),完成率 98.4%;收集 24 小时尿样 2112 份,完成率 96.7%;完成 18 岁以下人群调查问卷 5225 份,完成率 129.0%。目前,项目已经完成基线调查数据分析,正在对基线调查报告进行修改。

3. *中国糖尿病综合管理项目* 中国糖尿病综合管理项目计划运用先进的国内外糖尿病防控管理理念,利用 5 年的时间对全国 500 名中青年骨干医生、1 万名基层医生开展糖尿病防治知识培训,同时选择部分国家慢性病综合防控示范区开展糖尿病患者自我管理活动,建立患者互助小组。2011 年 5 月 11 日,在京召开项目启动会。目前项目协议已经进入签署的最后阶段。

4. *基层糖尿病管理与适宜技术推广项目* 基层糖尿病管理与适宜技术推广项目旨在提升基层医生糖尿病知晓率、糖尿病检出率;实施糖尿病患者"自我管理",提升血糖达标率、延缓并发症进展;进行糖尿病治疗管理模式探索,探索政府、企业、群众共盈的模式。截至 2011 年底,已经完成糖尿病教育立体挂图、糖尿病患者教育资料、基层糖尿病管理工具包等适宜技术的开发,基层医生和种子医生培训教材的编写及项目参加城市的前期准备工作。

5. *淮河流域癌症综合防治项目* 淮河流域癌症综合防治项目旨在进一步研究淮河水污染与恶性肿瘤发生间关系及关联强度,为淮河肿瘤综合防治干预提供依据。2011 年组织实验室有关工作人员在河南省沈丘县进行了环境水样采集和现场富集处理;组织撰写《淮河项目生态前瞻性队列研究方案》,并多次召开专家论证会。举办了淮河项目生态前瞻性队列研究预调查培训班,并在河南省沈丘县开展了现场实验室人体生物样品采集。

2011 年淮河项目癌症预防工作,重点对淮河项目重点县沈丘县 2008-2009 年的培训效果进行了评估;举办了 14 个项目县的基层医生癌症预防与早发现能力建设师资培训班,共培训师资 80 余人;截至 2011 年底,督促并指导所有淮河项目县/区开展了基层医生推广培训;为了解影响肿瘤病人早发现的因素,进行了约 1000 名病人危险因素及寻医行为调查。

（三）伤害预防控制工作

2011年继续开展中国道路安全项目，完成了项目实施和评估计划的制定。强化执法干预和宣传教育干预等干预工作有序开展；组织实施了3期项目能力建设培训班，包括强化执法培训、行为改变培训和项目管理能力培训。完成了四次项目城市基线调查及评估工作；完成了四次国家级项目现场督导和技术指导，召开了项目中期和终期两次总结会。为了深入探索伤害干预模式，慢病中心联合全球儿童安全组织继续开展了“儿童安全教育干预项目”，项目已覆盖全国18个省22个城市，围绕我国儿童意外伤害的两大主要领域-儿童步行道路交通伤害和儿童意外火险进行干预教育。

（四）科研、学术交流与国际合作

2011年，慢病中心以中美儿童与家庭合作项目、中国养老与健康追踪调查（CHARLS）项目、环境遗传毒性物质暴露和效应评估关键技术项目（863项目）等项目为依托，积极开展科学研究工作，执行科研课题13项，其中结题3项，新申请2项。共在国内外专业期刊上发表学术论著（文）25篇，其中英文4篇，主编（主译）专业书籍（译著）5部。

2011年，慢病中心共因公派出国11批17人次，其中长期公派出国2人；因公派出内容涉及慢性病防治、危险因素监测，糖尿病、肥胖、身体活动干预，儿童肿瘤队列研究以及道路安全等。

2011年重视并加强与世界卫生组织的合作，积极扩展合作伙伴，与美国疾控中心、加拿大公共卫生署、约翰霍普金森大学、英国医学研究理事会（MRC）等逐步建立关系，争取合作机会，并积极开展学术交流活动等各类国际合作有关活动。

二、加强综合管理和队伍建设，促进慢病中心可持续发展

2011年，慢病中心重点围绕机构建设、制度建设、信息化建设，全面提升管理水平。根据工作需要，在中国疾控中心党委的统一部署下，慢病中心领导班子进行了调整。慢病中心内部也加强了中层干部队伍建设，通过公开竞聘，新任命中层干部7名。根据《慢病中心规章制度》（试行），结合慢病中心实际情况，修改、制定了《慢病中心工作人员京外出差管理办法》（试行）、《慢病中心加班规定》（试行）、《慢病中心采购管理办法》（试行）等规章制度。2011年底，慢病中心协同办公系统正式上线，进行双轨运行。逐步理顺工作流程，提高了工作效率。

慢病中心有计划地批准职工学位教育、鼓励和推荐职工参加业务培训。批准3名职工参加CFETP培训，推荐3名职工出国半年以上的进修培训。2011年毕业研究生6名，

其中博士 1 名、硕士 5 名。新招研究生 3 名,其中科研型硕士 2 名、MPH 研究生 1 名。完成中国疾控中心《慢性非传染性疾病》和《社区卫生与初级卫生保健》两门课程的教学任务。

三、党群工作

2011 年,慢病中心党支部在中国疾控中心党委的领导下,深入学习贯彻党的十七大和十七届五中、六中全会精神,巩固和扩大学习实践科学发展观,深入开展创先争优活动。新的领导班子不断加强自身建设,努力提升管理水平,认真组织召开民主生活会;以庆祝中国共产党建党九十周年为契机,组织开展“汶川主题党日”活动、大家唱红歌等活动,提高了党支部的凝聚力,加强了慢病中心的文化建设;坚持“一手抓管理和业务,一手抓党风廉政建设”,不断加强和改进作风建设;在党支部的领导下,改选产生了新的团支部委员会;为实现“十二五”良好开局提供坚强的思想保证、政治保证和组织保证,有力地促进了慢病中心的改革、发展和稳定。

(王卓群　王临虹)

营养与食品安全所

一、行政管理工作

(一)人力资源管理

1. 人员状况　营养与食品安全所的人员编制为300人，现有职工275人，各类专业技术人员235人，占全所职工的85.5%。其中高级技术职称人员88人，占专业技术人员的37.4%；中级技术职称人员69人，占专业技术人员总数的29.4%；初级技术职称人员78人，占专业技术人员总数的33.2%。专业技术人员中59人(25.1%)具有博士学位，82人(34.9%)具有硕士学位，56人(23.8%)具有学士学位，其他学历38人(16.2%)。

2. 领导班子人事变动　2011年11月3日，任命严卫星为所长，任命高玉莲为党委书记。

(二)整合内部机构，加强技术支撑能力

继续贯彻卫生部、中心领导“边工作、边建设”的指示，借助营养与食品安全领域工作任务增强契机，组建了风险监测室，进一步加强了风险评估室和标准室人员配置。结合评估中心组建，通过各种形式，进一步统一全所干部职工思想，提高认识，认真调研各处室工作，听取全所职工意见，调动全体职工的主观能动性，积极思考新形势下营养食品所的任务职责、职能定位、关键领域与技术以及工作机制体制建设。

(三)强化制度建设，梳理工作流程，严格管理把关，提高工作效率

在所领导的组织下，职能部门进一步完善了《制度汇编》，对各自职责内的制度和管理规定进行梳理和修改，共包括党群工作、行政管理、档案管理、安全保卫管理、人事管理、财务管理、科研管理、外事管理、实验室安全管理、后勤管理等十个类别84项制度，大多数已在实施执行，还有部分正在征求意见。

在建立健全制度基础上，进一步强化职能部门管理职责，组织梳理了“请示审批程序”、“公文发文程序”、“公章管理程序”、“集中采购程序”、“大额资金所务会审批程序”、“合同(协议)律师审查程序”等一系列工作流程，相关职能部门严格管理、严格把关、促进科学管理、规范管理。目前全所全部物资实现了统一采购管理。

(四)强化组建过渡期管理工作

2011 年 12 月 5 日,卫生部党组会提出要求:营养食品所主要领导在组建过渡期要继续负起责任。按照部领导要求,在食品风险评估中心组建工作和营养食品所日常工作,两线工作双轨运行形势下,所有领导班子认真负责,加强管理,做到了工作不断、人心不散、秩序不乱,两方面工作均有条不紊展开。

(五)进一步加强预算管理,提高预算执行力度

挖掘潜力,多渠道筹措资金,本着“以收定支,量入为出,保证重点,兼顾一般”的原则,形成单位年度预算,是预算更加切合实际,利于操作。在预算执行中,我们严把财务关,严格按照预算执行,不随意调整预算。严格按照财政批复的预算组织收入、安排支出。按照专项资金管理的有关规定,做到专款专用。建立了预算通报制度,对预算执行进度缓慢的,及时提醒,保证项目按计划执行。严格按照政府采购的要求和年度政府采购预算进行货物、工程和服务的支出,规范采购行为。

(六)加强财务监督,提高资金使用效率

定期检查预算执行情况,对项目执行的全过程进行监督,对不符合国家支出政策规定和预算标准的及时予以纠正。通过进行日常监督检查,及时发现在预算执行过程中存在的问题,及时整改,完善制度,堵塞漏洞,形成监督与管理并重,日常监督管理与专项监督检查相结合的财务监督工作新格局,充分发挥了资金的使用效率。

(七)认真开展内部审计,完善财务监督程序

结合所里的实际情况和审计工作计划开展了记账凭证抽查,设备、实验耗材采购,工程项目招、投标工作中的采购程序、手续、合同签订以及执行、档案管理等情况抽查,委托业务审计,所课题项目管理工作内部审计等工作。

(八)继续做好综合治理,各项工作再上新台阶

通过加强组织建设,逐级签订了责任书、修订补充应急预案、采取多种形式加强宣传教育、强化安全检查等多项具体措施,提高了职工群众群体防范意识和防范能力,为所内各项工作的正常开展提供了有力保障。为了确保工作安全,提高职工安全意识,多次对各处室进行安全检查,清除隐患,各处室认真对待,积极配合做好防火、防盗工作。在重大节日、重大活动期间,加强安全管理,加强节日期间的值班制度,提高职工群体防范意识和防范能力。严格交通安全管理,对机动车驾驶员及职工进行交通安全教育,通过知识答题等

形式，强化交通安全意识和消防知识。

（九）奖励与荣誉称号

1. 集体奖励与荣誉称号

（1）营养食品所于2011年2月获得科学技术部颁发的“十一五”国家科技计划执行优秀团队奖。

（2）营养食品所于2011年8月获得中国科协、中央组织部、中央宣传部、国家发改委、教育部、科技部、财政部、人力资源社会保障部、农业部九部委颁发的《全民科学素质行动计划纲要》实施工作先进集体荣誉称号。

（3）营养食品所2011年11月获得中国食品杂志社颁发的中国食品产业产学研创新发展突出贡献“科研院所奖”。

2. 个人奖励与荣誉称号

（1）李凤琴于2011年5月获得中国女医师协会颁发的基础医学科研创新奖。

（2）胡小琪于2011年8月获得北京市卫生局、北京市教委颁发的2006－2010年度北京市学校卫生防病工作先进个人荣誉称号。

（3）刘兆平于2011年11月获得中国食品科学技术学会颁发的科技创新奖。

（4）张倩于2011年获得2011年第十一届国际骨质疏松研讨会暨第九届国际骨矿研究学术会议颁发的优秀论文一等奖（《北京老年妇女维生素D营养状况及其与骨量关系》）。

二、营养领域工作

（一）营养监测工作

2011年在31个省、自治区、直辖市的26个中小城市点和29个贫困农村55个点的居民营养与健康状况监测。

2011年6月，营养食品所成立了营养监测室，在原来工作的基础上，加强了营养监测全部工作的整体组织、协调与管理工作。

2011年6月，在云南昆明组织召开中国居民营养与健康状况监测2010年工作总结会暨2011年工作布置会议，来自30个省（自治区、直辖市）疾控中心和55个监测点的195名监测工作负责人员和33名国家级项目人员参加。会议总结2010年项目工作经验，部署2011年的工作方案，并就检测中的关键技术组织了重点培训。

自7月起至2011年底，全国除新疆、西藏、江西、重庆、山东外，均陆续启动了营养监测的各省级培训班及监测点的现场调查工作。为保证监测的质量，国家项目组决定国家级的督导将覆盖各省级的培训班及第一个监测点的现场工作。营养食品所先后派出33

个督导组奔赴已经启动的 25 个省份,督导省级培训并对约 30 个启动现场监测的县市进行督导。完成每个点的督导报告及督导表的填写。编写营养监测简讯 4 期,及时报道各省份开展监测的良好经验与督导中发现的问题,报道国家项目组工作动态及下一步工作。

自 2011 年 3 月份起,积极组织营养监测数据分析人员,对 2010 年上报的 29 个大城市居民营养与健康监测数据进行清理与分析,初步形成了 2010 年我国大城市居民营养与健康状况技术报告。

(二)组织推动全国《营养改善工作管理办法》贯彻实施活动

2011 年是《营养改善工作管理办法》颁布实施一周年,为了进一步贯彻落实《营养改善工作管理办法》,激发学习兴趣,充分掌握营养改善工作管理办法的精神,有效促进营养改善工作,与中国营养学会合作举办了营养工作政策法规和相关营养知识有奖问答活动。此项活动受到了全国各地疾控中心、医科大学、地方学会等的积极参与,超过 1350 人参与了问答活动。

在有奖问答活动的同时,还以正式通知单位形式发布了《营养改善工作管理办法》宣贯先进集体和个人评比活动的信息。11 月中旬整理所有上报的资料,12 月初组织专家进行评比,12 月下旬召开大会,表彰先进集体和个人。

对全国省级疾控中心进行《营养改善工作管理办法》贯彻实施情况的问卷调查,以便了解各省营养工作开展情况,为有效实施《营养改善工作管理办法》提供了依据。

(三)营养标准专业委员会工作

卫生部营养标准专业委员会于 2010 年 11 月成立,营养食品所作为标委会秘书处,承担了标委会卫生标准制修订、管理、宣传、技术咨询、信息收集、整理、分析、研究及大量的组织、联络协调和文件起草工作。

2011 年 3 月,秘书处组织召开了营养标准委员会研讨会,讨论并通过了由秘书处草拟的《营养标准专业委员会章程》、《营养标准专业委员会"十二五"发展规划》和《营养标准体系框架》等关乎营养标准专业委员会未来发展的一系列文件。

秘书处在日常工作过程当中,认真配合卫生部政法司及卫生部监督中心等上级主管部门的工作,积极参与卫生部政法司召开的卫生标准年会以及卫生部卫生监督中心组织的卫生标准宣传周等活动,组织编写了营养标委会的情况介绍以及营养标准的重要性材料,向其他标委会及公众宣传营养标准。此外,组织编写资料,通过《中国卫生标准管理》杂志宣传营养标委会及营养标准。

根据卫生部的要求,组织标委会委员和营养专业人员积极申报 2012 年营养标准编制立项,并向营养标委会主任委员、副主任委员、秘书长等汇报,征求意见,进行初步审核,上报卫生部监督中心。

2011 年 12 月 16－17 日营养标委会召开评审会议，对 8 个营养标准进行了认真审议：①膳食调查方法；②人群健康检测人体测量方法；③人群贫血筛查方法；④高血压病人膳食指导；⑤5 岁以下生长发育状况判定指南；⑥临床营养风险筛查；⑦糖尿病病人膳食指导；⑧紧急情况下营养保障指南。

（四）组织开展“中国健康与营养调查”

2011 年是该项目第九轮调查年，随着追踪时间的延长、城市改造和劳动力迁移，追踪难度逐渐增加，为了保证第九轮调查的追踪率和数据质量，2011 年初在开始准备各种调查材料的同时召开各省项目负责人会议，听取各省对于项目的改进建议，促进各项目省做好追踪调查的准备和动员工作。4－5 月份组织了四期培训班，统一调查方法，为各调查点做好调查工作打下良好基础。各省在 8 月份逐渐开始调查，工作进行顺利，11 月底完成现场调查。12 月初完成数据录入培训并开始数据录入工作，到 2012 年 3 月底数据录入完成整个第九轮调查可以结束。

通过 20 年数据的积累，2011 年项目分析工作取得了很大进展，发表文章 10 余篇，而且各省也越来越注意数据使用，辽宁、湖北以本项目数据为基础出版了本省居民膳食结果与营养状况变迁的研究数据集并且获得了省科技进步奖。

北京、上海和重庆作为超大城市其经济发展速度和居民生活方式的变化都不同于其他省份，因此本项目 2011 年开始在北京、上海和重庆建立追踪研究队列，通过与当地疾病预防控制中心合作完成了 480 户的基线调查工作。

为了提高调查质量，缩短数据收集周期，2011 年开发了计算机辅助面访系统，并且在河南鹤壁和贵州清镇县，共 8 个调查点、160 个调查户中进行了现场使用试点，并且获得成功，这个工作对于改进现场调查方法有很大的作用。

（五）组织编写营养知识读本工作

根据卫生部疾控局 2011 年营养工作计划，在联合国儿童基金会的资助下，营养食品所承担了供社区、乡镇医疗卫生人员使用的营养知识读本编写任务。本年度共召开了 4 次项目组专家会，并请卫生部领导、营养学会专家参与咨询。根据专家意见，兼顾基层营养工作需要，目前知识读本经过了几轮修改，项目组整理完成了十章共计 10 万字的文稿。于 12 月在北京举办基层社区卫生人员的营养知识读本培训会，经过进一步设计、完善后，读本将正式出版发行。

（六）营养干预

组织开展了《地震灾区儿童营养干预的基线调查》和贫困农村地区儿童营养缺乏改善

适宜技术的研究,通过追踪研究和成本-效益分析探讨营养包在我国贫困农村地区改善儿童营养不良的适宜性,建立符合贫困地区有效、使用的儿童营养综合改善模式,达到有效地降低5岁以下儿童营养不良率,改善儿童营养健康状况的目的,同时为政府决策提供科学依据。

(七)积极开展营养科普教育工作

为了更广泛的宣传营养与健康知识,提高大众的营养与健康知识水平,2011年应邀参与报纸、期刊、电视、网络等多种媒体的20多次采访,进行大众营养与健康知识的宣传。

三、食品安全风险监测

2011年,全国食品安全风险监测覆盖全国31个省市和新疆建设兵团,包括省、地、县344个检测技术机构,其中各级疾控中心338个,质检部门实验室5个,食品药品检验所1个。2011年的重点任务是建立健全全国食品安全风险监测框架、开展相关检测技术培训、开展监测机构质量控制、建立起能够适应风险监测需要的组织体系和技术体系。对我国消费量大、流通广的19大类近百种食品中120项化学污染物和有害因素,10大类食品中9种食源性致病菌和3种指示菌及疑似食源性异常病例/异常健康事件进行监测,并组织开展食源性疾病(包括食物中毒)报告,同时,根据2011年国务院食品安全重点工作安排及食品安全事件回应要求,开展了塑化剂、鲜肉及肉制品中瘦肉精、辣椒制品中工业染料、食用植物油中黄曲霉毒素和苯并[a]芘等专项监测和应急监测,初步摸清了我国食品中重要污染物和食源性疾病发病状况,形成了具有中国特色并与国际接轨的食品安全监测体系,建立了一支从事食品安全监测的专家队伍。

(一)常规监测

1. 监测计划和工作手册的编制　营养食品所负责起草《2012年国家食品安全风险监测计划》。为了解决样品代表性、抽样设计和数量分配问题,收集大量的国内外相关文献和资料,并就相关监测技术规范和方法与德国联邦风险评估研究所(BfR)的相关专家讨论和学习。组织流行病学专家对抽样框架进行研讨,确定抽样量的计算和分配原则,为我国监测计划的制定提供了科学依据。组织各部门领导和专家对计划进行讨论、修改,并征求各省级疾控中心相关专家的意见和建议,最后定稿。

按照《2011年国家食品安全风险监测计划》要求,组织编写《全国食品安全风险监测2011年度工作手册》,包括四部分内容:一是常规检测;二是专项检测,三是质量控制,四是检验标准操作程序。对监测点设置、采样要求、样品检验、质量控制等内容进行详细描述,对地方制定实施方案、组织实施监测工作提供指导。

组织起草了《食品安全风险监测技术机构监督管理办法等相关规定(讨论稿)》,包括:国家食品安全风险监测技术机构监督管理办法(报批稿),国家食品安全风险监测采抽样规程(报批稿)、国家食品安全风险检测技术机构(检验机构)工作规程(报批稿)、国家食品安全风险监测考核样品管理规程(报批稿)、国家食品安全风险监测数据上报、审核和分析规程(报批稿)等。

2. 监测数据分析和报告的撰写 负责2010年国家食品安全风险监测数据的审核、汇总、整理、分析及报告撰写,参与完成《2010年食品安全风险监测数据分析和工作报告》、《2010年国家食品安全风险监测结果报告摘要》和《2010年全国食品安全总体状况报告》上报卫生部和国务院食品安全委员会办公室。

3. 开展监测培训 举办了监测数据上报与审核、监测登记报告系统、检测技术等多个培训班。

4. 监测数据审核和数据库管理 截至到10月底,完成2011年200万份(包括10大类食品、12中微生物指标)有效监测数据的审核。

2011年完善了监测数据登记报告系统。根据2011年监测计划,及时完成"监测登记报告系统"监测样品种类、监测项目等后台字典的调整,使其适用于2011年监测数据的报告。

针对2010年和2011年"监测登记报告系统"运行过程中,脱机版和网络版并存所带来的种种问题,已经着手建设2012年监测数据报告和管理系统,目前项目正在建设中,预计12月上旬完成并提交测试系统,2012年推广到全国各监测机构。

5. 质量控制 起草了《2011年国家食品安全风险监测质量控制方案》,组织开展了化学污染物、致病菌等的质量控制工作。

6. 食源性疾病主动监测 根据《2012年国家食品安全风险监测计划滚动调整的通知》,组织完成《食源性疾病主动监测工作计划》和《2011-2012年食源性疾病主动监测工作手册》的编制。多次协助卫生部组织统计、流行病学专家对监测计划进行讨论、修改,并征求各省级疾控中心相关专家的意见和建议,定稿后提交卫生部并下发。

受卫生部监督局委托,正在组织完成"食源性疾病主动监测报告系统"和"食源性致病菌溯源分析系统"的建立。完成并下发了发改委建设项目"食源性疾病致病因子与病因性食品溯源平台"的统一建设与应用要求。目前,已经启动食源性疾病主动监测报告系统、食源性疾病致病因子与病因性食品溯源系统、Bionumeric软件运行环境及集群计算环境构建。

(二)专项监测与应急监测

组织开展了塑化剂、鲜肉及肉制品中瘦肉精、辣椒制品中工业染料、食用植物油中黄曲霉毒素和苯并[a]芘的专项检测和应急监测。

四、食品安全风险评估

(一)承担国家食品安全风险评估专家委员会秘书处工作

营养食品所承担国家食品安全风险评估专家委员会秘书处工作,负责专家委员会的日常事务工作。

完成国家食品安全风险评估专家委员会《食品安全风险评估工作指南》等 3 个技术性文件的修改、翻译(英文)和校对工作,完成《国家食品安全风险评估专家委员会章程(草案)》。

2011 年 6 月、10 月分别组织召开国家食品安全风险评估专家委员会第四次全体会议和稀土元素毒理与健康效应研讨会,负责会议组织、材料准备、进展汇报、向相关部门征集优先评估意见、向委员会提出优先评估项目建议等工作。完成《食品安全风险评估工作指南》等 3 个技术性文件的意见征集、修改以及英文翻译和校对工作。受卫生部监督局委托,针对婴幼儿食品中的重金属、较大婴幼儿食品中的阪崎肠杆菌、食品中稀土元素限量标准等问题,组织召开相关专家研讨会,并提出 8 个风险评估科学意见或工作方案。

受卫生部监督局委托,利用 2002 年中国居民健康与营养状况调查的数据,对 2010 年国家食品安全风险监测工作中 100 多项化学污染物、添加剂和有害因素开展健康风险评估,完成《2010 年国家食品安全风险检测结果评估报告》,并汇总整理《2010 年国家食品安全风险检测结果分析和风险评估摘要》,上报卫生部。

(二)食品安全应急评估工作

针对“台湾塑化剂”事件,完成我国重点食品中邻苯二甲酸酯的应急评估工作,参与“台湾塑化剂”事件的处置,在收集、整理相关毒理学资料、检测数据和综合评价的基础上,提出食品中 5 种邻苯二甲酸酯类物质的限量值建议。

起草婴幼儿配方粉中砷超标问题的科学建议、婴幼儿食品中阪崎肠杆菌评估方案、《双酚 A 毒理学资料》和《双酚 A 的安全性及监管措施》。起草硫磺、牛肉膏、反式脂肪酸、二噁英和富马酸二甲酯等相关科学建议及科普宣传材料。

(三)完成食品安全优先风险评估项目

(1)完成国家食品安全风险评估专家委员会 2010 年 4 个优先评估项目报告的修改和上报工作,包括《中国居民膳食镉暴露的初步风险评估》、《中国居民膳食铝暴露初步风险评估》、《我国部分食品中甲醛含量现况调查》和《我国主要食品原料中硼的本底调查》,其中《中国居民膳食镉暴露的初步风险评估》和《中国居民膳食铝暴露初步风险评估》两个报告已经提交卫生部。

(2)按计划顺利实施国家食品安全风险评估专家委员会2011年确定的《食品中反式脂肪酸的风险评估》、《食品中铅污染的风险评估》、《食品中二噁英污染的风险评估》和《我国鸡肉制品中沙门氏菌的风险评估》4个优先评估项目。包括起草项目实施方案、开展相关培训和组织落实工作等。截至2011年底，铅的风险评估项目已经完成高污染区的专项监测工作(包括膳食铅和儿童血铅)，正在进行数据整理；反式脂肪酸项目因受工作经费下拨的影响而阻碍了工作的进程，导致工作进展拖后，目前已完成专项膳食调查的现场工作和原样品检测任务量50%的样品采集和检测工作，正在进行相关数据录入和分析；鸡肉中沙门氏菌项目已完成鸡肉消费模式调查工作等，并按计划完成2/3样品的采集与检测工作。

(3)完成国家食品安全风险评估专家委员会2012年优先评估项目意见征集和实施方案的起草工作，经国家食品安全风险评估专家委员会第四次全体会议(2011年6月12日)确定，2012年的优先评估项目包括食品中邻苯二甲酸酯类的风险评估、食品中溴酸盐的风险评估和鸡肉中空肠弯曲杆菌的风险评估3个项目，目前已完成上述项目的初步实施方案。

(四)全国食品安全整顿相关工作

(1)完成对前5批黑名单的合并汇总，以及前5批黑名单中各种物质的性状、用途、食品中的非法使用或滥用、毒性危害等信息的搜集整理工作。

(2)提出黑名单中需要验证的10类物质的检验方法，并组织全国20余家单位进行方法学验证，目前此项工作正在进行中。

(3)针对“豆浆机使用工业润滑油”事件，组织召开专题研讨会。根据专家意见，向卫生部监督局上报关于“豆浆机使用工业润滑油”的科学意见。

(4)针对不同类别制品中“一滴香”、甲醛、水玻璃、苯并芘等问题，向卫生部监督局回复科学意见或提供食品安全科学信息，共7项。

(5)组织召开地沟油相关事宜研讨会，并提出科学意见。

五、食品安全风险交流

营养食品所于2010年底成立了风险交流室。

(一)采取多种形式普及公众食品安全知识，提高公众食品安全意识

积极参与“北京市食品安全社区行”等活动，对“正确认识食品添加剂”、“如何预防食物中毒”进行了宣讲，有效提高了公众的食品安全意识。同时还积极参与《人民日报》科普文章的编写。

(二)关注主要媒体食品安全新闻舆情,积极参与主要舆情应对

2011 年我国不断出现各种食品安全新闻等舆情,对我国的主要媒体的新闻每日均进行有关食品安全的筛查;同时积极关注国际上有关食品安全的动向,对重要的内容编制《食品安全风险交流信息简报》(电子版),截至 2011 年 11 月底共编制了 9 期。

同时还参与了瘦肉精、增塑剂、德国出血性大肠菌、美国甜瓜单增李斯特菌、豆浆机工业润滑油等事件的舆情跟踪及相关资料的收集整理,逐步建立了有关食品污染物的数据资料库。

(三)进行风险交流技能培训和学习,完善风险交流工作制度

风险交流工作除了需要食品安全的专业知识,更需要与公众沟通的技能。营养食品所积极参加各类媒体组织的活动。通过参加这些活动,了解媒体工作者的思路并与其积极探讨下一步合作的方式方法。

鉴于我国食品安全风险交流工作是一项较新的工作,营养食品所正在编译国外食品安全风险交流技能的有关专业书籍,为下一步食品安全风险交流人员培训教材奠定基础;受卫生部委托,承办了 5 月 18 - 20 日的食品安全风险交流国际研讨会,对各级疾控机构的食品安全风险交流工作者进行培训。来自国家食品安全监管有关部门、食品安全风险评估委员会的委员、食品行业协会和全国各省的疾控系统的食品安全人员近 200 人参加了会议,会议邀请了欧盟、德国、泰国、我国香港地区及我国卫生、法学、媒体、食品行业协会等专家进行专题发言。

营养食品所还负责起草了《食品安全宣传工作方案》、《食品安全标准舆情应对工作方案》等。

六、营养与食品安全突发事件应急现场处置、应急监测和应急保障工作

(一)应急现场处置和应急检测

先后组织开展了台湾塑化剂事件、地沟油、瘦肉精、“血燕”亚硝酸盐含量“严重超标”、婴儿奶瓶中的双酚 A 事件、新疆和田市食物中毒应急处置等的应急监测和处置,为政府监管部门做好技术支持。

(二)机关食堂卫生应急保障工作

营养食品所受中国疾控中心的委托,承担了机关食堂卫生保障相关工作。按照中心的要求及时制定了营养食品所“2011 年度机关食堂食品卫生保障工作方案”。组织相关人员在机关食堂管理工作人员的配合下进行现场采样,组织协调所内相关处室完成了食

堂原材料、季节性抽检和营养健康教育工作。

2011 年 5 月，对食品调料进行了抽检，包括酱油、食醋、食盐、味精、糖和各种酱类等所有调味品共 108 种，检测项目为相关的理化指标和微生物指标，检验结果均符合标准规定。2011 年 8 月，对原材料进行了抽检，包括生畜禽肉、熟肉制品、水产品、乳与乳制品、蛋与蛋制品、蔬菜及面粉等产品共 65 种，检测项目为相关的理化指标和微生物指标，检验结果均符合标准规定，同时对水产品中抗生素进行了检测。6 - 10 月按照每月两次的采样频率对大小食堂的饭菜进行了监测，全年共完成饭菜类 294 份监测样品的检测，检测项目为微生物卫生指标和致病菌，均未检出致病菌。

同时在 2010 年营养教育工作的基础上，继续深化营养宣教工作，并完善了食堂的食谱电子管理系统，目前，食堂的食谱数据查询系统在部门内部试运行。

七、承担国务院食品安全委员会办公室委托工作

(1)开展“食品安全监管资源现状调查”。营养食品所提出食品安全监管资源的调查统计方法，于 2011 年 2 - 4 月通过在线填报的方式对我国食品安全资源现状进行了调查统计，现正在进行统计分析，提出我国食品安全监管资源(包括监管部门和检验机构)分布情况的评价报告和我国食品安全监管资源优化配置方案。

(2)参加“十二五”期间国家食品安全监管体系规划(2011 - 2015)草案的调查、资料收集、整理。

(3)参加“食品安全整顿考核评估”工作，参与制定了考核评估表，派员参加黑龙江、吉林、辽宁、北京、云南、海南、广西等地的考核评估。

八、参与营养与食品安全领域国际、国家标准的管理与制修订，参与相关政策、法规、管理办法的起草

(一)标准制定

2011 年，营养食品所协助召开两次食品安全国家标准审评委员会主任委员会议。审查通过了食品安全国家标准 120 余项，完成制定食品添加剂产品标准 58 项。其中《食品添加剂使用标准》、《食品中真菌毒素限量》、《预包装食品标签通则》等重要的基础标准已由卫生部发布。

(二)标准立项与规划

2011 年 4 月，食品安全国家标准审评委员会第五次主任会议审议提出了 2011 年度食品安全国家标准立项优先原则，确定优先制(修)订食品安全基础标准的配套标准、重要缺失标准、存在矛盾的标准，已有风险监测结果和相关评估基础的标准等。审评委员会秘

书处据此对各方提出的立项建议进行了整理和筛查,拟定了《2011年度食品安全国家标准项目计划(征求意见稿)》,包括62项2011年拟开展的标准项目。

(三)组织开展了202项相关国家标准的清理整合工作

2011年组织开展了202项相关国家标准的清理整合工作,202项食品安全国家标准的征求意见稿等相关材料已陆续提交至秘书处,秘书处按照相关规定和要求对标准文本的格式和内容等方面进行审核,并分批向卫生部上报公开征求意见。

(四)标准宣贯解释

面对社会各界对我国食品安全标准体系建设和管理中存在的疑惑,审评委员会秘书处配合卫生部,广泛收集标准实施中可能的出现问题,制作了食品安全国家标准问答材料,解疑释惑,动员各方积极宣传贯彻新的食品安全标准。针对媒体质疑我国食品安全标准问题,秘书处组织资料进行专门回应,提高标准的公信力。

提出了GB19295《食品安全国家标准速冻米面制品》相关问题的意见。按照卫生部的要求,针对目前速冻米面制品市场出现的微生物问题,秘书处组织微生物专家进行调研,就标准的金黄色葡萄球菌指标等技术内容及发布该标准向卫生部提出建议。

2011年5月底,针对台湾地区塑化剂事件,卫生部下达任务要求提供邻苯二甲酸酯类物质资料及其他国家管理情况和法规依据。6月6日,向卫生部正式提交台湾塑化剂事件资料汇编,包括台湾塑化剂事件简介及进展,美国、欧盟、日本对邻苯二甲酸酯类物质的批准情况,卫生部2011年6月1日发布的《关于公布食品中可能违法添加的非食用物质和易滥用的食品添加剂名单(第六批)的公告》(卫生部公告2011年第16号)中各物质的背景资料、法规及限量等。

(五)食品添加剂行政许可

完善食品添加剂行政许可相关制度,组织起草了《食品添加剂新品种技术评审规定》、《食品添加剂新品种技术评审细则》、《食品添加剂新品种样品研制现场核查规定(试行)》和《食品添加剂行政许可评审专家管理规定》等相关制度文件,细化《食品添加剂新品种申报与受理规定》的评审要求。2011年组织召开5次食品添加剂新品种评审会议,审查了食品添加剂新品种159项,通过32项。

(六)食品包装材料相关标准

2011年受理3299份资料,完成969份材料审查。对190余项食品包装材料用添加剂物质、110余份食品包装材料用树脂类物质公开征求意见,并完成了对意见的处理。

（七）积极参与国际食品标准制定，开展国际食品标准追踪

国际食品法典工作按计划开展。2011 年，中国食品法典委员会秘书处派出 40 余人次参加了分析采样方法、污染物、添加剂和食品标签等国际食品法典委员会会议。

SPS 通报评议工作有序进行。共收到各国发布的 WTO 食品安全相关通报 156 项，收到各国对我国新发布的食品中致病菌限量、食品中取消过氧化苯甲酰措施等重要标准的评议措施上百项。

本年度完成了欧盟食品安全法规框架体系编写，美国和澳大利亚、新西兰的食品安全相关法规框架体系报告预计年内完成。

2011 年 3 月 14 - 18 日在厦门组织召开了第 43 届国际食品添加剂法典委员会会议。来自 54 个国家、1 个成员组织（欧盟）及 27 个非政府组织的 200 名代表参加了会议。

九、做好科研工作，为做好营养与食品安全领域技术支撑打下坚实基础

（一）课题管理与科技奖励

1. *在研课题的管理*　2011 年营养食品所承担的 40 余项科研课题全部按计划进行，其中国家重点基础发展规划项目（973 项目）1 项；国家高新技术发展计划（863 计划）承担课题 1 项，参加课题 1 项；国家"十一五"科技支撑计划 6 项课题；卫生公益性行业科研专项与科研开发研究专项 5 项；负责农业部重大专项《转基因生物新品种培育》1 项，参与课题 1 项；提交了国家自然基金项目 13 项课题并通过自然基金委审核，在研 16 项自然基金课题均按计划进行（含 1 项重点项目、4 项青年基金）；2011 年营养食品所还承担了 10 余项横向合作课题和其他任务。

2. *新课题申请*　2011 年营养食品所通过多渠道积极提交了 40 多项课题申请，其中包括农业部转基因重大专项、卫生公益性行业科研专项、"十二五"科技支撑项目、国家自然科学基金 24 项（重点项目 4 项、专项基金 1 项、青年基金 8 项），北京市自然科学基金 10 项，中国疾控中心青年基金 2 项，以及一些营养基金的申请等。截至到 10 月底，共获得各类基金资助合计 13 项，其中包括"十二五"科技支撑 1 项、国家自然基金面上项目 3 项和青年科学基金 4 项、中国疾病预防控制中心青年基金 1 项、达能基金 1 项、营养学会科研基金 2 项，共获得资助近 1200 多万元。此外，还向科技部提交了两项 2010 年已经立项的国家科技支撑计划申请书。

3. *科技奖励*　2011 年 2 月，营养食品所获得由科学技术部颁发的"十一五"国家科技计划执行优秀团队奖。

2011 年 8 月，营养食品所获得由中国科协、中央组织部、中央宣传部、国家发改委、教育部、科技部、财政部、人力资源社会保障部、农业部九部委颁发的《全民科学素质行动计

划纲要》实施工作先进集体,是卫生部唯一的获奖单位。

2011 年 11 月,营养食品所获得由中国食品杂志社颁发的中国食品产业产学研创新发展突出贡献"科研院所奖"。《饮茶对癌症、心血管疾病和糖尿病的预防作用》获得"2011 年中华预防医学会科学技术奖"二等奖;《中国小麦粉营养强化关键技术及应用推广研究》获得"2011 年中华预防医学会科学技术奖"三等奖。

(二)积极开展国内外学术交流与合作,加强营养与食品安全领域的国际、国内对话

1. 派出　截至 2011 年 10 月 31 日,营养食品所共派出出国(境)人员 49 批,92 人次,出访国家 20 余个。长期出国人员 1 人。在派出人员中,参加国际会议人员 36 批,60 人次,执行课题协作及访问、考察、学术交流任务人员 12 批次,31 人次,长期出国执行学习任务人员 1 批 1 人。出国经费来源主要由以下几部分组成:由国际组织支付的 2 人次,占 2%,由所合作课题经费和专项经费支付的 66 人次,占 72%,由国外政府机构、大学和研究所支付的 13 人次,占 14%,由民间组织机构支付的 9 人次,占 10%,由会议组委会支付的 2 人次,占 2%

2. 引进　2011 年接待来访外宾 2 批 8 人次,接待顺访外宾 20 余人次。为提高我国食品安全风险评估和食品安全标准工作的能力与水平,在"中澳卫生与艾滋病项目(CAHHF)——中国食品安全风险评估体系与食品安全标准体系规范性文件制定和国家级能力建设项目"的支持下,营养食品所分别于 2011 年 6 月 12 - 14 日、6 月 14 - 15 日在北京和广州举办了"中-澳食品安全风险评估和食品安全标准研讨交流会",邀请了澳大利亚新西兰食品标准局 5 位专家参加了会议并进行了交流,

2010 年卫生部将 10 年开展一次的营养与健康状况调查变成每 5 年完成一个周期的全国营养与健康监测工作,形成一个完整的、具有全国代表性的营养监测报告。在这个背景下,营养食品所于 2011 年 10 月 24 - 25 日在京举办了"居民营养与健康状况调查会议"。并邀请荷兰 Wageningen 大学、美国哈佛医学院和日本健康营养所 3 位专家参加了会议,会议报告、交流和研讨了我国和国外居民营养与健康状况相关工作状况、技术和经验等。

3. 国际合作课题管理　2011 年营养食品所在研国际合作课题共 12 项,包括达能基金课题 3 项。2011 年度营养食品所新申请国际合作课题共 5 项。

(三)加强人才队伍培养,提高专业水平和实践能力

1. 研究生培养　截至 2011 年底,营养食品所研究生总数:硕士生 28 名,博士生 27 名,在站博士后 6 人,联合培养研究生 26 人。

2011 年经面试共招收录取研究生新生 21 名,其中硕士研究生 11 人、博士生 10 人,所有录取的研究生 9 月份全部入学。4 月,营养食品所陆续接受博士后的进站考核工作。

经过严格审核和面试考核，2011 年共有 3 名博士毕业生进入本所从事博士后研究工作。

中期考核是检查和判断研究生是否合格和有无科研能力的一项重要工作。2011 年 4 -6 月，营养食品所组织对 2010 届本所 8 名硕士和 8 名博士研究生进行了中期考核，由研究生导师组织相关人员组成考核小组，对研究生的工作表现、科研能力、理论水平、课题进展情况等进行考核，评估研究生是否合格和有无科研能力，并写出评语和报告上交中国疾控中心教育培训处。

2011 年 5 - 6 月，圆满完成了全所 2009 届 8 名硕士研究生、9 名博士研究生及多名 WPH 研究生论文答辩工作，每位研究生均在按期完成科研任务的基础上，提交了高质量的研究报告和毕业论文，在答辩中获得答辩委员的较高评价。

11 月初完成 2011 年全所研究生招生目录的制作及上报工作，经过导师申报和所内调整，2012 年营养食品计划招收硕士生和博士生共 17 名。

2. 其他来源研究生及进修人员的培训管理　2011 年安排协和公卫研究生和 MPH 研究生 5 名入所进行课题研究，接收各类进修培训和实习人员共计 20 余人。

（四）学术活动

2011 年 1 月 25 日，营养食品所组织召开了“2010 年学术报告年会”，共报告课题 20 项，涉及营养和食品安全最前沿的研究领域。2 月，组织召开了营养食品所“2011 年中心青年基金项目申请评审会”，会议共有 6 位博士报告，两位博士的报告脱颖而出，后经中国疾控中心评比，其中一项课题获得 9 万元资助。

（五）办好科技期刊为疾病控制和学术交流服务

1. 《中国食品卫生杂志》《食品安全法》实施后，食品的问题不只是卫生问题，食品安全标准、食品安全风险评估等成为食品安全领域近期的工作重点，《中国食品卫生杂志》的定位也有相应的改变，根据政策法规、管理要求等的变化，为适应时代的发展和读者的需求，适时调整了刊登内容，并新增了“食品安全标准”专栏。

《中国食品卫生杂志》2011 年刊登稿件 147 篇，约 120 万字。来稿量较前一年增加约 16%，连续 3 年稳步增加。2010 年复合影响因子 1.075，较前一年度略有提高(2009 年为 0.734)，在预防医学学科排名 7/82。

2. 《卫生研究》《卫生研究》的办刊宗旨是报道卫生领域里新科研成果和科技动态，反映中国卫生研究的水平；为基层卫生工作者提供理论、技术指导；为政府部门决策提供科学依据；为制定卫生学有关国家标准和法规提供理论根据。

2011 年共收到来稿 400 篇(截至 11 月 10 日)，2010 年的存稿 128 篇，共处理稿件 528 篇。全年编辑出版 6 期(含 2 期重点号：第 2 期“十一五”科技支撑项目专栏”，第 6 期环境水染物与检测)。每期发表约42篇文章,约39.19万字,共出版225.14万字,刊登文章约250篇,其中重大课题刊出率为70%,高于国家优秀期刊评选标准。继续被CA、IM、MEDLINE、AJ和中文核心期刊等国内外著名数据库收录。

2011年编辑部进一步提高中英文摘要的编辑加工质量,吸引国外知名数据库对刊物的关注,并使英语国家的读者通过阅读摘要更快速了解刊物精华。

为了适应新的办刊形式,提高工作效率,方便编读者往来和专家审稿,编辑部建立了网站,开通了采编平台。

十、以质量求生存,以服务为宗旨,做好技术服务工作

(一)样品受理及技术档案工作

营养食品所严格按照质量管理体系的要求,团结一致、有条不紊地进行样品受理和对外咨询服务工作。2011年,完成116个样品受理,涉及功能评价、安全性评价、菌种鉴定、菌种毒力试验、稳定性检测等检测项目。

(二)质量体系运行有效

1. *内审* 根据质量管理体系文件要求,营养食品所制定了内审计划。于2011年4月26日组织内审员对本所质量管理进行了内部审核,重点突出了体系运行的符合性、实施性、汇总整理了42项不符合项,督促相关处室完成整改,对整改结果进行了跟踪评审。形成了内审报告,并作为管理评审的重要内容。

根据质量管理体系文件要求和计划,组织相关部门整理政策和程序的适应性、管理和监督人员报告、近期内审报告、纠正、预防和改进措施情况、外部评审情况、实验室间比对和能力验证情况、工作量和工作类型变化情况、申投诉及客户反馈情况、质量控制活动、资源及人员培训情况等报告,于6月10日对上述问题逐一进行评审,对相关决议进行了跟踪,并形成了管理评审报告。

2. *质控考核* 质量考核是评价检验数据准确性的常用措施之一,组织质控考核,以便及时了解检验结果的准确性,及时发现和解决检验体系问题,避免造成不必要的损失。

(1) 国际质控样品考核:组织相关处室参加了食品中铅和镉、食品中二噁英、食品中维生素A、E的实验室间比对,均获得了满意结果,为营养食品所检验结果的准确性提供了质量保证。

(2) 留样再测:根据质控计划,营养食品所组织相关处室针对食品中维生素B_2、维生素A、蛋白质、黄酮、灰分、汞、氯丙醇、硒等9项参数的留样再测,结果全部满意,为稳定的监测质量提供了质量保证证据。

(3) 现场操作考核:营养食品所组织相关处室的12名新职工进行了大、小鼠灌胃等

实验操作考核,考核结果全部满意。

3. *实验室管理系统运行工作* 营养食品所解决实验室管理系统运行过程中存在的问题,继续完善系统。配合中国疾控中心LIMS系统验收,做好验收前的准备工作。维护网络的正常运转及机房的日常维护管理。

(三)实验室安全

1. *实验室安全日常管理* 坚持"一日两查"制度。即各房间安全员每日早晚上下班时进行安全检查并做记录,室安全员负责监督,室主任每周查看记录表格并签字确认。坚持节假日检查,每逢节假日组织所安全员对实验室进行安全大检查,2011年共进行了12次安全大检查,同时坚持每周巡查一次,及时发现问题及时解决问题,安全无小事,将安全隐患杜绝在日常的细微之处。

此外,随时接受中国疾控中心实验室管理处定期不定期的监督检查和突击检查,2011年已接受中心实验室管理处监督检查和突击检查7次,3次下发整改通知,认真进行整改并及时上报整改报告3份,得到了中国疾控中心领导的充分肯定。

2. *第四届实验室安全周活动* 营养食品所结合实际,提出了本所安全周的口号"安全保质量,质量促安全",制定所"第五届实验室安全周活动方案",开展了一系列相关活动。

十一、食品风险评估中心组建与营养技术机构建设

(一)食品风险评估中心筹建与组建

2011年4月,中央编办发文批准成立国家食品安全风险评估中心。随后,卫生部成立了筹建工作组,营养食品所相关专家参与了筹建工作,先后参与起草了《食品风险评估中心理事会章程》、《食品风险评估中心章程》、《食品风险评估中心组建方案》、《食品风险评估中心事业发展与建设规划》、《食品风险评估中心人才引进方案》、《食品风险评估中心2011年评估中心开办费预算》、《食品风险评估中心2012年财政经费预算》等一系列文件。2011年10月31日,国家食品安全风险评估中心正式挂牌成立。其后,卫生部成立了由陈啸宏、尹力副部长任双组长、由卫生部有关司局、疾控中心、食品风险评估中心等领导参与的组建工作组。组建工作组办公室开展了事业单位法人登记、2011年开办费申请、2012年财政预算申请与评审、临时租用办公业务用房等相关工作。

(二)营养技术机构建设

在食品风险评估中心组建的同时,中国疾控中心启动了营养技术机构建设工作,成立了营养机构建设工作组、专家组、顾问组。

十二、党群工作

(一)加强党的思想建设和组织建设

1. 坚持中心组学习制度　根据卫生部、中国疾控中心党委的相关要求,营养食品所党委年初制定学习计划、购买下发了相关学习资料。

2. 进一步完善制度建设　继续完善《制度汇编》,并制作印刷。

3. 评选所优秀党员　按照先进党支部"五个好"、优秀党员"五带头"的具体要求,各支部评选出2010年度所级优秀党员26名,并制作优秀党员光荣榜展板。

4. 结合建党90周年,开展系列活动　召开"七一"大会。会上先后安排了向50年以上党龄的老党员献花、重温入党誓词、宣读表彰决定、优秀代表发言、党史小教员演讲、观看本所编辑的《党员风采》视频和摄影展版。全体党员还共同收看了当天中共中央在人大会堂召开的庆祝大会的现场直播,聆听了胡锦涛总书记的重要讲话。

5. 做好组织发展工作　三名预备党员转正,两名同志作为重点培养。

6. 召开民主生活会　所党委组织召开了2011年度党员领导干部民主生活会。

7. 开展评选2010年度文明处室活动　七个处室被评为文明处室。

(二)开展创先争优活动

1. 做好阶段汇报总结工作　组织召开创先争优互动阶段点评暨2010年度支部工作交流会,针对前阶段各党支部开展创先争优活动推进情况及本年度支部工作进行了总结交流。

2. 积极开展主题党日活动　为迎接中国共产党成立90周年,弘扬党的优良传统,回顾党的光辉历程,组织全体党员、职工赴延安开展主题为"弘扬延安精神,立足岗位创先"的教育活动,全所130余名职工参加。

3. 围绕主题开展活动　各支部先后组织支部党员开展座谈会,学习党史,交流阅读《苦难辉煌》体会和心得,观看电影《建党伟业》。同时组织党员开展红色教育活动。

4. 创建学习型党组织,积极开展读书、讨论活动　制作党员、党支部手册,记录创先争优活动开展情况。

5. 开展两优一先评选活动　三名同志被推选为卫生部直属机关党委优秀党员,一名同志被评为党务工作者。同时推选所级优秀党员和党务工作者。杨晓光等11名同志被评为所级优秀党员,高玉莲等10名同志被评为所级优秀党务工作者,第四党支部被评为先进党支部。

6. 评选"群众心中好党员"　按照中国疾控中心党委关于开展评选"群众心中好党员"的活动部署。所党委高度重视,在全所职工范围内开展了评选活动。经两下两上无记名推荐、评选、公式、征求群众意见等程序，评选出36名“群众心中好党员”。

7. 组织离退休支部开展“党在离退休党员心中”主题活动　在离退休党员中征集绘画、书法、摄影、诗歌等体裁、形式作品，举办了离休党员张杰同志绘画展。

（三）加强职工思想建设，创建和谐工作氛围

1. 组织职工学习和开展知识答题活动　通过组织职工学习，每季度开展了相关的知识答题活动。在各科室积极参与下，答题上交率100%。

2. 通过多种形式，强化职工思想建设

（1）加强职工思想学习，以多种形式开展教育活动。组织广大职工开展学习王振义、杨善洲、蓝云同志先进事迹活动。

（2）组织职工参观《复兴之路》展览。

（3）举办2011年职工新春联欢会；组织职工第七届拔河比赛暨趣味运动会，第六届乒乓球比赛；积极开展职工春游，丰富职工文化生活。

（4）关心特殊群体的生活，“春节”、“七一”前夕慰问离退休党员干部，走访看望生病住院的职工及产妇。

3. 奉献爱心活动　组织开展“向实行计划生育的贫困母亲献爱心”捐款活动，共捐款7910元。

（四）加强党风廉政建设

1. 开展勤政廉政教育活动　组织中层以上干部认真学习中国共产党第十七届中央纪律检查委员会第六次全体会议胡锦涛、贺国强等同志讲话；陈竺部长、李熙组长在2011年全国卫生系统纪检监察暨纠风工作会议上的讲话主要内容。积极参加中国疾控中心纪委组织的反腐倡廉征文活动。

2. 坚持任前廉政谈话制度　2011年与新任中层干部进行了任职前廉政谈话。

3. 继续做好维稳工作　继续组织与当年的新职工和下所的学生签订《远离邪教》责任书41份。

4. “小金库”治理　继续开展治理“小金库”专项工作，重点建立健全防治“小金库”产生的长效机制。

（五）继续做好文明单位创建活动

（1）坚持每月刊出一期《工作简报》，报道党群工作、创先争优开展情况以及科研动态。及时向离退休党员邮寄简报。

（2）精心制作展板，宣传先进事迹、先进个人。

(3)制作《党员风采》视频,展现优良传统和务实团结的精神风貌。

(4)监测与风险评估室获得"全国巾帼文明岗"及卫生部直属机关"巾帼建功"先进集体荣誉称号;标准与技术监督室获得了"2009-2010年度卫生系统全国青年文明号";刘秀梅教授的征文《责任与享受》获得"巾帼建功"活动20周年优秀奖。

(韩宏伟　严卫星　刘艳君　陶婉亭　周雪飞)

环境与健康相关产品安全所

一、突发公共卫生事件应急处理和卫生保障工作

（一）救灾防病和环境卫生应急处理工作

1. 赴云南盈江地震灾区开展卫生防疫应急处理　2011年3月10日云南省盈江县发生5.8级地震，3月11环境所消毒检测室李新武主任技师作为中国疾控中心派往震区的首批专家前往灾区执行卫生防疫任务。3月23日，环境所又派出消毒检测室班海群副研究员到灾区。两位专家到达灾区后，立刻深入到灾民点、卫生医疗机构、自来水厂、学校、幼儿园、政府机关等地，指导防病消毒工作，并对灾区的公共卫生和疾病流行的风险性进行了评估。李新武主任技师编写的《云南盈江地震灾区消毒工作指南》，用来指导当地在灾民安置点开展消杀灭和环境卫生治理工作。

2. 赴新疆和田参与输入性脊髓灰质炎疫情处理　2011年8月，新疆和田地区发生输入性脊髓灰质炎野毒株引发局部传播疫情，环境所消毒检测室李新武主任技师随卫生部现场工作组赴新疆参与了和田地区脊髓灰质炎疫情的处理。工作组对医院收治的患者进行了现场调查，了解救治过程中消毒、隔离、防护等情况，发现了感染控制工作中存在的一些问题；编写了《脊髓灰质炎疫源地的消毒、隔离和防护指南》，用于指导医院脊髓灰质炎感染控制工作。

3. 深入内蒙古炭疽疫区参加疫区处置工作　2011年8月，内蒙古发生炭疽疫情，环境所消毒检测室班海群同志前往内蒙古兴安盟参加疫区处置工作，撰写了《内蒙古炭疽疫情评估报告》和《内蒙古炭疽疫情消毒工作方案》。

（二）重大事件和重要场所的卫生保障工作

1. “两会”卫生保障　按照中国疾控中心部署，环境所成立了“两会”卫生保障工作小组，组织相关研究室就“两会”期间饮用水、空气质量、环境消毒等方面的卫生保障工作进行人员、设备和物资方面的应急准备。

2. 三峡库区巡库工作　2011年6月7－12日，环境所水质安全监测室应波研究员参加国务院三峡办公室组织的三峡水库水位消落期的库区巡查工作。应波研究员在巡库工作中对试验性蓄水期间三峡水库水质、库区地质安全与防范、卫生防疫、漂浮物清理等情

况提出了建议。

3. 武警总部饮用水卫生保障　受武警疾控中心的邀请,对武警总部新建办公楼的生活饮用水水质进行检验,先后派出3批次6人到现场采样。依据《生活饮用水卫生标准》(GB5749－2006)、《生活饮用水标准检验方法》(GB/T5750－2006)分别对其生活饮用水水质等进行了检验分析,出具检验报告13份。

(三)健全环境卫生应急组织体系,开展应急培训和演练,提高应急处置能力

2011年度环境所建立健全了由分管应急工作的白雪涛副所长任组长,所内各方面专家为成员的环境卫生应急工作小组,专设了应急工作岗位人员,负责组织协调处理突发公共卫生事件应急管理工作。2011年度,环境所多次参加中国疾控中心召开的突发公共卫生事件风险评估月度会议,并按会议要求对环境应急相关工作进行风险评估。17人次参加了中国疾控中心组织的"卫生应急队员培训班",学习掌握了自然灾害公共卫生状况与需求快速评估方法、"野外生存技能"以及通讯定位、取水净化、遇险自救等方面的知识和技能。2011年11月,环境所举办了首次突发公共卫生事件应急培训班,培训班邀请中国疾控中心应急办主任冯子健和环境所白雪涛、张流波、曹兆进、王俊起和应波5位专家就我国公共卫生应急形势,应急工作中饮水安全、垃圾粪便处理、消毒及流行病学调查等主要问题作了专题报告。

二、环境与健康监测网络建设

(一)全国饮用水水质监测网络建设

在全国城市饮用水水质和水性疾病监测试点工作基础上,按照卫生部要求,环境所组织编制了《2011年全国饮用水卫生监测工作方案》,协助卫生部完成了2011年全国饮用水卫生监测工作方案的技术培训工作,协助卫生部卫生监督中心完成了"全国饮用水监测信息系统"的建设,并提供技术支持和技术需求分析资料。截至2011年12月底,全国包括新疆生产建设兵团在内的32个省、自治区、直辖市均已纳入全国饮用水卫生监测网络,监测范围覆盖963个市县。共建立水质监测点22 992个,其中城市市政水厂出厂水1365个、城市市政水厂末梢水7167个;城市自建水厂出厂水356个、城市自建水厂末梢水448个;城市二次供水4014个;农村水厂出厂水3260个,农村水厂末梢水5234个,农村学校供水1148个,共监测水质样品24 000余个。

2011年在饮水监测地区同时开展水性疾病监测。2011年8月1日至12月31日,共获得水性传染病监测数据165 921条(新发病例),其中霍乱9例、伤寒491例、副伤寒287例、甲肝2871例、戊肝3494例、细菌性痢疾41 430例、阿米巴痢疾326例,除霍乱、细菌

性和阿米巴性痢疾、伤寒和副伤寒以外的感染性腹泻病 117 013 例。

（二）空气污染与疾病监测网络建设

2011 年，环境所继续推进太原、武汉、哈尔滨、上海、南京、张家港、深圳等 8 个城市的空气监测点的运行，对监测点工作实行动态管理，强化监测数据质量；建立多部门协调机制，与地区环保、气象、教育和卫生等部门合作，实现监测数据资料的共享；完善监测网络直报系统。2011 年共收集气象监测数据 100 653 条；大气污染监测数据 312 114 条；社区大气污染补充监测数据 2972 条；室内空气污染监测数据 1715 条；大气污染空间分布监测数据 645 条；人口资料 137 份；死亡病例 265 497 例；小学生问卷调查 37 个文件；小学生症状监测 13 941 人次；小学生健康体检 14 918 人次；小学生肺功能测试 22 924 人次；中老年问卷调查 14 个文件；中老年人慢性阻塞性肺病调查 11 个文件；中老年人冠心病调查 12 个文件；中老年人症状监测 128 229 人次；中老年人健康体检 2263 人次；中老年人肺功能测试 1763 人次；各监测城市报告了 2 637 355 条医院门诊监测数据。

（三）全国医院感染-消毒监测

2011 年，全国医院感染-消毒监测项目继续实施，监测范围包括黑龙江、吉林、山东、江苏、上海、浙江、湖北和广东 8 个省市，监测医院 26 家，其中三甲医院 10 家、二甲医院 16 家。监测内容包括医院供应室清洗、消毒、灭菌效果，手术室空气质量，重点科室一般物体表面消毒效果，医护人员手卫生状况，内镜清洗消毒效果，口腔科用水质量，医院污水消毒效果等，2011 年共进行了 4 次监测，收集监测数据 2 万余个。

自 2006 年项目启动以来，共收集监测数据 10 万余个，撰写工作总结和各种报告 10 余篇，监测结果发表论文 10 余篇。

（四）化妆品不良反应监测

受国家食品药品监督管理局和中国卫生监督协会的委托，环境所组织相关专家对化妆品不良反应监测体系建设进行研究，研究内容包括化妆品不良反应监测体系的组织管理、建设规模、运行方式和技术支持四个方面。2011 年 5 月向国家食品药品监督管理局提交研究报告。国家食品药品监督管理局于 2011 年 11 月发布了该项目的研究成果之一——《加快推进化妆品不良反应监测体系建设的指导意见》。

由于化妆品监督管理工作职能由卫生部划归国家药品食品监督管理局，因此化妆品不良反应监测工作任务关系一直未明确，但考虑到监测工作的延续性和完成性，环境所一直对各监测点上报的数据进行收集、整理和分析，并按时向国家药品食品监督管理局提交年度监测报告。2011年,各监测机构共报告化妆品不良反应1327例,比2010年的1597例有所下降。

三、相关卫生政策法规、标准的制(修)订

(一)完成卫生标准制(修)订逾期项目

2011年,根据卫生部政法司下达的《关于限期完成卫生标准制修订的通知》,环境所已基本完成卫生部下达的由环境所承担的环境卫生、消毒和化妆品卫生标准制修订项目,其中包括公共场所标准51项、饮用水标准28项、环境空气标准44项、卫生防护距离标准等32项、其他环境卫生标准等16项;同时完成有关消毒技术标准20项,有关化妆品标准42项。

(二)卫生规范文件制修订

(1)完成《消毒技术规范》、《公共场所集中空调通风系统卫生管理办法》、《公共场所集中空调通风系统卫生规范》、《公共场所集中空调通风系统卫生学评价规范》、《公共场所集中空调通风系统清洗规范》的修订,并向卫生部提交报批稿。

(2)受国家药品食品监督管理局委托,承担《化妆品卫生规范》禁限用物质表、卫生化学检验方法、微生物学检验方法和毒理学试验方法的修订。11月底召开了规范修订统稿会,已形成征求意见稿草稿。

(3)补充《疾控机构环境卫生工作规范》(修订稿)中国家级疾控机构的工作职责和任务,并修改了省、市、县相应的内容,形成了《疾控机构环境卫生工作规范》第6稿上报中国疾控中心公卫处。

四、卫生监督抽检技术支撑和公共卫生服务

(一)卫生监督抽检

(1)按照卫生部《2011年卫生监督重点检查计划》(卫办监督发〔2011〕38号),环境所根据抽检工作需要,负责对承担任务的检验机构开展相关培训和质量控制;及时汇总产品抽检信息,定期报送卫生部监督局。2011年,全国各省、自治区、直辖市均参与了消毒产品的卫生监督抽检工作,报送数据上万个,共抽检妇女卫生用品、抗抑菌制剂、戊二醛消毒液、用于传染病防治的消毒剂、用于瓜果蔬菜或食品饮料加工工具和设备的消毒剂465个批次,合格358个,抽检合格率为77%。环境所及时对上报的监督抽检数据及时进行汇总、分析,向卫生部监督局提交报告2份,完成卫生部51种消毒产品中8种抗生素和7种糖皮质激素的抽检检测任务,并出具检测报告。

在涉水产品抽检方面,环境所参与卫生部2011年涉水产品卫生监督抽检计划的制

定;完成 37 种水化学处理剂抽检检测任务;完成对省级上报的抽检数据汇总、分析,并撰写抽检报告。

(2)受卫生部卫生监督局委托,环境所协助完成了全国疾病预防控制机构实验室水质检测能力调查工作,负责调查方案编制、项目实施过程技术支持、调查数据汇总分析、调查报告撰写等工作。本次调查包含省、地、县三级疾病预防控制机构,除江西、陕西、西藏之外的 29 个省、自治区、直辖市参加了本次调查,涉及疾病预防控制机构 2221 家,其中省级 20 家、地级 252 家、县级 1844 家,该项调查为了解和掌握我国疾病预防控制机构的饮用水水质检测能力现状提供了基础数据。

(二)样品检验检测

2011 年,环境所针对检测热点问题,开拓更广泛的技术市场服务检测;做好检验安排,提高工作效率和出具报告的准确率,对待客户做到"服务对象满意"。

截至到 2011 年共受理化妆品 211 件;消毒产品 23 件;涉水产品 363 件;检验技术市场服务样品 1300 件,合计受理检验样品约 1897 件。

(三)环境卫生和健康相关产品安全技术咨询、服务和评估

1. **回复标准征求意见,接受社会咨询** 2011 年接到卫生部监督局和中国疾控中心转来的国家环境保护部《城镇垃圾农用控制标准》、《重点行业环境健康风险手册》、《环境污染纠纷调查监测技术导则(试行)》、《再生水资源质量标准》、《环境空气质量标准》和《环境空气质量指数日报技术规定》等征求意见 20 余项,接受有关咨询 30 余次。

2. **提供卫生许可和卫生监督技术支持** 环境所约 20 名专家被列入卫生部消毒产品、涉水产品卫生许可专家库,国家食品药品监督管理局化妆品审批专家库。2011 年,有 15 位专家参加了 45 次消毒产品、涉水产品、化妆品评审。6 位专家成为卫生部和国家食品药品监督管理局专家库专家。

2011 年,参与制定《涉及饮用水卫生安全产品行政许可检验机构认定与管理规范》、《卫生监督技术支持质量控制工作程序及质控样品技术规范》、《卫生部涉及饮用水卫生安全产品分类目录(2011 年版)》、《化妆品新原料申报与审评指南》、《化妆品行政许可延续技术审评要点》等文件。

派出 5 名专家参加卫生部组织的涉水产品监督抽检现场检查;派出 3 名专家参加国家食品药品监督管理局组织的化妆品检验实验室认定。

3. **对口支援新疆疾控中心公共场所集中空调通风系统卫生学评价工作** 环境所于 2011 年 3 月 10 - 12 日在新疆成功举办了中国疾控中心对口支援新疆疾控中心公共场所集中空调通风系统卫生学评价培训班,并对新疆疾控中心申请公共场所集中空调通风系

统省级卫生学评价机构进行了现场技术评估。该项工作是中国疾控中心落实对口支援新疆合作协议的一部分。对口支援工作有力推动了新疆地区公共场所集中空调通风系统的卫生学评价工作和卫生监管工作的开展。

五、环境与健康科研研究

(一)科研项目申报

2011 年,环境所申报国家自然科学基金 10 项、北京市自然科学基金 1 项、973 计划项目 1 项、国家自然基金国际(地区)合作与交流项目 2 项、中国疾控中心中青年基金项目 2 项,2011 年申请的课题预算近 3422 万元。已获准课题 5 项,科研经费 76 万元。

(二)在研项目进展

2011 年列入环境所科研计划的课题 41 项,总经费达 551 万元,其中环保公益性行业科研专项 3 项、卫生行业专项 1 项,973 计划 1 项,863 计划 1 项,建设部水专项 1 项,国家自然科学基金 3 项,中国疾控中心青年基金项目 3 项,国际合作项目 2 项、国家自然基金国际合作交流 2 项,卫生部委托项目 14 项,横项合作 10 项。

(1)卫生行业科研专项《环境重点污染物健康危害的监测评价与控制》,确定了任务单元和研究现场,开始现场环境与人群预调查,完成了现场实施方案。

(2)自然科学基金“空气污染对哮喘儿童 IgE 合成信号通路的激发作用研究”项目,通过与首都儿研所的合作,筛选出部分适合本研究的突发重症哮喘儿童,并采集了生物样品;通过与哥伦比亚大学的国际合作,引进了新的非损伤性效应标志物,对调查人员进行了样品采集及检测方法培训。目前已建立暴露、效应、易感性等指标的检测方法,并对调查对象进行相关指标及基因监测。

(3)国家自然科学基金“基于神经血管单元的神经毒性化学物体外预测体系研究”项目,已建立基于“三阶”模型的神经毒性化学物筛检策略框架;完成模型所需相关细胞培养准备工作;完成了体外血脑屏障毒性筛检模型的筛选和建立。

(4) 国家自然科学基金青年基金“气候变化背景下我国主要城市温度——死亡的暴露反应关系研究”项目,已完成健康风险评估模型方法的建立;研究了统计降尺度方法,将全球气候变化模型中比较粗糙的尺度,变为可为我国气候变化研究应用的精细的尺度。

(5) 中国疾控中心青年科研基金“RT - qPCR 技术检测水中肠道致病菌活的非可培养状态”项目,研究发现,以志贺毒素基因 STX(DNA)和 cDNA 为模板设计引物,用普通 PCR 和荧光定量 PCR 可以检测可培养的和 VBNC 状态的痢疾志贺菌,使检测时间由传统的 24～48 h 缩短为 6 h,可以同时检测活的细菌以及处于 VBNC 状态的细菌。

六、国际交流与合作

（一）人员交流和培训

2011 年环境所短期出国考察及参加研讨会共 7 人/次，出访地区为韩国、美国、荷兰、乌克兰等 4 个国家和地区，包括赴美国参加中美环境健康项目交流，赴荷兰参加“WHO 烟草控制框架公约（FCTC）方法会议”，赴韩国参加“东亚及东南亚空气污染与健康会议”及“空气质量工作组会议”等。赴美国耶鲁大学长期出国参加美国卫生研究所支持的关于空气污染与人群健康的 Fogarty 培训项目 2 人/次。

接待外方专家来访 20 余人次，主要探讨合作开展环境污染对人体健康研究；接待阿富汗卫生部医疗官员一行 18 人来环境所参观访问；接受世卫组织派遣的 3 名朝鲜进修生在环境所为期 4 个月的培训学习。

（二）国际会议

（1）“世界卫生组织西太区供水与环境卫生主题工作组会议”于 2011 年 6 月 21－23 日在北京召开，来自 12 个东亚与东南亚国家的环境卫生学专家、世界卫生组织官员，以及卫生部和中国疾控中心的有关领导参加了会议。与会代表回顾、讨论了各国在过去一年中的相关活动，充分交流了西太区的供水与环境卫生工作中的成功经验和所面临的问题，分组讨论并提出了相应的改进计划。为更好地促进饮用水安全以及供水设施的运行和维护，对未来 3 年的工作计划进行了修改。

（2）“空气污染与儿童哮喘相关研究现场工作培训班及气候变化、空气污染与健康效应国际研讨会”于 2011 年 10 月 11－14 日在北京召开。培训班和研讨会邀请美国哥伦比亚大学的 5 位专家就空气污染与健康、气候变化与健康、个体暴露新技术、儿童哮喘生物标志物、儿童多环芳烃暴露及健康效应等方面与来自国内的 20 位专家进行了研讨和交流。

（三）合作项目研究

（1）环境所与美国印第安纳大学的合作项目“硒及其他危险因素与中国农村老年人群认知能力研究”（二期），2011 年完成调查问卷设计与定稿、调查员培训、数据库设计与修订；开展了四川省邛崃市 7 个村的原始队列随访调查，完成调查问卷 640 份，采集指甲样品 540 份，采集空腹静脉血 467 份；开展山东省高密市 5 个村的原始队列随访调查，完成调查问卷 616 份，采集指甲样品 492 份，采集空腹静脉血 473 份；对采集的样本的生化指标、分子生物学指标检测，全血和指甲中微量元素含量检测；完成认知的初步诊断。

(2) 2011 年,世界卫生组织和全球基金 GEF/UNDP 适应气候变化保护人类健康项目在中国召开项目启动会和第一次国家指导委员会会议。环境所在“建立试点城市热浪与健康监测预警系统”方面，通过追溯的数据收集和模型选择，确定模型所需的指标和数据收集原则，制定了监测数据的质量控制策略。在“提升试点城市卫生工作人员气候变化应对能力”方面，收集了三个试点城市的基本数据，完成了卫生管理、卫生工作者的基线调查问卷及调查操作手册设计，对相关工作人员进行了培训；在“增强居民气候变化健康影响的适应能力”方面，设计、修改、完善了调查问卷，开展了小学生的基线调查。

(3) 2011 年,“中美环境卫生人才培训”项目,完成了 2 名环境卫生专业人员为期半年的赴美培训;举办了为期一周的中美流行病学培训班,完成了与美国耶鲁大学联合向美国 NIH 申请“空气污染与儿童出生结局研究”项目的预实验。

(四)“疾控 10 年”环境所发展外部独立评估

根据中国疾控中心安排,9 月初,挪威国家公共卫生研究所所长 GeirStene Larson 及摩洛哥巴斯德研究所前所长 Mohammed Hassar 对环境所成立以来的发展进行外部独立评估。评估内容包括组织框架体系、资金来源及使用、国际合作项目以及工作业务范围等。

七、教育、培训和学术刊物

(一)研究生管理

(1) 2011 年,环境所完成 6 名入学研究生学籍注册、户口核实及在校生学年注册信息查询核实等工作;完成 8 名在读研究生的开题和中期考核工作;完成 10 名毕业研究生的预答辩、答辩、学位申请和学位委员会评审工作;完成 1 名博士后出站人员的答辩及相关工作,并通过抓入学、入所教育,开题报告,中期考核,论文答辩等环节,全面提高研究生培养质量。

(2)强化研究生专业课的学习管理,组织研究生专业课的授课、命题及阅卷工作。安排 6 位所内专家到昌平教学区进行环境卫生学专业课授课;安排 16 位老师对入所的在读研究生进行专业英语、卫生化学及环境卫生学授课。

(二)为基层疾控中心提供进修、培训服务

2011 年环境所接收进修生 2 批共 7 人,接收环境所进修生 4 批共 6 人。分别来自呼和浩特市、湖北省、天津市、无锡市、石家庄市、宁波市、青海省、海南省、青岛市、武汉市、江

苏省疾控中心和炮兵防护防疫环境监测队。分别到化学1室、流行病室、空气室、环评室、水室、消毒中心和微生物室进修学习。

(三)《环境卫生学杂志》的创刊与发行

2011年2月25日,《环境卫生学杂志》创刊发行。为提高杂志的出版质量,根据国家相关法律法规,建立期刊出版基本工作制度9个,包括编辑部工作职责、编辑和编务岗位职责、编辑策划工作制度、稿件管理制度、保密审查制度、质量检查和审读制度、编辑加工应遵循的原则、审稿专家管理制度、编辑处理稿件应遵循的职业道德等;规范编辑出版工作内容15个,包括杂志宣传单、专家约稿单、投稿须知(保密审查)、稿件登记表、外审专家意见表、外审专家登记表、稿件初审表、版权转让协议书、审稿流程图、编辑流程图、退修函、审稿意见书、稿件发表程序、稿件刊登程序及稿件校对通知;建立审稿专家数据库、作者数据库和读者数据库;建立在线投稿、查稿、专家在线审稿的网站采编系统。

截至2011年11月底,杂志共收到稿件107篇,出版5期,刊登文章58篇,刊登率为54%;2011年《环境卫生学杂志》被已列入卫生部职称晋升杂志目录。

2011年编辑印刷了《环境卫生年会论文集》,刊登论文120篇共569页。

八、实验室安全管理

(一)实验室安全周宣传活动

2011年,环境所组织第五届实验室安全周活动,主题为"安全——实验室活动的保障"。环境所全体员工参加了安全隐患的自查、整改、培训、座谈、演练、风险分析等活动,并顺利通过实验室管理安全监督检查与飞行检查。

(二)实验室信息管理系统试运行

根据环境所实验室信息管理系统建设的实施计划与策略,在对个性化需求进行充分调研的基础上,确定静态数据整理及运行模式,完善系统缺失流程或模块,解决实验室信息管理系统建设过程中存在的各类问题,组织相关人员培训,初步完成实验室信息管理系统建设,2011年底已试运行化妆品、消毒产品和涉水产品的实验室信息管理系统。

(三)计量认证复评审与扩项评审

2011年是环境所的5年一次的计量认证复评审年份。评审组于10月13-14日对环境所进行计量认证资质与扩项评审。按照《实验室资质认定评审准则》的要求,评审组采取听取汇报、查看现场、审核资料以及留样再测、现场考核、座谈交流等方式,重点审查了环境所的技术能力和质量管理体系运行的符合性与有效性。评审组经过认真细致的现场评审,一致认为:环境所组织结构健全,技术力量雄厚,所领导重视实验室质量管理体系的建设,管理层对《实验室资质认定评审准则》理解正确,组织实施比较到位,质量管理体系文件构架合理,控制要求涵盖了《实验室资质认定评审准则》的全部要素,有措施保证检测的第三方公正性,管理层关注服务对象的意见,重视人员素质教育和内部质量控制,实验室环境设施、检测设备等在全国属一流水平并满足量值溯源要求,现场试验检测人员操作规范、熟练,2009年、2010年度的内审和管理评审到位,质量管理体系运行持续有效。实验室具有向社会出具科学、公正、准确数据的能力。同时,评审组对基本能够覆盖环境所申请检验能力具代表性的153个参数,进行了人员比对、见证试验(现场演示)、样品复测和盲样测试等现场试验(约占申请检测能力的27%),覆盖了关键设备和人员,检测结果正确;确定推荐环境所申请的化妆品、饮用水与涉水产品、消毒产品、化学品、集中空调等44大类572个检测参数(其中潘家园18大类456个检测参数、南纬路26大类116个检测参数)的检测能力范围。

九、行政管理

(一)所务管理

1. 健全规章制度,规范行政管理行为　为使环境所的行政管理更具科学化、制度化和规范化,2011年,环境所组织职能处室对环境所现有的规章制度进行梳理,确定对《财务管理、报销制度》、《财务借款、报账、收款有关规定》、《职工返聘管理规定》、《科研项目管理规定》、《外事管理规定》和《进修人员管理规定》等6项管理制度进行修订,制定《报账审批权限的规定》、《物资采购与资产管理办法》、《环境所固定资产管理规定》、《合同与协议的管理规定》、《科技工作奖励规定》、《中层干部考核办法》、《新职工轮岗办法(试行)》等7项规章制度。12月底,环境所邀请了中国疾控中心有关处室领导对环境所制(修)订的规章制度进行了审核。

2. 重大问题会议制度　2011年,环境所党政领导班子成员共召开18次所长行政办公会议,8次党政联席会议,9次党委委员会议和8次中层干部会。会议内容包括研究组织管理、工作安排、经费预算、规章制度建设、人事管理、机构调整、科技开发管理、实验室能力建设和“小金库”专项治理等。

3. 公文管理与培训　2011年,环境所收文650件,其中卫生部来文43件,中国疾控中心来文579件,其他单位来文28件;发文182件,其中上报文53件,便函116件,所发文13件。收集整理64卷公文档案、21卷课题档案。2011年3月16日,环境所举办了公文处理培训班,培训班邀请中国疾控中心政策办主任王林给大家授课,各处室90余人参加培训并通过考试。

4. 协同办公系统试运行　为配合中国疾控中心协同办公系统的建设，按照中国疾控中心的统一要求，环境所于12月1日试运行了协同办公系统。

（二）人事管理

2011年接收硕士生8名（其中3名为环境所培养的研究生）；办理退休人员11名；调出职工3名；调入职工1名。

至2011年底，环境所在编人员225人。其中正高30人（研究系列26人、技术系列4人）；副高47人（研究系列24人、技术系列23人）；中级64人（研究系列36人、技术系列28人）；初级49人（研究系列45人）；行政管理人员11人；技术工人12人；后勤服务处13人。

环境所目前有4名同志获得国务院突出贡献中青年专家称号，有8名同志获得卫生部突出贡献中青年专家称号。

（三）财务管理

2011年环境所财政资金预算执行进度与往年相比有了很大提高，预算执行率达100%。

（四）党务工作

1. 理论学习　按照卫生部直属机关党委《关于认真组织学习〈马列主义经典著作选编（党员干部读本）〉和〈马列主义经典著作选编学习导读〉的通知》要求，所党委为全体班子成员和各党支部购买了《选编》和《学习导读》，结合工作实际，把学习纳入到中国疾控中心组学习和各支部理论学习计划之中，作为深入推进创先争优活动、学习型党组织建设的基本内容。

组织党员、干部、职工深入学习贯彻党的十七届六中全会精神，学习胡锦涛同志“七一”讲话、廉政准则等学习材料，努力提高党员干部的政策理论水平和执政能力。

2. 党的组织建设与组织发展工作　2011年，环境所完成了6个党支部换届改选工作，完成了党委、纪委换届改选筹备工作，发展新党员5人，转正1人，考察3人，培训积极分子6人。

3. 民主生活会　按照中国疾控中心党委要求，环境所于9月30日召开了以“坚持以人为本，执政为民理念，发扬密切联系群众优良作风，为提高人民健康水平创先争优”为主题的党员领导干部民主生活会。对照会前广泛征求的干部群众对领导班子及其成员提出的意见和建议，领导班子成员围绕会议主题，就如何加强党性修养、理论学习、廉政建设、联系群众、服务职工等方面，结合自身工作情况，进行了广泛的民主讨论。

4. 开展创先争优活动和主题党日活动 按照全国医药卫生系统创先争优领导小组办公室《关于认真做好领导干部点评创先争优工作的通知》和中国疾控中心党委的部署,结合环境所的工作现状,所党委对 4 个在职党支部和 2 个离退休党支部进行面对面的逐级点评。制作了《环境所创先争优活动党员手册》,为各党支部制作了《环境所创先争优活动党支部工作手册》。

3 月 25 日,所党委组织召开了 2011 年党的工作会议,回顾和总结了 2010 年党委工作情况以及创先争优活动的开展情况,部署了 2011 年党委主要工作内容。工作会上,中国疾控中心领导对环境所领导班子和三位班子主要成员分别进行了点评。

按照卫生部直属机关党委和中国疾控中心党委的要求,评选优秀党员和优秀党务工作者,环境所班海群、刘景兰和张淼同志获优秀党员称号,张全增同志获优秀党务工作者称号。

组织开展"三好一满意"活动。

围绕建党 90 周年,第一、三、四、五支部组织党员参观爱国主义教育基地——房山霞云岭堂上村参观《没有共产党就没有新中国》歌曲诞生地;第五离退休支部组织党员参观在中华世纪坛举办的"一切为了人民"展览,使每位老党员同志重温了党的光辉历程,加强了对党史、党情的了解,更加坚定了为共产主义事业奋斗终身的信念;第二支部组织党员参观《复兴之路》专题展览;第六离退休支部召开了纪念中国共产党成立 90 周年座谈会。

组织全所职工共 122 人赴井冈山革命圣地,分两期举办了"学习和传承井冈山革命精神"培训班教育,开展了"重走革命路,永远跟党走"主题党日活动。

开展"讲党史、强党性"党史小教员演讲比赛;慰问老党员、困难职工;制作《党员风采》视频专题拍摄。组织全所职工和离退休党员开展了"群众心中的好党员"推荐评选活动,经过全所党员职工无记名投票推选,经所党委研究,确定 41 名党员为所级"群众心中的好党员"。

(五)反腐监督机制建设与"小金库"专项治理

1. 反腐监督机制建设 2011 年,环境所组织中层以上干部参加《纪念建党 90 周年反腐倡廉知识竞赛》答题活动;组织支部党员参加了纪念中国共产党成立 90 周年反腐倡廉建设征文活动;继续开展权力运行监控机制建设工作;对预算及预算执行、招标采购、废旧仪器的报废处理、研究生招生复试等工作进行监督。

2. "小金库"专项治理

(1) 健全"小金库"专项治理组织机构:按照《卫生部 2011 年"小金库"专项治理工作方案》(卫规财发〔2011〕26 号)以及卫生部经济管理工作会议的要求,环境所把"小金库"专项治理工作作为 2011 年重点工作任务之一,成立了以党政主要领导为组长,副书记、副所长为副组长，有关处室负责人为组员的专项治理工作领导小组，并下设了专项治理工作领导小组办公室。根据卫生部和中国疾控中心的部署，制定了《环境所2011年“小金库”专项治理工作方案》，明确环境所“小金库”专项治理工作内容、工作方法、工作安排及工作要求。

(2)“小金库”自查自纠：2011年，环境所先后组织召开4次中层干部会，对“小金库”自查自纠工作进行了动员部署、责任落实，集中学习了卫生部、中国疾控中心《2011年“小金库”专项治理工作方案》和《中央单位“小金库”问题处理处罚意见》。各处室结合2009年和2010年自查自纠、摸底排查和重点检查情况进行了全面复查，复查面达到了100%；所属各公司在2010年专项治理的基础上进行了自查自纠“回头看”，深入查找小金库问题，对遗漏和新发现的问题进行了认真的梳理和整改。所专项治理工作领导小组将环境所复查和整改落实情况在全所中层干部会议上进行了传达，并将环境所”小金库”全面复查情况报告和全面复查报告表上报了中国疾控中心“小金库”专项治理领导小组办公室。

(3) 2011年7月18－28日，环境所接受了中央“小金库”治理督导抽查组的检查。

2011年11月16日财政部向环境所下达了《关于中国疾病预防控制中心环境与健康相关产品安全所“小金库”专项治理检查结论和处理决定》(财监〔2011〕161号)。

(4) 建立“小金库”防范长效机制：针对财政部向环境所下达的“小金库”专项治理检查结论和处理决定，环境所及时向财政部提交了《中国疾病预防控制中心环境与健康相关产品安全所关于落实财政部“小金库”专项治理处理决定的报告》，对检查出的问题逐一进行了整改落实。

为杜绝“小金库”问题的发生，环境所于2011年9月底召开“小金库”检查阶段性总结会，金银龙所长向全体职工通报了中央“小金库”检查组的检查结论，高贵凡书记作了《规范财务管理，防范和杜绝“小金库”的发生》的讲话。为筑牢“小金库”防范防线，环境所建立了领导负责、部门落实、“小金库”源头防治机制；加强学习、教育为先、强化意识的自我约束机制；加强预算管理，规范财务核算、强化内部控制的制度约束机制；提高对“小金库”的综合治理能力，强化财务监督、审计监督、纪检监督的监督惩处机制。

(六)安全保卫

积极做好单位内部防火、防盗，防突发事件、防不安定因素发生的安全防范工作；明确法人、主管领导、监管处室、业务部门的安全责任，层层签订安全责任书；确定重点要害部门和要害部位，落实检查、督促、防范措施。制作“四个能力”宣传展板，开展知识问答，强化提高检查消除火灾隐患的能力、扑救初起火灾的能力、组织人员疏散逃生能力和消防宣传教育培训能力等四个能力建设。

2011年，接受朝阳公安分局、西城公安分局及属地派出所联合安检、月检共计30次；组织潘家园工作区和南纬路工作区的消、电检；完成消防灭火器447具年检工作；处理突发安全事件4起。

2011年,环境所党委书记高贵凡同志被北京市评为朝阳区安全治安先进个人;保卫科科长王宝利同志被北京市公安局评为个人嘉奖。

(七)职工文体活动

组织职工春节联欢、参加中国疾控中心举办的羽毛球比赛、全国疾控系统摄影比赛;组织职工秋游,游览古长城;走访慰问困难职工及生病住院职工。组织职工体检。

2011年环境所被朝阳区评为计划生育工作达标单位。

走访慰问离休老干部;组织老干部春游和秋游;组织老干部参加中国疾控中心举办的象棋、扑克牌比赛等文体活动;发放老专家历史回顾丛书。人文关怀退休职工,与退休职工合影留念,制作"光荣退休"证书和纪念品,召开茶话会(欢送会),派车运送退休时的个人物品,所内网站刊登退休职工"光荣退休"的消息和照片等。

(八)物质采购、资产管理和后勤服务

通过学习国家有关文件、制定环境所相关管理规定,规范物资采购和资产管理。完成8台/套进口设备的公开招投标和采购工作,合同金额近400万元;完成270万元的设备采购和260万元的物资采购。完成170台套,约370万元新增资产的登记工作;对418台未进行资产处置的设备进行了梳理,完成与各保管人的确认。组织完成2012年进口设备专家论证会;协助财务处完成编制健康相关产品检测工作项目、大型购置项目预算审报书。

完成外检85台/套、自检38台/套仪器及计量器具的检定工作;编制2012年住房补贴预算;完成46余万元职工住房补贴的发放工作;审核全年全所办公用房、职工住房物业费约83万元、供暖费约120万元、水电费约89万元。

(姚孝元　耿莉)

职业卫生与中毒控制所

一、职业卫生与职业病防治技术支撑工作

1.《中华人民共和国职业病防治法》修订工作　为进一步完善我国职业病诊断鉴定制度，为《职业病防治法》修订提供科学决策依据，受国务院法制办、卫生部委托，本所组织3批专家于1月在北京、吉林等6省对我国职业病诊断鉴定工作现状及存在的问题进行了调查并根据调查结果及时形成调研报告，提出建议，受到国务院法制办、卫生部的高度肯定。

根据职业病诊断鉴定工作现状调查结果，针对劳动者职业接触难以认定等难点，有针对性地提出化解职业病诊断鉴定“难”的建议。3月，受全国政协科教文卫体委员会委托，组织有关专家召开《职业病防治法修正案（草案）》征求意见会并提出建设性意见。11月，针对全国人大法工委提出的职业病定义、高危粉尘等问题，组织相关专家收集国内外文献，提供了相关资料和书面意见，得到全国人大法工委领导的认可。

为配合有关部门《职业病防治法》修法调研工作，本所专家多次参加全国人大法工委、全国政协教科文卫委员会、国务院法制办、卫生部、国家安监总局等部委组织的《职业病防治法》修订讨论会并参与了全国人大调研组、农工党对湖南、山东等地职业病防治情况进行的实地考察和调研。

根据《职业病防治法》（修订案）重点解决职业病诊断鉴定制度问题，受卫生部监督局委托，本所组织相关专家在6月27日人大常委会第21次会议首次审议职业病防治法修正案草案后提出《职业病诊断与鉴定管理办法》修订稿。修订稿经广泛征求意见后进行了修改，完成报送稿并上报卫生部。本所还按照卫生部的要求，根据中央编办对职业卫生监管职能的调整，按照《职业病防治法》（修订案）的相关规定，在原《职业健康监护管理办法》的基础上起草了《职业健康检查管理办法》，并召开专家会议征求意见，形成征求意见稿。

2. 全国职业健康状况调查工作　作为全国职业健康状况调查技术指导组办公室的挂靠单位，多次组织召开所内外专家会议，组织起草了全国职业健康状况调查实施方案等技术文件；协助卫生部开展了职业健康状况调查全国性会议、培训班、督导等技术支持工作；组织、动员全所力量，全力做好职业健康状况调查的技术工作，进一步整合技术力量，多次召开所内培训会，开展技术指导、质量控制等培训，同时成立专家顾问组、技术指导组等并将本所业务部门分成10个小组分别对口支援65个重点县（区）的调查工作；8－10

月，组织所内业务部门对湖北等14个省(自治区、直辖市)的调查工作进行了现场质量检查。

3. 重点职业病监测工作　组织召开《重点职业病监测技术》方案实施技术指导与质量控制师资培训会，对各省、自治区、直辖市职业病监测项目管理和实施人员开展培训；积极申请建立“重点职业病监测平台”，以进一步推动重点职业病监测哨点工作开展。组织起草了2012－2015年中央转移支付重大专项中“重点职业病监测”项目方案和预算。积极推动各省开展重点职业病监测工作开展情况。

4. 农民工职业病防治研究工作　受卫生部监督局委托，根据中心工作安排，本所组织开展了农民工职业病防治研究工作。5月，本所专家随同卫生部监督局调研组赴北京市和浙江省开展了前期调研工作；6月，就工作实施组织相关专家进行了研讨，在参考2010年新生代农民工职业病防治研究报告的基础上，重点分析了农民工职业病防治现状、存在的主要问题及对已制定的农民工职业病防治政策措施和落实情况，依据现状和存在问题提出近期和中长期目标并依据目标提出有针对性的建议和对策。编制了《农民工职业病防治工作研究报告》，为卫生行政部门决策提供技术支撑。

5. 为国家相关政策法规标准的制定提供技术支撑　根据职业卫生监管职责的调整，本所在配合卫生部政法司、监督局与安监总局针对职业卫生标准工作进行深入讨论的基础上，组织相关专家起草了《国家职业卫生标准管理规定》，对标委会的构成、有关标准的立项、实施、批准发布等提出了建议。

受卫生部卫生监督局委托并经中心同意，本所承担了《防暑降温措施暂行办法》的修订工作并派出2批专家和工作人员随同卫生部等4部委、组织联合调研组赴重庆、江苏、湖北、广东等4省(市)开展调研工作，编制完成了《高温天气防暑降温措施》初稿。

受卫生部监督局委托，组织相关专家编写了《职业病防治机构能力建设指导意见》，组织有关所内外相关专家编写了《国家职业防治科研规划》并上报卫生部。

作为主要起草单位完成了《卫生部突发中毒事件卫生应急预案》和氨等14种常见毒物急性中毒事件卫生应急处置技术方案及《突发中毒事件卫生应急处置人员防护导则》，已由卫生部正式发布。

2011年审议职业卫生标准49项，通过45项，发布标准28项；在研职业病诊断标准12项，审查9项职业病诊断标准。

6. 其他技术支撑工作　受卫生部监督局委托并经中心同意，本所负责拟定了2011年度职业病防治法宣传周活动方案并提出了拟关注的重点人群、备选主题、备选宣传用语等，为做好2011年度职业病防治法宣传周工作提供了必要的支持。

根据卫生部监督局和中心要求，本所结合试点地区和全国职业病报告情况，对近3年检出的职业病人进行了深入分析并对个别试点更新后数据重新进行了分析。

配合卫生部监督局对甘肃古浪农民工患尘肺病事件等调研、处置等提供了技术支持。

二、突发化学中毒事件应急处置及现场指导工作

1. 舆情监测与热线咨询工作　全年，面向公众及专业机构的医务人员提供24小时中毒相关的热线信息咨询服务4002例。通过电话咨询向咨询者提供了相关信息和临床处置指导，促进了中毒事件的处理，受到了基层医院和患者及患者家属的好评。维护、更新了毒物数据库中600条化学品中毒信息、500条药物中毒信息，建立了咨询服务数字化管理，将咨询内容纳入数据库存储。为各级各类疾控、中毒救治相关机构提供了毒物、中毒救治等信息服务。

2. 化学中毒现场处置及技术指导　3月19日，本所派马沛滨主任医师随同卫生部专家组前往合肥市调查处理幼儿"不明原因肠系膜淋巴结肿大"事件，为事件妥善处理提供技术指导。

4月29日，马沛滨主任医师参加卫生部专家组赴青海玉树调查处理"疑似肉毒中毒死亡"事件，为事件妥善处理提供技术指导。

7月19日，本所派马沛滨主任医师赴云南省富宁县参与处理"群体性不明原因疾病"事件，为事件妥善处理提供技术指导。

7月28日，本所派张宏顺副主任医师前往广西贵港市，协助当地开展贵港市钢铁集团"7.28"管道煤气泄漏中毒事件的调查工作。

8月20日，根据卫生部应急办要求并经中心同意，本所闫慧芳研究员、马沛滨主任医师和郭翔研究实习员随同卫生部应急办工作组赴新疆参与处理"新疆皮山县桑珠乡群体性食物中毒"事件。在新疆期间，本所专家在当地人员的陪同下，进行了现场调研，与当地专家开展了工作会商并积极指导临床救治工作。在指导做好现场工作的同时，本所组织实验室对从新疆运来的食物、生物样品等开展实验室检测。在既无标准方法又无标准品储备的情况下，克服实验条件有限等困难，确定此次事件为含氟鼠药中毒，为事件的妥善处理提供了及时的技术指导。

8月24日，本所马沛滨主任医师随同卫生部专家组赴甘肃处理陇西县文峰镇"急性群体性氟乙酰胺中毒"事件。本所专家在提供现场技术指导的同时，对甘肃省疾控中心送来的食物、生物样品等开展了实验室检测，确定此次事件为含氟鼠药中毒，为事件的妥善处理提供了及时的技术指导。

继续协助有关部门做好儿童铅中毒应急处理技术支持工作。1月，根据中心要求，本所陶雪副研究员赴安徽省，就怀宁县儿童铅中毒事件血铅检测情况进行现场调查和处理并对当地技术服务机构如何做好血铅检测提出相关建议。

三、职业病与中毒预防控制工作

1. 职业病报告管理　为推动各省职业病报告工作，拨付32万元用于补助各省开展

职业病报告相关工作。3月,完成《2010年全国职业病报告发病情况》的撰写,为卫生部2011年召开的职业卫生专题新闻发布会提供了数据基础;5月和8月先后完成了2011年第一、二季度急性职业中毒报告发病情况分析和2011年上半年全国职业病报告发病情况分析并上报中心。不断推动各省加强职业病报告制度建设和职业病统计报告队伍能力建设,逐步加强职业病数据的利用价值,为政府决策提供科学依据。

2. *淮河肿瘤预防控制项目* 按照中心要求和部署,会同有关单位开展了淮河流域癌症综合防治工作。在项目实施中,本所注重加强对地方疾控部门的业务指导、培训和帮助,基本建立了"现场工作以当地疾控工作人员为主,结果分析工作以本所科研人员为主"的工作模式。建立了当地的胞质阻滞微核实验室平台,制订了标准操作规程;跟踪了微核组学标志物的最新研究进展。项目组还于4月在京召开了胞质分裂阻滞微核与肿瘤交流会,对微核形成原理、制片工作中的重要环节进行了重点阐述和解释,强调了阅片过程中微核、核质桥和核芽等标志物的判断标准。

3. *职业卫生技术机构管理及技术指导* 根据中心要求,本所继续组织开展了2011年度全国职业卫生检测实验室比对工作。对冻干牛血中铅、冻干人尿中镉、活性炭管中甲基异丁基甲酮、活性炭管中四氢呋喃和粉尘中游离二氧化硅进行考核。全国70家疾病预防控制中心、职业病防治研究院(所)等参加了考核,共反馈结果240项,其中合格209项,总体合格率为86.0%,优秀率65.8%。

对申请化学品毒性鉴定机构甲级资质的天津市疾病预防控制中心进行了现场评审,对申请化学品毒性鉴定机构甲级资质的江西省职业病防治研究院进行了现场复核。

对新疆疾病预防控制中心、四川省疾病预防控制中心、河北省疾病预防控制中心、辽宁省职业病防治院等20多个省、市、县的职业卫生技术服务机构及卫生监督机构进行了职业卫生检测、游离二氧化硅含量检测和建设项目职业卫生评价等技术指导。

4. *职业卫生培训、宣传与教育工作* 2011年共举办全国职业病诊断医师及师资培训班5期,参加培训人员348人,其中尘肺病诊断医师资格培训班2期(上海、山东),231人参加培训,130人成绩合格;职业中毒诊断医师师资培训班1期(江苏),119人参加培训,116人成绩合格;协助煤炭总医院举办1期尘肺病影像诊断新进展研讨班暨尘肺病诊断标准应用学习班,协助云南省卫生监督局举办1期云南省尘肺病诊断资格考试培训班。

此外,分别在广州举办1期"中毒事件应急处置及患者救治"培训班,在北京、江西举办2期工业企业职业病危害预防控制培训班,共培训300人。

研究生教育培养工作。2011年,招收博士研究生2名,硕士研究生5名;组织接收MPH学员1人;3名博士研究生、8名硕士研究生顺利完成研究生答辩毕业。

5. *职业卫生技术服务与技术咨询* 全年开展建设项目职业病危害预评价3项,控制效果评价2项;受理农药相关样品334个、化学品27个、理化检测空气样品77个、溶剂残留检测样品5个,生物样品144份,职业病危害因素检测与评价项目1项(包括21个检测项目);发出农药登记毒理学试验报告420份、化学品毒性鉴定报告96份(其中英文报告57份)和常规理化检测及应急检测报告13份;新签技术服务合同40份,其中分包合同4份。先后完成宁夏疾控中心送检生物样品10份,检测项目为样品中Tl、Pb、Cb、Cr、Hg、Ni、As等元素定性及铊元素定量;完成甘肃省疾控中心送检疑似突发中毒事件现场样品4份,检测项目为样品中氟乙酰胺定性;接收新疆疾控中心送检的4批共91份现场样品,首先通过对部分样品进行定性分析查找中毒原因,在确定为含氟鼠药中毒后,又对其他样品进行了含氟鼠药定性检测。

6. *实验室质量管理工作* 10月通过北京市安监局组织的职业卫生技术服务机构(甲级)资质的年检、换证工作。11月通过国家计量认证卫生评审组对本所的资质认定复评审。

四、职业卫生与中毒控制科研工作

1. *在研课题* 截至12月底,本所主持或参与的科研课题25项,其中卫生行业专项1项、国家科技重大专项专题1项、科研院所技术开发研究专项1项、国家自然科学基金课题7项、国际及港澳台合作课题4项、其他部委项目5项、中心青年科研基金项目1项、所青年科技基金项目5项、所内资助的其他项目1项。

2. *科研申报、中标情况* 截至12月底,本所组织申报各类课题、项目、建议、需求共计17项,其中国家级项目主要有:国家科技支撑计划项目建议1项、国家自然科学基金项目9项、中国/世界卫生组织卫生技术合作项目1项、“十二五”国家科技计划医药卫生科技领域建议项目1项、“十二五”国家科技计划现代服务业领域建议项目1项和2012年基础研究重大战略需求方向建议4项。在申报的各项课题中,1项国家科技支撑计划项目和5项国家自然科学基金项目获得资助。

3. *科研成果* 由本所组织编印的“职业卫生与中毒控制科普丛书”获2010年中国石油和化学工业优秀出版奖(图书奖)二等奖。截至到12月底,发表文章62篇,其中中文56篇、英文6篇;主编和参编书籍5部。

4. *科技人力储备* 推荐国家安监总局职业卫生专家库专家24名,推荐北京市职业病诊断鉴定专家库专家9名,推荐北京市职业卫生技术服务机构资质审定专家14名,推荐北京市自然基金同行评议专家11名。

五、国际交流与合作

1. *出访及来访* 全年接待外宾来访16批53人次,分别来自美国、澳大利亚、日本、阿富汗、台湾等国家和地区。

全年因公出访12批17人次,出国任务以参加国际会议、考察交流、培训学习、项目合作等多渠道发展为特点,按照“卫生部关于严格因公出国(境)管理工作的通知”的要求,对每位出访人员发放《中国疾病预防控制中心出国(境)人员行前教育手册》并要求提交学习心得和回国报告。

2. 国际合作项目 “JICA加强中国职业卫生能力建设”合作项目和“中澳职业健康监护技术和职业病诊断鉴定制度研究”项目进展顺利,已开展多次学术报告和学术交流活动并对合作现场进行了实地考察。GE项目在北京、江西举办2期工业企业职业病危害预防控制培训班,并编辑再版了《企业职业卫生培训教材(第二版)》。

世界卫生组织合作项目“中国工作场所健康促进模式推广及职业卫生服务均等化项目”组织开展了前期现场调查工作。

UNIDO/ILO/WHO中国煤矸石制砖企业职业安全健康交流活动项目和UNIDO/ILO/WHO职业健康与环境影响监测试点活动项目已完成中英文报告书的撰写并提交WHO中国办事处。

六、重要工作会议

9月20日,本所在湖北省襄阳市召开全国职业病防治技术工作会议。与会代表就职业病防治机构功能定位、建设规模和发展方向、全国职业健康状况调查实施工作、职业病诊断管理办法和健康监护管理办法修订、职业卫生检测实验室质量控制和职业病防治机构绩效考核等问题展开了深入的研究和讨论并提出有关建议。会议认为,当前职业病防治形势依然严峻,在新旧职能交接的特殊时期,我们要按照卫生部的要求,从职业病防治工作的全局出发,克服困难、开拓奋进,做好技术支撑工作,推动我国职业病防治工作不断适应新形势、取得新进展。

七、挂靠标委会、学会工作

1. 职业卫生与职业病诊断标准委员会 完成标准制(修)订及清理工作。根据卫生标准制(修)订工作计划,审议职业卫生标准49项,通过45项,发布标准28项。对新制(修)订的9项诊断标准进行了预审和终审。

加强标准研制的质量管理。从标准立项、标准研制起草人、标准研制过程、标准审查报批程序和标准质量等方面加强管理,不断提升标准研制的质量。加强标准宣贯工作。积极利用会议、培训班、网络等平台做好标准的宣贯工作。

2. 职业病诊断鉴定技术指导委员会 协助卫生部监督局开展了全国职业健康检查、职业病诊断与鉴定工作现状调查;先后派出两批专家赴昆明和深圳开展职业病诊断鉴定指导工作;认真做好信访咨询的答复工作。截至12月底,共答复卫生部监督局、地方诊断鉴定机构及群众来信6次。

中华预防医学会劳动卫生与职业病分会、职业病专业委员会、卫生毒理分会,以及中国毒理学会工业毒理委员会、中国健康促进与教育协会企业分会、中国职业安全健康协会职业卫生专业委员会分别召开了2011年工作年会暨学术交流会。在中国卫生监督协会的指导下,筹备成立了中国卫生监督协会职业卫生分会。

八、安全管理工作

1. *实验室安全管理* 根据中心要求,组织开展第五届实验室安全周活动。组织召开全所实验室安全员培训,宣贯即将实施的《危险化学品安全管理条例》,重申本所剧毒化学品管理制度,明确易制毒化学品申购流程;为做好实验室搬迁工作,组织修订了实验室安全员职责协议书,开展了实验室搬迁过程中安全风险因素识别及应对措施建议的问卷调查。

积极配合中心做好实验室安全检查工作,对检查中发现的问题及时督促整改并上报中心;配合北京市环保局检查了辐射安全工作,对检查中发现的问题认真做好整改工作;为做好本所接触职业危害人员健康体检工作,开展了职业危害因素及防护用品需求调查。做好废弃化学物处理工作,全年处理一般化学试剂 804 瓶计 447kg、过期样品 140kg、剧毒化学试剂 38.68kg 和含汞试剂 1.58kg。

根据中心要求,实验室安全管理系统即 LIMS 系统建设如期展开,目前已投入使用。开展 LIMS 系统软件相关开发工作,完善检测流程。初步建立了科研管理模块,完善了动物室管理模块,建立了体系管理模块。加强危险化学品管理,已将剧毒化学品库存量录入 LIMS 系统。

2. *剧毒化学品安全管理* 进一步加强剧毒物品的管理工作,建立试剂清单目录,做到分类管理;配合属地公安部门,做好月度毒品库例行检查工作并通过电子信息系统将检查结果及时上报相关管理部门。

3. *消防安全管理* 为确保全年安全无事故,本着“谁主管,谁负责”的原则,年初与中心、天桥地区防火安全委员会签订了《消防安全责任书》。根据《中华人民共和国消防法》有关规定,5 月中旬举办了全所消防知识培训讲座并组织全所职工和学生进行了消防安全知识问答。进入夏季和冬季前,及时下发《职业卫生所关于做好夏季安全生产工作的通知》和《职业卫生所关于做好冬季安全生产工作的通知》,要求各部门负责人要高度重视安全防火工作,把消防安全工作作为一项重要工作亲自抓,加强各个环节的监督管理,警钟长鸣,常抓不懈。

4. *加强值班管理与安全检查工作* 根据中心要求,加强安全检查力度,坚持重点检查与日常督查相结合,严格执行各项安全管理制度,狠抓隐患排查治理工作。要求各部门加强防火防盗设施及压力容器、地下空间、应急库房等重点部位的安全隐患排查,强化对易燃、易爆等危险化学试剂的清理工作;加强对用电设备的安全检查;通过安全教育培训和宣传壁报,普及安全知识,增强职工安全意识。

九、行政管理工作

1. *新闻采访* 2011 年本所专家接受新华社、瞭望周刊等媒体采访 5 次。

2. 合同审查　按照中心及所里要求,继续认真细致的做好合同管理工作,全年提交律师审查合同 59 份,登记、编号各类合同共 271 份。

3. 档案工作　全年收集各类档案 230 卷,整理各类档案 1100 卷、各类资料 2000 余册;借阅利用档案 42 人次,利用卷次 150 余卷。认真做好大修搬迁档案收集、资料整理销毁等方案制定工作,加大档案收缴工作力度及收集质量。

4. 保密工作　根据卫生部、中心有关要求,在全所范围内开展了保密法宣传教育等系列工作:根据工作需要,将《关于印发卫生工作国家秘密范围的规定》的通知(卫办发〔2011〕62 号)下发各部门,要求各部门认真组织学习,按照卫生工作国家秘密范围的规定,做好相关内容的保密工作,防止发生泄密事件。为加强全所职工对保密工作的重视,提高保密安全意识,在全所范围内开展了 2011 年保密知识答题,共收到 137 份答卷。做好全所 2011 年度购置计算机备案工作。

5. 人力资源管理工作　因工作需要,经中心研究决定,6 月孙新同志任本所副所长;7 月谭枫同志任本所党委副书记(主持党委工作);办理调出手续 1 人,办理辞职手续 3 人。接收应届高校毕业硕士研究生 3 人。

6. 南纬路 29 号楼大修工作　南纬路 29 号实验室维修项目自 2010 年 7 月 23 日启动至今已 1 年多,截至到 2011 年 7 月 31 日共计支出 60.72 万元(不含未支付中国建筑科学研究院设计费余款 47 万元,中外建工程设计与顾问有限公司项目前期设计费 11 万元)。由于工程量清单超出预算,资金严重不足,造成无法正常开标,工程迟迟不能开工。鉴于上述情况,经向中心领导请示并与相关部门沟通,大修办公室向中心提交了《职业卫生所关于终止南纬路 29 号实验楼维修工程项目的请示》及《职业卫生所关于"中国疾控中心职业卫生所南纬路 29 号实验楼维修"项目预算执行情况及建议调整的请示》,建议将实验楼维修项目变更或调整为南纬路 29 号楼水电暖维修改造,包括给排水消防、强电和弱电、采暖和通风、消防报警及安防等工程。

7. 设备购置　全年购置仪器设备 139 台,总金额 1000.5 万元。其中一般设备 64 台,总金额 93.1 万元;专用设备 75 台,总金额 907.4 万元。

(聂武　滕林　李涛)

辐射防护与核安全医学所

一、行政管理工作

（一）人力资源管理

本年度在职职工148人，其中所领导5人、中层干部30人、离退休职工176人。年内接收新进三生3人。

6月2日，本所聘任袁龙为核事故与放射事故应急办公室副主任，聘任苟巧为毒理学研究室副主任。

所领导班子全年共慰问看望离退休职工66人次。根据卫生部、中国疾控中心的统一安排，本所开展了规范退休职工津贴补贴工作。

（二）财务工作

2011年度共采购仪器、设备和物资736万元，其中，通过政府采购公开招标的方式，完成了该年度二个大购项目的招标采购工作。签订合同总额为554.718万元，完成投资计划的92.5％，在招标采购工作中，严格按照国家的有关法律规定履行招标程序，纪检、审计人员全程参加项目招标，未发现违法违规行为。

重视财务监管，各项支出严格按预算执行。2011年，本所实现收入5870.69万元，完成年度收入预算5704.47万元的103％；实际支出6400.57万元（含工资挂账402.78万元），完成年度支出预算6410.52万元的100％。

2011年公共卫生专项经费550万元，执行543.88万元，完成99％。

本所按照《中国疾病预防控制中心关于印发2011年“小金库”专项治理工作方案的通知》（中疾控财发〔2011〕147号）的要求，深入开展了“小金库”专项治理工作，未发现违反国家有关规定行为。通过3年来“小金库”专项治理工作，本所逐步建立健全了防治“小金库”的长效机制。

（三）制度完善与行政管理工作

本年度继续开展规章制度建设工作，全年修（制）订了《研究生管理规定》、《中国疾控中心辐射安全所工作区停放机动车辆的规定》、《档案管理暂行规定》、《文书档案工作细则》和《档案查询借阅制度》等5个规章制度;《仪器设备管理规定》、《放射性同位素辐射安全管理办法》和《放射性同位素与射线装置放射突发事件处理应急预案》等9个管理制度正在制定中。全年召开党政联席会、所务会、所长办公会等22次会议,做出150项会议决定。

根据部门职责和管理岗位,2011年调整了“辐射安全所保密委员会”、“辐射安全政府采购工作领导小组”和“辐射安全所公费医疗领导小组”等6个专门工作委员会(领导小组)。

(四)自动化办公进展情况

2011年是本所自动化办公的第三年,全年通过OA办公系统进行了145个文件的发文管理和631个文件的收文管理,发布了139个工作通知,下发了150个会议决议。全年对161份合同草本的“签约必要性”、“经费使用的合理性”以及“相关条款的合规合法性”进行了审查,法律顾问出具审查意见161份。科技处、质管办、后勤管理处、办公室负责人和审计人员严格把关,依据工作职能加强了送审合同的相关内容与程序审查,从根本上杜绝各类违纪违法行为的发生。

(五)保密与档案安全管理

本所根据《中国疾病预防控制中心关于开展涉密测绘成果保密检查的通知》(中疾控办便函〔2011〕237号)的要求,组织各处室和各课题组认真学习有关文件,并按照文件具体要求逐项开展自查。经自查,本所均未涉及涉密测绘成果。逐级签订了保密协议和计算机安全保密责任书。定期组织专人对所内涉密计算机和非涉密计算机进行了安全检查。2011年度未发生保密安全责任事故。

本所在2011年制订实施了《档案管理暂行规定》等3个规章制度,全年有7个科研课题24卷档案、2项基建工程3卷档案和2盘声像档案归档。

(六)质量管理与实验室安全工作

截至到2011年底,本所放射性同位素总计113件,其中非豁免水平放射性同位素45件(密封放射源41枚,非密封放射性物质4件)。为进一步加强本所放射源安全管理和实验室安全管理工作,9月份,放射防护领导小组对本所放射源暂存库和涉及放射源的实验室进行了安全检查,放射性同位素账物相符,从放射源暂存库借出和归还放射源纪录完善,管理规范。

认真开展质量体系整改工作,修订颁布了《程序文件》(第二版)和《质量记录表格》(第二版),组织开展质量管理体系所有过程的重新审核,完成实验室资质认定(计量认证）监督评审工作，召开了2011年度管理评审会议并按计划完成了2011年度管理评审工作。

（七）总结回顾疾控十年发展历程，编制“十二五”发展规划

根据疾控中心统一安排，本所成立了“疾控十年”回顾领导小组，组织编写了《辐射安全所10年重点工作回顾》总结和《辐射安全所外部独立评估报告》，并接待了来自美国等国家的专家对本所进行的10年发展外部独立评估工作，收集本所制作的科普宣传视频资料和宣传画册，协助中心开展“疾控10年”重点事件评选活动，提交了“疾控10年”画册照片资料。

本所在2010年开始组织编制《辐射安全所“十二五”事业发展规划》，通过近一年的编写、论证和修订，现已完成报批稿。

二、突发事件应对与放射卫生工作进展情况

（一）日本福岛“3.11”核事故应对工作

2011年3月11日北京时间13时46分，日本发生里氏9级特大地震，地震和海啸引发了日本福岛第一核电站发生7级核事故。地震发生当天，本所以高度的责任感和使命感认真履行核事故卫生应急职责，快速启动了日本大地震核和辐射事故的应对工作，快速制定了国际救援准备、归国人员体表放射性污染检测、食品和饮用水放射性污染监测，以及公众宣传等一系列技术方案和文件；有效开展了污染检测、技术指导、风险评估、公众宣传和国际救援准备等工作。为国务院、卫生部和国家核应急办决策提供了强有力的技术支撑，对全国放射卫生应急机构提供了及时有效的技术指导，在化解公众恐慌情绪，维护社会稳定和国家安全等方面起到了十分重要的作用，出色地完成了卫生部和中国疾控中心赋予的职责和任务，全过程充分体现了响应及时、部署周密、研判准确、评估科学、建议合理的特点。出色地完成了应对工作，得到卫生部、国家核应急办、中国疾控中心和各兄弟单位的充分肯定及好评。

按照卫生部和中国疾控中心的统一部署，本所和中国疾控中心先后成立了日本福岛“3.11”核事故应对工作领导小组，下设综合组、专家组、信息组、技术组和保障组，明确了各组职责和任务，保障了应对工作的有序、高效开展。本所45名各组人员连续38天坚守岗位，及时解除了公众恐慌心理，有效平息了“碘盐抢购”风波，平抑了公众对空气中和蔬菜表面极微量放射性污染的恐慌心理，维护社会稳定，保障国家安全，苏旭、赵兰才、王作元、张伟和侯长松等5名专家在近2个月的时间内共接受约20余家主流新闻媒体的150余次访谈，本所抽检和复核空气、蔬菜样品118份，通过实时的媒体监测，针对公众的疑惑、顾虑、担心和恐慌，及时编写公众问与答，提供给卫生部、疾控中心和辐射安全所网站，

开展公众宣传和答疑解惑,“3.11”核事故后不到一个月就与科学普及出版社合作出版了《核事故公众防护问与答》一书。一系列及时有效的举措,代表中国疾控中心在第一时间发布了权威信息,消除了公众恐慌情绪,同时对指导全国卫生系统开展公众沟通、媒体交流和信息发布起到了重要作用,也进一步树立了中国疾控中心及辐射安全所在放射卫生防护与核事故应急中的地位、形象和权威作用。

截至12月15日,本所已报送监测专报62期,疾控快报63期。

(二)放射卫生领域的监督管理工作

1. 放射诊疗防护监管工作　在2011年6月7日陈啸宏副部长主持召开的医用辐射安全领导小组第二次全体会议上,苏旭所长汇报了医疗照射标准制定情况及对健康体检者接受放射诊疗的频次和受照剂量的研究情况,提交了本所组织编制的《健康体检中使用放射诊断检查技术的指导原则》。

2011年度卫生部继续加强医用辐射安全管理工作,新增8个医用辐射安全卫生监测试点省份。本所做为试点工作的质量控制和技术指导单位,对17个试点省份工作人员进行了监测培训,汇总分析了第一阶段9省28个地级市(区)215家医疗机构监测信息,提交了2010年度医用辐射安全卫生监测网统计分析报告。

2010年卫生部办公厅发文在全国开展以放射治疗为主的医疗质量万里行-放射诊疗防护专项督导检查工作。本所协助卫生部编制了督导方案,并对参加专项督导检查工作的专家进行了培训,同时选派专家参加督导组工作。

2. 放射性职业病防治工作　按照中编办《关于职业卫生监管部门职责分工的通知》(中央编办发〔2010〕104号)和卫生部的要求,积极开展相关政策研究,参与起草了《放射卫生技术服务机构资质审定条件与工作程序》、《放射诊疗建设项目卫生审查管理规定》和《放射卫生专家库管理办法》等配套文件。积极参与《职业病防治法》修订工作,提出了“用人单位应在高风险放射工作场所和放射作业时配备报警装置,以及个人剂量监测、放射防护设备监测,由依法设立的取得国务院卫生行政部门资质认证的放射卫生技术服务机构进行”等与放射性职业照射防治相关合理化建议。

为不断完善放射工作人员职业健康管理系统,2011年已有149家开展外照射个人监测机构通过外照射个人监测管理子系统上报监测数据,占全国现有监测机构的75%。上报了12 139家用人单位(占全部工作单位的20%)、101 616名放射工作人员(占全部放射工作人员的51%)的监测记录360 859条。首次编制了全国性的《放射工作人员个人剂量监测年报(2010年)》,对监测数据质量做了全面分析。

根据《建设项目职业卫生审查规定》的有关要求和卫生部的工作安排,本所组织专家对大型辐射装置建设项目的职业病防护设施设计等进行技术审查,对有关建设项目的评价报告进行专家评审。本年度共组织对送审的14份评价报告进行专家评审。

3. 公众照射控制工作 在成功应对日本福岛“3.11”核事故后，本所及时提出了加强全国食品和饮用水监测能力建设方案，根据卫生部要求，本所已编制了《食品中放射性监测工作方案》和《饮用水放射性监测工作方案》，设计了网络直报方案，编写了现场工作手册，完成了监测准备工作。本所受卫生部委托组织起草了《核电站周围居民健康调查规范》，该规范已通过放射卫生标准委员会的评审。

2011 年，本所在连续开展广东省阳江地区放射流行病学研究基础上，加强了环境中放射性氡对公众健康影响调查研究工作，组织开展了“西部贫困地区氡生物效应”和“四川阿坝高海拔地区居民甲状腺结节白内障调查”研究。继续进行“我国典型地区温泉、地热水和自来水中氡水平”调查和”高氡暴露人群辐射危害评估与干预-降札温泉异常高氡对健康影响研究”等工作，完成了“异常高氡温泉对居民和儿童健康影响的研究”。

（三）放射卫生领域技术支撑工作

1. 放射卫生政策研究支撑工作 受卫生部监督局委托，2011 年度总计提交了 44 份技术性文件，包括《乳腺数字 X 射线摄影质量控制检测规范卫生标准》等 16 个标准和方案；《全国各省、市（地）、县级疾病预防控制机构放射卫生能力建设和工作规范》等 9 个规范、指南与操作手册；《辐射安全所 10 年工作回顾》等 12 份专项工作报告；2 份规划；5 份其他技术文件。

由本所组织国内放射医学与防护领域主要大专院校、科研院所知名专家编写的《中国放射卫生进展报告》(1949－2008)于 2011 年正式出版。

2. 全国放射卫生专业培训与技术指导 作为“全国放射卫生培训基地”，按照年度培训计划完成了“全国职业性放射性疾病诊断医师培训班”等 6 个放射卫生培训项目，培训人员 1008 名，颁发学分证书 852 本。其中卫生部放射卫生培训基地培训项目 4 项，颁发资质证书 267 本。

受卫生部委托，持续组织“全国放射工作人员个人剂量监测系统考核”、“全国放射性核素 γ 能谱分析方法考核”、“全国水中总 α 总 β 放射性测量考核”和“全国生物剂量估算方法考核”等 4 项专项技术考核工作，本年度共有 176 家机构参加了考核，考核合格单位比例较 2010 年有所提高，并首次评选了考核优秀单位；全年接收安徽省疾控中心等单位 11 名专业人员来所进修。

全年共组织专家和专业人员近百人次赴多省市进行现场调研和技术指导。先后开展了“支援西藏、新疆和阿坝放射卫生工作调研”、“河南、四川、山东、内蒙古、江苏等放射体检机构工作情况调研”等专项调研与评估工作。

3. 开展职业病危害评价与技术服务 完成了福建福清核电项目 5、6 号机组、广东陆丰核电一期工程、卫生部北京医院医用加速器等 23 项建设项目职业病危害预评价报告/控制效果评价报告书的编制。对外出具各类检测报告 697 份、校准报告 257 份。

(四)放射防护标准体系建设工作

本年度召开了 4 次标准审查会议。共审查送审标准 23 项。其中,清理了逾期未完成项目达 20 项,除 1 项撤消、2 项申请延期外,17 项均已完成了预审或会审。全年共发布 4 项标准,包括国家标准(修订)2 项、卫生行业标准 2 项。同时,由卫生部放射卫生防护标准专业委员会及本所组织编辑的《放射卫生防护标准应用指南》于 2011 年正式出版。为加强标准的宣传与交流,标准秘书处完成了放射卫生防护标准、法规光盘(第六版)编制工作,并通过本所网站及时更新现行、有效的全部放射卫生防护标准。

(五)信息交流工作

本年度《中华放射医学与防护杂志》按时发刊,文章质量不断提高。继续推进网络化进程,创建杂志网站 www. cjrmp. net,实现了全文上网、过刊浏览功能。

为有关部门和领导及时了解国内外放射卫生工作动态,全年编辑印制了 100 期《公共卫生事件(放射卫生)媒体相关信息监测工作通报》、12 期《辐射与健康通讯》、11 期《辐射与健康通讯》《放射卫生与核应急信息特刊》、4 期《中国放射防护器材》和 20 期《辐射安全所工作通报》。

三、核事故医学应急准备与能力建设

(一)应急能力建设规划方案制定

在 2011 年参与编制了国家核事故应急"十二五"规划、国家核事故应急救援队伍"十二五"规划建设、卫生部卫生应急"十二五"规划、全国卫生应急工作"十二五"培训规划、实验室卫生应急检测能力建设"十二五"规划-全国重点地区核和辐射事件卫生应急监测实验室网络的建立项目和国家核和辐射突发事件卫生应急队伍建设(国家疾控中心队伍)建设方案的编制工作。

受卫生部应急办委托,组织编制了全国核和辐射突发事件卫生应急工作调查方案;为贯彻落实《医药卫生中长期人才发展规划(2011 - 2020 年)》,规范全国卫生应急培训工作,依据《2011 - 2015 年全国卫生应急工作培训规划》,编写了核和辐射卫生应急工作培训大纲及全国核和辐射卫生应急工作培训教材。

根据卫生部要求,组织编制了"全国食品和饮用水放射性污染预警监测网"建设方案,经国家发改委和卫生部批准,此方案已列入"食品安全风险监测体系 2011 年建设项目中央专项资金投资计划"。协助黑龙江、海南、福建、内蒙古、河北和广西等省级疾控中心(职防院)申请到省财政资金,加强了核事故医学应急能力建设。

(二)应急培训与演练

按照国务院和卫生部要求,在日本福岛核事故发生后,迅速组建了由本所和北医三院人员组成的国际医疗救援队,开展赴日医疗卫生救援队队员培训和演练工作。11月下旬再次组织本所应急队员进行了核应急技能和灾害医学救援培训及演练工作。

为提高地方核事故医学应急技术能力,先后选派专家赴新疆、广西、江苏和辽宁等省份开展培训工作。并受卫生部应急办委托与中国卫生监督协会、中国12320等机构合作,举办了3个全国性核和辐射卫生应急培训班,共培训人员近200人。

(三)应急药品和物资储备

继续做好应急物资的准备管理工作,完成了核和辐射损伤救治药品和应急药箱的轮储,进行了过期药品的核销工作。开展了应急个人防护设备、临时供电设备和车载设备的维护及使用演练。

四、学科建设与科研工作

(一)重点实验室建设

本所申报的放射医学博士授予点和辐射防护与核应急中国疾病预防控制中心重点实验室相继获得批准。此重点实验室聘任苏旭研究员为实验室主任,岳保荣、孙全富研究员为副主任。实验室学术委员会由国内相关领域的15位专家组成,聘任潘自强院士为学术委员会主任。

(二)课题申请和执行情况

本年度共向科技部、卫生部等有关科研管理机构申报了20项科研项目,组织编写了“十二五”国家科技计划社会发展科技领域项目需求建议书和2012年基础研究重大战略需求建议书6项。已获批准科研项目8项,总经费3000多万元。其中包括卫生行业科研专项1项“辐射危害控制与核辐射卫生应急处置关键技术研究及其应用”、国家自然科学基金项目3项、总装备部项目3项和中国疾控中心青年基金项目1项。国家自然科学基金项目“电离辐射诱导线粒体基因表达谱的改变及其与细胞放射敏感性关系的研究”、国家自然科学基金青年基金项目“氧化/抗氧化失衡在α粒子辐射诱发人支气管上皮细胞恶性转化中的作用”和国家“709”项目等23项在研课题,以及“辐射检测与辐射危害评价”、“放射诊疗质量控制与辐射防护”、“核辐射突发事件卫生应急准备与响应”、“放射卫生技术支持与技术培训”和“实验室运行维护”等5大类公共卫生专项进展顺利。

(三)论文和获奖情况

组织召开了 2011 年度科技奖励暨学术年会,17 篇学术报告进行了大会交流。根据本所科技奖励办法对 2010 年度 10 项获资助的课题组、在正式刊物上公开发表的 49 篇学术论文的 34 名作者给予了奖励。组织编制了《中国疾控中心辐射安全所 2010 年度学术论文集》,该论文集收录了 2010 年度本所专业人员在国内外学术期刊正式发表的学术论文 72 篇。

五、教育培训

(一)研究生培养

本所在获得了"放射医学"硕士学位授权点基础上,2011 年又获得了"放射医学"博士学位授予点。目前本所在职博士研究生导师 2 名、硕士研究生导师 14 名。2011 年度共指导、培养研究生 26 名,其中指导在站博士后 1 名、博士研究生 8 名、硕士研究生 17 名。本年度毕业研究生 7 名,新招博士研究生 3 名,硕士研究生 3 名。

(二)职工在职教育

积极为职工提供多渠道的学习教育机会,每年都有职工考取硕士、博士和获得各类专业技术证书。2011 年对中层干部进行了《加强责任意识》知识培训,对全所在职职工进行了《我国放射卫生防护面临的形势与挑战》和《干部选拔任用工作条例》等相关培训,全年共有 34 人次参加了相关的管理技能培训。

六、国际合作与交流

积极开展与世界卫生组织和国家原子能机构等国际组织的合作,继续开展双边合作。全年接待来自日本等外宾 4 批共 12 人次。14 批共 16 人次出访日本、美国、奥地利、法国和波兰等国,参加放射卫生领域的国际交流。协助中国疾控中心完成了中国疾控中心国际评估组对本所的独立评估工作。

本所作为 WHO - REMPAN 的成员单位,完成了 WHO - REMPAN 关于能力情况的调查,积极向 WHO - REMPAN 的电子刊物投稿,介绍我国应对日本福岛核事故情况、河南钴- 60 卡源事故风险认知调查和 2011 年度开展应急培训演练情况。

(秦斌　冒煦)

农村改水技术指导中心

一、项目管理和业务工作

（一）全国农村饮用水水质卫生监测

农村饮用水水质卫生监测工程作为公共卫生服务均等化重大专项，2011年完成了全国31个省（自治区、直辖市）和新疆生产建设兵团的1968个县（市、区、旗）农村集中式供水枯水期和丰水期的水质卫生监测工作。共监测了48 976处集中式供水工程（丰水期出厂水水样数），其中有饮水安全工程40 980处、县城水厂1529处、降氟降砷工程6226处。采集分析有效水样196 608份，其中饮水安全工程164 523份、县城水厂6159份、降氟降砷工程24 981份。另外监测了全国29个省（自治区、直辖市）和新疆生产建设兵团的751个县（市、区、旗）农村分散式供水点，采集分析有效水样5400份。其中枯水期2701份，丰水期2699份。通过对监测数据进行审核、统计和分析处理，12月完成了农村饮用水水质卫生监测技术报告。

（二）全国农村环境卫生监测

2011年中央财政支持开展了全国农村环境卫生监测项目，为掌握农村环境卫生健康危害因素水平及动态变化，客观评价农村环境卫生状况，为制订政策措施提供依据和支持，改水中心具体承担了项目的技术支持工作。

按照《全国农村环境卫生健康危害因素监测技术方案》，2011年5月项目正式启动，在全国31个省（自治区、直辖市）和新疆生产建设兵团爱卫办统一开展了现场调查、采样和实验室检测。全国近700个县开展了监测工作，监测点13 000多个，调查垃圾处理厂1000余个，污水处理厂900多个；采集土壤样品13 000多份，分别检测了土壤蛔虫卵和铅、镉等。完成了对各地上报监测数据进行审核、整理、汇总等阶段性任务。

（三）农村饮用水水质卫生管理

农村饮用水水质卫生管理项目包括农村饮水安全计划试点和卫生学评价两项内容，该项目在浙江、广东、广西、四川、陕西、甘肃6个省（自治区）的农村水厂开展试点研究工作。2011年6月各项目省份参加了项目启动会议，明确了项目工作的内容和具体要求。

7－11 月,各项目省明确了项目县和试点水厂,开展了相关的技术培训、卫生学评价和饮水安全计划试点工作,进行风险评估,完成了 2011 年饮水水质管理项目总结报告,12 月在广东珠海召开了项目总结会。

(四)淮河流域癌症综合防治

在 2011 年淮河流域癌症综合防治项目农村饮用水监测的组织管理工作中,改水中心组织 4 省 14 个项目县,共布设监测点 420 个,按照监测方案开展了枯水期和丰水期水质卫生监测工作。为提高淮河流域癌症综合防治项目地区各级疾控机构开展农村饮用水水质卫生监测的技术能力、监测技术人员水平和监测工作质量,2011 年 11 月在山东菏泽举办了淮河项目农村饮用水水质卫生监测现场卫生学评价技术培训班,从水源选择与卫生防护、供水工程水处理技术和运行控制、配水管网和调节构筑物卫生要求、农村供水风险评估及管理、水质监测样品采集、运送及质量控制等方面进行了培训和实习,项目省、县疾控中心的负责人和技术人员近 60 人参加了此次培训。为促进淮河流域癌症综合防治工作的开展,参与了联合督导,对安徽墉桥、江苏盱眙、河南罗山开展了督导。

(五)国家卫生镇创建效果评估指标体系研究

该研究是为完善《国家卫生镇标准》和建立创建国家卫生镇活动的长效机制,为评估国家卫生镇创建效果提供具体方法。通过指标体系设计与德尔菲法专家咨询,先后制定了两轮“国家卫生镇创建效果评估指标体系研究专家咨询评价表”,向相关领域的专家咨询意见,完成了评估指标体系修改完善,最终确定了评估指标,制定了评估试点的调查方案和调查表。随后在张家港市开展了试点工作,并于 2011 年 10 月对调查方案进行了培训。根据对试点评估卫生镇的资料收集和现场调查等工作,完成了资料整理、录入和报告撰写。

(六)小康村环境卫生标准制定

承担国家卫生标准——小康村环境卫生标准的制定工作,于 2011 年 8 月进行了修改完善,在 8 月 16－17 日的环境卫生标委会工作会议汇报标准制定情况并通过了审查。会后根据专家意见完成报批稿并上报环境卫生标委会。

(七)湖北血吸虫流行地区农村改厕效果评价

为评价血吸虫流行地区农村改厕的效果,实施本项目。在 2007 年组织疫区 7 省和相关县级疾病预防控制机构对血吸虫流行地区无害化卫生厕所的建造管理情况和粪便处理效果进行调查的基础上,2011 年 6－8 月选在湖北省公安县和仙桃市 2 个已改厕的村和 1

个未改厕的村各30户居民进行了入户调查和采样。根据现场调查数据和实验室检测结果,分析疫区改厕工作的现状,并与前次调查数据对比,综合评价血吸虫流行地区农村改厕的效果。

(八)南方某地消毒副产物水平评估

该项研究工作目的是了解目前农村水厂供水水质中消毒副产物的水平和影响因素,为农村集中式供水的水质处理及消毒副产物的控制提供基础资料。研究调查了南方某地的农村集中供水水厂15家,现场调查水厂的水源类型、水处理工艺、消毒方式、使用消毒剂的种类和数量及供水能力等。实验室的检测指标包括三卤甲烷、卤乙酸、亚氯酸盐、氯酸盐、甲醛、溴酸盐等消毒副产物指标;化学耗氧量、总有机碳、臭和味、pH、余氯等影响因子。通过该项研究发现调查的农村集中供水液氯消毒水厂消毒副产物主要为三卤甲烷和卤乙酸,和文献中表述的城市供水是一致的。

(九)防冻式卫生厕所技术研究

为研究适宜在北方寒冷地区推广使用的卫生厕所类型,选择在辽宁铁岭2个县建造4座示范防冻式卫生厕所,建造类型分别为深坑防冻双坑厕所和地窖双瓮式卫生厕所。2011年3月完成《防冻式卫生厕所研究实施方案》,4月在北京召开防冻式卫生厕所研究启动会,7-10月完成示范卫生厕所的建造,11月、12月对4座卫生厕所的使用管理进行监测,通过观察厕所使用及监测无害化处理效果,确定适宜的防冻式卫生厕所技术类型。

(十)高水氟和高水砷地区改水现状调查

依据《全国爱卫办关于下发已查明防病改水地区范围的通知》(全爱卫办函〔2008〕34号)确定的高水氟和高水砷水源分布范围,采用重点调查方法,在河北省、内蒙古自治区和河南省开展高水氟调查,在山西省、内蒙古自治区开展高水砷调查。在高水氟地区的15个县(旗)随机抽取并调查了213个未改水村、20处改水后水氟超标工程、47处改水后报废的工程。在高水砷地区的7个县(旗)随机抽取并调查了35个未改水村和10处改水后水砷超标工程。调查显示:在所调查的高水氟地区和报废工程所在地区55%以上的村已改水,但改水工程、原水氟超标工程和报废后再次改水工程水氟超标率仍较高。在所调查的高水砷地区和原水砷超标工程所在地区大多数村已改水,改水工程水砷合格率在85%以上。

(十一)试点地区农村环境卫生危害因素基线调查

试点地区农村环境卫生危害因素基线调查工作在5省、5县、50个村开展,通过调查了解项目村垃圾、污水、厕所病媒生物、土壤卫生、个人卫生知识状况。2011年6月完成《试点地区农村环境卫生危害因素基线调查方案》,7月在北京召开基线调查培训会,8-9月开展现场调查工作,11月完成《试点地区农村环境卫生危害因素基线调查报告》。

二、教育培训与研究生管理

1. 培训　举办了高水氟和高水砷地区改水现状重点调查培训班、全国农村环境卫生监测启动培训班、淮河项目农村饮用水水质卫生监测现场卫生学评价技术培训班,举办了三期"农村饮水水质卫生监测技术培训班"。

2. 研究生培养　2011年,培养毕业硕士研究生2名,新招收硕士研究生2名,目前共有在读硕士研究生6名,公共卫生硕士(MPH)研究生2名。

三、国际交流与合作

(一)国际交流活动

2011年2-8月,1人参加了中国疾控中心与澳大利亚格里菲斯大学合作的"公共卫生领导力职业发展培训"(第八轮)培训。

10月2-7日,2人应邀赴美国参加了由世界卫生组织、国际水协和北卡罗来纳大学联合主办的"水科学与政策国际会议",张荣研究员在会上作了"中国饮用水水质卫生监测现状"的报告,并作为小组讨论组织者之一进行包括水质监测、供水模式等内容的讨论。

10月9-14日,2人应邀参加国际水与环境卫生理事会在印度孟买举行的"国际环境卫生论坛"。

为拓展改水中心水与环境卫生领域的国际合作,2011年与澳大利亚昆士兰州智能水研究中心(Smart Water Research Center, Australia)建立正式的合作关系,双方同意在课题研究、人员培训和信息沟通方面开展交流和合作。

2月22日,世界卫生组织西太区办事处应急与人道主义援助处技术官员Arturo M Pesigan博士和世界卫生组织中国代表处水与环境卫生项目官员姜凡晓女士到改水中心考察、座谈交流。

5月18日,澳大利亚格里菲斯大学河流研究所主任Stuart E. Bunn博士到改水中心就双方相关工作和研究开展情况进行交流。

10月24日,澳大利亚格里菲斯环境与人口健康中心大学教授Gregory John Miller到改水中心,与相关专业技术人员就饮水安全与风险管理等内容进行交流,并就澳大利亚水处理、水质状况及风险管理开展讲座。

(二)国际合作项目

1. 联合国儿童基金会(UNICEF)项目

(1) 农村环境卫生全覆盖项目:农村环境卫生全覆盖项目为5年规划项目。该项目设计于2011-2015年在吉林前郭县、广西北流市、陕西淳化县、云南玉龙县、甘肃西和县实施,在这5个县、50个村通过开展健康教育和卫生知识培训等方式提高村民卫生意识,促进全体农民主动建造和使用卫生厕所;通过农村环境卫生全覆盖示范点建设,带动全国农村地区农村环境卫生改善,同时总结示范点的典型经验,在全国进行广泛示范与推广。

2011年的工作主要是启动项目、培训与宣传教育、基线调查和年度总结。根据总体目标,我们在国家和县分别召开了培训和启动会,培训内容包括:参与式方法的概念、常用方法、步骤,饮用水卫生、厕所与粪便管理、垃圾与污水管理、个人卫生知识等。5个项目县分别在50个村开展了相关的卫生知识宣传活动,每县累计受益群众达千人以上。并于2011年7-8月各省(区)开展基线调查工作,通过基线了解5项目县农村厕所与粪便处理、垃圾堆放与处理、污水排放、土壤、病媒生物密度、个人卫生知识与行为等现状。根据调查结果调整项目计划、制定相关卫生知识宣传材料、为项目终期评估提供本底数据。

(2) 干旱地区对农村学校水与环境卫生及学生健康影响研究:该项目目的是了解干旱地区的农村学校水与环境卫生现状,调查在缺水情况下农村学生生理、疾病、心理和行为卫生状况,评价干旱对学生的个人行为和身体健康造成的影响。分别在甘肃省会宁县和广西自治区巴马县开展现场调查工作。调查内容包括:学校基本情况和缺水情况调查,学生问卷调查,学生生长发育指标体检、学生粪便寄生虫检测。

(3) 汶川地震影响地区紧急响应与灾后重建环境卫生与个人卫生最佳实践研究:该项目是为总结汶川地震地区紧急响应与灾后重建环境卫生与个人卫生的经验,为地震应急救援的环境卫生干预措施提供规范的技术指导性文件。在专家咨询、文献回顾和现场调查等基础上,完成“汶川地震影响地区紧急响应与灾后重建环境卫生与个人卫生行动指南”初稿,包括饮用水、粪便处理、垃圾和污水处理、临时安置点卫生、虫媒防治和消毒、尸体管理和健康教育共七章,逾60 000字。

(4) 参与式学校供水、环境卫生和个人卫生(WASH)培训和饮水安全计划(WSP)培训:在儿基会支持下,2011年开展了农村水、环境卫生和个人卫生系列培训。在陕西西安、贵州贞丰和青海玉树3个项目地区对项目学校进行了参与式水、环境卫生与个人卫生的知识培训。对四川、甘肃、陕西、广西和广东等省参与饮水安全计划试点的有关人员进行技术培训,设计了水厂风险因素调查表,参与现场工作指导,并完成WSP工作手册。

(5) 水质风险分析及确定水质检测参数及监测点(水质指标优化):8月在北京召开了“水质检测参数和监测点优化专家咨询会”。会议邀请了各领域专家就现行的全国农村饮水水质监测网络的水质监测参数、我国饮用水水质现状和趋势以及农村饮水水质监测的运行管理和质量控制等进行交流和研讨。对论证报告进行了讨论,并结合我国目前农村饮用水供水状况的实际,对目前的农村饮用水水质卫生监测指标、频率和监测点数量等进行讨论和优化。重点讨论了增加重点饮用水有机污染物、重金属、消毒副产物等监测指标的可能性和方式。

2. 世界卫生组织(WHO)合作项目　与 WHO 合作开展农村饮水消毒模式研究工作,通过调查我国五省农村饮水安全工程中的消毒现况及其消毒效果,了解我国农村饮水安全工程中所采取的消毒模式及消毒效果,探讨适合我国农村地区的饮水消毒模式,保障农村生活饮用水水质安全。

四、荣誉

改水中心党支部获卫生部直属机关先进基层党支部称号。

张荣同志被评选为卫生部直属机关优秀党员。

(陶勇　孙伯寅)

妇幼保健中心

一、全国妇女儿童保健技术指导及培训

(一)妇女常见疾病防治工作

1. 重大公共卫生服务项目妇幼卫生项目　开展农村妇女宫颈癌检查项目评估研究，负责农村妇女宫颈癌检查项目的国家级数据管理、审核、汇总工作。撰写《农村妇女“两癌”检查项目管理方案(2012－2014)讨论稿》。编写《妇幼重大公共卫生服务项目、预防艾滋病、梅毒及乙肝母婴传播工作及全国县级妇幼卫生工作绩效考核联合督导方案》，协助卫生部对河北、山西、山东、辽宁等12省(自治区、直辖市)的基本公共卫生服务项目和妇幼重大公共卫生服务项目的督导调研。

2. 修订　完善《妇女常见病筛查工作规范》、《妇女常见病筛查工作管理办法(讨论稿)》、《妇女常见病筛查技术指南》、《关于建立妇女“两癌”综合防治体系的指导意见(讨论稿)》和《妇女“两癌”综合防治体系建设方案(讨论稿)》。

(二)妇女孕产期保健工作

1. 修订并完善《全国孕产期保健工作规范》及《孕产期保健管理办法》，编写《孕产期保健服务指南》及《100问-〈孕产期保健管理办法〉〈孕产期保健工作规范〉问与答》。

2. 实施“中国农村地区产后出血防治试点项目”，撰写项目督导方案，开展项目督导，举办产后出血防治试点项目研讨会及项目经验交流会，并进行信息统计分析。

3. 开展淮河流域癌症综合防治工作中出生及出生缺陷监测工作。开展监测地区管理及技术培训班。对安徽、山东、江苏三省进行督导和质量控制。举办淮河流域出生及出生缺陷监测工作会议。

4. 赴吉林等5省开展剖宫产状况调研，撰写调研报告，并协助修订《卫生部办公厅关于加强剖宫产手术管理的通知》。

5. 协助卫生部撰写《关于开展医疗机构非医学需要的胎儿性别鉴定及非医学需要的选择性别人工终止妊娠专项整治方案的通知》。

6. 开展工业企业接触职业危害因素女职工保健工作干预措施研究，完成终末的现场调查和评估工作。

(三)预防艾滋病、梅毒和乙肝母婴传播工作

2011 年,中央转移支付经费支持的预防艾滋病、梅毒和乙肝母婴传播工作继续在全国 31 个省(自治区、直辖市)的 347 个地(市、州)的 1156 个县(市、区)开展,覆盖全国 640 万的孕产妇。起草《预防艾滋病、梅毒和乙肝母婴传播工作实施方案》,举办预防艾滋病、梅毒和乙肝母婴传播技术强化培训班,举办 2011 年全国预防艾滋病、梅毒和乙肝母婴传播工作会议。完成 2011 年国家级妇幼卫生综合督导工作相关方案和指标的制定,并分批次赴 6 个省完成督导工作。组织开展全国预防艾滋病、梅毒和乙肝母婴传播信息管理及培训会议。

完成《中国遏制与防治艾滋病行动计划(2011－2015)》预防艾滋病母婴传播部分内容,制定 2012－2015 年中央转移支付地方预防艾滋病、梅毒和乙肝母婴传播工作经费详细预算表和工作任务书,以及中央本级工作经费的预算;撰写全国预防艾滋病母婴传播工作进展报告及数据分析报告。继续开展全国预防艾滋病、梅毒和乙肝母婴传播相关药品、试剂的招标采购工作;出版《预防艾滋病母婴传播督导与评估框架》和《妇女艾滋病及母婴传播预防服务指南》。初步形成了《预防艾滋病、梅毒和乙肝母婴传播管理信息系统需求分析书》,继续为全国各省信息系统使用及信息管理工作提供技术指导。

开展了"预防艾滋病、梅毒和乙肝母婴传播工作现状评估研究"、"预防艾滋病母婴传播综合干预技术研究"、"预防艾滋病母婴传播督导与评估体系研究"等应用性科学研究。组织编写《妇女艾滋病及母婴传播预防服务指南》、"生殖健康领域医务人员主动提供艾滋病检测与咨询服务工具"等技术文件。

(四)儿童保健工作

1. 儿童保健服务技术规范、指南制定工作　完成了"新生儿访视技术规范"、"儿童健康检查技术规范"、"儿童营养性疾病管理技术规范"、"儿童喂养与营养指导技术规范"制定,并提交卫生部。完成"托儿所幼儿园卫生保健工作规范"意见征集、汇总及修改工作,提交卫生部待下发。组织专家完成"儿童眼及视力保健技术规范"、"儿童耳及听力保健技术规范"、"儿童口腔保健技术规范"讨论稿的修改。组织专家进行儿童心理保健服务调研,经过多次专家讨论完成"儿童心理保健技术规范"初稿。

赴地震灾区调研并编写《自然灾害下儿童卫生工作应急指南》,并正式出版。撰写《中国儿童伤害报告》溺水和烧烫伤部分。

2. 儿童保健技术研究工作

(1) 中国母乳喂养婴儿生长速率监测与标准值研究:完成 2～3 岁阶段所有研究对象体格发育状况的现场随访,并开展 3～6 岁阶段的现场监测、数据上报及审核反馈等工作;

组织召开年度项目工作会议。本研究结果被中国儿童保健学术年会接收并进行了大会交流。

(2) 全国 0～6 岁儿童期单纯肥胖症干预研究:在全国 10 个城市继续开展 0～6 岁儿童期单纯肥胖症的干预研究,开展项目督导、收集、整理数据、项目阶段总结等工作,结束了对 0～3 岁儿童的干预。加强与国内外同行包括美国、台湾等的交流,本项目目前仍然处于国际领先水平。

(3) 中国婴儿睡眠健康促进研究:2011 年延续开展现场监测、数据上报及审核反馈等工作,年底前结束 0～12 个月所有研究对象的监测随访工作。本项目部分研究结果已在第 25 届美国睡眠学术年会上进行论文交流,得到国外相关领域专家的认可。

(4) 城市婴幼儿营养与喂养干预研究:组织 16 家项目单位实施干预研究,开展项目督导、终末调查、收集、整理和分析数据,该项目结果在 9 月中国营养学会主办的中国婴幼儿营养与喂养学术大会做大会发言。项目工作带动了各项目单位儿童保健工作的发展。

(5) 中国儿童饮食行为研究:在全国 23 家项目单位实施现场调查和干预工作,进行项目督导、数据收集、整理和统计分析,撰写研究报告。

(6) 新生儿窒息卫生经济学研究:由中国疾病预防控制中心青年基金资助。在山东、湖南、江西开展新生儿窒息病例的卫生经济学评价,已完成大部分地区现场调查工作。

(7) 北京市流动儿童意外伤害流行病学特征研究:运用流行病学和社会学相结合的研究方法,对北京市 0～6 岁流动儿童意外伤害的现状、发生原因进行调查分析,旨在为相关政策的制定提供可靠的理论依据,并为制定流动儿童意外伤害干预策略提供实践基础。目前以完成现场调查工作,发表一篇中文论文,完成一篇英文论文初稿。

(8) 婴儿死亡原因及影响因素调查:采用 1∶2 病例对照的研究方法,在新疆和云南婴儿死亡率较高的 4 个县,对 2010 年 10 月 1 日至 2011 年 9 月 30 日死亡的婴儿家长及对照婴儿家长进行入户问卷调查,分析婴儿死亡原因及影响因素。

(9) 流动儿童卫生保健现状研究:为进一步了解我国流动儿童的卫生保健状况,提出促进流动儿童卫生保健服务工作的具体政策措施,改善流动儿童健康水平,按照国务院农民工办中国农民工发展研究工作的整体部署和要求,在北京和武汉两地开展了 18 岁以下流动儿童卫生保健现状研究。

3. 儿童保健项目

(1) 新生儿复苏项目:启动新生儿复苏项目(第二周期),将在全国 31 个省实施 5 年。主要完成第二周期项目方案的制定、2011 年工作计划的编制、新生儿复苏指南的更新、项目基线调查、项目启动会等工作。

(2) “消除婴幼儿贫血行动”项目:全国妇联、卫生部和中国儿童少年基金会于“六一”儿童节前夕启动该项目,利用社会募集的善款为西部 11 个省 35 个贫困县 6～24 个月婴幼儿免费补充含有多种微量营养素的营养包,以改善贫困地区婴幼儿的营养状况。受卫生部妇社司委托,本中心承担卫生部门工作的具体组织、联络和协调工作。本年度与合作单位共同完成了项目管理方案、工作手册的编写,组织专家完成了培训教材的编写、项目培训、健康教育材料的开发,以及基线调查的现场工作。

(3)母乳喂养咨询室项目:项目已实施了近3年,为促进爱婴医院深入进行母乳喂养工作起到了重要的作用。开展调研并编写了"母乳喂养咨询室工作指南(试用稿)"从组织管理、人员资质、工作内容和设施等方面制定了母乳喂养咨询室的标准。组织多种形式的现场交流,编写母乳喂养健康教育处方,进行督导和终末评估。

(4)孕期健康教育项目——胎婴儿健康促进:组织婴儿期保健、健康教育技巧的培训,各项目单位开展婴儿期健康促进并进行经验交流。在20家项目单位开展"孕期营养与婴儿喂养观念及行为模式研究"。

(5)《儿童心理保健与咨询(培训教程)》开发项目:完成《儿童心理保健与咨询(培训教程)》的编写,即将由人民卫生出版社出版。

(6)规范化儿童保健门诊设置项目:立项后结合儿童保健工作规范的要求和各地开展儿童保健规范化门诊建设的经验,确定了规范化儿童保健门诊设置标准的等级、分类、主要内容,并根据不同的门诊类型进行了分工,拟定了儿童保健规范化门诊设置标准的初稿。

(五)妇幼卫生信息化建设

1. 全国妇幼卫生信息化建设规划相关工作　编写并向妇社司提交了《关于增设三级妇幼保健业务数据中心及2011年信息化建设重点工作的建议》。参与卫生部办公厅2012-2015年卫生信息化建设专项项目方案编写,完成《中西部县级妇幼保健机构信息化建设项目方案》;参与妇社司2012-2015年医改重大项目方案编写,完成《出生医学登记管理信息化建设项目方案》。

完成"2011年卫生信息化专项资金申请"、"联合国人口基金第七周期-移动通讯技术促进边远贫困地区孕产期保健服务的提供与利用信息系统建设"申请、"联合国儿基会孕产妇与儿童健康管理信息系统建设"、制定"基于区域卫生信息平台的妇幼保健信息系统技术解决方案"、"基于卫生信息平台的妇幼卫生管理平台建设技术解决方案"。新增3家"基于区域卫生信息平台的妇幼保健信息系统规范化建设试点示范工程"试点单位,组织各试点单位编写试点工作方案与建设方案。举办3期"2010年全国居民健康档案和妇幼保健信息系统建设标准与规范培训班"。

2. 妇幼卫生信息标准研究与信息化建设　完成卫生部颁布卫生信息标准《卫生信息基本数据集:儿童保健》、《卫生信息基本数据集:妇女保健》共12个数据集的修订与最终发布工作。参与《国家基本公共卫生服务规范(2011年版)》中"城乡居民健康档案管理服务规范"的修订工作,完成健康档案中妇幼保健相关内容的修订工作。完成《卫生信息共享文档规范:出生医学证明》、《妇幼保健信息系统基本功能规范》两项标准初稿。完成信息化试点示范项目《试点建设方案》并下发,对广西柳州开展了督导和现场调研,组织开展妇幼卫生管理指标体系研制工作。组织召开"国家妇幼卫生管理信息平台二期工程建设方案"专家论证会,启动国家妇幼卫生管理信息基础平台建设工作。完成第二次全国妇幼卫生信息化现状调查方案制定、直报系统开发、测试等项工作,指导全国抽样单位进行网络上报。

3. 全国妇幼保健机构监测工作　对西藏自治区地市级进行了机构监测填报和使用的培训,完成了2010年度全国县级及县级以上妇幼保健机构资源与运营情况资料的收集、上报工作中的各项技术支持工作,数据的清理和分析,撰写分析报告并付印。在陕西省西安市召开了全国妇幼保健机构监测工作总结会。

4. 中国妇幼保健网建设　在唐山妇幼开展"化验结果网络查询"试点,完成"青苹果网站"迁移至中心的工作,完成"母乳喂养"网站域名注册、备案审批、网站视频许可申请等,原有59家已上线网站的需求更改和日常运行维护。

(六)政策研究

1. 民族地区妇幼卫生考核评估标准研究　组织和督促项目地区开展对项目地区2010年妇幼卫生工作的绩效考核,并对陇川项目县进行现场督导。制定"民族地区妇幼卫生考核评估标准研究项目考核评估方案",对项目实施三年效果进行考核评估。召开专家研讨会对考核方案进行论证,对云南省芒市和陇川县、贵州省雷山和从江县、青海化隆县项目实施效果进行现场考核评估。撰写并提交中英文项目总结报告。

2. 妇幼保健机构绩效评价指标体系研究　讨论确定课题研究方案和评价框架、备选指标。完成三轮特尔斐专家咨询,确定绩效评价指标和指标权重,并对咨询结果进行分析和专家论证。形成"省市级妇幼保健机构绩效评价指标体系"和"县级妇幼保健机构绩效评价指标体系",完成指标体系的现场验证和专家论证。

3. 农村地区产科床位设置标准研究　文献回顾、专家研讨制定研究方案。完成河北廊坊市预试验。与北京大学医学部联合举办"全国妇幼卫生资源调查培训班"。组织对全国30个省的省级妇幼保健机构和44个地市的所有提供助产服务的机构进行问卷调查,对样本地市湖南益阳市、浙江省金华市、四川省的绵阳市各2个县进行现场调研、对调研结果分析,撰写调研报告。

4. 多部门合作促进青少年生殖健康服务提供与利用的干预性研究　完成第六周期本项目英文报告的撰写、修改、定稿与备案。参与编写第七周期青少年性与生殖健康项目中英文建议书。确定新周期项目的设计方案。参与新周期项目选点标准的制定以及与项目地区卫生部门沟通,确定项目区县。编写项目实施方案,并组织专家研讨会进行修改完善。指导项目省制定各自项目实施方案框架。组织召开专家研讨会,回顾现有青少年友好服务相关指南和规范。撰写 2011 年项目工作总结和 2012 年工作计划上交人口基金会。

5. 妇幼保健机构人员继续医学教育模式研究　对 2010 年底完成的妇幼保健机构人员继续医学教育需求调查结果进行数据录入、分析,并撰写调研报告。根据调研结果修改前期制定的“妇幼保健机构人员继续医学教育培训大纲”,撰写“妇幼保健机构人员继续医学教育管理指南”并组织召开 2 次专家研讨会,对培训大纲和管理指南进行研讨和修订。

6. 妇幼保健机构专科建设项目　召开妇幼保健机构专科建设专家研讨会,对初步制定的“妇幼保健专科目录”和“妇幼保健机构专科建设指南格式”进行研讨,根据专家意见进行修改,形成“全国妇幼保健专科目录(征求意见稿)”下发全国各省妇幼保健机构征求意见,根据各省意见进行修改。

7. 妇幼保健机构管理模式与运行机制研究　完成前期项目方案制定,撰写“关于妇幼保健机构改革与发展的意见”。

(七)健康教育

1. 妇幼健康教育规范核心信息制定　开发制定了 123 条涵盖儿童保健、青少年保健和妇女保健健康教育的基本信息及其使用指南,并编写了释义。该套健康教育基本信息拟提供给各级妇幼保健机构、相关医疗保健机构,妇幼保健专业人员、相关医务工作者、健康教育工作者和媒体人员,用于开展健康教育。

2.“快乐孕育”健康教育项目　根据已开发的妇幼保健健康教育基本信息,继续进行各分内容指导材料的开发。为规范孕妇学校教材,与华语教学出版社合作开展“快乐孕育”健康教育项目,组织相关专家编写孕妇学校教师用书 1 本和学员用书 3 本并开展相关培训。目前已确定项目方案,组织召开专家研讨会,确定了孕妇学校教学用书的编写框架和编写人员分工。

3. 城市学龄前儿童身高偏离干预项目　该项目在全国 8 城市分三年度进行,针对新儿童发展纲要中提出的降低儿童生长迟缓发病率的目标,通过定期监测学龄前儿童身高,在医务工作者中开展培训,在家长和儿童中开展健康教育,改善与身高相关的环境因素,建立高效可行的转诊机制,达到促进儿童身高增长、及早发现身高生长偏离儿童和及时转诊治疗的目的。2012 年已完成项目方案的制定,经费预算与使用计划的编制,合作协议的签订。组织召开专家研讨会完善项目方案,以及基线调查问卷、各种监测表、转诊流程的设计。筹备项目的启动和培训工作。

4. 开发制作健康教育材料　完成《怀孕》及《分娩》挂图的全国发放工作;组织、完成设计人口基金《民间文艺作品荟萃》光盘的印制及脚本手册;组织、完成《孕产期保健动画片》维文和蒙文版光盘的发放工作,完成汉、蒙、维文的正式出版(中国妇女音像出版社)工作;完成《妇幼健康教育学》儿童健康教育和青少年生殖健康教育两章内容的撰写,共约

3.5 万字。

（八）起草相关技术报告

撰写“中国妇幼卫生事业发展报告(2011)”、“关于加强妇幼保健机构儿科建设的报告”、《医药卫生中长期人才发展规划》妇幼卫生部分的规划方案、《妇幼卫生相关政策法规汇编》、“中西部妇幼保健机构能力建设项目工作方案、任务书及资金测算”、“2012－2015年重大公共卫生专项人员培养项目、妇幼保健机构能力建设项目、妇幼保健健康教育项目、两癌检查项目、预防艾滋病、梅毒、乙肝母婴传播项目、妇幼卫生信息化建设项目等工作方案、任务书和资金测算。

（九）全国妇幼保健机构沟通与交流

组织召开全国妇幼保健学术交流会、“全国儿童心理保健与咨询培训班”、省级妇幼保健机构保健部主任工作会议。

（十）母婴保健法律法规证件管理工作

继续推进 2011 年度“母婴三证”印制采购项目的招标采购工作；启动和开展 2012 年度“母婴三证”印制采购项目的招标采购工作；妥善处理 2010 年印制中的问题；根据 2011 年度的招标采购结果，组织母婴保健法律证件的生产、发运和对印制厂家的履约监管。编写了《出生医学证明管理工作指导手册》，筹备开展对各地证件管理人员的培训。推进母婴保健法律证件信息化建设工作；组织相关专家开展督导，及时收集全国证件的使用信息和存在的问题。

（十一）学术刊物出版

1.《中国妇幼卫生杂志》 2011 年《中国妇幼卫生杂志》共出版发行 6 期杂志，发表 80 余篇文章。每期印刷 7000 册，发至全国 3000 多家妇幼保健机构。

2.《孕·育》杂志 《孕·育》杂志为妇幼中心主办的面向孕产妇人群的健康教育读物。2011 年出刊 12 期，每期印刷 5 万册，免费向全国各级妇幼保健机构发放。

3. 卫生部妇社司简讯 完成卫生部妇社司简讯共 6 期的撰写、修改。

二、对外交流与合作

（一）国际合作项目

1. 联合国-西班牙千年发展目标基金文化与发展项目妇幼卫生子项目 组织编写、完善并印刷《适合当地文化特点的社区妇幼保健服务培训课程》；在云南省陇川县、青海省化隆县、贵州省从江县和西藏自治区工布江达县开展 4 期“适合当地文化特点的社区妇幼保健服务”培训班，共培训县乡级医务人员及村医、村级骨干约 150 人。指导医务人员开展具有文化敏感性的妇幼保健服务；组织孕产期保健、儿童保健适宜技术培训班；协助项目县开展“影响健康的行为效果交流(COMBI)”活动；组织专家赴 5 个项目县开展监督指导工作；制定项目终末调查评估方案和调查评估工具并组织赴 6 个项目县 5 个对照县开展终末调查评估；撰写项目总结报告并制作画册；协助召开国家民委牵头的项目总结会；召开妇幼卫生子项目国家级总结会，总结项目成果与经验。

2. 联合国儿童基金会项目

(1) 母子健康综合项目：组织制定了项目执行文本，召开了项目启动会；成立了国家级项目技术指导组；组织专家修改《母子系统保健指南》、《母子健康手册乡村人员使用手册》等技术材料；组织专家编写项目培训教材，制作培训标准课件；组织项目孕产妇保健、儿童保健师资培训班，共培训 160 余名妇幼保健人员，安排布置项目地区开展逐级培训；撰写项目管理与监督指导手册；拨付项目地区工作经费。

(2) 灾后妇幼卫生重建支持项目：组织专家编写并出版了《自然灾害下儿童卫生工作应急指南》，在项目地区开展终末调查，开展县、乡级医务人员临床进修工作，共 166 名县、乡级妇产科、儿科、妇幼保健专业到上级医院进修。开展市级专家到县、乡的蹲点工作，市级医疗机构共派出 17 名专家入县蹲点。组织项目县开展逐级培训、健康交流。在 3 个项目试点县开展孕产妇危重症评审工作并进行督导。召开国家级、县级项目总结会。

(3) 玉树灾区妇幼卫生支持项目：举办母子系统保健培训班。在玉树州的 6 个项目县组织母子系统保健逐级培训，对 137 名县、乡级妇产科、儿科、妇幼保健专业和妇幼卫生信息人员进行了培训。开展县级医务人员临床进修工作，省级医院共接收 18 名来自县级医疗机构的妇产科、儿科、妇幼保健专业人员到院进修。为项目地区配发产、儿科、妇幼保健服务设备 463 台；向项目地区分发母子系统保健包相关材料共 6 种，101 500 册/张。

(4) 城市流动人口妇幼保健服务项目：组织专家制定了项目执行文本，组织项目地区制定了本地区的项目方案。召开了国家级和区级项目启动会，组织项目地区建立多部门协作机制，制定项目健康交流计划，开展基线调查。

(5) 预防艾滋病母婴传播项目：撰写项目执行文本，启动卫生部-联合国儿童基金会预防艾滋病、梅毒和乙肝母婴传播项目(2011 - 2013)，开展新周期项目的基线调查；分别为四川美姑、云南瑞丽、新疆伊宁项目地区项目管理及专业人员举办预防艾滋病、梅毒和乙肝母婴传播专题培训班；开展项目地区服务现状研究；申请预防艾滋病、梅毒和乙肝母婴传播督导与评估指标体系研究。

(6) 艾滋病感染妇女社区关怀项目：组织编写《艾滋病感染妇女和儿童社区服务包》。

(7) 农村卫生项目：撰写“深化医改背景下农村基层医疗卫生机构综合改革研究”、

“农村地区基本公共卫生服务项目包的内容与补助标准研究”课题计划书及调查方案，筹备并召开专家讨论会，修改并完善课题计划书及调查表；开展现场调查；整理分析调查数据，撰写调查报告。

3．联合国人口基金项目

（1）联合国人口基金第六周期项目：组织专家修改完成《针对妇女暴力的医疗干预服务指南》、《青少年保健门诊综合服务指南》，并安排出版印刷，各3000册；收集相关素材，组织专家设计完成第六周期项目画册，共印刷1000册；准备相关材料，配合联合国人口基金完成项目审计。

（2）联合国人口基金第七周期项目：组织专家编写完成第七周期项目建议书，并最终修改完成国别方案，编制项目预算；完成第七周期项目财务管理评估。

（3）第七周期生殖健康政策促进项目：组织专家讨论、撰写生殖健康政策回顾报告、生殖健康相关指标回顾报告，制定现场调查实施方案，设计现场调查工具。召开专家讨论会共7次。编制项目预算，制定国家级2012年项目工作计划。

（4）第七周期少数民族地区文化敏感性孕产期保健服务项目：2011年10月和12月在云南省南涧县、陇川县和西藏自治区工布江达县开展基线调查，并撰写项目基线调查报告；撰写并修改项目执行方案；11月25－26日在四川省成都市召开项目启动会，明确目标和任务；制定国家级及项目地区2012年项目工作计划。

（5）联合国人口基金第七周期青少年项目：撰写并修改项目执行方案；参加12月1－2日国务院妇儿工委牵头召开的多部门项目启动会；制定国家级及项目地区2012年项目工作计划；协调地方开展省级项目启动会，建立多部门协作机制。

（6）联合国人口基金第七周期针对妇女暴力医疗干预试点项目：组织专家讨论、撰写项目建议书，制定项目实施方案，设计基线调查工具，举办针对妇女暴力技术培训班，召开项目启动会，编写针对妇女暴力医疗干预培训教材，修改并印刷项目健康教育材料。

（7）联合国多部门合作预防和应对家庭暴力项目：针对妇女暴力医疗干预子项目，组织专家制定项目执行文本，协助全国妇联举办国家级培训研讨班，组织项目地区制定本地区的项目方案、开发倡导材料，召开当地的项目倡导会，编写培训教材，并赴项目县组织培训。

4．嘉道理项目　开展项目援助设备招标采购相关工作；开展房屋建设相关活动；设计终末评估调查方案，对甘肃、青海、山西、新疆4个项目省、16个项目县、42个项目乡开展终末评估，汇总、分析相关数据，撰写终末评估报告；组织人员对项目开展外部评估，完成外部评估报告；赴新疆进行项目督导；设计并制作项目总结画册和DVD（中英文）；撰写、修改、完善项目总结报告（中英文）并提交至嘉道理项目办；设计并完成优秀项目单位和先进项目个人评选方案；筹备并召开嘉道理农村社区健康促进第二周期项目总结会。制作并下发两期项目简报；开展新周期项目参与式需求评估活动，撰写、修改并完善新周期项目申请书。

5. 中澳项目

(1) 探索农村地区建立新生儿窒息复苏有效机制试点项目:完成了本年度培训任务,开展了中期总结暨经验交流和终末评估。组织项目单位撰写项目成果论文,在"2011年亚洲地区卫生系统改革研讨会"上交流项目经验。

(2) 促进中国农村贫困地区儿童保健系统管理:开展项目的督导、经验交流、培训、复训和终末评估。接受了澳方专家的外部评估,获得好评。项目开展至今,收到了极好的成效,项目地区农村儿童保健服务从无到有,逐步趋于规范化,有利地推动了国家基本药物政策和基本公共卫生服务的落实。项目省已将项目县农村儿童保健管理的试点经验逐步推广至全省。

(3) 农村地区妇女常见病防治策略研究项目:修订完善项目督导评估方案和评估表格,制定督导评估计划;于3-4月对辽宁省台安县、天津市宁河县、安徽繁昌县开展中期督导评估,并对项目地区的医务人员进行培训。于4月下旬在天津召开项目中期总结暨经验交流会议。于11月对3个项目县开展终末评估和终末调查活动。指导项目地区撰写项目完工报告和最佳实践。按时完成阶段性工作总结报告。

(4) 改善乡村两级卫生机构诊疗规范的策略研究:召开了项目总结交流会;撰写了完工报告并递交中澳项目办及尾款经费的申请。

(5) 促进农村地区基本公共卫生服务项目策略研究:修改项目申请书并于5月签订项目合同;撰写项目调查方案;召开项目启动会及专家研讨会;组织国家级专家对6个项目县进行了卫生政策、妇幼保健、慢病管理及卫生监督的培训;对6个项目县进行了基线调查并撰写调查报告;组织了2次项目交流会与互访交流;完成了第一阶段的报告撰写。

6. 美国CDC-GAP项目　制定了预防艾滋病、梅毒和乙肝母婴传播管理信息系统需求分析报告,并提供各级技术支持。撰写《妊娠梅毒与先天梅毒防治技术指南》,赴浙江省舟山市和广西自治区鹿寨县开展先天梅毒防治整合试点项目现场技术指导,并对省级和项目地区提供技术支持,收集、整理相关的工作进展数据。

7. 全球基金预防艾滋病母婴传播项目　完成"孕产妇检测障碍调查项目"。于8月,在云南省芒市和四川省成都市分别对云南省和四川省省级和地(市、州)级的技术人员开展了预防艾滋病、梅毒和乙肝母婴传播的专题培训。

8. 世界卫生组织项目　组织专家编写农村卫生人员妇产科培训大纲。参加卫生部中央补助地方公共卫生专项资金项目督导检查。

2011年5月,在上海举办"生殖健康服务中医务人员主动提供咨询检测"全国项目培训班。于2011年11月与WHO的相关技术专家一起讨论制定预防艾滋病、梅毒和乙肝母婴传播师资培训班相关教材框架和提纲。

9. 默沙东艾滋病防治项目　对凉山地区艾滋病防治工作进行评估,并定期对凉山地区的预防艾滋病、梅毒和乙肝防治工作提供技术支持。

(二)国内横向合作

1.“亨氏杯”妇幼卫生管理最佳实践奖　与亨氏联合有限公司共同举办“亨氏杯”妇幼卫生管理最佳实践奖评审及颁奖大会。

2. 开展“在妇幼保健机构开展分子遗传医学检验项目”　成立基因检测项目全国专家技术指导组,召开基因检测专家组会议。讨论在全国设立“妇幼保健分子遗传医学研究专项计划”的可行性。举办 2 期“基因检测在妇幼保健中应用培训班”。

三、内部管理工作

(一)人力资源管理

扩展用人机制,拓宽选拔渠道,实施公开招聘。2011 年共发布招聘信息 12 条,组织招聘面试和考核选拔 8 次,共计 40 余人次,新聘用 7 人。对部分中层干部进行内部岗位轮岗调整。目前妇幼中心各类人员 101 人,2011 年接收应届毕业生 2 人,申报专业技术资格评审 5 人,毕业生转正定级 2 人。新增设了妇幼卫生政策研究室。

规范考勤制度,完善修订了《职工请假及考勤管理规定》,明确了请假和加班审批程序以及休假期间的待遇标准。

规范聘用人员管理工作,加强劳动关系管理,平稳顺利的完成了 11 名聘用人员劳动合同期满的考核及续签工作。

加强人力资源信息管理建设,建立人力资源信息管理系统,完成在编人员信息采集工作。

(二)科研、继续教育管理

组织申报中国疾病预防控制中心青年基金 1 项,完成 WHO 两年度项目书申报和备案工作。组织完成科技部国际合作项目科研课题申报 1 项。组织完成 1 项科技成果鉴定。组织完成 1 项中华预防医学会科学技术奖申报工作。设立“中国妇幼保健体系研究”、“早产儿视网膜病的防治现状及干预模式研究”、“中国南方地区汉族儿童喘息性疾病的临床表型及其遗传学背景”等课题并完成相关管理工作。

组织完成博士生命题、5 名研究生开题工作,完成 1 名博士、3 名硕士研究生复试工作、完成 1 名博士、4 名硕士研究生的答辩工作。

组织完成中国疾控中心组织的 2011 年省级人员进修项目。共招收进修人员 4 名。组织开展中心业务学习、学术讲座活动 4 次。

2011 年发放学分证书 750 个,完成 2012 年继续医学教育项目申报工作。

(三)外事工作

进一步规范外事管理工作,2011年办理因公出国出访手续9批11人次,国际交往促进了妇幼保健中心与国际相关机构的交流。

(四)财务管理

组织编制2013年度财政补助经费预算2次,公共卫生突发应急反应机制运行经费分配及执行预算2次,政府采购预算1次,住房补贴预算1次,国库授权支付预算2次。2011年度财政资金及项目经费决算1次,住房公积金经费决算1次,政府采购经费决算1次,结余资金决算1次,医疗机构卫生报表决算1次。上报各类财务报表87份,接受各类财务检查及审计12次。

积极落实"小金库"专项治理全面复查工作,进一步完善了管理制度,建立符合妇幼中心实际的内部经济活动。

建立预算执行情况月报告制度,每月初向主管领导汇报专项经费执行情况,对执行进度缓慢的项目及时予以督促。2012年工作经费的预算执行率达到100%。

(五)妇幼中心门户网站及系统维护

妇幼中心门户网站的日常维护;发布工作动态等信息共220篇。

完成了妇幼中心工会论坛的搭建、防垃圾邮件网关和VPN升级等工作,保障了妇幼中心各系统的正常运行。

(六)行政后勤管理

组织修订并印发妇幼中心规章制度汇编,进一步理顺工作流程,其中新发规章制度28项,修订5项制度。

完成协同办公子平台需求说明书,制定相关工作流程、开展协同办公系统培训。进行协同办公系统测试和试运行,编写协同办公操作手册和配置手册。

2011年处理公文875份,其中收文475份;发文400份。撰写工作月报、大事记,撰写工作简报12期,提高中心网站信息发布数量及质量,共发布220条信息。起草并修订妇幼中心"十一五"期间完成工作情况及"十二五"期间要点、撰写妇幼中心十年发展回顾报告。

落实"三重一大",年度召开党政联席会16次,中心办公例会9次。及时撰写并上报会议纪要,催办落实相关决议。

完善职工住房档案、进一步规范物业费供暖费发放。规范资产采购、调拨、报废等程序。加强固定资产的自查和清查管理，实行政采季度计划制度，按计划进行采购及报账，并填报执行情况报表。截至到12月底，采购474件固定资产，总计金额为567.3万元；采购日常办公用品23.3万元。

（七）党群工作

1. 党务工作　加强领导班子学习，规范工作流程、召开党员领导干部民主生活会，开展批评与自我批评。加强管理干部队伍建设，2011年2名业务骨干充实到中层管理队伍中，转正预备党员1名，发展1名预备党员。共制作精神文明宣传专栏9期；为《中国疾控中心报》投稿11篇。开展“创先争优主题演讲”活动。2名党员分获卫生部“优秀党员”、“优秀党务工作者”称号。8名党员荣获妇幼中心“群众心中好党员”称号。2名人员参与上级党委组织的“讲党性、强党史”演讲比赛并获奖。组织妇幼中心“传承红色精神，争创妇幼佳绩”主题教育活动。与卫生部妇社司联合开展创先争优主题教育活动，邀请卫生部直属机关党委副书记、纪委书记姚晓曦来妇幼中心讲党课；组织开展“弘扬妇幼文化，展示职场风采”青年主题演讲活动。做好党风廉政建设。认真执行《妇幼中心管理干部任职廉政谈话的实施细则》，与新任命中层干部任前廉政谈话3人次。制定《妇幼中心“三好一满意”活动实施方案》，在妇幼中心内部全面深入开展“服务好、质量好、品德好、群众满意”活动。积极开展党员领导干部学习《廉政准则》情况及遵守“八项禁止”、“52个不准”情况自查工作。全面开展小金库专项治理工作。深入开展关于庆典、研讨会、论坛问题专项治理工作。

2. 工会工作　开展党建带工建，党建带妇建工作，更好地为广大职工服务。建好妇幼中心“职工之家”。为13名新会员办理并发放工会会员证，共计慰问12人次。严格执行妇幼中心工会经费管理规章条例，足额按时收缴会费并按比例上交。严格执行工会经费审批程序，监督经费使用。继续做好年度职工体检工作。开展一系列活动包括：新春联谊会、庆祝“三八国际妇女节”系列活动，主题植树活动，职工聚餐活动，秋季健身活动等。

3. 共青团工作　组织学习党史，观看《建党伟业》；学习胡锦涛总书记“七一”讲话文件。2011年9月，妇幼中心团支部荣获中央国家机关五四红旗团支部称号。

四、其他

（一）中国卫生思想政治工作促进会妇幼保健分会工作

组织召开妇幼分会“传承红色精神，争创妇幼佳绩”主题教育活动；表彰“妇幼卫生文化和谐共建集体、先进个人”；开展“红军长征与遵义会议”专题讲座，组织参观息烽集中营、遵义会议会址、红军山革命烈士陵园等历史文化遗迹等活动；组织召开“进一步解放思想，促进妇幼卫生事业又好又快发展”专题工作会议；组织召开妇幼分会一届三次理事大会暨主题培训活动。

(二)中华预防医学会妇女保健分会工作

组织召开“2011年中华预防医学会妇女保健分会全体委员会”、“产科生命支持(ALSO)项目省级师资培训”、“出生缺陷诊断防治新技术新进展高级培训班”、“2011年度生殖道感染防治项目强化培训班、农村妇女宫颈癌检查基层人员培训”、“第八届更年期妇科常见病与妇科内分泌学习班”、“更年期保健学组昆明妇科内分泌疾病诊治学习班”、“乳腺保健与疾病防治学组成立大会暨第一届学术会议”。开展卫生部农村妇女宫颈癌检查基层人员培训项目,继续开展“产科生命支撑(ALSO)培训项目”,完成培训督导方案。成立乳腺保健和疾病防治学组。完成更年期保健学组换届工作。

(三)其他工作

协助“中国控制吸烟协会吸烟与疾病控制专业委员会”成立妇幼卫生学组。完成中国妇幼保健协会妇幼卫生信息专业委员会的申报工作。

(聂妍　薛艳萍)

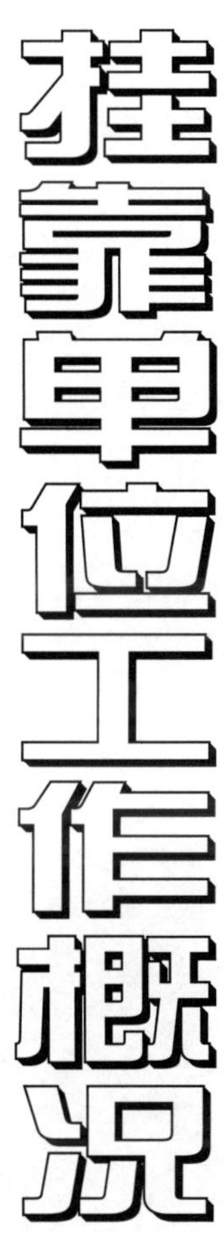

中国疾病预防控制中心年鉴

地方病控制中心

一、中央补助地方项目和重大公共卫生项目

(一)2009年度项目

完成了《2009年度中央补助地方公共卫生专项资金地方病防治项目总结报告》、各子项目技术报告和监测报告，并将《2010年全国饮茶型地方性氟中毒监测报告》上报卫生部和中国疾控中心，将《2010年全国饮水型地方性氟中毒监测报告》、《2010年全国饮水型地方性砷中毒监测报告》、《2010年全国大骨节病监测报告》和《2010年全国克山病监测报告》下发至相关省(区、市)，并报送卫生部疾控局和中国疾控中心。

2011年3月3日在云南省昆明市召开了地方病防治工作研讨会。在会议上，地病中心主任孙殿军向大会通报了“2009年度中央补助地方公共卫生专项资金地方病防治项目完成情况”和“2010年度中央补助地方公共卫生专项资金地方病防治项目进展情况”；地病中心申红梅主任助理向大会报告了“2010年全国重点地方病监测报告”。

完成了《2009年度中央补助地方公共卫生专项资金地方病防治项目各子项目技术报告》和《2009年度中央补助地方公共卫生专项资金地方病防治项目各项目省报告》汇编工作，2本汇编材料均已印刷成报告文集，发至全国各省(区、市)疾控机构或地方病防治单位。

(二)2010年度项目

按照卫生部疾控局的要求，起草“关于建立中央补助地方公共卫生专项资金地方病防治项目联系人制度和动态报告项目进展情况的通知”，由地病中心下发至各省(区、市)疾控中心、地病所，并抄送各省(区、市)卫生厅(局)，要求各省(区、市)每双月上报项目进展，地病中心撰写了“2010年度中央补助地方公共卫生专项资金地方病防治项目进展报告”，并报送卫生部疾控局和中国疾控中心。10月18-20日，在四川省成都市召开了“2010年度中央补助地方公共卫生专项资金地方病防治项目工作总结会”。

(三)2011年度项目

根据2011年度项目任务安排，协助卫生部完成“2011年度地方病防治项目工作任务表”，明确各省的项目目标、任务数量和考核要求。并根据2011年度项目安排，对碘缺乏

病和克山病工作内容进行了调整,编制了《2011 年度地方病防治项目实施方案》。2011 年 7 月 27 日,协助卫生部在哈尔滨召开了“2011 年度地方病防治项目启动会”。

(四)卫生部与贵州省开展部省合作消除燃煤污染型地方性氟中毒项目验收工作

为全面评价卫生部与贵州省合作开展消除燃煤污染型地方性氟中毒危害项目执行情况和实施效果,按照《卫生部与贵州省合作消除燃煤污染型氟中毒危害项目评估方案》(卫办疾控函〔2010〕845 号)的要求,2011 年 1 月 5 - 12 日,卫生部和贵州省委托卫生部项目资金监管服务中心、地病中心,在贵州省自评基础上,对项目执行情况和实施效果进行抽查评估。评估结果表明,卫生部和贵州省人民政府积极协调配合,共同组织完成了2008 - 2010 年度贵州省氟病区改良炉灶任务 173.72 万户,完成率达到 105.54%,项目户改良炉灶的符合率达 100%,项目户改良炉灶的满意率达 100%,项目户改良炉灶的正确使用率达 99.79%,家庭户主和小学 4～6 年级学生燃煤污染型地氟病防治知识知晓率分别达 95.03%和 95.40%,各项指标均达到项目要求。

二、《全国重点地方病防治规划(2004 - 2010 年)》终期考评

按照“《全国重点地方病防治规划(2004 - 2010 年)》终期考评方案”要求,在各省、自治区、直辖市自评的基础上,卫生部会同发展改革委、财政部、工业和信息化部对全国规划目标完成情况进行现场考核评估。

卫生部疾病预防控制局抽调了部分省份行政领导和专家与地病中心专家一起组成国家考评组,于 2011 年 3 月 29 日至 4 月 2 日分 12 个考核评估组对第一批 12 个省、自治区开展现场考评工作;于 2011 年 5 月 22 - 30 日,分 9 个考核评估组对第二批 15 个省、自治区、直辖市开展现场考评工作。地病中心对本次考核做了大量工作,编制了考评手册,并先后派出 15 人次的专家参加本次考评。

2010 年 6 月 1 日各考评组代表回到北京,参加了考评情况汇报总结会。按照汇报总结会安排,地病中心专家撰写了碘缺乏病、饮水型地方性氟(砷)中毒、燃煤污染型地方性氟(砷)中毒和大骨节病分报告;地病中心与部分省份专家共同完成《全国重点地方病防治规划(2004 - 2010 年)》考评的总报告,《全国重点地方病防治规划(2004 - 2010 年)》终期考评报告已撰写完成,并上报卫生部。

三、重点地方病防治

(一)制定基本消除重点地方病行动方案

为了完成《全国重点地方病防治规划(2011 - 2015 年)》目标,到“十二五”末期基本消

除地方病危害，受卫生部疾病预防控制局委托，地病中心组织有关专家分别起草了《全国基本消除克山病行动方案》、《全国基本消除大骨节病行动方案》和《全国基本消除燃煤污染型地方性氟中毒、燃煤污染型地方性砷中毒行动方案》初稿。并于 2011 年 3 月 5 - 8 日在天津和 3 月 15 - 17 日在哈尔滨召开了两次定稿会。

(二)氟砷实验室质量控制及认证

按照卫生部的要求，2011 年 1 - 3 月，地病中心氟病所制备了两种不同浓度的水氟、水砷、尿氟和尿砷质量控制盲样，并向全国 30 个省级(自治区、直辖市)疾控中心、地方病防治研究所发放，进行本年度全国氟砷实验室第一次质量控制工作。2011 年 8 月 1 - 2 日在江西省南昌市召开了“2011 年度全国氟砷实验室第二次质量控制工作会议”，开展了本年度氟砷实验室检测质量控制工作。目前，2011 年度的氟、砷测定质量考核数据正在收集、整理中，并正在制备 2012 年度的氟、砷质控样品。

7 月 23 - 24 日，国家实验室认可评定委员会和国家认监委联合组织现场考评组，到地病中心对氟砷检测中心的认证认可工作进行现场评审，经过 2 个工作日现场评审工作，通过了中国合格评定国家认可委员会和中国国家认证认可监督管理委员会对氟砷检测中心的文件审核和现场审核，获得了国家认可委和认监委发放的实验室认可和认证证书。

(三)燃煤污染型地方性氟中毒防治工作研讨会

2011 年 1 月 5 日，卫生部燃煤污染型氟中毒防治管理工作研讨会在贵阳市召开。卫生部疾病预防控制局白呼群副局长、卫生部疾病预防控制局地方病防治管理处李全乐处长、地病中心主任孙殿军、卫生部项目监管中心领导以及贵州、云南、四川、重庆、陕西、湖北、湖南、江西、广西和河南省(区、市)卫生厅疾控处(血地办)主管领导、疾控中心(地病所)主管领导及相关业务人员共计 40 余人参加了会议。会上，地病中心氟病所报告了 2010 年全国燃煤污染型氟中毒改良炉灶任务需求及改良炉灶使用情况抽查结果；各省介绍了本省的防治工作经验，并提出了建立可持续防治机制的建议。

(四)北京市取消大骨节病和燃煤污染型地方性氟中毒病区考核评估

随着社会的发展，多年来北京市重点地方病病情已得到全面控制，为了适应当前经济社会发展需要，北京市卫生局于 2010 年 10 月提出取消大骨节病和燃煤污染型地方性氟中毒病区的要求，并将“北京市卫生局关于取消北京市怀柔区大骨节病病区的请示”(京卫疾控字〔2010〕83 号)和“北京市卫生局关于取消北京市门头沟区和房山区燃煤污染型地方性氟中毒病区的请示”(京卫疾控字〔2010〕84 号)上报卫生部，请国家对北京市燃煤污染型地方性氟中毒和大骨节病病区进行考评。

为此,2010 年 11 月受卫生部委托,地病中心组织相关专家和北京市卫生局、北京市疾控中心一同研讨制定了考核评估办法。2010 年 12 月-2011 年 2 月北京市完成了自评工作。孙殿军主任带领国家复核评估组于 2011 年 2 月 21-24 日,开展了现场复核评估工作,地病中心周令望、高彦辉和魏红联参加了评估工作。国家级复核评估组认为北京市燃煤污染型地方性氟中毒和大骨节病病区可不再作为病区对待,可不上报《全国地方病防治工作调查表》的相关统计数据,建议当地卫生部门每隔 5 年对历史病区进行一次回访工作。

(五)大骨节病消除考核验收办法

为了使“大骨节病病区消除标准”在病区考核验收工作中能有效地实施,地病中心大骨节病所制定了“大骨节病消除考核验收办法”。在查阅全国近年病情监测数据的基础上,在四川、甘肃和内蒙古西部三省中各选择 2 个历史重病区乡进行儿童病情普查,并对监测数据和普查数据进行模拟抽样、统计分析,确定考核验收必须具备的条件和程序,以及各级卫生行政部门进行验收时所需抽样的比例等内容。

(六)甘肃省克山病患者复核工作

2010 年,甘肃省克山病病情监测检出的病例几乎占全国总病例的一半。为此,地病中心克山病研究所组织全国克山病专家开展病情复核。于 2011 年 1 月 10-14 日赴甘肃省庆阳市合水县和正宁县进行了克山病病情调研。本次复核表明,甘肃省合水县、正宁县监测中潜克误诊较多,约占 1/3。慢克也存在一定程度误诊;所有慢克病人均无既往克山病病史(其中 1 例年龄小于 30 岁),是否为新发有待进一步核实。检出克山病较多的原因有二:一是监测范围扩大;二是基层防治人员对克山病的诊断技术不熟悉。建议加强克山病诊断技术培训,在克山病重病区省份地方病防治机构配备便携式心脏彩色超声仪。

(七)重点地方病监测方案修订

为了适应目前全国碘缺乏病、地方性氟中毒、地方性砷中毒防治工作需要,地病中心组织专家对《碘缺乏病监测方案》、《饮水型地方性氟中毒监测方案》、《燃煤污染型地方性氟中毒监测方案》、《饮茶型氟中毒监测方案》、《饮水型地方性砷中毒监测方案》、《燃煤污染型地方性砷中毒监测方案》进行了修订,并起草了《水源性高碘地区监测和高碘病区监测方案》,于 2011 年 12 月 13 日在北京通过了专家论证。

四、卫生部临床重点专科评审

卫生部疾控局为了加强地方病患者临床治疗水平,提出设立地方病临床重点专科,地病中心编制了《国家重点地方病临床重点专科评分标准》(初稿)。2011 年 3 月 25 日中华医学会地方病学分会主任委员申红梅研究员参加了“2011 年国家临床重点专科评分标准”研讨会，对地方病临床重点专科评分标准进行了讨论。2011 年 7 月 7 日中华医学会地方病学分会完成了对全国申报的地方病临床重点专科进行的评审工作。

五、年报统计工作及卫生标准工作

(一)年报统计工作

1. 召开 2010 年地方病防治年报统计工作会议　完成 2010 年度地方病防治工作调查表数据收集、核对、汇总工作。于 2011 年 2 月 26 日－3 月 1 日在重庆市组织召开了地方病防治年报统计工作会议。会上，对《2010 年全国地方病防治工作调查表》数据进行了核对；对地方病年报统计工作流程及数据上报过程中存在的问题进行了讨论；分析了数据上报问题树；交流了各省地方病年报统计分析报告；讨论了地方病年报数据上报工作指南(草稿)。

2. 编制年报统计工作指南　随着地方病防控工作的不断深入，《全国重点地方病防治规划(2011－2015 年)》提出了“基本消除重点地方病危害”的目标。为了正确评价目标完成情况，信息统计工作的重要性也日益突出，规范开展信息收集，准确上报数据，科学统计资料，成为掌握“十二五”期间各项地方病防控工作情况的关键。但是，目前地方病信息收集系统不够健全，基础信息质量不高，有些年报统计数据与现场调查数据出入较大，为了规范地方病年报统计工作，地病中心组织专家编写了“地方病年报工作指南”，并下发至省级地方病防治机构。

(二)卫生标准工作

1. 标准起草　按照标准制修订计划，组织起草了 6 项地方病标准，分别是”地方性克汀病和地方性亚临床克汀病诊断“、“大骨节病消除”、“燃煤污染型地方性氟中毒消除”、“尿中砷的高效液相色谱-氢化物发生-原子荧光光谱测定方法”、“尿中氟化物的测定方法-离子选择电极法”和“燃煤污染型地方性氟中毒防制考核验收办法”。

2. 2011 年度卫生部地方病标准专业委员会工作会议　2011 年 11 月 22－24 日，在广东省肇庆市召开卫生部地方病标准专业委员会 2011 年度工作会议。本次会议的主要内容有：秘书处对第六届卫生部地方病标准专业委员会 2011 年工作进行总结汇报；审议 6 个标准送审稿；讨论 2013 年地方病卫生标准制修订计划。

3. 2012 年地方病标准制修订计划　完成了 2012 年地方病标准制修订计划项目的上报工作。2012 年地方病标委会共计划制修订“人群摄氟量”、“消除碘缺乏病考核验收办法”、“消除大骨节病考核验收办法”和“消除克山病考核验收办法”4 项标准。

4. 碘盐标准　协助国家食品安全标准专业委员会完成了《食用盐碘含量》和《食品添加剂碘酸钾》标准的制定工作。

5. 标准起草人培训　组织 2011 年标准制修订起草人参加 2011 年 5 月在北京举办的标准编写培训班。

六、科学研究与人才培养

(一)科学研究

目前,地病中心共承担各级各类课题共 58 项。其中承担国家“十一五”科技支撑计划项目 1 项,为“大骨节病综合预防措施”;承担国家自然科学基金 14 项。承担其他各类科研项目共计 43 项。2011 年获国家自然科学基金课题 6 项;黑龙江省教育厅科技创新团队 1 项;黑龙江省自然科学基金 1 项;哈尔滨医科大学于维汉院士杰出青年培养基金 1 项;哈尔滨医科大学伍连德青年科学基金 1 项。

(二)实验室建设

1. 卫生部重点实验室评估　根据卫生部科教司《关于委托中国医学科学院承担卫生部重点实验室评估工作的函》(卫科教实验室便函[2011]128 号)的精神,卫生部病因流行病学重点实验室自 2011 年 8 月着手准备评估工作材料,并于 2011 年 12 月 20 日在北京接受了中国医学科学院组织的评估汇报,顺利获得通过。

2. 设备购置　2011 年,利用中央补助支持地方高校发展专项资金、2009 年度和 2010 年度地方病防治项目、教育厅高水平大学能力建设、省人事厅基础建设经费 400 余万元,购置了数字 X 线机(DR)、数字彩色超声仪、数字彩色便携式 B 超、荧光定量 PCR 仪和梯度 PCR 仪、小动物定位手术观察记录系统、超低温冰箱、超纯水仪和多种实验室小型仪器设备,并为大型仪器设备室安装了空调。

3. 学科建设

(1) 535 工程:为了学科、专业带头人梯队建设,按照哈尔滨医科大学部署,2011 年 8 月黑龙江省流行病与卫生统计重点学科进行了“535 工程”的申报工作,总结了近 5 年的工作,提出下一步的工作安排,并将申请表和有关材料上报黑龙江省人事厅。

(2) 重点学科申报:地病中心在长期的学科建设中,一直强调要突出地方病学科优势和特色,也形成了一批成效显著、影响广泛、得到校内共识和社会认可的特色学科。按照哈尔滨医科大学培育一批优势学科精神,于 2011 年 7 月申报了学校优势学科。

(三)人才培养

1. 学历教育　地病中心目前在读硕士研究生 50 名、博士研究生 11 名、在站博士后

14 名。2011 年地病中心招收硕士研究生 16 名、博士研究生 3 名，入站博士后 7 名。毕业博士 3 名、硕士 9 名，毕业博士后 6 名。

2. *2011 年度全国业务骨干培训班* 2011 年 10 月 26－27 日，受卫生部疾病预防控制局委托，地病中心在浙江省杭州市举办了全国地方病业务骨干培训班。培训内容为疾病预防策略制定、现场流行病学、基因组学在传染病中的应用、蛋白组学在传染病中的应用和健康教育等方面的知识与进展，培训教师分别是国家地病中心孙殿军研究员、军事医学科学院杨瑞馥研究员、中国疾控中心张建中研究员、中国疾控中心马会来研究员和中国健康教育中心田向阳主任医师。卫生部疾病预防控制局白呼群副局长出席了培训班开幕式并讲话，卫生部疾病预防控制局李珣处长主持了开幕式并亲自听课，来自全国 32 个省（市、区）和新疆生产建设兵团的 70 余名学员参加了培训。

3. *参加各省培训授课* 为新疆生产建设兵团举办的“兵团地方病防治管理及业务骨干培训班”承担了授课任务，培训学员 40 余人。派专家在辽宁、黑龙江、吉林、浙江等省举办的地方病防治技术培训班上授课。

七、健康教育

（一）地方病史展工作

完成中国地方病防治史展展墙布展工作，初步完成了展柜的实物筛选和布置；重新修改了实物图说并进行英文翻译；完成了地方病防治史展解说词的编写工作。

（二）5.15 碘缺乏病日工作

参加了卫生部疾控局与青海省组织召开的“防治碘缺乏病日”宣传活动；在“碘缺乏病研讨会”上，地病中心申红梅主任助理、刘守军所长作了大会报告。

完成了防治碘缺乏病核心信息的修改工作；完成了“防治碘缺乏病日”主题宣传画的修改意见稿；协调《健康时空》栏目在 5.15 期间播放有关碘缺乏病科普节目，并根据我国今年碘缺乏病防治工作重点，修订了节目播出串讲词。

（三）地方病健康教育资料收集整理工作

2011 年继续面向全国地方病防治专业机构收集地方病防治宣传教育资料并进行整理，不断充实健康教育资料库内容。并为相关省份提供地方病防治宣传资料。

八、技术咨询

1. 依据 2011 年对全国各省份执行《全国重点地方病防治规划（2004－2010 年）》情况的评估，协助卫生部修改国家“十二五”重点地方病防治规划，并上报国务院。

2. 完成了疾病预防控制十年工作评价(2002 - 2011 年)地方病防治进展分报告的撰写工作;配合卫生部完成了"十二五"期间重点地方病监测、改炉改灶、能力建设、人才培养和健康教育项目及炉灶更换项目的经费预算。

3. 下发了"关于在大骨节病病区适时停止补硒的建议",建议陕西、甘肃、山西、河南和四川 5 省在大骨节病病区停止供应硒盐,停供后加强低硒病区病情及适龄儿童硒营养水平的监测。

4. 参加了卫生部、发改委、工信部等部委组织的对北京、上海、浙江、安徽 4 省市关于《食用盐碘含量》实施指导意见的调研工作。

5. 参加了浙江、上海、吉林、黑龙江等省调整碘盐浓度的论证会。

6. 修改了我国目前部分省份不加碘食盐供应和管理情况及有关意见的报告。

7. 参加了卫生部组织召开的全国农村集中式供水工程水质卫生监测报告专家论证会,对监测报告中涉及到氟中毒和砷中毒内容进行了研讨和修改。

8. 参加了在北京召开的低氟砖茶供应情况的部委讨论会,汇报了在饮茶型氟中毒防控方面的工作及 2010 年度的监测结果。

9. 完成了卫生部疾控局交办的向中国医药卫生事业发展基金会提供李德生将军主持我国地方病防治工作期间的有关照片、资料和文字撰稿。

九、学术交流

(一)中华医学会第 7 次全国地方病学术会议

2011 年 10 月 27 - 30 日,中华医学会第七次全国地方病学术会议在杭州市召开,本次会议为中华医学会一类学术会议。中华医学会地方病学分会第七届委员会前任主任委员、地病中心主任孙殿军教授,中华医学会地方病学分会第七届委员会主任委员申红梅教授,中华医学会地方病学分会第七届委员会候任主任委员孙贵范教授,中华医学会学术部李久一教授,卫生部疾病预防控制局地方病处张树彬主任等领导参加了本次会议。

本届学术会议共收到论文 284 篇,共涵盖了碘缺乏病、地方性氟中毒、地方性砷中毒、大骨节病、克山病、血吸虫病、鼠疫、布鲁杆菌病等地方病病种,内容包括基础研究、流行病学调查、研究综述、方法、管理、健康教育等多个方面。本次会议论文不仅涉及面广,而且学术水平和质量也较高。参加会议代表来自全国各省、直辖市、自治区地方病防治机构、高等院校等单位和专业技术人员共 223 人,其中地病中心 30 余名专家和研究生参加了会议,有 5 位专家作了大会学术报告,其余人员作了分会学术报告,并开展了学术交流。

(二)成立了《中国地方病学杂志》第 7 届编委会

《中国地方病学杂志》第 7 届编委会成立会议于 2011 年 10 月 29 日在浙江省杭州市

召开，来自全国各地的36位编委出席了本次会议。中华医学会杂志社社长兼总编辑游苏宁、社长助理兼办公室主任王旌到会。换届会议由《中国地方病学杂志》总编孙殿军和编辑部主任王丹娜主持。本次会议，首先总结了上届编委会工作，表彰了卸任的编委，然后游苏宁社长为各位编委作了《如何做好一名编委》的报告，最后编委们针对第7届编委会工作进行了热烈的交流和讨论。编委们肯定了第6届编委会取得的成果，同时对《中国地方病学杂志》的学术水平、学科发展趋势等提出了很好的意见和建议，提出了今后《中国地方病学杂志》发展的方向和目标。

（三）《中国地方病学杂志》被评为科技部第二届中国精品科技期刊

2011年12月2日，科技部中国科学技术信息研究所在“2011年度中国科技论文统计结果发布会”上公布了第二届中国精品科技期刊评选结果，《中国地方病学杂志》被评为第二届中国精品科技期刊。此次入选中国精品科技期刊，表明《中国地方病学杂志》在预防医学学科的学术地位、期刊的权威性和期刊的声誉及期刊的学术质量与国际化要素方面已跻身我国高影响期刊之列。

（四）中华医学会地方病学分会常务委员会会议

2011年10月29日，中华医学会地方病学分会常务委员会会议在杭州市召开。会议总结了本届常委会一年来在地方病防治、科学研究、组织管理、学术交流、学科建设、人才培养、技术咨询和杂志建设等方面取得的工作成绩，分析了在地方病防治研究工作中面临的挑战，尤其是我国重点地方病防控长效机制的建立、科学研究如何为防治服务、扩大学术研究队伍等问题，并提出了下一步工作建议。

（五）中华医学会地方病学分会第七届委员会青年委员会换届改选

2011年10月28日，中华医学会地方病学分会第七届委员会青年委员会换届会议在浙江省杭州市召开。本届青年委员会共由45名委员组成，主任委员由地方病学会主任委员申红梅研究员兼任，选出了4名青年委员会副主任委员，即哈尔滨医科大学地病中心于钧副研究员、中国医科大学李冰副教授、贵阳医学院洪峰教授和内蒙古地方病控制中心李艳红主任医师。

十、国际合作

（一）减轻砷中毒危害

1. 饮水高砷区改水现状调查　2011年5月12日，在联合国儿童基金会项目支持下，地病中心在内蒙古呼和浩特市组织召开了“全国地方性砷中毒病区和高砷区改水降砷现况调查工作会议”,与会代表对《全国地方性砷中毒病区和高砷区改水降砷现况调查方案》的内容进行了广泛讨论,明确了调查指标的意义和填写表格的注意事项。2011年6-9月全国16个存在高砷饮水地区和地方性砷中毒病区的省份对本省的改水工程进度、改水工程使用情况、改水工程的基本情况进行了调查,撰写了调查报告。

2. 地方性砷中毒诊断图谱　为了提高我国基层地方性砷中毒防治专业人员对地方性砷中毒诊断能力，解决我国地方性砷中毒防治工作的技术瓶颈，在联合国儿童基金会项目支持下，2011年6月10-11日，地病中心组织专家在伊春市召开了《地方性砷中毒诊断图谱》编委会，讨论了《地方性砷中毒诊断图谱》编写提纲与内容，并确定了编写人员及分工。目前完成了国内砷中毒防治研究专家现有的砷中毒病人皮肤改变照片资料收集整理工作，派专业人员到内蒙古和山西砷中毒病区补充拍照了砷中毒病人照片。

3. 砷中毒防治地理信息系统　为了进一步开发利用砷中毒防治地理信息系统,在已有的地方性砷中毒防治地理信息系统平台的基础上,统一将全国高砷水源筛查的村进行了经纬度数据的赋值。目前,正在与软件公司合作,进一步开发和完善地理信息系统。

(二)碘缺乏病防治项目

1. 高碘地区防治措施的研究　2011年9月8日，在山西省临汾市召开了“水源性高碘地区标准及防控措施研究”项目启动会。卫生部疾病预防控制局地方病处李珣处长、张树彬主任、地病中心主任助理申红梅研究员、联合国儿基会官员常素英女士和山西省卫生厅、临汾市卫生局等当地领导出席了会议。来自山东、山西、河南和河北四个项目省的省、市、县级项目负责人参加了会议。会议由地病中心主任助理申红梅研究员主持，地病中心刘鹏博士介绍了“水源性高碘地区标准及防控措施研究”项目的实施方案，并对项目数据库进行了培训；申红梅研究员对项目开展的背景、所需相关的技术知识进行了培训。

2. 碘缺乏病宣传手册编写工作　为了配合5.15碘缺乏病宣传日活动,在联合国儿童基金会项目支持下,碘缺乏病专家组分别编写了针对大众及医生的《碘缺乏病宣传手册》,地病中心专家参加了编写工作,并于2011年4月26-28日在广东省汕头市召开了碘缺乏病宣传手册审稿会。

3. 举办了全国甲状腺容积B超检测技术培训班　8月21-22日,在山西省太原市举办了全国第5次甲状腺容积B超检测技术培训班,本次培训班获得联合国儿童基金会项目资助。在培训班上,刘守军研究员从理论到实践对甲状腺容积的B超检测技术进行了现场讲解,全国30个省、市、自治区及新疆生产建设兵团30余名专业技术人员参加了甲状腺容积的B超检测培训,为2011年度中央补助地方地方病防治项目碘缺乏病子项目的实施提供了技术支持。

十一、其他

1. 审校完善了地方性氟中毒防治手册修订版。

2. 基本完成了地方病科技名词克山病、大骨节病、碘缺乏病、地方性氟中毒及地方性砷中毒部分的编撰工作。

（孙殿军　申红梅　魏红联）

性病控制中心

一、积极协助卫生部贯彻落实《梅毒规划》,起草制定相关技术文件

1. 起草、制定(或修订)重要文件　主要包括《梅毒实验室检测技术规范》(初稿)、性病防治工作质量考核指标、《性病防治管理办法(修订稿)》征求意见反馈、2011年全国性病防治工作要点、梅毒预防知识知晓率调查方案、全国性病防治工作综合督导操作方案等。

2. 积极协助卫生部组织开发与《梅毒规划》相配套技术文件　主要包括《性病防治培训手册》、《梅毒预防知识知晓率调查方案》、《梅毒预防宣传核心信息》折页、《性病诊断标准知识要点与报告要求》折页、《医疗机构性病防治指南》、《梅毒预防与控制实用技术手册》及《性传播疾病诊疗指南》(修订)等一系列重要技术文件。

3. 及时完成卫生部交办的各项应急性、临时性任务　主要包括性病防治工作10年评价(2002-2011)、《传染病防治法修正案》审核、《性病防治核心信息与知识要点》、《实验室能力建设与发展规划》及配套经费分配表、《2012-2015年中央转移支付经费》经费预算、全国三级皮防机构调查、深化医改相关材料建议书等。

二、进一步健全性病监测点疫情报告网络,加大梅毒的病例报告及督导、核查的力度

1. 制定2011年全国性病监测工作要点与考核指标　将全国性病监测工作要点纳入全国性病防治要点,由中国疾控中心统一下发各省,主要包括开展性病病例报告准确性现场核查、漏报调查与督导和加强国家级性病监测点工作。将"国家级性病监测点梅毒报告病例现场核查准确率"指标与艾滋病考核指标整合,形成《2011年全国艾滋病性病考评方案》,由中国疾控中心下发。从2011年8月组织省级专家参与编写性病病例报告管理工作手册。

2. 按月与年度及时对全国梅毒与淋病疫情进行分析与反馈　制定全国性病监测工作目标与计划,及时上报全国梅毒与淋病疫情分析(按月、年度)、105个国家性病监测点疫情分析(季度、年度)至卫生部及中国疾病预防控制中心,同时反馈各省性病防治机构。

3. 在3个国家级性病监测点开展性病患病率调查　在2008年开展性病患病率调查基础上,2011年选择3个国家级性病监测点(武汉硚口区、广州番禺区、兰州城关区)对暗

娼人群开展性病患病率调查。调查前进一步完善监测点性病患病率调查方案和性病患病率调查实验室检测实施细则。分别于2011年8月2日、8月5日和8月17日在武汉硚口区、广州番禺区、兰州城关区举办性病患病率调查培训班并正式启动调查工作。

三、进一步加强全国性病实验室质量管理和能力建设,提供技术支持

1. *全国性病实验室质量控制* 2011年4-8月,组织对国家级性病监测点提供性病诊疗服务医疗机构以及省级性病中心实验室进行性病实验室室间质评活动,并于8月31日前反馈质控结果。包括梅毒血清学检测、沙眼衣原体检测以及淋球菌分离鉴定,其中梅毒检测项目为梅毒非特异性抗体和梅毒特异抗体检测。

全国近300家性病医疗卫生机构参与2011年度性病实验室能力验证,其中淋球菌分离鉴定室间质评有203家单位回报结果,其结果总回报率为80.56%(203/252)。

2. *淋球菌耐药监测* 2010年全国有15个点参加此项工作,分别是海南、浙江、广东、四川、深圳、天津、新疆、西安、广州、大连、上海、福建、广西、南京、云南;前11个点是淋球菌耐药监测协议点,后4个点是非协议点,其中南京和云南2个点收集的标本由国家性病控制中心完成其检测工作。全年15个点共计完成1398株淋球菌临床分离株对5种抗生素敏感性测定工作。

组织开展对广东、辽宁、上海、海南、陕西、浙江等14个国家淋球菌耐药检测点进行五种抗生素药物敏感性检测试验质量控制,完成2011年度淋球菌耐药质控品制备以及抗生素分装:制备质控品90份;各点耐药室间质评考核结果及临床菌株药敏检测结果于年底12月及次年1月份汇报结果。

3. *加强梅毒实验室网络建设* 2011年7月29日,召开全国性病实验室检测现状调查实施方案讨论会。本次会议讨论即将实施的调查方案,细化各项调查指标,研究制定切实可行的调查方法,选择具有代表性调查点,为方案具体实施奠定基础。

2011年8月2-3日对江苏省常州市部分医疗机构性病检测情况进行调查。此次抽查江苏省常州市5家医疗机构,分别是常州市疾控中心皮防门诊、常州市第一人民医院、常州市妇幼保健院、金坛市疾控中心皮防门诊、金坛市人民医院。2011年8月25-27日对湖南省部分医疗机构性病检测情况进行调查。此次抽查湖南省3家医疗机构,分别是中南大学湘雅医院、岳阳市第二人民医院、湘阴县人民医院。调查内容包括:性病实验室诊断知识、开展的检测方法、相关试剂及仪器使用情况、样本盲样考核。结果表明,各级性病实验室均存在人员培训不足、实验室操作不规范等问题,为制定下一阶段实验室质量管理工作计划提供依据。

4. *试剂评估* 组织广西、浙江、甘肃、北京、云南等5个省级性病中心实验室共同参加2011年梅毒试剂评估工作,完成近7000份标本次试剂评估检测任务。检测近30种各类梅毒血清学检测试剂。

5. 实验室能力建设与管理　本年度参加美国 CAP 等 6 家专业机构组织性病实验室能力验证,验证结果均合格。

四、加大性病防治宣传力度,深入高危场所开展干预

1. 编发宣传核心信息,制定相应调查方案　组织编发“梅毒预防宣传核心信息”,下发至 32 个省(市、区)性病预防控制机构。制定《梅毒预防知识知晓率调查方案》,并于 4 月初在江西省南昌市、江苏南京市针对不同人群进行梅毒预防知识知晓率预调查,召开专题会议征求基层有关专业人员对调查方案的意见,预调查结束后对梅毒预防知识知晓率调查方案进行修改及定稿,并上报卫生部。

2. 利用各种平台开展《梅毒规划》宣讲　利用各种会议、培训机会宣讲《梅毒规划》,性病中心专家到广州、深圳、大连、南宁等进行《梅毒规划》宣讲,为《梅毒规划》贯彻落实提供技术保障。

3. 加强对低档场所高危人群的综合干预　根据《国务院关于进一步加强艾滋病防治工作的通知》精神,今后艾滋病干预工作重点之一应加强对低档场所干预,鉴于此,性病中心重点开展针对低档场所暗娼性病服务经验总结和现场服务指导工作,分别对山东胶州、广东江门、海南琼海、湖南张家界、广西贵港等进行低档场所暗娼人群性病服务现场指导,并推荐山东胶州、广东江门参加“性病艾滋病干预低档场所 FSW 和 MSM 人群干预工作研讨会”,在大会上作经验交流报告。

五、加强信息平台建设,做好对外宣传与交流合作

为实现全国性病防治工作信息化管理,建立覆盖全国各级卫生行政部门和性病防治负责单位的全国性病防治管理信息系统,性病中心组织召开 3 次质量管理信息平台构建研讨会,目前管理信息平台正在构建中。

全年编发《性病情况简报》8 期 12 000 册;定期完成性病中心网站更新与维护,全年刊登各类信息 90 余篇;接待热线求询者 1500 余人次。

全年接待国内外性病、麻风病专家、学者等来访 7 批 33 人次。参加国际学术交流近 20 人次,其中 6 人次在国际会议上作专题发言。

六、重要会议、培训及主要活动

1. 组织召开全国性会议

(1) 全国性病防治与疫情监测工作会议:2011 年 4 月 24－27 日在郑州召开全国性病防治与疫情监测工作会议,31 个省(自治区、直辖市)和新疆生产建设兵团疾病预防控制中心(皮肤性病防治所/中心)分管性病防治工作领导、性病科室主任,以及天津、河北、辽宁、浙江、江西、河南、湖北、广西、海南、重庆、四川、云南 12 个省份卫生行政部门有关领导

计83名代表参加会议。会议总结2010年全国性病防治及监测工作,讨论与交流工作经验及存在不足,布置2011年工作任务。

(2)性病病例报告实施方案和督导方案修订专家研讨会:2011年6月29日至7月2日在甘肃省兰州市组织召开性病病例报告实施方案和督导方案修订专家研讨会。来自中国疾控中心公共卫生监测与信息服务中心传染病监测与信息管理室王丽萍主任、妇幼保健中心妇女卫生保健部方利文主任,世界卫生组织驻华办事处张岚官员,北京、河北、吉林、上海、江苏、福建、湖南、甘肃、青海、广东省、兰州市与深圳市等国家、省级与监测点专家25人参加会议。与会专家对性病报告实施方案修改提供建议,并对方案框架及内容进行修改。

(3)实验室质量管理工作研讨会:2011年4月19日在天津召开2011年度性病实验室质量管理工作研讨会。中国疾控中心性病控制中心主任王宝玺教授、天津市卫生局疾控处处长兼天津市疾控中心副主任王栩东以及来自30个省(自治区、直辖市)55名性病实验室工作管理人员出席会议。本次会议是对2010年度性病实验室室间质评工作阶段总结,同时也提出2011年度性病实验室质量管理工作具体要求,落实实验室质量考评指标具体实施方案和细则。

(4)淋球菌耐药监测工作研讨会:2011年4月19-22日在天津市召开2011年全国淋球菌耐药监测研讨会。全国15个省(直辖市、自治区)国家淋球菌耐药监测点31名参加会议。会议对我国2010年全国淋球菌耐药监测工作完成情况进行总结。

2. 组织举办全国性培训,并为全国各地提供培训师资及技术支持

(1)组织举办全国性培训

——临床医务人员性病干预服务培训班:2011年5月举办“临床医务人员性病干预服务培训班”,有来自全国29个省(直辖市、自治区)疾控中心及相关医疗机构59名学员参加培训。

——实验室检测培训班:2011年8月13-16日在黑龙江省哈尔滨市举办“2011年第一期全国性病监测点医疗机构性病实验室检测技术培训班”,来自全国18省(直辖市、自治区)43家全国性病监测点医疗机构实验室工作人员48人参加此次培训班。8月22-25日在湖南长沙举办“2011年第二期全国性病监测点医疗机构性病实验室检测技术培训班”,来自全国13个省(直辖市、自治区)41家全国性病监测点医疗机构实验室工作人员49人参加此次培训班。

——全国性病病例报告质量核查与督导培训班、全国性病监测资料分析与利用培训班:2011年9月19-22日、10月18-22日在湖南省长沙市和福建省厦门市举办全国性病病例报告质量核查与督导培训班、全国性病监测资料分析与利用培训班。两期培训班参加人数分别为35人、46人。

——梅毒健康教育和咨询服务师资培训班:2011年10月份在扬州举办“梅毒健康教

育和咨询服务师资培训班”。来自28个省、市、自治区疾控中心VCT门诊50名学员参加培训。

——全国省级性病管理人员培训班:2011年11月在苏州举办“全国省级性病管理人员培训班”,来自32个省(直辖市、自治区)疾控中心48名业务管理骨干参加培训。

——全国性传播疾病实验诊断技术师资培训班:2011年11月14-18日在江苏省南京市举办“全国性传播疾病实验诊断技术师资培训班”,组织对各省级性病预防控制机构实验室近40名骨干人员进行性病实验室检测技术系统培训。

(2) 为全国各地培训提供师资及技术支持

——性病实验室常用检测方法操作手册及视频教学光盘:为配合进一步开展各级性病实验室人员培训,本中心组织制作梅毒和淋球菌最基本实验室检测操作流程的视频教学光盘。

——组织开发一套具有较强指导性及实用价值性病培训参考书:包括《规划与管理》、《预防与干预》、《疫情监测》、《诊断与治疗》和《实验室检测》5个分册及一本与其相配套教员用书。

3. *开展的主要活动* 组织本中心专家、性艾中心专家及省级专家开展浙江省、贵州省性病、艾滋病综合技术督导,并全程参与督导活动。此外,还参加中国疾控中心性病艾滋病控制中心组织的联合督导6次。与江苏省卫生厅、江苏省疾控中心等机构共同组织策划“世界艾滋病日”进高校、进火车站宣传活动,同时在中国医学科学院皮肤病医院门诊楼开展宣传咨询活动。

七、教学带教

1. *研究生教育* 2011年中心有15名在读研究生,其中7名博士生、8名硕士生。

2. *进修生教育* 作为性病控制中心临床基地和中国皮肤科医师协会性病临床培训基地,全年接收性病临床或检验进修生25人,接受研究生轮转10人,为全国各级医疗机构和疾病预防控制机构培养人才,创造较大社会效益。

八、科研成果

1. *科研项目*

(1) 国家科技重大专项:防治性病对预防艾滋病的作用研究、创新药物研究开发技术平台建设、“包皮环切在我国艾滋病疫情流行严重地区重点人群推广模式的研究”。

(2) 国家及江苏省自然科学基金:梅毒免疫相关基因的单核苷酸多态性的研究(国家自然科学基金)、梅毒螺旋体膜蛋白的表达及致病机制的研究(江苏省自然科学基金)。

(3) 国际合作项目:WHO项目新型梅毒快速检测方法的临床评估研究、美国UNC梅毒螺旋体对阿奇霉素耐药项目、WHO淋球菌耐药监测的应用研究、中盖项目“依托性病门诊开展艾滋病发现与管理”、中盖项目“完善性病门诊服务促进 MSM 就医检测模式探索”美国 NIH 项目淋球菌固有免疫的研究等。

2. *发表论文、著作* 作为通讯作者、第一作者发表 SCI 文章 8 篇，国内核心期刊文章 20 余篇；主编书著 7 部：《性病防治培训手册》系列丛书，包括《疫情监测》、《规划与管理》、《预防与干预》、《诊断与治疗》、《实验室检测》、《教师用书》；《医疗机构性病防治指南》。

（葛凤琴）

麻风病控制中心

一、概况

中国疾病预防控制中心麻风病控制中心成立于 2005 年 5 月,其前身为中国疾病预防控制中心性病麻风病防治技术指导中心承担的控制麻风病任务之建制。中心主任由所院长王宝玺兼任,常务副主任由副所院长张国成兼任。该中心下设防治室,严良斌任主任,工作人员 6 人,其中正高 3 人、副高 1 人、主治医师 2 人。主要职责:协助卫生部制定全国麻风病防治规划和策略;负责制定麻风病防治技术指南;负责督导和评估全国麻风病防治规划的实施;负责全国麻风病疫情的管理、指导、督导和考核评价;负责全国麻风病防治健康教育材料的开发;负责全国麻风病联合化疗的技术指导和评估及药品的计划和分发;负责开展全国麻风病畸残预防和康复的技术指导;负责全国麻风病防治专业人员的培训;负责全国麻风病防治工作的信息交流;负责开展与麻风病现场防治的应用研究。

2011 年,该中心根据卫生部疾病预防控制局麻风病防治项目委托协议书要求,完成全国性工作会议、防治培训、现场督导及技术指导、麻风健康教育及宣传、防治与疫情监测、麻风药品管理、专题调研等项目。

二、防治工作进展

2011 年,本中心协助卫生部制定全国消除麻风病危害规划(2011 - 2020 年)、2011 - 2015 年消除麻风病危害规划培训项目、2011 年中央转移支付麻风项目管理方案和经费预算、中央转移支付麻风防治专业机构装备补助项目方案、2012 年中央转移支付麻风项目管理方案和经费预算、2012 - 2015 年中央转移支付麻风项目管理方案和经费预算;本中心撰写全国消除麻风病危害规划(2011 - 2020)起草说明、2009 - 2010 麻风病防治委托办事经费的项目效益报告、2002 - 2010 年全国麻风病防治工作评价、2012 年全国麻风病防治管理信息系统考核方案征求意见稿。

1. 疫情监测　2011 年发现新麻风病例 1144 例,发现率 0.085/10 万,其中儿童占 2.50%、多菌型占 82.26%、2 级畸残占 27.00%;发现复发病例 84 例,其中 30 例是联合化疗后复发;至 2011 年底全国尚有现症病例 5479 例,患病率 0.407/10 万,其中 2468 例尚在接受联合化疗。该中心完成了 16 个省(河北、山西、吉林、上海、浙江、安徽、江西、山东、河南、湖北、湖南、广东、广西、海南、贵州、西藏)历史麻风病资料的录入工作;本中心防治人员赴新疆、江西、四川、湖南、广东、福建开展麻风病流行病学现场调查；组织专家协助西藏开展麻风病疫情监测数据的整理和分析；召集省级麻风系统管理员研讨麻风病统计报表。

2. *现场防治* 本中心防治人员多次赴浙江、湖北、江苏、云南等省，现场检查、指导麻风药物不良反应的监测；组织国家手术医疗队，分别在云南、安徽、广西和江西的麻风现场，实施麻风畸残者矫治手术 315 例。应云南、四川、安徽、海南、江西、新疆、广东、福建、河南、内蒙、广西、山西、浙江、湖南、江苏、天津、贵州等省要求，开展麻风防治临床技能的培训和实践，培训各省麻风防治管理干部、疾病预防控制中心和皮肤病防治所医务人员总计 1100 余人，有力地促进了各地麻风防治技能的提高；派出防治人员为西藏 LEPMIS 提供技术支持。本中心承担所院麻风病会诊工作，2011 年开展麻风查菌 35 人次，确诊麻风病例 22 例。2011 年，收到 WHO 提供麻风 MDT 药品 4 批 78 件登计入库，按要求保管，无安全隐患；依据 2010 年度发现的新病例数和不同批号药品的有效期，分发各省药品成人 MB28008 板、成人 PB420 板、儿童 MB812 板、儿童 PB120 板，确保麻风患者联合化疗药品供应。

3. *现场督导* 组织全国麻风专家赴云南、四川、贵州、湖南、江西、广东、广西、海南、福建、重庆、陕西、山东、湖北、浙江、上海、江苏等省开展了全国麻风病“十一五”防治规划终期评估结果检查和分析。终评结论表明：通过“十一五”规划的实施，推进了全国麻风病防治工作进程，有效实施了政府主导、部门负责、社会参与的麻风病防治措施；完善了组织管理和技术督导系统，改善了麻风病畸残者和现症病人的生活质量和健康状况；提高了病例发现、畸残预防和康复等工作水平。5 年来，全国除内蒙、宁夏和新疆生产建设兵团未发现新病例以外，其余 29 个省（自治区、直辖市）共发现新（复）发麻风病人 8283 例。其中新发麻风病人 7568 例（5 年年均发现率 0.114/10 万），复发病人 715 例。新发病例中小于 15 岁病人 195 例，占 2.58%，2 级残疾 1712 例，占 22.62%。5 年来，临床判愈 7531 人。到 2010 年底，全国尚有 237 个县（市）麻风患病率大于 1/10 万，33 个县（市）麻风患病率大于 1/万；这些未达标的县市主要分布在西藏、云南、贵州、四川和湖南省。目前仍存在一些困难：政府重视不够、经费投入不足、管理体制不顺、队伍不稳定、基层网络薄弱和麻风病院（村）运转不顺利等问题。

4. *科普宣传及麻风节活动* 2011 年编印麻风宣传张贴画 2 万张、《麻风防治资讯》4 期 6000 册，再版《基层医生麻风病防治手册》6000 册。完成中国疾病预防控制中心麻风病控制中心网站日常维护工作，2011 年度更新麻风中心网站中文 54 条、英文 3 条。本中心还拟定“世界防治麻风病日”主题词和起草多部委联合开展麻风节活动文件；组织召开“2011 年世界防治麻风病日”座谈会；有关专家随同卫生部慰问团深入四川省德昌县麻风院慰问麻风患者和麻风防治工作者。

5. *重要会议* 协助卫生部组织召开全国麻风病防治工作年会、2010 年度全国麻风病疫情监测会、全国麻风防治服务体系建设经验交流会、全国高流行区消除麻风病危害规划培训会、全国中低流行区消除麻风病危害规划培训会、全国消除麻风危害规划实施方案修订会。

6. 国家级培训　举办麻风残疾防治实用技术培训班(2011年5月,云南文山)1期,培训全国17个省24个地州的43名学员和文山州20名专业人员总计63人;举办麻风疫情软件应用推广培训班(2011年6月,新疆乌鲁木齐)1期,培训全国包括新疆生产建设兵团在内的29个省(自治区、直辖市)的省、市两级麻风系统管理员总计60人;举办全国麻风病防治实用技术培训班(2011年7月,湖南张家界)1期,培训29个省、市、自治区的省级和地州级防治机构46名麻防专业人员。

三、科研及成果

2011年,本中心余美文获中国医学科学院麻风病网络培训项目;本中心完成MMP2麻风特异性抗原对麻风患者及其接触者的血清抗体的检测;完成了麻风复发及耐药现场监测和实验室检测,32例复发和难治麻风患者通过PCR扩增和基因测序,发现我国首个MDT治疗后的利福平耐药菌株和2个氨苯砜耐药菌株,已报告世界卫生组织。

本中心投稿18篇,其中发表中文12篇,英文3篇(其中1篇2010年12发表),待发表4篇。

四、国际交流与合作

接待美国Colorado州立大学Vara博士(2011年8月)、日本国立感染症研究所麻风病中心Maeda Yumi博士(2011年10月)访问。本中心孙培文赴印度学习麻风理疗2个月;余美文赴印度考察麻风病防治;本中心有关专家参加WHO全球麻风病防治规划研讨会、国际麻风耐药监测会及国内学术研讨会。2011年,本中心还选送浙江、四川、湖南、陕西四省的4位省级麻风防治骨干赴印度考察印度自我护理小组;2011年11月本中心邀请浙江、四川、湖南、陕西、贵州、云南、广东的代表25人,参加中国荷兰项目自我护理小组示范区研讨会(湖南长沙),研讨我国建立自我护理小组示范区方案。

五、荣誉与表彰

本中心麻风病防治室获江苏省总工会江苏省工人先锋号称号。

(严良斌)

结核病防治临床中心

一、重要会议

(一)举办全国结核病临床诊疗技能大赛

为进一步提高全国结核病临床诊疗水平,激发结核病诊疗一线医务人员的工作积极性,提高结核病防治工作质量,由卫生部疾控局、中国疾病预防控制中心主办,中国疾病预防控制中心结核病防治临床中心承办的全国结核病临床诊疗技能竞赛于 2011 年 11 月 17 - 18 日在北京举行。来自全国 30 个省、自治区、直辖市和新疆生产建设兵团的 93 名选手参加了比赛。本次竞赛分为笔试、阅片和病例讨论三部分,重点考查了结核病防治、影像诊断和治疗等方面的知识。来自北京和四川的 2 位选手分别获得个人一等奖,山东省代表队获得团体一等奖。本次竞赛同时评选出个人二等奖 6 名、三等奖 14 名,团体二等奖 3 个、三等奖 6 个,优秀组织奖 5 个。本次竞赛第一次全面考核了各地结核病防治机构、专科医院医务人员的结核病诊断、治疗水平,通过以赛代训,提高了全国结核病诊疗技术水平,为构建结核病“三位一体”的防治模式起到重要作用。

(二)召开 2011 年全国结核病学术大会

与中华医学会结核病学分会合作,临床中心于 7 月 27 - 30 日在西安组织召开了“2011 年全国结核病学术大会”。本次会议共有 500 余名代表参加,50 多位专家学者在大会发言,就结核病防治领域的临床治疗、基础研究、实验室诊断、预防控制等领域的最新进展进行了交流和探讨。大会邀请了多位知名专家,著名生物芯片专家、中国工程院院士程京教授,著名分子微生物学家、中国科学院院士赵国屏教授,中华医学会肝病分会副主任委员陈成伟教授,中华医学会感染与寄生虫学会副主任委员缪晓辉教授,中华医学会肝病学组副组长王豪教授分别在大会上进行了大会报告。本次大会收录稿件 186 篇,择优安排 42 名优秀稿件进行大会发言交流,大会评选出 10 篇优秀论文并进行了公开颁奖。本次大会的胜利召开,将对促进结核病学术交流,推动新技术新方法的应用起到巨大作用。

二、工作进展

(一)疾病预防与控制

1. 结核病专科医院工作 结核病专科医院工作是国家结核病防治规划的重要组成部分。临床中心围绕规范结核病诊疗医院诊疗工作、发挥专科医院优势这一思路,开展具体工作。

2. 制定《肺结核病临床路径》 制订疾病临床路径是规范疾病诊断治疗的重要手段。在卫生部疾控局结控处的领导下,临床中心先后组织专家9次召开讨论会,就《肺结核病临床路径》初稿进一步完善,并征求省、市、县各级人员的意见,逐级进行论证。11月2日由卫生部医政司最终定稿。本次定稿的临床路径包括"初治菌阳肺结核临床路径"、"复治肺结核临床路径"、"耐多药肺结核临床路径"以及《肺结核门诊诊疗工作规范》。肺结核临床路径的制订将规范医疗机构结核病诊疗行为,促进新型"三位一体"结核病防治模式的实施。

3. 撰写结核病诊疗医院调查报告 受卫生部疾控局委托,2010年临床中心开展了"全国结核病诊疗医院调查"工作,2011年组织相关人员对调查数据进行了统计分析,并在此基础上撰写了"全国结核病诊疗医院调查报告"。报告总结了全国结核病诊疗医院人力资源、收支情况、临床诊断与治疗、院内感染控制及面临的困难等情况,全面分析了结核病诊疗医院在结核病控制工作中的优势和不足,为下一步制定结核病控制策略提供科学依据。

4. 开展结核病专科医院调研 为了了解结核病专科医院现状,探讨结核病专科医院合作,临床中心组织专家先后对成都、天津、山东、乌鲁木齐、广州、深圳、南京等地的12家结核病专科医院进行调研,了解结核病诊疗现状以及结核病专科医院发展面临的问题,为国家制订政策提供参考。

5. 开展结核病专科医院合作 为了促进结核病专科医院合作,临床中心11月在济南召开由8家结核病专科医院参加的会议,开展结核病专科医院抗结核新药临床研究合作,内部进行新药临床研究培训和制订技术标准操作,对外申请合作项目。该工作将提高我国抗结核新药研究水平。

(二)公共卫生服务与管理

1. 为国际结核病项目工作提供技术支持 为项目实施提供技术咨询,临床中心15人次为各项目的实施提供技术咨询服务,包括全球基金耐多药结核病项目环丝氨酸进口问题、盖茨基金项目FDC的使用及耐药结核病诊疗指南的制定等。

临床中心参与全球基金耐药项目督导10余次,为项目提供临床技术支持。

2. 参与结核病相关问题的讨论,为结核病控制规划提供技术支持 临床中心40余人次为结核病控制规划提供技术支持,包括参与流调结果分析、耐药结核病项目地区评估、结核病疫苗现状分析、耐药结核病控制指南制定、结核病分类标准制定、结核病感染控制操作指南制定等项工作。临床中心还为陕西交城学校结核病疫情的处理提供技术支持，受到当地行政领导及群众的好评。

3. 督导与调研　2011 年，临床中心先后有 25 人次参与卫生部疾控局、全球基金项目等组织的各项督导，并组织开展了结核病专科医院、结核病-糖尿病双向筛查、结核病临床药物研究基地等现场调研工作

4. 结核病临床实验室扩建改造工程全面完成　2011 年 9 月，历经 2 年的国家结核病临床实验室全面改造扩建工程全面完成。经过改造扩建后的实验室建筑面积达到 1200 平方米，其中负压实验室面积 200 平方米。经过改造后的实验室分区明确、结构合理、设施先进，就硬件水平而言，在国内结核病领域已经达到国内领先的水平。实验室硬件水平的提高有助于提升实验室技术水平，更好地为国家结核病防治规划服务。

5. 建立开发分枝杆菌菌种保存库的软件管理系统　开发了规范的分枝杆菌菌种保存库数据库管理系统，以实现安全、科学、系统、规范、便捷的菌种保存，提高资源的利用价值，同时还能够借助资源优势，提高我国在结核病领域现有的科研水平，扩大科研产出。本系统在通过初期运行后，将向全国的结核病实验室免费开放使用。

6. 临床标本检查工作

(1) 继续完成北京胸科医院临床标本的实验室检测项目，样本量较 2010 年总体增长了近 10%。包括集菌涂片镜检 35 000 份，MGIT960 培养 4100 份，罗氏培养 6200 例，药敏试验 1600 例，定量 PCR2300 例，分枝杆菌菌种鉴定 300 例。

(2) 全面为中央保健局提供特需实验室服务 20 余次。

（三）培训工作

1. 编写培训教材　为满足结核病防治培训需要，临床中心先后 7 次组织相关专家进行教材编写。结核病培训教材包括四大模块：影像学、实验室、结核病诊疗和规划管理。目前影像学和实验室培训教材已定稿，结核病防治和临床治疗模块初稿已完成。教材形式多样，包括授课用 PPT、课后扩展阅读资料、图库、操作视频及题库等。教材本着由浅入深、务求实用，与实际工作密切相关的出发点编写，适用于初学者及结核病防治基础和经验较少的医务人员，以期规范结核病诊治和管理行为，提升结防系统人力资源能力，更好的服务于结核病防治规划。

2. 举办“全国结核病防治新职工培训班”　第三期全国结核病防治新职工综合技能培训班于 2011 年 11 月 13 日-12 月 3 日在临床中心开班。全国各省、自治区、直辖市结防机构 36 名新入职结防人员参加培训。本次培训授课师资均为各专业领域顶级专家，内容涵盖结核病基础学、防治规划管理、结核病诊断、结核病治疗及预防等内容，采取理论授课、实验室操作、现场督导实习等形式。通过本次系统培训，学员们一致认为对结核病防治有了全面的了解，提升了结核病防控能力，为我国结核病控制培养了一批新生力量。

3. 组织开展礼来结核病诊疗培训西部行　由礼来制药支持，临床中心在四川、新疆

和甘肃省组织开展了礼来结核病诊疗培训西部行。培训结合西部省份工作需要,分别就国际结核病流行疫情及控制现状、结核病治疗现状及进展、结核病实验室诊断新进展、感染控制、抗结核药物不良反应及处理、肺结核患者发现管理及肺结核的 X 线诊断等内容进行了讲授。培训注重基层师资型人员的培养,提高其专业素质和能力,发挥其辐射培训效果的潜能,为所辖市县结防人员进行后续推广培训,从而保证和推进我国结核病防治工作可持续发展。通过该培训,三省共计 300 余名结核病防治工作人员从中受益。

4. 举办了 2 期全国结核病实验室培训班　2011 年 10 月,受卫生部疾控局委托,国家结核病临床实验室连续举办了两期全国结核病实验室培训班,关注了实验室技术规范化、新诊断技术、感染控制、实验室技术的临床评价等与实验室工作质量高度相关的内容,并注重理论授课与实践相结核,强调技术的实用性。共有 53 名来自 23 个省(自治区、直辖市)的实验室人员接受了培训,其中 17 名学员来自疾病预防控制中心系统,36 名学员来自结核病专科医院(包括所院一体的机构)。两期学习班在授课结束后的学员评价中获得了高度评价。

5. 为各地提供结核病技术咨询和教学　为帮助各地开展结核病培训工作,临床中心先后派遣 30 余人次作为师资赴各地进行结核病培训工作。

三、图书出版与教材编写

1. 受世界卫生组织委托,组织起草了《结核病治疗学》　本书旨在满足结防机构与医疗机构工作需要,为实际工作提供具体指导和参考。《结核病治疗学》已于 2011 年底定稿 2012 年初将印刷发行。该书内容既吸收了以往结核病学等书籍的经典内容,又突出本书特色,同时具有前瞻性,对目前正在研发的药物及治疗方法进行了介绍,是结核病治疗领域全面、权威的书籍。

2. 受中华医学会结核病分会委托,组织编写《结核病名词词典》　该书是我国第一次颁布结核病医学名词词典,在学术上具有权威性,在结核病专科上具有国内的权威性和完整性。《结核病名词词典》已于 2011 年底初步定稿。目前该词典正在修订过程中,预计明年出版。

3. 受世界卫生组织委托　对《耐药结核病规划管理指南 2011 年版》进行了翻译,为我国的耐药结核病管理工作提供借鉴。

四、健康促进

1. 组织开展"3·24"结核病日宣传活动

(1) 大型专家义诊和健康咨询活动:3 月 24 日上午,结核病临床中心在门诊阳光大厅举办义诊活动。结核病与呼吸内科、结核病与肿瘤内科、胸外科、骨科等 20 余名国内知名专家出诊,为患者提供义诊。在感染防护、营养、心理、结核病防治政策等方面设有咨询台，提供咨询服务，并免费发放《结核病防治百题问答》宣教手册、结核病科普宣传折页及手册。义诊当天前来就诊、咨询的患者达500余人，发放宣传手册及折页700余份。为了配合本次义诊活动，3月21－25日中午，临床中心专家开展面向社会的结核病知识宣传讲座周活动。由结核病专家与患者和家属面对面进行专业讲座和指导，并针对患者提出的问题给予解答，此活动共有300余人受益。

(2) 组织开展"健康山东行动-加速结核病控制"系列活动：3月24日，由临床中心等多部门联合举办的"3·24世界防治结核病日"系列宣传活动之一"健康山东行动-加速结核病控制"在山东省聊城市顺利启动。活动主要包括启动仪式、免费查体、咨询义诊。此次活动的目的是送医下乡，走进基层，防治结核病，希望通过活动的举办扩大结核病防治的宣传效果，减少结核病和耐药结核病的发生，提高公众结核病防治意识。

(3) 临床中心：先后组织专家接受来自《健康报》记者采访、北京电视台生活频道，中央人民广播电台家庭健康时空栏目的采访。

2. 网络宣传　利用临床中心网站，积极进行结核病防治信息宣传以及咨询。目前，临床中心教学以及培训所有材料均可在网上自由下载。同时开展的网络咨询板块也受到防治人员、患者以及其他网民的热烈欢迎，浏览量明显提高。

3. 新闻媒体宣传　2011年，临床中心组织专家先后在《健康报》、《中国社区医生》等新闻媒体撰写科普文章10余篇，开展结核病健康宣传。接受新闻媒体采访10余次。

五、科研

1. "十一五重大专项"的组织实施　2011年，临床中心对"十一五重大专项"三个课题，包括《耐药结核病治疗方案研究》、《复发结核病治疗方案研究》、《耐药结核病发生及预警因素研究》进行具体实施工作，按工作计划对各项目实施单位进行督导及培训，保证了课题实施质量和进度。本年度各课题分别举办了课题中期汇报会，对课题的实施情况进行了阶段性总结，交流项目实施经验，为下一步工作的顺利开展奠定了基础。目前课题进展顺利，《耐药结核病发生及预警因素研究》已顺利结题。

2. 结核病防治关键技术研究课题　该课题历时16个月，参与单位共计10家，覆盖房山、海淀、朝阳、昌平、顺义五大区县，于2012年度通过结题验收，顺利结束。该课题涵盖面广，涉及公共卫生、基础研究、科研成果临床转化等领域，在结核病控制重点方面和重要方法上有新的进展和突破。课题取得的研究成果为首都流动人口结核病防治策略与措施的改进和完善提供了重要依据，为各级结防机构及医院开展结核病早期诊断提供技术支持和可行性分析。

3. 获批北京市科委计划项目　"结核病适宜诊断技术转化应用研究"一项，获得经费支持100万元；"结核病临床资源和样本库建设"项目申请获批2012年经费200万元。

4. 结核病临床实验室与国内外多家学术机构建立合作往来　国内与西南大学、哈尔滨兽医研究所、大连医科大学等机构建立和合作关系，并开展了课题合作。国外与美国爱因斯坦医学院、新泽西结核病中心达成合作意向，与英国 Microsense 公司进行了新诊断技术方面的合作。

5. 发表论文　2011 年共发表学术论文 11 篇，其中 SCI 1 篇。

六、国际合作

1. 世界卫生组织合作项目

(1) 编写《结核病治疗学》：以 WHO 结核病研究培训合作中心为媒介，承担卫生部-WHO 2010 - 2011 年度合作项目——编写《结核病治疗学》。该书先后参加编写专家达 40 余次。

(2) 成功申请《卫生部- WHO 2012 - 2013 年合作项目》：该项目主要对西部 3 个省份进行结核病业务支持。

2. 礼来公司耐药结核病项目　与礼来公司在耐药结核病培训方面全面合作，2011 年先后为四川、新疆以及甘肃等西部省份举办全省结核病培训班。培训人员 300 余人。2012 年双方将继续合作。

3. 美国国立卫生研究院合作项目

(1) 举办构建结核病临床研究合作伙伴研讨会：为促进中美结核病临床合作研究，临床中心和美国国立卫生研究院(NIH)变态反应性及传染病研究所(NIAID)于 4 月 15 日在北京联合举办了构建结核病临床研究合作伙伴研讨会。NIAID，中华医学会、中华医学会结核病学分会、伦理学分会，中国疾病预防控制中心、结核病预防控制中心、结核病防治临床中心，北京胸科医院，北京协和医院，深圳东湖医院，中国医科院病原微生物研究所，四川省疾控中心，上海公共卫生临床中心等 40 余位领导和专家参加了本次会议。本次会议是首次与 NIAID 讨论中美在结核病药物临床研究领域合作事宜，美方和中方均表示愿意就结核病临床研究进行合作，且为高层次、中长期、多方参与的合作。本次会议就如何开展中美在结核病药物临床研究领域合作进行了深入探讨，达到了预期目的，为下一步合作奠定了良好基础。

(2) 举办“结核病药物临床试验研讨会”：为了提高国内结核病药物临床试验水平，整合结核病药物临床试验的资源，发挥药物临床试验的规模化优势，临床中心与美国国立卫生研究院(NIH)于 11 月 4 日在济南组织召开了“结核病药物临床试验研讨会”。来自 NIH 艾滋病部主任 Carl 先生、鲍靖女士参加了会议。会议原则同意建立由全国各药物临床试验基地组成的结核病药物临床试验联盟，秘书处于 2012 年 1 月份制定递交联盟合作的大概的组织结构，机构框架等文件。并制定相应管理、运营机制，签订相关协议。各参会代表返程后着手开展相关准备工作，争取领导支持。秘书处组织专家商讨酝酿结核病药物临床试验联盟的专家委员会成员。美国 NIH 将对这项工作给予支持并将建立全面合作关系。

4. 西安杨森耐药结核病项目　与西安杨森公司合作，建设耐多药结核病远程咨询及教育平台。项目于12月13日举行了签约仪式。该项目历时2年，覆盖15各省。项目主要内容是建立国家级和省级结核病远程咨询及教育平台、远程医疗诊疗咨询、远程病例讨论、远程结核病诊疗技能培训、远程信息咨询和建立结核病信息资源库。目前项目实施方案已完成，项目将于2012年1月份正式启动。

5. 国际防痨及肺部疾病联合会“结核病-糖尿病合作项目”

(1) 组织召开“结核病-糖尿病双向筛查高层研讨会”：受世界糖尿病基金会资助，临床中心与国际防痨和肺部疾病联合会于5月30－31日在北京联合举办了糖尿病-结核病双向筛查高层研讨会。来自全国各地25家单位的60余位领导及专家出席了本次会议。各位专家分别就结核病与糖尿病的关系及糖尿病对结核病控制的影响、应用DOTS策略管理糖尿病、糖尿病合并肺结核如何进行双向筛查、结核病和糖尿病双筛纳入国家结核病防治规划的探讨、中国开展糖尿病合并结核病双向筛查的可行性等进行了报告，与会人员就报告内容进行了充分的交流。

(2) 开展“结核病-糖尿病双向筛查”项目：临床中心与国际防痨和肺部疾病联合会合作开展了结核病-糖尿病双向筛查项目，项目与2011年9月启动，2012年6月结束，覆盖10个项目单位。为保证项目的顺利开展，临床中心撰写了“结核病-糖尿病双向筛查”实施方案，并开展了项目培训，对项目地区进行了督导，目前项目进展顺利。该项目是我国首次开展的结核病-糖尿病双向筛查工作，项目取得的经验将为我国制定结核病控制政策提供借鉴。

6. 世界医学会结核病合作项目

(1) 举办“耐多药结核病感染控制培训班”：由世界医学会支持，临床中心于2011年5月24－26日在杭州主办了结核病感染控制培训班。本次培训班是继2009－2010年全国耐多药结核病培训和《耐多药结核病控制》网络教程开发和运行工作的延续。来自全国16个省25家单位的100余名学员参加了培训。本次培训主要分为三大模块：① 理论授课；② 课程练习和分组讨论；③ 现场实习和分组汇报。本次培训还得到了世界卫生组织、国际护士协会、红十字国际委员会、红十字新月联合会、国际医院联盟等国际组织的支持。

(2) 翻译《耐药结核病网络培训教材》：2011年，临床中心组织专家对由世界医学会编写的《耐药结核病网络培训教材》进行翻译。该教材将于2012年全球发行。

七、人力资源

1. 能力建设

(1) 1名硕士研究生顺利毕业，招收新入学研究生1名。

(2) 完成3名进修学员的带教工作。

(3) 一名技术人员晋升研究员;一名技术人员获得首都医科大学副教授职称。

(4) 为进一步提高临床中心人员的综合素质和能力,临床中心人员有 10 余人次参加各项培训,经过培训,临床中心工作人员尤其是新生力量的工作能力得到了很大提高。

2. 获奖情况　临床中心陈效友获得全国结核病临床诊疗技能大赛个人一等奖,刘洋获北京市“十百千工程”百级人才奖励。

(李亮)

鼠疫布氏菌病预防控制基地

一、概况

中国疾病预防控制中心鼠疫布氏菌病预防控制基地(以下简称“鼠布基地”)是中国疾病预防控制中心的挂靠单位,是中国疾病预防控制中心领导下的国家级鼠疫布氏菌病防治专业机构,是全国鼠疫布氏菌病防治业务指导中心。

二、业务工作进展

(一)鼠疫防治

在青海省发生人间鼠疫1起,发病1例,死亡1例。内蒙古、青海、西藏、甘肃、新疆、四川等6省(区)41个县(市、旗)发生动物鼠疫疫情,检出鼠疫菌142株(动物95株,媒介47株),抗体(IHA)阳性材料145份,抗原(RIHA)阳性材料4份。

判定西藏自治区米林县、革吉县和四川省的巴塘县为新的鼠疫疫源县;全国鼠疫疫源县增加至299个。

(二)布氏菌病防治

全国共有28个省(自治区、直辖市)有病例报告,报告发病总数42 654例,报告发病率为3.18/10万;与2010年比较疫情上升21.72%。其中,宁夏和新疆疫情上升明显,分别较2010年同期上升了137.67%和66.99%。

(三)疫情处置

5月,指派专家赴哈尔滨对东北农业大学师生感染布病一事进行调查、复核诊断,指导治疗方案;7－8月,派专家对贵州省和重庆市所发生疑似布病疫情进行判定,提出处理意见。

(四)督导调研

5月,受卫生部应急办的指派,陪同卫生部有关领导对内蒙古呼和浩特、锡林浩特,甘肃阿克赛、肃北监测点、玉门、幽州检疫卡等进行鼠疫防治工作调研。

派出专家对福建南安、浙江庆元、内蒙古四子王、山西大同、新疆精河、温泉,甘肃阿克赛等地进行鼠疫防治工作调研。

9月,卫生部应急办对8省区的鼠疫监测工作进行了专题调研,鼠布基地参加了对全部8省区的调研工作。

(五)技术咨询

完成了《鼠疫应急演练方案》的起草;参加了《鼠疫防治管理项目》编制工作;参加了卫生部应急办组织的《大中型城市人间鼠疫疫情处置方案》的起草和撰写工作;参加了"十二五"鼠疫防控重大建设项目方案修改;提出《全国鼠疫监测方案》修改方案,并完成了修订稿;参加卫生部疾控局、应急办对《国内交通卫生检疫条例实施细则》的修改工作,讨论、制订了卫生部应急办《鼠疫防控工作管理办法》;制订了《中央财政转移支付布鲁氏菌病防治项目》支撑方案。

(六)人员培训

组织专家对浙江省鼠疫防治现场培训班进行了鼠疫病原学及相关内容的系统授课;

组织专家为黑龙江省鼠疫防治培训班授课;

主持鼠疫防治信息管理培训班并授课;

派出专家为卫生部举办的布病培训班授课;

组织专家为新疆布病培训班讲授《布病疫区的处理》、《布病监测工作的开展》和《布病临床诊断和治疗》等;

派专业人员为浙江省布氏菌病防控培训班授课;

为内蒙古通辽地区举办鼠疫、布病专题培训班,培训市、县级学员40余人。

(陈显赫)

儿少/学校卫生中心

一、业务工作

(一)分析、起草“《中国2010年法定传染病发病与死亡报告》——学校传染病发病情况分析”

中国疾控中心儿少/学校卫生中心受中国疾控中心委托，根据全国网络直报系统中《疾病监测信息报告管理系统》、《突发公共卫生事件报告信息管理系统》2010年度传染病监测数据，对学校部分数据进行分析。

结果显示：2010年，学生中除鼠疫、传染性非典、脊髓灰质炎、人禽流感、白喉、新生儿破伤风、丝虫病无发病和死亡报告外，其他甲乙丙类法定传染病共报告发病数为524 539例，死亡数为313例，报告发病率为237.33/10万，报告死亡率为0.14/10万，病死率0.060%。其中，甲乙类传染病报告发病数为143 947例，报告死亡数为307人，报告发病率65.13/10万，报告死亡率0.14/10万，病死率0.21%。丙类传染病报告发病数为380 592例，报告发病率172.20/10万，报告死亡数为6人，其中死于手足病3人、流行性腮腺炎1人、其他感染性腹泻2人。与2010年相比，甲乙丙类传染病报告发病数和报告发病率均有所下降。

2010年，学生中全年均有法定传染病的报告，但不同传染病高发月份不同，与疾病本身的季节特点相吻合。从地域来看，广西、广东、浙江等南方省份和河南、四川等人口大省的学生中法定传染病发病和死亡情况较为突出。其中广西和广东法定传染病报告发病数最高，这与该地区流行性出血性结膜炎暴发有关，两省该病的报告发病数分别高达25 971例和15 958例，占全国全部报告发病数的27.93%和17.16%。

在甲乙类传染病中，各年龄段的男生报告发病率及报告死亡率均高于女生。大学生报告发病率最高，为166.25/10万，小学生最低为42.35/10万。就报告死亡率而言，小学生死亡率最高，为0.21/10万，高中生最低，为0.049/10万。

肺结核、乙肝、痢疾、猩红热及甲肝是全国学生中甲乙类传染病报告发病率最高的前五位疾病，占全国学生甲乙类传染病报告发病总数的87.95%，其中肺结核、乙肝和痢疾显著高于其他疾病，分别占全国学生甲乙类传染病报告发病总数的31.47%、29.03%、18.39%。在甲乙类传染病中，狂犬病、乙脑、肺结核、艾滋病和乙肝为导致学生死亡的前五位甲乙类传染病,占甲乙类传染病报告死亡病例总数的 94.46%。其中,狂犬病死亡人数占甲乙类传染病死亡总人数的 74.59%,是导致小学生、初中生死亡的主要法定传染病。

根据传染病分类来看,甲乙类传染病中呼吸道传染病的报告发病数最多,占总报告发病数的 39.38%,其次是血源及性传播传染病、消化道传染病,虫媒及自然疫源性传染病报告发病数最少。呼吸道传染病中肺结核的报告发病数最多,占呼吸道传染病报告发病数的 79.92%。血源及性传播传染病中乙肝的报告发病数最多,占血源及性传播传染病报告发病数的 87.96%。肠道传染病中痢疾的报告发病数最多,占肠道传染病报告发病数的 70.82%。虫媒及自然疫源性传染病中以布病和乙脑的报告发病数最高,但前五位传染病报告发病数差异较小。

与甲乙类法定传染病相比,学生中丙类传染病中报告发病数和发病率高,但报告死亡数和报告死亡率极低,丙类传染病报告死亡数为 6 例。流行性腮腺炎、急性出血性结膜炎、手足口病、其他感染性腹泻和风诊,是导致学生群体发病的前五种丙类传染病,占全部病例人数的 96.53%。其中,流行性腮腺炎共发生 174 475 例,占全部丙类传染病的发病总数的 40.59%。

与 2009 年相比,肺结核、痢疾、猩红热、甲肝、伤寒和副伤寒、未分型肝炎、丙肝、梅毒、HIV 和布病的报告发病顺位均有上升,特别是肺结核从 2009 年的第 3 位上升至第 1 位。尽管报告顺位上升,但肺结核、痢疾、猩红热、甲肝、伤害和副伤寒、未分型肝炎、布病的报告发病数却比 2009 年有所下降,丙肝、梅毒和 HIV 在发病顺位上升的同时,其报告发病数亦有上升。甲型 H1N1 流感、麻疹、淋病和乙脑发病顺位下降,其中,甲型 H1N1 流感发病顺位从 2009 年的第一位降至 2010 年的第 11 位。

(二)学校卫生标准研制

中国疾控中心儿少/学校卫生中心是卫生部学校卫生标准委员会的挂靠单位,负责研究制定学校卫生标准体系、规划以及年度计划;组织评审各项学校卫生标准等工作,同时也承担了大量的学校卫生标准研制工作。

本年度承担卫生部主要标准研制项目有:学校卫生标准体系、学校卫生名词术语、学龄儿童青少年营养不良筛查标准、儿童少年血红蛋白筛检、7~18 岁儿童青少年血压偏高筛查界值、7~18 岁儿童青少年身高发育等级界值、7~18 岁儿童青少年腰围身高比界值、大学生健康教育规范等。此外,还组织标准委员会专家对“中小学建筑设计卫生规范”、“儿童青少年脊柱弯曲异常的筛查”等 16 项标准进行审查。这些标准的制定与颁布,为规范学生健康评价方法,提高学生健康知识,转变观念,建立良好的健康行为;改善学校教育教学环境发挥重要的作用,同时是贯彻落实《学校卫生工作条例》以及各项学校卫生法律法规的重要技术依据,是执行学校卫生法规的重要工具,对贯彻执行学校卫生法规、加强学校卫生监督都有重要意义。

（三）编辑出版《2010年全国学生体质与健康调研报告》

青少年学生的体质健康调研工作是国民体质监测的重要组成部分，也是贯彻落实《中共中央国务院关于加强青少年体育增强青少年体质的意见》具体要求。中国疾控中心儿少/学校卫生中心作为全国学生体质与健康监测信息中心，负责组织、实施2010年中国学生体质与健康调研工作和数据整理分析。

2010年调研是自1985年以来由教育部、国家体育总局、卫生部、国家民族事务委员会、科学技术部、财政部共同组织的第6次全国多民族大规模的学生体质与健康调研，涉及31个省、自治区、直辖市，27个民族，995所学校。调研统计人数为348 495人，其中汉族7～22岁大、中、小学生262 878人，回族、藏族、蒙古族、朝鲜族、壮族、维吾尔族、瑶族、土家族、黎族、彝族、羌族、布依族、侗族、水族、苗族、傣族、哈尼族、傈僳族、佤族、纳西族、白族、东乡族、土族、撒拉族、柯尔克孜族、哈萨克族等26个少数民族学生85 617人。检测项目包括身体形态、生理机能、身体素质、健康状况等4个方面的24项指标。主要调研结果和存在的问题：

1. 学生体质与健康状况总体有所改善

(1) 形态发育水平继续提高：调研结果显示，我国城乡学生的身高、体重和胸围等生长发育水平继续呈现增长趋势。例如：与2005年相比，城市男生、城市女生、乡村男生、乡村女生7～18岁年龄组身高分别平均增长1.01、0.79、1.55、1.12cm，体重分别平均增长1.35、0.80、2.02、1.15kg，胸围分别平均增长0.71、0.59、1.26、0.94cm；19～22岁年龄组身高分别平均增长0.84、0.55、1.34、0.64cm，体重分别平均增长1.52、0.27、2.07、0.34kg，胸围分别平均增长0.63、0.29、0.97、0.43cm。

(2) 肺活量水平出现上升拐点：调研结果显示，反映人体生理机能水平的重要指标-肺活量，在连续20年下降的情况下，出现上升拐点。例如，与2005年相比，城市男生、城市女生、乡村男生、乡村女生7～18岁年龄组分别平均提高89、84、94、81mL；19～22岁年龄组分别平均提高137、102、185、123mL。

(3) 营养状况继续改善：调研结果显示，学生的营养状况继续得到改善，低体重及营养不良检出率进一步下降，且基本没有重中度营养不良。例如，城市男生、城市女生、乡村男生、乡村女生7～22岁年龄组轻度营养不良检出率分别为2.87％、5.81％、2.69％、5.45％，比2005年分别降低0.02、0.21、0.27、0.27个百分点；低体重检出率分别为17.32％、25.94％、20.03％、27.08％，比2005年分别降低1.40、0.78、2.80、1.35个百分点。另外，乡村学生低血红蛋白检出率也继续下降，例如7岁年龄组乡村男生、乡村女生低血红蛋白检出率分别为16.85％、20.50％，比2005年分别下降3.19、3.86个百分点；12岁年龄组分别为10.64％、13.82％，比2005年分别下降1.97、0.10个百分点。

(4) 乡村小学生蛔虫感染率持续降低:调研结果显示,与2005年相比,我国乡村小学生蛔虫感染率继续下降。例如乡村男生、乡村女生7岁年龄组的粪蛔虫卵检出率分别为3.66%、3.14%,比2005年分别下降4.48、5.24个百分点;9岁年龄组分别为2.71%、2.42%,比2005年分别下降3.86、4.87个百分点。

(5) 中小学生身体素质下滑趋势开始得到遏制:调研结果显示,7～18岁中小学生爆发力、柔韧性、力量、耐力等身体素质指标持续下滑趋势开始得到遏制,与2005年相比,有了不同程度提高。如部分爆发力素质(立定跳远)出现好转;柔韧素质(坐位体前屈)出现好转;耐力素质指标持续下滑趋势已经得到遏制;力量素质(握力)继续提高。

2. 学生体质与健康存在的主要问题

(1) 大学生身体素质继续呈现缓慢下降,但下降幅度明显减小:调研结果显示,19～22岁年龄组除坐位体前屈指标外,爆发力、力量、耐力等身体素质水平进一步下降,但与前一个五年相比(2000－2005年),下降幅度明显减小。

与2005年相比,19～22岁城市男生、乡村男生立定跳远成绩分别平均下降1.29、0.23cm,引体向上成绩分别平均下降1.44、1.45次,1000米跑成绩分别平均下降3.37、3.09秒;城市女生、乡村女生立定跳远成绩分别平均下降2.72、0.92cm,仰卧起坐成绩分别平均下降3.02、2.48次/分,800米跑成绩分别平均下降3.17、1.87秒。另外,城市男生、城市女生握力分别平均下降0.18、0.35kg;城市男生、城市女生、乡村女生50米跑成绩分别平均下降0.06、0.10、0.05秒。

(2) 视力不良检出率继续上升,并出现低龄化倾向:调研结果显示,各学段学生视力不良率仍然居高不下。7～12岁小学生为40.89%(其中城市为48.81%,农村为32.98%),比2005年增加9.22个百分点;13～15岁初中生为67.33%(其中城市为75.94%,农村为58.74%),比2005年增加9.26个百分点;16～18岁高中生为79.20%(其中城市为83.84%,农村为74.59%),比2005年增加3.18个百分点;19～22岁大学生为84.72%(其中城市为84.14%,农村为85.30%),比2005年增加2.04个百分点。值得注意的是:低年龄组视力不良检出率增长明显,如7岁城市男生、城市女生、乡村男生、乡村女生视力不良检出率分别为32.17%、36.43%、24.12%、26.95%,比2005年分别增加8.71、8.76、10.56、10.32个百分点。

(3) 肥胖检出率继续增加:调研结果显示,学生肥胖和超重检出率继续增加。7～22岁城市男生、城市女生、乡村男生、乡村女生肥胖检出率分别为13.33%、5.64%、7.83%、3.78%,比2005年分别增加1.94、0.63、2.76、1.15个百分点;超重检出率分别为14.81%、9.92%、10.79%、8.03%,比2005年分别增加1.56、1.20、2.59、3.42个百分点。

(4) 龋齿患病率出现反弹:调研结果显示,与2005年相比,多数年龄组学生乳牙龋齿患病率、恒牙龋齿患病率出现反弹。如城市男生、城市女生、乡村男生、乡村女生7岁年龄组乳牙龋齿患病率分别为55.84%、57.48%、62.10%、62.55%,比2005年分别上升

8.04、8.78、3.70、3.95个百分点；12岁年龄组恒牙龋齿患病率分别为19.80%、18.64%、18.64%、23.85%，比2005年分别上升8.90、3.94、6.64、8.05个百分点。

二、教学工作

1. *教学师资* 儿少中心在2011年度共有教职工19人，其中教授4人、副教授6人；具有博士学位10人、硕士学位2人；具有博士生导师资格2人、硕士生导师资格10人。

2. *理论课教学* 本学年度儿少中心承担了17门北京大学医学部本科生、研究生理论教学工作，全年总学时达394学时，接受教学的总人数达到830人次。教学对象为公卫研究生，还开设了针对校内、校际本科生的选修课。为增加理论教学的可接受性和实用性、提高教学效果，我们采取了多种教学形式，包括多媒体讲课、电脑操作实例演示、课堂讨论等，并在实习课上进行了大量的互动式的练习，从而保证了教学质量。

3. *本科毕业生专题实习* 2011年在儿少/学校卫生中心进行了毕业生专题实习的本科生1名，实习内容包括查阅文献、立题和撰写开题报告、方案设计、编写问卷、现场调查、资料整理、数据分析、论文写作等，学习了社会学科研工作的基本方法，同时注意培养学生的协调工作能力与合作态度。实习过程中学生的积极性被充分调动、研究思路得到了开发，能够在研究过程中开创性地使用新技术和新方法，例如使用数字信息技术采集和处理调查资料等。

4. *研究生培养* 2011年度儿少/学校卫生中心共毕业研究生12名，其中博士毕业2名、硕士毕业10名。

5. *医学继续教育* 组织“教育部学生体质健康调研论文撰写及课题设计申报培训班”、“儿童青少年膳食营养、身体活动与健康论坛”和“2010年全国学生体质健康调研检测人员培训班”，参加人数405人。

三、科研工作

1. *科研项目* 2011年度儿少/学校卫生中心申请了来自卫生部、教育部、国家自然科学基金委、中国疾控中心、世界卫生组织、联合国儿童基金会及公司合作课题等20项科研项目，申请科研经费共约250.34万元人民币。

2. *发表论文* 2011年度儿少/学校卫生中心工作人员以第一作者和通讯作者共发表学术论文46篇，其中在国外刊物上发表SCI论文5篇，国内核心期刊上发表论文41篇；出版著作1部。

四、组织会议及参加会议情况

2011年度儿少/学校卫生中心共组织召开全国性会议7次，参加人数824人次。

（马军）

精神卫生中心

一、国家财政部、卫生部重点项目

重性精神疾病管理治疗项目(以下简称“686 项目”)自 2004 年实施以来一直由国家精神卫生项目办公室(设在北京大学第六医院,即中国疾控中心精神卫生中心,以下简称“国家项目办”)承担具体管理工作。到 2011 年项目已历时 7 年。2010 - 2011 年,中央财政的投入时间大幅度提前,当年资金从滞后的年底拨付提前到每年的 6 月拨付,使执行单位垫付的情况得到改善。同时,工作任务也相应提前。截至 2011 年 12 月 31 日,中央财政总投入超过 2.8 亿元,地方配套 1.1 亿余元。项目已覆盖全国 170 个市(州)的 766 个区县,理论覆盖人口 7.43 亿,实际覆盖人口 3.91 亿。全国已登记录入系统 188 余万例重性精神疾病患者信息。项目地区定期随访及康复指导有肇事肇祸倾向的患者 39 万多例,为肇事肇祸且贫困的患者提供免费药物治疗累计近 14 万例次,免费收治 2.4 万人次。

5 月 18 - 20 日,国家级培训在大连举办,卫生部疾控局精卫处领导、国家项目办全体成员、项目专家组部分成员对来自全国近 300 名代表进行了培训。培训采用专家讲解、小组讨论、现场训练和答疑的形式。培训内容主要围绕卫生部疾控局建设的“国家重性精神疾病基本数据收集分析系统”(以下简称“信息系统”)开展。7 月 20 - 22 日在北京召开的 2011 年全国精神卫生重点工作部署会议期间,为加强各省级业务管理员能力,对 31 名省级业务管理员再次培训了信息系统操作等,培训采用“一人一机”的实际操作形式,取得了良好的效果,为各省逐级开展培训以及信息系统正式上线后顺利投入使用奠定了基础。10 月 27 日,在北京对 113 名各省、市级医疗技术负责人进行了重性精神疾病管理治疗医疗质量控制培训,为确保信息系统采集数据质量奠定了基础。12 月 27 日再次对 31 名省级业务管理员进行了信息系统编码维护专题培训。

卫生部疾控局局级和处级领导、国家项目督导组及医疗组成员 30 人次共督导了 7 个省(市)的 11 个市(区),其中行政督导 6 次,技术督导 9 次。

二、政策及法律

积极配合卫生部开展《精神卫生法》(草案)制订、修改工作,参加卫生部、人大法工委开展的调研、专题讨论会等活动,为推进国家精神卫生立法提供技术支持。

配合卫生部疾控局修订《中国精神卫生工作规划(2010 - 2020)》(草案),参加相关调研、组织参与专家会议、汇总相关资料等。

协助卫生部疾控局开发建设并具体管理国家信息系统，形成最小数据集，制订信息系统管理规范，指导各地开展信息系统运行工作；编写重性精神疾病信息月报，上报卫生部领导并抄送相关部门。2011 年在全国范围内开展 4 次信息系统专题培训。

参与卫生部《基本公共卫生服务规范》中“重性精神疾病患者管理服务规范”的修订工作。协助卫生部疾控局修订《重性精神疾病管理治疗工作规范》。

配合卫生部举办卫生行政管理人员精神卫生政策培训班。

配合精神科医师协会（CPA）和挪威医学会（NMA）在北京举办了中挪精神卫生伦理和立法宣传骨干培训班，参加人员 59 名。

参与或牵头开展有关精神卫生慢性治疗机构建设方案、人力资源配置和培养标准等研究，为精神卫生政策制定提供科学依据。

三、信息与监测

负责国家信息系统Ⅰ期建设。

2011 年 2－3 月，精卫中心多次组织专家讨论修改系统需求分析报告，制订《国家重性精神疾病基本数据收集分析系统基础数据集》，并由外部专家对报告和基础数据集进行评审。4 月 8 日，受卫生部委托，组织竞争性谈判，确定由中科软科技股份有限公司承建信息系统开发工作。5 月 18 日完成患者信息采集功能，并部署至测试网。2011 年 5－7 月，由精卫中心组织，北京朝阳区精神疾病预防控制中心、上海市精神卫生中心、广东省精神卫生研究所、厦门市精神卫生中心、江苏省卫生厅疾控处六家单位对信息系统进行了阶段性测试评估。中科软科技股份有限公司根据测试反馈报告，对系统功能进行修改调整，并建设完成配套的用户与权限管理系统，于 2011 年 7 月 21 日部署至正式网，8 月 1 日正式启用。2011 年 8 月 4 日，卫生部办公厅下发了《关于启用国家重性精神疾病基本数据收集分析系统的通知》（卫办疾控函〔2011〕722 号），信息系统正式供全国用户使用。为使各级各类用户合理使用信息系统，精卫中心组织专家及中科软工程师编写《国家重性精神疾病基本数据收集分析系统管理规范》、《国家重性精神疾病基本数据收集分析系统用户与权限管理规范》、《国家重性精神疾病基本数据收集分析系统技术指南》、《国家重性精神疾病基本数据收集分析系统用户操作手册》、《国家重性精神疾病基本数据收集分析系统用户认证与权限管理系统用户操作手册》等一系列管理和操作指导文件。

8 月 15 日，精卫中心组织召开信息系统初验专家评审会。8－11 月，中科软科技股份有限公司进行患者信息统计功能开发，增加信息查重、随访查询、信息提醒等功能，以及与北京市、浙江省、江苏省、广东省的广州市、深圳市和中山市系统的数据对接工作。11 月 21 日，精卫中心组织召开信息系统终验专家评审会，专家组一致同意该项目通过终验，至此《国家重性精神疾病基本数据收集分析系统统计分析子系统》Ⅰ期建设顺利完成。

四、培训

1. 国家重性精神疾病基本数据收集分析系统培训班　为指导各地熟练使用信息系统,受卫生部疾控局委托,精卫中心举办国家重性精神疾病基本数据收集分析系统培训班。全年共举办 3 次,累积 392 人次参加。

2. 中国-挪威精神卫生法宣传骨干 III 期培训班　4 月 25 - 27 日,配合中国医师协会精神科医师分会和挪威医学会在北京市举办,共培训 59 位学员。本培训班在过去的 7 年中共举办了 8 次培训,为中国的精神卫生领域培训了 500 多名精神科医生,这支队伍今后将成为我国宣贯精神卫生法的中坚力量。

3. 北京大学-墨尔本大学-香港中文大学联合培训　2011 年共有 2 批 24 名"686 项目"单位的医护人员在香港学习社区精神卫生 2 周,9 名学员参加了为期 3 周的精神疾病康复技术强化培训班。从 2007 年到 2011 年,共 153 名学员参加了此培训。

4. 重性精神疾病管理治疗国际研究方法培训班　随着 686 项目的深入开展,各项目执行单位对研究需求日益增加,精卫中心于 2011 年 9 月 16 - 17 日在北京举办培训,共 21 名学员参加。

5. 突发事件心理危机干预医疗大队长 II 期培训班　11 月 28 - 30 日在北京举办。讲员包括从事十余年灾难相关干预和研究的澳大利亚西悉尼大学专家 Beverley Raphael 以及在国内历年灾害中参与现场救援工作的医疗、行政等部门的工作人员,共有 12 个省、直辖市的 36 名人员参加。课程围绕灾害社会心理干预机制建设、灾害社会心理影响评估体系、具体评估及干预技术等方面进行介绍和讲解。

6. 中澳精神疾病社区预防及健康教育 II 期培训　6 月底,澳大利亚墨尔本大学 Julia Fraser 主任,中国健康教育中心(卫生部新闻宣传中心)专家及国内精神卫生专家对来自全国 14 个省的 33 名学员进行了为期 3 天的培训,主要内容包括精神疾病的耻感消除与健康教育、中澳精神疾病健康教育发展与概况、精神卫生促进、精神卫生健康教育活动设计与评估、精神卫生和媒体等。

7. 全国精神疾病平衡康复国际培训　10 月底在北京举办了本系列培训班的第四期。美国哈佛大学医学院社会医学系 Byron Good 教授,墨尔本大学 David Castle 教授、Margaret Goding 主任和 Graeme Doidge 主任,与国内的精神卫生专家对来自全国 30 个省、82 家医疗机构的 102 名精神卫生人员进行了为期 4 天的培训,主要内容包括精神疾病康复研究中的社会医学方法、精神康复评估工具介绍及操作练习、澳大利亚国家重性精神疾病流行病学调查、精神卫生服务评估、危机干预团队指南及评估、家庭友好的精神卫生服务等。

五、合作交流

1. 国际预防自杀协会(IASP)第26届世界大会　IASP成立于1960年,是非赢利性民间学术组织,其宗旨是动员专业和非专业组织及个人开展预防自杀的宣传、倡导、组织、实施。第26届IASP世界大会由北京大学精神卫生研究所/中国疾控中心精神卫生中心主办,是IASP成立50年来第二次在亚洲国家举办,来自49个国家的425名代表参加了会议。中国人大常委会副委员长、中国科协主席、北京大学医学部主任韩启德院士在开幕式上发来贺信,教育部林蕙青部长助理出席大会开幕式。中国疾控中心王宇主任出席会议并高度评价预防自杀的重要意义。本届大会的主题是"整合文化远景以理解和预防自杀",会议内容涉及预防自杀、改善应对自杀行为的全球目标的所有相关议题,涵盖基础医学、临床医学、预防医学、精神病学、心理学、社会学、传播学等领域的大量信息;会议形式包括大会发言、专题研讨会、专题会、分会和墙报交流等多种方式,来自世界各地的自杀学、精神卫生学、临床心理学、公共卫生学、社会学等相关领域的资深专家进行了大会和分会发言,为世界各地从事自杀预防研究的同道们提供了很好的分享学术成果和交流工作经验的平台,为各位参会者带来了新的合作契机。外国媒体和新华社均对大会进行了专题采访,并分别发布了中英文报道。大会最后,中国组委会主席/中国疾控中心精神卫生中心主任黄悦勤教授将IASP会旗传递给将举办第27届世界大会的挪威代表Lars Melhum教授。此次盛会的圆满举办,标志着本所/中心在自杀研究和预防领域已跻身于国际一流水平。

2. WHO双年度合作项目——灾后基本精神卫生服务需要、提供方式与组织间协调机制研究　该项目于2009年12月申请,执行期两年,于2011年11月底完成所有项目活动及总结。项目目标是剖析绵阳、德阳地区灾前、灾后基本精神卫生服务体系及精神卫生服务提供方式,探索建立机构间协调机制及常设机构的设立。项目活动包括实地调研,深入访谈,召开专家咨询会、研讨会与论证会,在顺利实施既定项目活动的基础上,项目成功产出了"灾后心理危机干预机构间协调共识"和"灾后心理危机干预机构间协调工作原则"。

3. 中澳卫生与艾滋病项目——重性精神疾病管理治疗流程与人力资源配置标准开发项目　本项目自2009年5月启动,执行期两年,于2011年6月顺利结题并完工。项目共有三项重要产出:①"重性精神疾病管理治疗技术流程",其主要内容被采用至《重性精神疾病管理治疗工作规范》中并在全国范围内下发使用;②"重性精神疾病管理治疗人力资源分档配置标准",该人力资源标准以河北与广东为试点,通过调研、考察和工作实践得出适合我国国情的高、中、低三档精神卫生服务人力资源配置标准;③项目合作单位与实施单位参与人员的项目管理能力与业务能力大幅度提高。项目产出获得了卫生部疾控局精神卫生处领导的高度认可和表扬,并在40个参选项目评选中被中澳项目专家组评为第一名,得到了澳大利亚发展援助署与中澳项目办的继续支持,成功获得了中澳卫生与艾滋病第四轮项目的活动资金。

4. 中澳卫生与艾滋病项目——重性精神疾病管理治疗人力资源发展研究　该项目于 2011 年 10 月召开启动会,10 月底分别前往河北试点和广东试点开展基层人力资源现况调研,12 月河北省第六人民医院和广东省精神卫生研究所先后在各自试点地区完成了重性精神疾病管理治疗多功能人员培训,并于 12 月从合作单位与活动实施单位中选派成员参与了澳大利亚墨尔本精神卫生服务考察活动,撰写了河北、广东试点地区基层人力资源现况调研报告与基层人力资源发展计划草案等技术报告。与此同时,项目组致力于创新与突破,在精神卫生服务低资源地区青海省开展项目活动,将其纳为项目试点,试图突破青海省多年来独家精神卫生服务机构的局面,提高精神卫生服务能力与人力资源建设。目前,已在青海省西宁和海西与各级、多部门政府机构召开了项目动员会,并在精神卫生师资培训的基础上,完成了青海省市州级重性精神疾病管理治疗培训,覆盖 7 个市州,共培训 200 多人。

5. 卫生部-联合国人口基金(UNFPA)汶川震后社会心理支持项目　该项目由芬兰政府资助,于 2009 年 2 月正式启动,为期 1 年。2010 年 2 月项目整体完成,并召开了项目总结会,2010 年 9 月召开了项目展示会。2011 年 2 月通过联合国人口基金与商务部的联合审计,结果合格,且撰写了该项目合作的最佳实践。

6. 东亚峰会灾害社会心理干预研讨会成功举办　本次国际会议由民政部与北京大学第六医院/中国疾控中心精卫中心共同举办,国家减灾委员会办公室副主任、民政部救灾司副司长、民政部国家减灾中心党委书记庞陈敏,国家减灾委员会办公室副主任、民政部国家减灾中心副主任冯金社等领导出席了会议,中国疾控中心精卫中心常务副主任马弘、美国药物滥用和精神卫生服务管理局项目官员 Erik Hierholzer、韩国东新大学教授 Tae San Choi、澳大利亚西悉尼大学教授 Beverley Raphael、新西兰梅西大学灾害研究中心副教授 Sarbjit Johal、印度尼西亚国家灾害管理局社会经济恢复与发展部主任 Siswanto Budi Prasodjo、中国科学院心理研究所副所长张建新、四川省精神卫生中心副院长黄宣银、上海精神卫生中心主任医师程文红、四川大学华西医院心理卫生中心教授杨彦春、四川省成都市卫生局副局长刘培毅、联合国儿童基金会驻华代表处儿童保护专家杨海宇等担任讲员。会议共分三个单元:灾害社会心理干预机制建设、灾害社会心理影响评估体系、社会心理影响评估和灾害社会心理干预技术。分别从灾害危机干预工作组织管理层面、社会心理影响评估层面,具体危机干预技术层面系统介绍了危机干预相关的技术和知识。

7. 国外学者来访　荷兰乌德勒支大学附属医院精神科主任 Rene Kahn 教授于 2011 年 2 月来访,参加了中荷项目Ⅰ期总结会。美国罗切斯特大学医学院 Eric Caine 教授和 Yeath Conwell 教授于 3 月来访,在北京大学精神卫生研究所发表演讲并参与“精神卫生政策研究国际高峰论坛”且致辞。挪威医学会 Eline Thorleifsson 和 Bjorn Hoftvedt 于 4

月和11月来访,参加了中国-挪威精神卫生立法工作坊,并商讨下一年度中挪合作项目相关事宜。6月,亚澳精神卫生协会主席 Julia Fraser 女士来访,参加了精神疾病社区预防及健康教育培训班授课。7月,澳大利亚西悉尼大学流行病学专家 Kingsley Agho 来访,协助进行了危机干预相关数据分析与文章撰写。9月,美国罗切斯特大学医学院 Eric Caine 教授,香港中文大学精神病学系 Helen Chiu 教授和 Sandra Chen 副教授前来精研所开展国际研究写作培训班。同月,WHO 西太区技术官员汪向东来访,参加了 WHO 合作中心在华经验成果分享研讨会。10月,英国 Basic Needs 协会万艾丽来访,洽谈未来合作事宜。10月,美国哈佛大学医学院社会医学系主任 Byron Good 教授、David Castle 教授、Margaret Goding 教授及 Graeme Doidge 主任为全国精神疾病平衡康复国际培训班授课,并讨论合作申请 NIH 的 Fogarty 课题相关事宜。11月,澳大利亚西悉尼大学教授 Beverley Raphael 前来北京参加与民政部共同举办的东亚峰会灾害社会心理干预国际论坛并授课。12月,哈佛大学医学院社会学系教授 Byron Good 和 Mary - Jo Good 教授前来精研所精卫中心研讨 Fogarty 项目下一年度工作计划。

六、研究

1. *中国-荷兰精神分裂症遗传学研究* 为北京大学精神卫生研究所/本中心和荷兰 Utrecht 大学医学中心合作项目,项目目标是识别贡献于精神分裂症及相关障碍发展的易感基因。本所/本中心承担了研究平台维护、研究能力建设、研究质量控制、项目进度管理和试验运转等工作。项目一期的研究工作已顺利进入遗传分析阶段,2011年起合作项目进入二期阶段。

2. *重性精神疾病的高发家系研究* 项目目标是探讨环境因素和生物学因素在疾病发生发展过程中的作用。项目在四个"686项目"执行省市开展现场调查工作,收集患者和家属对于服务的需求,以及社区长期治疗患者的药物不良反应情况,为进一步开展社区早期防治和长期治疗研究提供了基础数据。

七、财政管理

协助卫生部疾控局精神卫生处完成精神卫生中央本级经费的预算申请、项目督导和项目决算。

协助卫生部疾控局精神卫生处申请2011年度"686项目"经费,已获批下拨经费6000万元。

(吴霞民 马宁 王勋 管丽丽 马弘 黄悦勤)

老年保健中心

一、撰写战略规划与标准

负责撰写科技部“老年病防治项目框架”；

负责撰写卫生部“老年人跌倒干预技术指南”；

负责撰写卫生部“中国老年卫生工作行动规划(2011－2015 年)”；

负责制定卫生部“血清甘油三脂测定方法卫生行业标准”；

负责制定卫生部“血清胆固醇测定参考方法卫生行业标准”；

负责制定卫生部“血清高密度脂蛋白胆固醇测定方法卫生行业标准”；

负责制定卫生部“血清低密度脂蛋白胆固醇测定方法卫生行业标准”；

负责制定卫生部“人类白细胞抗原(HLA)基因分型检测实验室技术管理要求”。

二、科研课题与经费

2011 年新获科研课题经费 16 项，总经费 1543 万元。

国家重点基础研究发展计划(“973”计划)课题“脂代谢紊乱导致脂肪肝发生、发展的机制”子课题“营养、生活方式(运动)与脂肪肝发生、发展的关系”；

卫生行业科研专项“中国老年人综合评估和医疗服务体系建立及推广”子课题“老年人健康状况、功能障碍及多系统功能综合评估”；

国家自然科学基金面上项目“巨噬细胞胆固醇流动与动脉粥样硬化危险”；

国家自然科学基金面上项目“G 蛋白偶联受体 120 在肝 X 受体介导的肝脏脂代谢调控中的作用及机制研究”；

国家自然科学基金面上项目“RNA 氧化抑制机制与散发性阿尔茨海默病发病机理的相关性研究”；

国家自然科学青年基金项目“新哮喘易感基因 DENND1B 通过炎性途径参与哮喘的分子机制研究”；

国家自然科学青年基金项目“高糖状态下 DNA 修复酶 PARP 1 调节肝细胞胰岛素敏感性的分子机制”；

国家自然科学青年基金项目“miR－92b 对 Caspase－8 的调控机制及其对 Caspase－8 整合素接到的大肠癌细胞凋亡的研究”；

科技部重大新药创制科技重大专项“心脑血管疾病新药临床评价技术平台研究”子课题“药物基因组学研究”;

中国红十字会“中华骨髓库 HLA 高分辨基因检测的质量控制”;

“十二五”国家科技支撑计划重点项目“医学诊疗设备计量标准及溯源体系研究”子课题“地中海贫血常见基因分型标准物质的研究”;

留学人员科技活动项目择优资助“Apelin 改善胰岛素敏感性在糖尿病心肌损伤保护中的作用及其机制”;

留学人员科技活动项目择优资助“转录因子 T - box20 在心肌肥大形成和心力衰竭中的作用机制研究”;

博士启动基金“不易感动脉粥样硬化动物——树鼩中载脂蛋白 A5 基因的克隆和功能分析”;

卫生标准制(修)订项目“人类白细胞抗原(HLA)基因分型检测实验室技术管理要求”;

科技合作项目“保健品人体功能评价”。

三、论文与专利

2011 年共发表论文 66 篇,其中 SCI 25 篇,国内核心期刊 41 篇;

授权国家发明专利 3 项,申请国家发明专利 17 项;

美国 CDC -国家心肺血液研究所-血脂标准化计划合格证书;

国际临床化学与检验医学联合会血脂标准化计划合格证书;

美国胆固醇参考方法实验室网络合格证书。

四、研究生培养

培养研究生 61 名,其中博士生 15 名、硕士 46 名、博士后 3 名。

五、学术交流

邀请或接待美国、加拿大、瑞士、日本等国家 30 位外宾来访,进行学术交流;选派本中心 1 名研究人员到美国学习;参加国际、国内学术会议,介绍我们的研究结果,提高影响力。2011 年在国际会议发言 7 人次、全国学术会议大会发言 20 人次。在外单位应邀讲学 29 次。

(黎健　张毅)

人事人物

中国疾控中心各级领导

中心领导

主　　任：王　宇

党委书记：梁东明

党委副书记兼纪委书记：宫新生

副 主 任：侯培森　杨维中　刘剑君　高　福　梁晓峰

机关处室负责人

中心办公室	主任：王　健	副主任：席晶晶
人力资源处	处长：李　黎	副处长：张学清
规划财务处	处长：张　雁	副处长：刘丽芳
国际合作处		副处长：王晓琪
科技处	处长：董小平	副处长：黄　辉
实验室管理处		副处长：赵赤鸿
设备条件处	处长：张戈屏	
教育培训处	处长：刘开泰	副处长：周海城 戴　政
基建处(内设工程建设办公室)	处长：张利民	
工程建设办公室		副主任(正处级)：郭　达
二期筹建办	主任：王　健(兼)	
后勤管理处	处长：杜　光	
新址管理办公室	主任：谭吉宾	
审计处	处长：袁灵华	
科技开发办公室	主任：王茂武	副主任：陈　晨
学术出版编辑部	主任：赵文华	
保卫处	处长：陈　峰	

党委办公室		副主任:孟宪平
纪检监察办公室	主任:曹进华	正处级纪律检查员:管新建
群众工作处	处长:李新焕	团委书记:刘海龙
离退休人员管理处		副处长:田占平
后勤服务中心	主任:栗　波	副主任:王彪峰
政策研究与健康传播中心	主任:王　林	
公共卫生监测与信息服务中心	主任:马家奇	副主任:苏雪梅 周脉耕 傅　罡
卫生应急中心	主任:冯子健	副主任:李　群 魏　强
传染病预防控制处	主任:王子军	副主任:余宏杰
公共卫生管理处	处长:倪　方	副处长:刘东山 李　蓉
慢性病防治与社区卫生处	处长:施小明	
免疫规划中心		副主任:王华庆 罗会明 崔富强
结核病预防控制中心	主任:王黎霞	副主任:成诗明 陈明亭 赵雁林
流行病学办公室	主任:阚坚力	副主任:么鸿雁
全国12320公共卫生公益电话管理中心		副主任:崔　颖
控烟办公室		副主任:姜　垣

直属单位所级领导

单位	领导	副职
传染病预防控制所	所　　长：徐建国 党委书记：孟繁逊	副所长：边志强 卢金星 张建中 阚　飙 党委副书记、纪委书记：边志强
病毒病预防控制所	所　　长：李德新 党委书记：武桂珍	副所长：梁国栋 毕胜利 舒跃龙
寄生虫病预防控制所	所　　长：周晓农 党委书记：蔡继红	副所长：许学年 潘嘉云 曹建平
性病艾滋病预防控制中心	主　　任：吴尊友 党委书记：韩孟杰	副主任：刘中夫 孙江平 汪　宁 党委副书记：刘康迈
慢病中心	常务副主任：王临虹 党委书记：李志新	副主任：李志新 马吉祥
营养与食品安全所	常务副所长：严卫星 党委书记：高玉莲	副所长：马冠生 王竹天 李　宁
环境与健康相关产品安全所	党委书记：高贵凡 党委副书记兼纪委书记：张全增	副所长：白雪涛 徐东群

职业卫生与中毒控制所	所　　长:李　涛	副所长:周安寿
	纪委书记:周安寿	郑玉新
		孙承业
		孙　新
辐射防护与核安全医学所	所　　长:苏　旭	副所长:岳保荣
	党委书记:王志林	孙全富
		丁库克
农村改水技术指导中心	常务副主任:陶　勇	副主任:田永建
	党总支书记:陶　勇	张　荣
妇幼保健中心	主　　任:张　彤	副主任:金　曦
	党总支书记:徐春梅	

挂靠单位所级领导

单位	领导	副职
地病中心	主　　　任:孙殿军 党委副书记:孙殿军	主任助理:申红梅
性病中心	主　　任:王宝玺 党委书记:张　烈	副主任:陈祥生
麻风病中心	主　　任:王宝玺 党委书记:张　烈	常务副主任:张国成
结核临床中心	主　　任:许绍发	副主任:张宗德 李　琦
鼠布基地	常务副主任:张洪信 党委书记:丛显斌	副主任:丛显斌 王大力
儿少中心儿少/学校卫生中心	主　　任:马　军	副主任:马迎华
精卫中心	主　　任:黄悦勤	常务副主任:马　弘
老年中心	主　　任:黎　健	副主任:张铁梅 杨　泽 蔡剑平 郭　健

全国政协委员

邵一鸣	中国疾控中心性艾中心
陈君石	中国疾控中心营养食品所

院　　士

侯云德	中国疾控中心病毒病所
曾　毅	中国疾控中心病毒病所
洪　涛	中国疾控中心病毒病所
高守一	中国疾控中心传染病所 (2011 年 5 月 21 日去世)
陈君石	中国疾控中心营养食品所

大事记

大 事 记

一 月

1 日，迁移改造后的网络直报系统正式使用，实现了系统的平滑切换，保障了全国 16 万用户的正常使用和传染病报告的连续、稳定。

1 日，协同办公平台正式启用，全年通过平台签批公文 29 219 份。

2010 年 12 月-2011 年 1 月，中心赴江苏、浙江、湖南、湖北、广东、广西 6 省(区)参与卫生部应急办组织的人感染高致病性禽流感等突发急性呼吸道传染病防控工作督导。

4 - 6 日，2010 年全国职业卫生技术服务机构放射防护检测能力考核工作总结会议在北京召开。

7 日，传染病预防控制国家重点实验室圆满通过验收。

11 日，由卫生部主办、妇幼中心承办的 2006 - 2010 年卫生部-联合国儿童基金会妇幼卫生项目终期总结会在京召开。

13 - 14 日，传染病所与传染病预防控制国家重点实验室成功举办了“传染病应对团山论坛第四届学术年会”。

20 日，召开食品安全国家标准评审委员会成立大会，营养食品所承担标委会秘书处工作。

21 - 22 日，2011 年全国结核病防治工作会议在京召开。

29 - 31 日，病毒病所(迎新街 100 号)生物安全三级实验室顺利通过 CNAS 专家评审组现场复评审，同年 5 月 30 日取得认可证书。

1 月，第八轮澳大利亚政府“中国疾病预防控制精英培养”(ALAF - CDCLP)奖学金项目 6 名学员赴澳大利亚格里菲斯大学参加项目学习。

二 月

18 日，中心纪委组织召开由全体纪委委员、直属单位纪委书记(总支、支部纪检委员)、监审室主任等参加的扩大会议，传达学习胡锦涛总书记在中纪委十七届六次全会上的重要讲话和贺国强同志的工作报告。

24 - 25 日，全国艾滋病性病丙肝防治工作年会在广东省广州市召开。

25日,《环境卫生学杂志》正式创刊,目前已列入卫生部职称晋升杂志目录。

28日,卫生部等9部委联合召开电视电话会议,正式启动全国职业健康状况调查工作。职业卫生所为全国职业健康状况调查技术指导组办公室的挂靠单位。

2月,中心组建中国乙脑参比网络实验室。

三　月

8日,全国职业健康状况调查动员会在北京召开。

10日,云南盈江县地震发生后,中心派员赶赴地震灾区参加抗震救灾工作,环境所李新武研究员作为首批专家之一前往云南省盈江县地震灾区。23日,环境所又派出消毒中心班海群同志前往云南继续执行灾区的防疫任务。

11日,日本发生9.0级强烈地震后,日本福岛核电站发生严重泄露事故。中心组织开展日本核事故对我国影响应对工作。

14-16日,在北京举办了全球流感大流行后期国际研讨会暨国家流感中心成为WHO流感参比与研究中心挂牌仪式。

15日,世界卫生组织(WHO)西太区办事处申英秀(Dr. Shin Yound-Soo)博士一行5人访问中国疾控中心,与王宇主任一起在病毒病所门前共植合作友谊树。

17日,新英格兰医学杂志发表中国疾控中心文章,以详实的科学研究证据揭示了一种新的布尼亚科病毒引起发热伴血小板减少综合征的病原体。目前该病毒已被命名为发热伴血小板减少综合征布尼亚病毒(Severe fever with thrombocytopenia syndrome bunyavirus,SFTSV),简称新布尼亚病毒。

23日,2011年“世界防治结核病日”主题活动暨首届中国结核病防治公益作品征集活动颁奖典礼在北京举行。

25日,在我国黑龙江省部分地区空气中监测到放射性碘-131后,辐射安全所组织包括北京、黑龙江省在内的东北和东部沿海地区14个省份开展食品和饮用水放射性监测工作。

26日,卫生部网站公布了营养食品所梳理整合并经食品安全国家标准审评委员会审议通过的66项乳品安全国家标准。

3月,经过调研、测算,中心制定了规范退休人员补贴实施方案,4月份完成了京内单位900余名退休人员退休补贴发放工作,人均月增资1050元。

3月,国务院学位委员会批准中心基础医学为一级学科博、硕士学位授予点。

3-6月,以中心协同办公平台为载体,开设“权力监控”栏目,开展对A级廉政风险权力的运行情况实施网上监控工作。6月份,接受卫生部对中心权力运行试点工作的督导检查。

3 月，疾控中心运行机制研究启动。

3－10 月，受监督局委托，开展疾控机构技术支撑能力现状调查，并在此基础上制定公共卫生工作规范。

3 月，营养食品所开始承担食品添加剂新品种行政许可的组织技术评审、征求意见、起草批准文件等工作，拟建立完善的食品添加剂行政许可相关制度。

3 月，改水中心完成《防冻式卫生厕所研究实施方案》。

四 月

1－8 日对新疆甲肝疫情进行督导，完善《甲型病毒性肝炎暴发疫情调查处置指南》。

15 日，组织召开镉污染区居民膳食镉暴露与健康危害评价调查方案研讨会，完成镉污染地区居民健康调查方案。

18 日，澳大利亚卫生与老龄部部长 Niclas Roxon 女士一行 6 人访问中国疾控中心，了解中国慢性病和传染病现状及防控工作。23 日，原公共卫生政策研究办公室正式更名为政策研究与健康传播中心。

24－27 日，首届全球华人辐射研究大会在西安召开。

4 月 11 日至 7 月 15 日，承接了卫生部疾控局在昌平园区举办的 7 期"加强疾病预防控制能力建设培训班"。

4 月，举办全国疾控系统"春城杯"羽毛球邀请赛，33 支队伍共 180 人参赛。

4 月，开展全国预防接种宣传周活动，宣传主题是"接种疫苗，宝宝健康"。

4 月，协助卫生部爱卫办完成《2010 年农村安全饮水工程水质卫生监测报告》，并上报国务院。

五 月

1 日，新版公众网站经前期设计、实施、数据迁移、版面优化调整、问题分析、意见征求及反馈等工作程序后正式发布。

5 日，卫生部陈竺部长等领导到中国疾控中心，宣布中心领导班子调整，高福、梁晓峰同志任中心副主任。

13 日，成立全国 12320 公共卫生公益电话北京教育培训基地，承担全国 12320 公共卫生公益电话基本业务培训工作。

20－22 日，"适应气候变化保护人类健康"中国项目试点研讨会在四川成都召开，讨论项目的具体实施方案，明确各单位目标、任务、进度等。

22 日，完成昌平园区网络系统整体割接，缓解了园区网络基础设备不足的问题，并对全国疫情网络直报系统、协同办公系统、邮件服务系统、无线网络系统等多个业务系统的网络基础架构进行了调整，提高了业务系统整体性能。

22-27 日，辐射安全所苏旭所长作为国家代表团成员参加了在维也纳召开的联合国原子辐射效应科学委员会(UNSCEAR)第 58 次会议。

2010 年 12 月-2011 年 5 月，全国共有 25 个省份，228 个地市开展了脊髓灰质炎疫苗强化免疫，31 个地市开展了查漏补种。两轮分别接种适龄儿童 347.7 万人、273.1 万(湖南、云南两省只开展一轮)，接种率均达到 98%。

5 月，陈竺部长到中心调研重大科技专项工作。

5 月，改水中心完成《农村环境卫生全覆盖项目五年规划》。

5 月，中心病原生物学重点学科建设工作被北京市教委评定为优秀等级。

六 月

1 日，在北京召开了公共场所集中空调通风系统卫生管理与《公共场所集中空调通风系统卫生管理办法》、《公共场所集中空调通风系统卫生规范》、《公共场所集中空调通风系统卫生学评价规范》和《公共场所集中空调通风系统清晰规范》研讨会。

3 日，传染病所建立了《肠出血性大肠杆菌 O104：H4 检测技术流程》，完成了方法学的评价，并在 6 月 7 日对全国省级疾病预防控制中心进行了视频培训，免费发放了检测引物和试剂，应对德国暴发的肠出血性大肠杆菌 O104：H4 感染疫情。

21-23 日，在北京召开“世界卫生组织西太区供水与环境卫生主题工作组会议”。

23-25 日，2011 年全国疾病预防控制信息工作会议在山东青岛召开。

6 月，举办中心 2011 届研究生毕业典礼暨学位授予仪式。中心授予 46 人博士学位、71 人硕士学位、35 人 MPH 学位；北京协和医学院授予公卫学院硕士学位 22 人。

6 月，《生物医学和环境科学》(BES)杂志在 SCI 中的影响因子达到 1.063，创历史新高。

6 月，完成卫生部/UNICEF 加强地震灾区儿童预防接种信息化建设项目终期评估现场督导。

6 月，中国全球基金结核病项目开展全国范围的整改督导。

6 月，中心直属单位启用协同办公系统。

6 月，铁强化酱油二期推动工作正式启动。

6 月，全国艾滋病单阳家庭治疗工作会议在广东省深圳市召开，此次会议的召开启动了“治疗及预防措施”在中国的推行。

七　月

3 日，卫生部部长陈竺和上海市市长韩正在上海签署《卫生部、上海市人民政府共建共管在沪卫生部管理单位补充协议》，将寄生虫病所纳入部市共建工作中。

12 日，环境所向全国各相关单位印发《全国医院感染-消毒监测方案》(2011 年版)。

15 日，世界卫生组织陈冯富珍总干事一行 6 人到寄生虫病所访问。

21－22 日，在新疆乌鲁木齐召开了“消灭脊灰国际研讨会”，我国周边 12 个国家和 WHO 总部及 4 个区域的专家参加了会议。

27－29 日，在北京召开了农村环境卫生全覆盖项目启动会。

7 月，北京市环保局正式同意中国疾病预防控制中心一期工程试运行。

7－12 月，承担“全国重点地区环境与健康专项调查”总体技术组工作，完成《全国重点地区环境与健康专项调查总体方案》、《全国重点地区环境与健康专项调查实施方案》等。

7 月，病毒病所流感室、腹泻室和麻疹室参加了美国威斯康辛卫生实验室(WSLH)能力验证，结果合格。

八　月

2－4 日，我中心和美国国立卫生研究院 Fogarty 国际中心、美国疾病预防控制中心在北京联合举办“2011 流感和呼吸道感染疾病国际研讨会”。

3－4 日，在山西太原召开了“食品安全国家标准清理工作会议”，正式开始食品安全国家标准清理工作。

7 日，撤销疾病控制与应急处理办公室，成立卫生应急中心和传染病预防控制处。

7 日，传染病所派专家处理辽宁省鞍山海城市牛庄镇南关村人间皮肤炭疽疫情。

16－17 日，《小康村环境卫生标准》通过了环境卫生标委会审查。

25 日，新疆发现输入性脊灰疫情后，卫生部启动Ⅱ级应急公共卫生事件响应，中心先后派出 40 余人次前往新疆，协助新疆开展加强 AFP 病例监测、脊灰疫苗接种率快速评估、血清学抗体监测和 AFP 监测系统运转情况评估、脊灰疫苗强化免疫活动。

8 月 29 日－9 月 1 日，在吉林省长春市召开全国省级疾控中心公共卫生分管主任会议。

30－31 日，在厦门召开了“2011 年全国鼠疫监测工作会议”。

8 月 31 日－9 月 9 日，邀请国家级公共卫生机构国际联盟(IANPHI)组织的 8 名国际资深专家对中国疾控中心成立 10 年来的发展建设，以及对促进中国公共卫生事业发展和民众健康所发挥作用等进行外部独立评估。

8 月,免疫规划信息管理系统总体页面设计完成,启动与国家免疫规划信息系统对接工作,实现客户端软件免疫规划信息管理平台的接口功能。

8 月,营养食品所承担并组织起草的《营养改善工作管理办法》经卫生部批准并正式发布。

8 月,积极组织专家为解决和平息小龙虾致肌溶解症事件提供技术支持。

8 月,参与处理圣元奶粉疑致性早熟工作。

8 月,内蒙古发生炭疽疫情,环境所派员前往参加疫区处置工作,完成了《内蒙古炭疽疫情评估报告》和《内蒙古炭疽疫情消毒工作方案》。

8 月,根据卫生部监督局和中心委托,职业卫生所连续第 8 年开展了全国职业卫生检测能力考核工作。

九　月

28 日,“9.28”狂犬病日宣传。更新、扩充了中心网站狂犬病专题,包括标识、问答,视频培训材料,加载与中科院合作完成的狂犬病监测时空可视化与分析平台建设。

9－10 月,在北京、山东、河南、湖南、四川等省开展中国流感疫苗覆盖率电话调查,共收集流感疫苗接种信息 23 220 份,并于 11－12 月完成了数据分析工作。

9 月,协调有关专家参与英国国际发展署(DFID)中英全球卫生支持项目的前期调研和访谈;推荐周晓农和何广学两位专家参加该项目的设计和赴非考察工作。

9 月,组织召开 13 个省份参加的手足口病疫情分析预测会议。

9 月,协助卫生部组织参与新疆、甘肃、云南、辽宁、浙江、内蒙六省鼠疫监测工作调研。

9 月,在福建、青海、广西、江苏、江西、安徽等省市开展全国麻疹疫苗强化免疫活动评估工作。

9 月,PulseNet China 在北京和青岛开展两期病原菌分子分型软件和 MLVA 分子分型技术培训班,培训范围覆盖所有网络实验室。截至 12 月,共有 18 个省级疾控中心通过 PulseNet China 实验室认可,建立工作联系。

5 月,全球基金秘书处在未经理事会讨论且未事先告知情况下,以我国社区组织参与程度不高及财务管理薄弱为借口,暂停对我国全球基金项目除治疗病人以外的所有资金的拨款和项目的实施。经积极协调,9 月,中国全球基金艾滋病项目恢复实施。

十　月

1 日，食源性疾病监测网络上报系统正式启动。

13 日，国家食品安全风险评估中心正式挂牌成立。

14 日，职业卫生所通过北京市安全生产监督管理局专家组开展的职业卫生技术服务机构年检续展及换证的现场审核。

15 日，根据卫生部的安排，我中心移动实验室从玉树启程回京。期间历经艰难险阻，历时 27 小时，到达西宁，并于 10 月 21 日下午 13：30 顺利抵达中心昌平园区。

15－22 日，梁晓峰副主任赴加拿大参加世界危险因素监测联盟第七届全球大会(WARFS)及中国疾控中心与加拿大公共卫生署合作会议，讨论在慢病相关信息整合、利用处理和展示技术，大人群公共卫生项目和现场操作方面开展合作。

23 日，病毒病所(迎新街 100 号)生物安全三级实验室完成《高等级病原微生物实验室建设审查》备案工作。

24－26 日，接待阿富汗医疗卫生研修团一行 18 人来我中心参观学习。

30 日，在北京召开中英策略支持项目总结会，卫生部副部长尹力出席并致辞。

10 月 30 日－11 月 1 日，卫生部国合司主办，性艾中心承办的第六届中国艾滋病防治国际合作项目经验交流会在北京召开。大会主题为“分享经验，加强合作”。卫生部部长陈竺先生，联合国艾滋病中国专题组主席 Mark Stirling 先生，世界卫生组织艾滋病和结核病防治亲善大使、卫生部预防艾滋病宣传员彭丽媛女士等出席开幕式并致辞。

10 月，正式出版美国学者 Plotkin 主编的《VACCINE(疫苗学)》(第五版)中文版。

10 月，妇幼中心启动全国妇幼卫生服务资源调查项目。

十一月

3 日，职业卫生所通过了国家计量认证卫生评审组委派的现场评审组进行的资质认定复查评审的现场评审。

8－15 日，参加国务院食品安全委员会组织的 2011 年食品安全督查行动。

9 日，在北京举办“传染病监测预警中国疾病预防控制中心重点实验室”授牌仪式。

16－18 日，中国疾控中心专家代表团一行 5 人赴韩国首尔参加了主题为“灾难对健康和疾病控制的影响”的中日韩第五届传染病论坛。

16－19 日，王宇主任率团赴美国参加中美疾控中心主任年会，就在继续新发传染病、艾滋病防治项目合作、慢病防控策略合作、中国现场流行病学培训项目拓展、共同支持亚非国家脊灰消灭行动等全球卫生的领域的合作计划进行磋商。17 日，王宇主任顺访纽约市卫生局,考察该局卫生应急和慢病防控策略实施情况。

17－18日,全国结核病临床诊疗技能竞赛在京举办。

20－30日,高福副主任参加国家发改委代表团赴古巴访问,参加中古生物科技联委会会议。

23日,营养标准专业委员会正式成立,秘书处挂靠在营养食品所。

25日,实验室信息管理系统(LIMS系统)通过专家验收。

27－29日,“UNDP/GEF”适应气候变化保护人类健康“项目多部门合作机制建立研讨会”在深圳召开。

11月,中心完成事业单位清理规范工作,对直属各单位人员编制及其使用情况进行统计,分析研究空编率高于10%的单位存在的问题,并上报清理规范情况的报告和编制建议。

11月,第九、十两轮ALAF－CDCLP项目获澳大利亚政府批准,共有4名疾控专业人员于2012年1月赴澳大利亚格里菲斯大学参加学习。

11月,动物实验室通过专业机构检测合格,并取得检测报告。

11月,中国卫生部-盖茨基金会结核病防治项目一期进展顺利,二期申请成功。

11月,世界卫生组织专家对病毒病所脊灰、麻疹、流感和病毒性脑炎室进行一年一度的参比实验室的现场考核,考核结果满意。世界卫生组织继续维持病毒病所脊灰室“WHO西太区脊灰参比实验室”资质、麻疹室“WHO西太区麻疹参比实验室”资质、流感室“WHO流感参比和研究合作中心(WHOCC)”、脑炎室“WHO乙脑地区参比实验室”资质。

十二月

1日,中共中央政治局常委、国务院总理温家宝到中国疾病预防控制中心考察艾滋病防治工作。与科研人员、医务工作者、志愿者代表和感染者及有关国际组织代表座谈,并专门听取外地来京上访群众的意见。温家宝先后考察了病毒与免疫研究实验室和参比实验室,参观了全国艾滋病防治工作图片展,会见了联合国副秘书长、联合国艾滋病规划署执行主任西迪贝。

1日,接待联合国艾滋病规划署(UNAIDS)执行主任西迪贝来昌平园区参加世界艾滋病日活动。

2日,流行病学动态数据采集云平台(EDDC)中英文版正式发布,并授权给我国各省级疾控中心及其他发展中国家免费使用。

8日,尹力副部长召集卫生部规财司、人事司、疾控局等相关部门负责人,讨论卫生部与上海市人民政府共建寄生虫病所工作。

8 日，徐建国同志当选中国工程院院士。

9 日，病毒病所（迎新街 100 号）生物安全三级实验室顺利通过卫生部专家评审组现场评审。

20 日，职业卫生所组织专家主持起草了《职业病诊断管理办法》（修订稿）和《职业健康检查管理办法》。

22 日，公共卫生科学数据中心新版网站正式上线运行。

26 日，卫生部职业卫生标准专业委员会职业卫生标准审查会在北京召开。会议对报送的《工作场所空气中三甲基氯化锡职业接触限值及检测方法》等 17 项职业卫生标准进行了审议、投票，其中 15 项标准获得通过。

27 日，传染病所刘起勇研究员作为首席科学家承担的“全球变化研究国家重大科学研究计划项目——气候变化对人类健康的影响与适应机制研究”启动。该项目是中国疾控中心承担的第一个“国家重大科学研究计划”项目。

28－30 日，WHO/UNDP/GEF“适应气候变化保护人类健康”项目 2011 年工作总结会在黑龙江省召开。

31 日，完成了疾控十年总结报告的撰写、疾控十年重点事件评选、疾控十年画册编制工作。

10 月、12 月，鼠疫、炭疽和 SARS BSL－3 实验室分别在 2011 年获得中国合格评定国家认可委员会和卫生部的双重认可，具备开展相关高等级实验活动的条件。

12 月，中心人力资源信息系统进入试运行阶段，全中心 2000 多名职工基本信息录入系统，使中心人力资源管理进入信息化、科学化进程。

12 月，中心党委起草制定《中国疾病预防控制中心党委关于进一步贯彻落实“三重一大”决策制度的意见》。

12 月，中心党委起草制定《中国疾病预防控制中心“三好一满意”活动工作方案》及调查问卷，推动“质量好、服务好、品德好，让服务对象满意”的活动在中心全面展开。

12 月，召开首届海峡两岸暨港澳免疫规划工作研讨会。

12 月，慢病中心作为国家慢性病综合防控示范区办公室，协助卫生部办公厅下发文件，授予 39 个县（区）“国家慢性病综合防控示范区”称号。

12 月，在卫生部领导下，性艾中心与联合国艾滋病规划署（UNAIDS）和世界卫生组织（WHO）联合对 2011 年中国艾滋病疫情进行了估计，疫情报告于 12 月发布。

2011 年，积极参与“全球脊灰消灭倡议行动”（STOP 项目），邀请项目负责人来华就中国派专家赴非洲开展公共卫生技术援助进行商谈，并推荐中国疾控中心两名专家于 10 月分赴尼日利亚和纳米比亚提供为期 3 个月的现场技术援助；组织浙江和上海疾控中心 3 名流行病学专家于 2012 年 2 月赴巴基斯坦和埃塞俄比亚执行技术援助任务。

附录

2011年度中国疾控中心获奖科研成果

中华医学科技奖二等奖

中国吸烟流行病学、健康危害与干预措施研究

——中国疾病预防控制中心

王辰、杨功焕、林大庆、翁心植、徐永健、肖丹、杨杰、刘先胜、庞宝森、万霞

中华预防医学会奖一等奖

甲型H1N1流感病原学研究及其在流感大流行防控中的应用

——中国疾病预防控制中心

舒跃龙、王大燕、张誌、徐翠玲、高荣保、温乐英、白天、周剑芳、张彦平、曹健荣、李晓丹、张陆明、赵翔、李希妍、王伟

中华预防医学会奖二等奖

1. 三峡库区以生物媒介传播疾病为重点的人群健康监测与评估(1997－2009)

——中国疾病预防控制中心

杨维中、张静、汪诚信、王豫林、徐勇、毛德强、潘会明、汪新丽、苏崇鳌、贾庆良

2. 我国乙型病毒性肝炎流行规律和防治对策研究

——中国疾病预防控制中心

梁晓峰、崔富强、毕胜利、董红军、龚晓红、陈园生、王富珍、郑徽、李黎、王华庆

3. 我国艾滋病母婴传播模式及综合预防策略的研究

——中国疾病预防控制中心妇幼保健中心

王临虹、方利文、张燕、张伟、莫云、孙定勇、王前、姚均、王芳、王爱玲

4. 饮茶对癌症、心血管疾病和糖尿病的预防作用

——中国疾病预防控制中心营养与食品安全所

韩驰、李宁、贾旭东、宋雁、张坚、周宇红、张晓鹏、王伟、刘泽嵚、崔文明

中华预防医学会奖三等奖

1. 我国艾滋病早期感染检测策略及应用研究

——中国疾病预防控制中心性病艾滋病预防控制中心

蒋岩、贾曼红、肖瑶、潘品良、姚均、邱茂锋、王临虹、汪宁

2. 中国小麦粉营养强化关键技术及应用推广研究

——中国疾病预防控制中心营养与食品安全所

霍军生、孙静、李文仙、黄建、王丽娟、于波、万丽萍、王安绪

3. 假病毒技术平台在流感和丙肝病毒研究及药物/免疫评价中的应用

——中国疾病预防控制中心病毒病预防控制所

王岳、周剑芳、赵洪兰、鲁健、郭敏卓、伊瑶、舒跃龙、谭文杰

4. 我国应对突发公共卫生事件的骨干人才培养新模式及应用

——中国疾病预防控制中心

曾光、吕梅、施国庆、马会来、王宇、雷杰、罗会明、张丽杰

2011 年度中国疾控中心获奖科研成果摘要

中华医学科技奖二等奖

中国吸烟流行病学、健康危害与干预措施研究

——中国疾病预防控制中心

王辰、杨功焕、林大庆、翁心植、徐永健、肖丹、杨杰、刘先胜、庞宝森、万霞

中国是世界上最大的烟草生产国、消费国和受害国，吸烟是我国人群居首位的健康危险因素。在这一严峻形势下，取得中国人群吸烟流行状况及对健康危害的证据，为有效控制吸烟提供科学依据，是我国学术界亟待解决的重大科技问题。本项目团队三十余年来通力协作，艰苦努力，开创性地开展关于吸烟流行病学、健康危害与干预措施的系统研究，取得重大研究成果：

1. 以科学数据证明吸烟是我国极为严峻的公共卫生问题。早于 20 世纪 80 年代，首次完成中国 51 万人群吸烟流行病学调查，取得世界第一人口大国吸烟流行状况的基线数据；此后动态追踪其变化趋势；在国际上首次构建用于系统描述发展中国家吸烟流行特点和变化趋势的国家数据库；创建覆盖全国 31 个省市自治区的吸烟流行监测体系。

2. 以流行病学和实验研究揭示吸烟与中国人群疾病的关系及可能的致病机制。采用大规模前瞻性队列研究等方法，首次揭示东方人群中被动吸烟与肺癌的量效关系，证明吸烟与被动吸烟是导致中国人群呼吸系统疾病、脑卒中、冠心病、癌症和性功能障碍的重要原因。研究数据被学术界广泛引用，成为世界卫生组织估算全球烟草危害的主要依据之一。完成系列实验研究，取得国家发明专利。

3. 在中国率先推动对烟草依赖这一慢性疾病的规范治疗，创建临床戒烟体系。首次揭示国人戒烟行为特点；科学验证药物对国人烟草依赖的疗效，提出药物治疗方案；创建中国首家戒烟门诊和戒烟热线；制订首部《中国临床戒烟指南》，成为我国戒烟治疗的行业标准。

4. 创建我国控制吸烟流行的综合干预模式和评估体系。以该模式对全国 40 个市县的 6400 万人群实施综合干预 14 个月，男性吸烟率和人群被动吸烟率分别下降 12.3％和 22.3％；所建立的干预模式已在全国 7 个省市获得推广。

以上系列研究对于客观评估我国的吸烟流行形势，认识吸烟对国人健康的严重危害，

探索实施有效干预提供了科学数据和方法，具有重大的学术价值与社会意义。研究产生了广泛的国际影响，提高了我国在控烟领域的国际地位。本项目构建了较为完整的控烟学术体系，培养了大批专业骨干，推动了针对吸烟这一重大公共卫生与医疗保健问题的控烟学科建设。

本项目推动了我国控烟政策的制定和发布。对将控烟写入《中华人民共和国国民经济和社会发展第十二个五年规划纲要》及卫生部、地方政府颁布在公共场所禁止吸烟的政策法规产生了重要影响。

本项目以第一或责任作者发表论文138篇，其中在JAMA、Lancet、BMJ、Int J Epidemiol等SCI杂志发表论文64篇，累计SCI影响因子达326。发表论文被N Engl J Med、Nature、JAMA、Lancet、BMJ等权威杂志他引达551次。主编控烟相关著作16部。

本项目中部分研究成果获教育部科学技术进步奖一等奖1项；北京市科学技术奖二等奖1项；中华预防医学会科学技术奖二等奖1项。获国家发明专利1项。5人次获得世界卫生组织烟草控制杰出贡献奖。

中华预防医学会奖一等奖

甲型H1N1流感病原学研究及其在流感大流行防控中的应用

——中国疾病预防控制中心

舒跃龙、王大燕、张誌、徐翠玲、高荣保、温乐英、白天、周剑芳、张彦平、曹健荣、李晓丹、张陆明、赵翔、李希妍、王伟

本项目属于应用研究类中的社会公益项目类，是疾病监测和防治等社会公益性科学技术成果及其推广应用。

本项目紧密围绕2009流感大流行疫情输入前、大流行和流行后不同阶段国家联防联控的需求开展研究。在疫情随时传入我国，而对该病一无所知的情况下，率先建立诊断方法；在疫情传入我国之后，开展系统病原学研究，及时为防控策略制定提供科学依据。

本项目成果入选《"十一五"国家重大科技成就展成果汇编》，2011年两会期间作为"十一五"国家重大科技成就，向党中央、国务院和公众做了汇报。

1. 率先建立诊断方法及国家标准，为我国病例确诊和临床治疗提供了关键技术手段

72小时内率先研制成功优于WHO推荐的检测试剂的高灵敏度和特异性的甲型H1N1流感(甲流)检测试剂，通过了科技部测评，成为联防联控工作机制推荐使用的试剂盒。并获得我国首个由国家食品药品监督管理局颁发的批准文号。通过对全国各级疾控中心、检验检疫和军队疾控部门等提供培训和试剂，使我国迅速具备了甲流病毒检测能力，为我国及时确诊病例，明确暴发疫情和指导临床治疗提供了关键技术手段。

2. 通过大规模病原学分析、人群易感性评估等研究，为疫情传入后及时掌握疫情动态、制定和调整监测方案、防控措施提供了科学依据和技术支撑

通过我国人群血清学本底调查评估人群的易感性，通过对全国流行病毒持续不断的抗原性和基因特性分析表明同北美首先发现的病毒高度同源，证明该病毒是由国外传入；表明与疫苗株匹配，为国家制订甲流疫苗接种指南提供科学依据。通过对全国毒株持续的耐药性监测，为制订《甲型 H1N1 流感诊疗方案》，指导临床用药提供科学依据。

3. 通过对疾病负担估计、病毒致病性、免疫策略与免疫机制等研究，推进了对甲型 H1N1 流感病毒的认识

在第一个流行高峰结束后，开展大规模全国甲流人群感染状况血清学横断面调查，估计流行期间我国共有 2.07 亿人感染，其中约 1 亿人发病。为评估其疾病负担以及研判疫情发展趋势提供科学依据。

系统进行了甲流、季节性流感疫苗的免疫接种策略研究，发现首先接种甲流疫苗可诱导更高水平的抗体应答，并发现了一些新的决定甲流病毒宿主适应能力的关键位点。上述研究推进了对流感病毒致病机制的认识。

4. 为国际社会提供技术援助，提高了我国的国际影响力和话语权

疫情初期及时向泰国等 13 个国家和地区提供了检测试剂和培训。2009 年 11 月 WHO 批准我们成为全球第五，发展中国家首个 WHO 流感参比与研究合作中心。使我国进入全球流感防控领域领导者行列。

三峡库区以生物媒介传播疾病为重点的人群健康监测与评估(1997 - 2009)

——中国疾病预防控制中心

杨维中、张静、汪诚信、王豫林、徐勇、毛德强、潘会明、汪新丽、苏崇鳌、贾庆良

1. 项目概况

三峡库区以生物媒介传播疾病为重点的人群健康监测与评价项目(1997 - 2009)由国务院三峡工程建设委员会办公室和卫生部资助；起止时间：1997 - 2009 年。

2. 研究目的与方法

本研究的目的是初步评价 2003 年三峡水库蓄水后对人群健康的影响，为制定三峡库区疾病控制策略提供参考依据。1997 - 2009 年，在三峡库区 20 个县区选择 9 个县区的 17 个乡镇(街道)为监测点，连续 13 年系统收集人口死亡及死因、传染病、生物媒介等监测数据及各县区月均气温、湿度、降雨量、日照时数等气象数据，进行以生物媒介传播疾病为主的发病情况及影响因素分析，以及库区人群健康状况的评价。

3. 研究结果

(1) 1997 -2008 年三峡库区年均气温呈现上升趋势，相对湿度、降雨量和日照时数均

呈下降趋势。

(2) 室内外鼠密度总体呈下降趋势。2003 年蓄水后室内、室外鼠密度分别明显低于蓄水前的平均鼠密度。但蓄水后的室内黄胸鼠的构成比较 2003 年蓄水前有所增加。室外黑线姬鼠、黄胸鼠的构成比均分别高于蓄水前的水平。蓄水后的鼠肾钩体平均阳性率显著低于蓄水前的平均阳性率,但蓄水后鼠肺汉坦病毒平均阳性检出率与蓄水前差异无统计学意义。

(3) 人房和畜圈的蚊密度总体呈下降趋势。蓄水后畜圈年均蚊密度比蓄水前明显下降。2003 年蓄水后人房、畜圈蚊密度分别明显低于蓄水前的水平。蓄水前后人房与畜圈不同蚊种构成比均有明显差异,尤其是人房中华按蚊和致倦库蚊比例较蓄水前有明显上升。

(4) 法定传染病总体发病处于正常水平,蓄水后的乙脑、疟疾、钩体病、出血热发病率较蓄水前明显下降。水库蓄水未诱发乙脑、疟疾、钩端螺旋体病、流行性出血热等自然疫源性疾病的暴发。

(5) 库区人群前五位死因依次为循环系统疾病、恶性肿瘤、呼吸系统疾病、损伤中毒和消化系统疾病,与全国保持一致,未发现异常变化。

4. 研究结论

1997 - 2009 年三峡库区人群总体健康状况较好,未发现水库蓄水对人群健康造成负面影响。水库蓄水未诱发乙脑、疟疾、钩端螺旋体病、流行性出血热等自然疫源性疾病的暴发。

本研究从 1997 年工程建设初期即设计进行,多次发布监测预警信息,提出了干预措施建议,有效降低了疾病流行的风险,产生了巨大的社会效益和间接经济效益,证明大型工程建设期和运行期公共卫生监测与干预的重要作用,也为今后大型工程建设中开展疾病综合性监测提供了技术方法和工作模式。

5. 推广应用情况

(1) 课题组发表论文 72 篇,其中 66 篇被中国生物医学期刊引文数据库(CMCI)收录,引用 150 次,57 篇被中国知网(CNKI)收录,被引用 205 次。2000 年和 2006 年课题组出版《三峡库区人群健康调查与研究》2 辑。

(2) 本课题 1997 - 2003 年三峡库区人群疾病监测通过国务院组织的 30 位院士和 300 名专家的评估,阶段性监测结论被编入中国工程院重大咨询项目《三峡工程阶段性评估报告》,2010 年中国水利水电出版社正式出版。

(3) 1997 - 2009 年,课题组提供的三峡库区人群健康监测结果被收入国家环保部《长江三峡工程生态与环境监测公报(中英文版)》,向世界发布。

(4) 三峡库区人群健康监测被国务院三峡办采用,并因此做出开展三峡水库蓄水前库底卫生清理的部署,国务院三峡办给予库底卫生清理经费 4500 万元。

(5) 三峡库区人群健康监测阶段性分析报告用于国务院及各级政府部门参考制定《2010－2020年三峡库区生态与环境保护规划》。

(6) 2009年,课题组撰写的三峡人群健康病监测综合分析报告被编入国务院三峡办主编的《三峡工程建设期生态与环境监测综合分析报告(上卷)》(简称蓝皮书),即将发布。

(7) 1997－2009年课题组完成13个年度分析报告,以及蓄水前后2个阶段性综合分析报告。

(8) 基于本课题的研究资料,课题组于2007年成功申请国家科技部"三峡大型水利工程建设对传染病流行潜在风险性评估研究项目",2008年申请了湖北省卫生厅研究项目。该课题培养硕士研究生4名。

我国乙型病毒性肝炎流行规律和防治对策研究

——中国疾病预防控制中心

梁晓峰、崔富强、毕胜利、董红军、龚晓红、陈园生、王富珍、郑徽、李黎、王华庆

为掌握中国不同地区、不同人群乙肝表面抗原携带率和乙肝病毒感染率,评价1992年乙肝疫苗纳入儿童计划免疫管理和2002年乙肝疫苗纳入儿童计划免疫的效果,课题组在2006年开展了全国人群乙肝血清流行病学调查。

本次现场调查在全国31个省(自治区、直辖市)的160个疾病监测点上进行。采用多阶段随机抽样方法,抽取东部、中部、西部地区的城市、农村1～4岁、5～14岁、15～59岁人群共81 775人。本次调查有4个主要发现,一是摸清了全国1～59岁人群乙肝病毒血清学标志物地区分布情况。全国人群乙肝表面抗原携带率为7.18%。城市、农村人群乙肝表面抗原携带率差异不显著,西部地区乙肝表面抗原携带率高于东部地区。二是摸清了乙肝病毒血清学标志物人群分布情况。1～4岁人群乙肝表面抗原携带率最低,为0.96%。15～59岁人群乙肝表面抗原携带率最高,达8.57%。三是掌握乙肝疫苗接种的现状。本次调查1～14岁儿童40 129人,其中有乙肝疫苗接种史32 732人,占81.56%。1～4岁和5～14岁调查人群乙肝疫苗全程接种率为89.39%和50.59%。四是用大人群样本证实了乙肝疫苗免疫与乙肝表面抗原携带的关系。本次调查显示有乙肝疫苗接种史人群乙肝表面抗原携带率明显低于无乙肝疫苗接种史人群。本次调查我国人群乙肝表面抗原携带率为7.18%,与1992年调查发现的9.75%的乙肝表面抗原携带率相比,下降26.36%,而且呈年龄越小,下降幅度越大。根据1992年和2006年两次血清流行病学调查结果估计,1992年以来儿童感染乙肝病毒的人数减少了近8000万人,至少减少了儿童乙肝表面抗原携带者近1900万人。

本研究难度大、调查代表性好、统计方法先进,研究结果具有很高的学术和应用价值。研究结果探明了我国现阶段乙肝的流行模式,在全球首次采用大样本人群调查证明及时、全程接种乙型肝炎疫苗预防儿童乙肝病毒感染效果显著;为大规模人群评价乙肝疫苗免

疫效果和完善乙肝免疫策略提供了可靠的重要科学依据。研究结果证实我国目前的新生儿乙肝疫苗预防接种策略行之有效。

研究结果为卫生部制定《扩大国家免疫规划实施方案》、国务院将补种乙肝疫苗纳入《医药卫生体制改革近期重点实施方案(2009 - 2011 年)》的重点工作提供了重要决策依据;为将乙肝纳入国家"十一五"科技重大专项研究奠定了基础;为修订《乙型病毒性肝炎诊断标准》提供了重要决策依据。此外,本研究结果被世界卫生组织作为发展中国家挽救儿童死亡的直接证据引用,得到美国疾病预防控制中心等国际组织的高度赞许,为世界卫生组织在发展中国家推广新生儿出生后 24 小时内及时接种首针乙肝疫苗提供了重要科学证据。

我国艾滋病母婴传播模式及综合预防策略的研究

——中国疾病预防控制中心妇幼保健中心

王临虹、方利文、张燕、张伟、莫云、孙定勇、王前、姚均、王芳、王爱玲

母婴传播是儿童感染艾滋病的主要途径。我国缺乏预防艾滋病母婴传播相关研究。本研究首次通过开展大规模艾滋病母婴传播流行病学调查,并结合分子病毒学、细胞学及血清学和免疫学等多学科研究方法与技术,在揭示我国孕产妇艾滋病流行状况及母婴传播机制的基础上,提出相应的预防艾滋病母婴传播干预技术;通过对干预技术的研究,评价其预防效果;探索并形成婴儿 HIV 早期诊断筛查方法与策略;研究提供预防艾滋病母婴传播干预技术的适宜服务模式;最终形成适合我国国情的预防艾滋病母婴传播综合干预技术及防治策略,在全国应用推广。

本项目在国内首次揭示孕产妇感染艾滋病病毒(简称 HIV)状况、分布特征、传播途径及影响因素;分析艾滋病母婴传播水平、变化趋势及其在孕期、产时、产后不同时期的发生比例。率先研究 HIV 感染孕产妇孕早、中、晚期、分娩期及产后不同阶段艾滋病病毒载量及免疫学特征的变化规律,并获得我国 HIV 感染孕产妇发生母婴传播危险临界值;探索我国 HIV 感染孕产妇流行病毒亚型和耐药株,发现耐药突变率。

率先开展母婴传播干预技术研究,通过对不同联合抗逆转录病毒药物方案有效性、分娩方式、人工喂养措施的干预效果分析,形成适合我国国情和特点的一系列综合干预技术,有效减少儿童新发感染;率先对 HIV 暴露儿童的生长发育及生存状况进行了监测与评价,通过对死亡儿童死亡时期及死因的研究,在国际上首次获得母婴传播率的校正系数,并应用其调整和科学评价母婴传播率。

在国际上率先研究以妇幼保健网络为基础的服务模式,提高母婴传播干预技术的可操作性与可及性;建立形成一套高效、准确的婴儿 HIV 早期诊断筛查方法及策略,实现尽早确诊 HIV 感染儿童并给予治疗,解除预防艾滋病母婴传播成功家庭的心理负担。

本研究形成的综合干预技术、婴儿早期筛查方法与策略、孕产期 HIV 抗体筛查策略

及服务模式等研究成果直接转化形成了全国艾滋病母婴传播防治政策，已纳入卫生部“预防艾滋病母婴传播工作实施方案”、“中国遏制与防治艾滋病行动计划”等政策文件，在全国推广应用；结合研究成果开发的系列技术指南、培训教材及孕产期保健规范，已广泛用于全国的逐级技术培训。研究成果的推广应用已大量减少了儿童新发感染艾滋病和死亡病例，直接避免了对母婴传播感染 HIV 儿童的治疗及关爱所需的巨额费用，取得了巨大的社会效益和经济效益。该项目填补了我国相关领域的多项空白，研究成果处于国内领先，部分成果达到国际领先水平。

饮茶对癌症、心血管疾病和糖尿病的预防作用

——中国疾病预防控制中心营养与食品安全所

韩驰、李宁、贾旭东、宋雁、张坚、周宇红、张晓鹏、王伟、刘泽嵌、崔文明

在全球范围内迄今最主要的死亡原因是癌症、心血管疾病和糖尿病。这三类慢性非传染性疾病已成为威胁人类健康的重大社会问题。本项目从动物试验、有效成分筛选、机制研究以及人群干预试验四个方面对饮茶防癌作用、心血管系统的保护和降血糖作用进行了系统、深入的研究。

1. 防癌作用

通过一系列动物的致癌模型试验，证实绿茶、红茶、铁观音茶和花茶等及其主要成分茶多酚、儿茶素单体和茶色素等对动物食道癌、肺癌、肝癌、口腔癌和结肠癌均能抑制癌前病变形成和肿瘤发生。对茶叶中 18 种主要成分进行筛选，确定了绿茶的主要成分是茶多酚及其儿茶素单体，红茶的主要成分是茶色素，并首次证明茶多酚的氧化产物茶色素与茶多酚同样有效；在此基础上研制出防癌效果优于现有茶叶或其成分的混合茶。

对茶叶防癌作用机制研究表明，与抗氧化、免疫调节、抑制癌基因表达、抑制细胞增殖、诱导细胞凋亡、抑制致癌剂与 DNA 共价结合、抑制端粒酶活性等有关。

本研究的突出成果是以生物标志物为中间终点的人群干预试验，用混合茶对口腔癌前病变进行干预试验，首次在国内外为茶叶防癌作用提供了直接的人体证据。另一项干预试验表明饮茶对吸烟所致氧化损伤有保护作用。为茶对人体化学性致癌的保护作用提供了有意义的依据。

2. 心血管系统保护作用

通过一系列体外试验和动物试验发现，茶色素可延缓动脉粥样硬化的发生和发展。两项动物心肌肥厚模型试验，证实绿茶及其主要成分茶多酚、儿茶素单体和茶色素均能有效降低血压、抑制心肌肥厚，从而保护心血管系统。人群干预研究证实福鼎白茶和安溪铁观音具有降低血脂代谢异常患者的血脂水平，减缓血栓形成，有利于维护心血管系统的正常功能。

3. **辅助降血糖作用**

通过建立高血糖动物模型,证实福鼎白茶能够使高血糖动物的空腹血糖降低、糖耐量升高;通过人群干预试验,证实福鼎白茶能明显改善Ⅱ型糖尿病患者的临床症状,降低空腹血糖及餐后2小时血糖,对患者胰岛素分泌有一定的促进作用。

以上结果从多方面系统地阐明了饮茶的防癌、心血管保护以及辅助降血糖作用,在国内外具有重要影响,总体结果达到国际先进水平,且人群癌症干预研究为国际领先水平。本项成果为茶叶在肿瘤、心血管疾病和糖尿病预防领域中的应用以及在医药、保健品等方面提供有价值的基础资料。

该课题共培养博士后1名,博士研究生5名,硕士研究生9名。在专业核心期刊共发表文章70篇,其中18篇为SCI文章。参加国际会议9次,国内学术会议20次,取得了很好的社会效益和经济效益。

我国艾滋病早期感染检测策略及应用研究

——中国疾病预防控制中心性病艾滋病预防控制中心

蒋岩、贾曼红、肖瑶、潘品良、姚均、邱茂锋、王临虹、汪宁

我国艾滋病常规抗体检测策略,不能满足防治工作的整体需求,主要表现在三个方面:一是缺乏检测新发感染的技术手段,无法动态监测新发感染趋势;二是无法对阳性母亲所生18个月内婴儿进行早期诊断,使临床开展感染婴儿早期抗病毒治疗无法实施;三是抗体检测策略存在窗口期漏检,后者成为新发感染的重要来源。为了解决上述重大检测策略问题,为艾滋病的早期发现、早期干预、早期治疗提供核心技术支撑,本研究采用实验室检测和队列验证相结合的方法,通过大量研究,获得了创新性成果。

1. **首次在我国提出HIV-1新发感染率检测策略**

获得基于BED方法检测新发感染的核心技术参数:窗口期(168天)和4个校正系数($\alpha=0.7041$,$\beta=0.8413$,$\gamma=0.9308$,$\varepsilon=0.0692$),建立了新发感染率检测策略,为客观评估流行趋势和防治效果提供了可测量的方法。

2. **首次在我国提出新生儿HIV感染早期诊断策略**

实现了婴儿感染早期诊断,为早期治疗、降低病死率奠定了基础。

3. **首次在我国提出针对MSM人群的早期诊断策略**

为发现具有高效传播的窗口期感染者,减少新发感染提供了有效工具。

4. **研究发现**

(1) 在HIV流行重点地区,吸毒人群新发感染率呈缓慢下降趋势,而MSM人群呈现明显上升趋势。云南2003-2004年感染率快速升高的原因,是由于政府加大筛查力度,检出大量感染者,而不是因为感染者突然大量增加。

(2) 我国HIV新发感染者主要为经性传播,50%以上来自MSM,控制经性传播是降

低新发感染的重要途径。VCT 是发现新发感染者的重要窗口，扩大 VCT 检测可有效地提高早期发现率。

(3) 我国 MSM 人群窗口期感染率为 0 .25%～0.5%，核酸检测策略可以有效发现窗口期感染者，使现行 HIV 抗体诊断策略敏感性提高 7.24%。

研究产生的创新性成果和重要发现，为了解我国艾滋病新发感染趋势，评估防治效果，合理制定艾滋病防治策略提供了科学依据，在我国艾滋病防治工作中发挥了关键作用，不仅对艾滋病防治工作做出了突出贡献，也产生了极大的社会效益。成果已在全国推广应用，纳入"血清学方法检测 HIV 新发感染技术指导方案"，"全国艾滋病检测技术规范"，"婴儿 HIV 感染早期诊断服务指导方案"。新发感染检测已经纳入重点人群常规哨点监测，拟作为核心指标，纳入国家"十二五"艾滋病防治效果评估体系。此外，通过大量培训，分别在 31、18 和 15 个省建立了新发感染检测、窗口期和婴儿早期诊断技术平台及其质量控制体系。累计发表论文 29 篇，SCI 收录 9 篇，影响因子合计为 57.372，成果被多次引用。

中国小麦粉营养强化关键技术及应用推广研究

——中国疾病预防控制中心营养与食品安全所

霍军生、孙静、李文仙、黄建、王丽娟、于波、万丽萍、王安绪

微量营养素缺乏是我国急待解决的公共卫生问题，第四次中国居民营养与健康状况调查显示，铁、锌、钙、维生素 A、维生素 B1、维生素 B2 等微量元素缺乏为城乡居民普遍存在的微量营养素营养不良，严重影响儿童体格和智力发育，降低成人的免疫力和劳动生产力，影响国民经济发展。

食物强化是国际公认的最为经济、快速、可持续的营养干预方式。面粉强化虽然已在多个国家开展，但由于我国饮食及食物加工有其独特性，简单利用国外经验不能解决我国小麦粉强化的技术问题。因此中国疾病预防控制中心营养与食品安全所在国家粮食局、卫生部组织、支持下，在联合国儿童基金会、国际生命科学学会、微量营养素组织等国际组织资助下，从 2000 年开始，十年来系统地开展了多种营养素强化小麦粉(强化面粉)控制中国微量营养素营养不良的关键技术及应用推广研究工作。

研究了强化面粉工艺，建立了业已被面粉企业广泛采用的连续和批量配粉面粉强化工艺，分析并解决了多种微量营养素强化后面粉的品质、加工特性以及营养素稳定性、均匀度和颗粒度等一系列技术问题。建立了强化面粉质量保障体系及相关检验方法，研究的快速检测箱解决了中国面粉厂缺乏营养素检测能力问题。研究了我国膳食条件下 NaFeEDTA、FeSO4 和电解质铁对贫血改善效果，为 WHO 制定强化小麦粉指南提供了理论基础。

多种微量营养素强化面粉大规模贫困地区人群营养干预研究显示，强化面粉显著改

善人群营养状况，并有助于预防新生儿出生缺陷等营养相关疾病。营养改善效果补充了国际面粉强化生物学效果观察数据和资料，建立了我国面粉强化营养学数据基础。

建立了通过公共卫生系统和中小面粉企业合作推动强化面粉的模式，证实中小面粉企业不仅可以生产加工强化面粉，而且可以直接覆盖贫困农村和营养缺乏高风险人群。推广应用研究为解决农村人群微量营养素缺乏问题提供范例。为我国开展市场方式的广泛性面粉强化摸索了方法。

项目开展采用卫生部门与中小面粉企业开展面粉强化市场推动的成本效益为1∶6，这样高的投资回报率是其他商业投资无法比拟的。采用项目的投入和贫血率下降等作用，推算出甘肃省及全国强化面粉开展 10 年后，净效益分别占不同水平下 GDP 的 3.9%和 1.5%。

该项目是在发展中国家首次进行的小麦粉强化系统性研究，研究成果为中国居民营养状况改善政策制定提供了重要的科学依据。由于强化面粉对改善居民微量营养素营养不良有明显效果，其良好的社会效益及对生产力的长期贡献受到关注，从而也突显了我国进行营养改善的重要性。

假病毒技术平台在流感和丙肝病毒研究及药物/免疫评价中的应用

——中国疾病预防控制中心病毒病预防控制所

王岳、周剑芳、赵洪兰、鲁健、郭敏卓、伊瑶、舒跃龙、谭文杰

病毒性传染病的预防控制技术是维护人类健康捍卫国家安全的重要手段。很多新发、突发传染病是病毒引起的。面对这些新病毒，一方面迫切需要掌握其病毒学特点；另一方面在事件初期毒株资源匮缺、生物安全要求高，实际上限制了研究力量的有效组合。同时，很多目前无法分离培养的病毒，如丙型肝炎病毒(HCV)，研究模型的缺少阻碍了对这些疾病的认识，因此便捷、安全、代表性强的技术平台意义重大。

本研究针对流感和丙肝病毒建立了假病毒技术平台，解决了预防控制工作中面临的生物安全及研究手段的问题，为新生突发包膜病毒研究提供了安全的操作系统。该平台成功地应用于流感病毒包膜蛋白(血凝素 HA 和神经氨酸酶 NA)重配预测研究，初步阐明了 HA 和 NA 重配的相互匹配模式，解决了流感病毒重要抗原间重配预测依赖于高等级生物安全实验室的问题。该平台在人群免疫背景的研究与筛查中证明具有快速、安全的优点，为流感大流行应急处置提供了一个重要的手段。同时，该平台还可应用于流感病毒药物的药效评价，对临床合理用药具有指导意义。该平台为丙型肝炎病毒疫苗评价、药物筛选、感染机制研究提供了一种新的技术手段，解决了丙型肝炎病毒无法分离培养所带来的体外研究的“瓶颈”问题。

我国应对突发公共卫生事件的骨干人才培养新模式及应用

——中国疾病预防控制中心

曾光、吕梅、施国庆、马会来、王宇、雷杰、罗会明、张丽杰

主要内容：众所周知，临床医师通过在上级医师指导下的大量临床实践而迅速提高能力，而公共卫生医师特别是应对突发公共卫生事件人才的培养一直缺乏有效模式。我国突发公共卫生事件错综复杂、瞬息变化、社会影响大、干扰因素多，需要受过特殊培训的骨干人才去应对。有效应对突发公共卫生事件应具备哪些能力，如何在培训中快速提高能力，并在重大事件应对实战中解决公共卫生问题，这是我国有效应对公共卫生事件要优先解决的关键技术问题。本项目建立了"中国现场流行病学培训项目"(CFETP)的两年制职业教育的新模式，即在"现场流行病学"新概念的学术思想指导下，建立了"八种能力"和"四种精神"的培训目标，通过整合多学科的核心教学内容，开辟17个教学基地，提供突发事件应对的实践机会，并在有实战能力的教师队伍指导和带教下，提高应对能力。9年来，为国家和省及地方培养了82名应对突发公共卫生事件的骨干，正在各自岗位发挥着关键作用；成功应对370多起突发公共卫生事件，包括数起国内有重大影响的事件，基于循证医学提出了一系列对策建议，很多被国家决策采纳。该新模式为卫生部高度认可并在国内推广，为提高我国应对突发公共卫生事件能力做出了贡献，有巨大的健康和社会经济效益。

1. 项目特点

(1) 在"现场流行病学"新概念的学术思想指导下，整合多学科的核心教学内容，制定和实施了针对性的培训目标和干中学的培训计划，使学员具备"应急调查、救灾防病、疾病监测、决策建议、信息利用、科学研究和沟通交流"八种能力所需的理论、技术和实战经验，并具备"敬业、团队、探索和求实"的四种精神。

(2) 核心课程阶段(2个月)，以国内外案例讨论式教学为主，培训学员面对千差万别的公共卫生事件，以不变应万变的逻辑思维能力和针对蛛丝马迹查找破案线索的能力。

(3) 现场实习阶段(22个月)，在国家和省及地方疾控中心建立17个现场培训基地，为学员提供多种突发公共卫生事件应对的现场实习机会。教师通过现场带教、远程指导和网络课堂教学等方式，分工指导和督导学员的每次现场活动全过程，使学员受到锻炼，并有合格产出。

(4) 经常执行卫生部和国家疾控中心的任务，成为应对重大复杂突发事件的突击队。在应对SARS、云南不明原因猝死、甲氨喋呤药害、云南肺鼠疫、流感大流行等重大复杂公共卫生事件应对中发挥了突出作用，一系列重要建议为国家决策采纳，学员得到最大锻炼。

(5) 通过一年一度的CFETP大会和基地教师培训会，对毕业生继续培训；建立了国

内网络,为各省培训人才提供了模式、师资和教材,促进了可持续发展。

(6) 参加各种国际活动,引入一批国际合作项目,成为该领域国际培训及合作的桥梁。

2. **应用推广**

(1) 2004年卫生部在全国推广现场流行病学培训班,先后培训1.2万人次。

(2) 各地以CFETP为榜样,建立了30个不同级别的FETP。

(3) 协助农业部兽医建立FETP,有利于我国卫生、农业共同应对人畜共患突发公共卫生事件。

(4) 多次在国际上介绍经验,帮助蒙古国等发展中国家建立FETP和应对多起突发公共卫生事件。

2011年度中国疾控中心个人获奖情况

奖励名称	所在单位	姓名	授奖单位	授奖时间
第十二届中国青年科技奖	寄生虫病所	胡　薇	中组部、人社部、中国科学技术协会	2011年12月
中国工程院院士	传染病所	徐建国	中国工程院	2011年12月
优秀共产党员	传染病所	夏连续	卫生部直属机关	2011年6月
优秀共产党员	传染病所	孟凤霞	卫生部直属机关	2011年6月
优秀共产党员	传染病所	崔志刚	卫生部直属机关	2011年6月
优秀共产党员	病毒病所	舒跃龙	卫生部直属机关	2011年6月
优秀共产党员	性艾中心	刘康迈	卫生部直属机关	2011年6月
优秀共产党员	营养食品所	李　宁	卫生部直属机关	2011年6月
优秀共产党员	环境所	班海群	卫生部直属机关	2011年6月
优秀共产党员	环境所	刘景兰	卫生部直属机关	2011年6月
优秀共产党员	辐射安全所	范瑶华	卫生部直属机关	2011年6月
优秀共产党员	辐射安全所	刘建香	卫生部直属机关	2011年6月
优秀共产党员	改水中心	张　荣	卫生部直属机关	2011年6月
优秀共产党员	机关一总支	陈春明	卫生部直属机关	2011年6月
优秀共产党员	机关一总支	王　健	卫生部直属机关	2011年6月
优秀共产党员	机关一总支	张　雁	卫生部直属机关	2011年6月
优秀共产党员	机关一总支	王子军	卫生部直属机关	2011年6月
优秀共产党员	病毒病所	赵秀军	卫生部直属机关	2011年6月
优秀共产党员	性艾中心	王常合	卫生部直属机关	2011年6月
优秀共产党员	营养食品所	杨晓光	卫生部直属机关	2011年6月
优秀共产党员	环境所	张　淼	卫生部直属机关	2011年6月

续表

奖励名称	所在单位	姓名	授奖单位	授奖时间
优秀共产党员	职业卫生所	胡伟江	卫生部直属机关	2011 年 6 月
优秀共产党员	职业卫生所	张金生	卫生部直属机关	2011 年 6 月
优秀共产党员	妇幼中心	徐　韬	卫生部直属机关	2011 年 6 月
优秀共产党员	机关二总支	王　娟	卫生部直属机关	2011 年 6 月
优秀共产党员	机关二总支	杜　娟	卫生部直属机关	2011 年 6 月
优秀共产党员	机关二总支	谭吉宾	卫生部直属机关	2011 年 6 月
优秀共产党员	机关一总支	赵文华	卫生部直属机关	2011 年 6 月
优秀共产党员	营养食品所	于　洲	卫生部直属机关	2011 年 6 月
优秀共产党员	辐射安全所	王淑琴	卫生部直属机关	2011 年 6 月
优秀共产党员	辐射安全所	袁化新	卫生部直属机关	2011 年 6 月
优秀党务工作者	传染病所	边志强	卫生部直属机关	2011 年 6 月
优秀党务工作者	机关一总支	李志新	卫生部直属机关	2011 年 6 月
优秀党务工作者	性艾中心	葛利荣	卫生部直属机关	2011 年 6 月
优秀党务工作者	环境所	张全增	卫生部直属机关	2011 年 6 月
优秀党务工作者	营养食品所	白青俊	卫生部直属机关	2011 年 6 月
优秀党务工作者	职业卫生所	苏保春	卫生部直属机关	2011 年 6 月
优秀党务工作者	妇幼中心	樊延军	卫生部直属机关	2011 年 6 月
优秀党务工作者	辐射安全所	寇子春	卫生部直属机关	2011 年 6 月
优秀党务工作者	机关二总支	武桂珍	卫生部直属机关	2011 年 6 月
优秀党务工作者	机关一总支	李新焕	卫生部直属机关	2011 年 6 月
优秀党务工作者	机关二总支	宫新生	卫生部直属机关	2011 年 6 月
优秀党务工作者	性艾中心	韩孟杰	卫生部直属机关	2011 年 6 月
优秀党务工作者	辐射安全所	王志林	卫生部直属机关	2011 年 6 月

续表

奖励名称	所在单位	姓名	授奖单位	授奖时间
优秀党务工作者	机关一总支	李新焕	国家机关工委	2011 年 6 月
全国模范职工之友	中心机关	王 宇	全国教科文体工会委员会	2011 年度
2009－2011 年度 中央国家机关优秀团员	传染病所	侯雪新	中央国家机关	2011 年 9 月
青年岗位能手	职业卫生所	胡伟江	卫生部、团中央	2011 年 10 月
优秀妇女干部	性艾中心	葛利荣	卫生部妇工委	2011 年 3 月
优秀妇女干部	妇幼中心	金 曦	卫生部妇工委	2011 年 3 月
巾帼建功先进个人	性艾中心	毛宇嵘	卫生部妇工委	2011 年 3 月
巾帼建功先进个人	传染病所	卢 珊	卫生部妇工委	2011 年 3 月
巾帼建功先进个人	结控中心	王黎霞	卫生部妇工委	2011 年 3 月

2011 年度中国疾控中心集体获奖情况

奖励名称	获奖单位	评奖单位	授奖时间
先进基层党组织	病毒病所第三党支部	国家机关工委	2011 年 6 月
先进基层党组织	中国疾控中心党委	卫生部直属机关	2011 年 6 月
先进基层党组织	传染病所第二党支部	卫生部直属机关	2011 年 6 月
先进基层党组织	病毒病所第三党支部	卫生部直属机关	2011 年 6 月
先进基层党组织	性艾中心第二党支部	卫生部直属机关	2011 年 6 月
先进基层党组织	改水中心党支部	卫生部直属机关	2011 年 6 月
全国三八红旗集体	传染病所	全国妇联	2011 年 3 月
全国巾帼建功文明岗	营养食品所	全国妇联	2011 年 3 月
全国模范职工之家	性艾中心	中国教科文卫体委员会	2011 年 12 月

续表

奖励名称	获奖单位	评奖单位	授奖时间
巾帼建功先进集体	实验室处	卫生部妇工委	2011年3月
2009—2011年度 中央国家机关 五四红旗团支部	妇幼中心	中央国家机关	2011年9月
青年文明号	营养食品所标准室	卫生部、团中央	2011年10月